财政部规划教材
"十四五"普通高等教育规划教材
国家一流专业——会计学专业系列教材

财务管理

赵栓文　任俊杰　**主编**

徐　玮　云应平　谢　丽　**副主编**

中国财经出版传媒集团
中国财政经济出版社

图书在版编目（CIP）数据

财务管理／赵栓文，任俊杰主编． ——北京：中国财政经济出版社，2021.10

财政部规划教材"十四五"普通高等教育规划教材

国家一流专业——会计学专业系列教材

ISBN 978-7-5223-0779-4

Ⅰ.①财… Ⅱ.①赵…②任… Ⅲ.①财务管理-高等学校-教材 Ⅳ.①F275

中国版本图书馆 CIP 数据核字（2021）第 187975 号

责任编辑：蔡　宾　　　　　　责任校对：胡永立

封面设计：陈宇琰

财务管理
CAIWU GUANLI

中国财政经济出版社 出版

URL：http://www.cfeph.cn

E-mail：cfeph@cfeph.cn

（版权所有　翻印必究）

社址：北京市海淀区阜成路甲 28 号　邮政编码：100142

营销中心电话：010-88191522　编辑部门电话：010-88190666

天猫网店：中国财政经济出版社旗舰店

网址：https://zgczjjcbs.tmall.com

北京密兴印刷有限公司印刷　各地新华书店经销

成品尺寸：185mm×260mm　16 开　18.25 印张　434 000 字

2022 年 2 月第 1 版　　2022 年 2 月北京第 1 次印刷

定价：52.00 元

ISBN 978-7-5223-0779-4

（图书出现印装问题，本社负责调换，电话：010-88190548）

本社质量投诉电话：010-88190744

打击盗版举报热线：010-88191661　QQ：2242791300

编 委 会

主　任：李　萍　吴旺延
副主任：杨太康　赵栓文　陈淑芳
委　员：（按姓氏笔画排序）
　　　　弓锋伟　马国清　王惠珍　左　锐　刘　杉
　　　　贡晓军　张丽达　袁　艺　夏　勇　徐　玮
　　　　高晓林　盛碧荷　薛小荣

总　序

西安财经大学会计学专业创建于1952年，在70年的发展历程中，伴随着学校的不断发展与几代会计人孜孜不倦的努力，目前，该专业已建设成为国家"一流专业"建设点。我们的专业教学队伍是由具有丰富实践经验和专业知识背景的中青年人才组成的，团队以"重品德、重基础、重实践、重规范、重人文"为教学理念，不断开拓进取，根据学校定位和学生特点，结合团队丰富的教学经验，自编专业教材，形成了自己的教学特色，为国家，特别是为西部地区建设培养了大批急需的应用型会计人才，形成了独具特色的会计学专业人才培养模式，得到了用人单位与会计教育界的认可和肯定。

进入21世纪以来，我校会计学专业秉承"为党育人、为国育才"的教学理念，按照"重品德、宽口径、厚基础、强能力、高素质"的人才培养要求和培养"信得过、用得上、干得好"且具有创新精神的高级应用型会计人才的特色定位，大力进行教学改革，努力提高教学质量，取得了一系列优秀的教学成果。2008年，会计学专业被立项为"省级特色专业建设点"；2010年，被立项为"国家级特色专业建设点"；2020年，被立项为"国家一流专业建设点"。会计学专业教学质量的提升，极大地提高了学校的知名度，对学生和就业单位的吸引力进一步增强，会计学专业的毕业生就业率一直稳居各相关专业前列。

教材是体现教学内容和课程体系的知识载体，是教师教学和学生学习的主要媒介，是教师进行教学，做好教书育人工作的具体依据，是学生获得系统知识、发展智力、提高思想品德觉悟的重要工具。为了系统总结西安财经大学会计学专业多年来的教学改革成果，整合会计学专业已有的教材资源，体现会计学专业最新的教学理念和学校特色，依托国家级和省级教学改革与质量工程项目，建设好"国家一流专业"，学校特组织编写了"国家一流专业——会计学专业系列教材"。

本系列教材主要包括：《会计学基础》《中级财务会计》《高级财务会计》《成本会计》《管理会计》《财务管理》《审计学》《财务报表分析》《纳税会计》《房地产开发企业会计》《会计信息系统实验教程》《计算机财务管理》《财经法规与会计职业道德》《管理会计案例》《审计案例分析》《政府与非营利组织会计》等。本系列教材的特点是重点突出、难点易化；重视系统性、讲求实用性、避免重复性；强调系统化、规范化，有助于对教材讲解的理解和掌握，并便于学生自习、复习和进行作业。以达到学者能提高学习效率、教者能提高教学质量的目的。

需要说明的是，本系列教材既是西安财经大学会计学专业、财务管理专业教学改革成果的系统总结，反映了前辈们的探索和当今会计学人的研究成果；也是会计"国家一流专业"和财务管理陕西省"一流专业"的重要建设项目。同时本系列教材还受到学校相关部门及其他院校同行教师的关心和支持，在此一并表示谢意。希望我们的共同努力能够为我国的会计教育和人才培养做出更多的有益贡献。

期望读者和同行对本系列教材提出宝贵意见和建议。

编委会

2021 年 10 月

前　言

　　21世纪是一个全新的知识经济时代，管理与科学、经济与技术密切交融，成为知识经济时代的明显特征。越来越多的人深刻地认识到，管理也是一种生产力。实践一再证明，财务管理是利用价值形式对企业财务活动及其所体现的财务关系进行综合性管理的工作。作为企业管理的重要组成部分，科学有效的财务管理是企业可持续发展的重要前提。

　　财务管理的核心是价值管理，客体是企业的财务活动和各种财务关系。本书以公司制企业为对象，在阐述现代企业财务管理原理的基础上，系统地介绍了货币时间价值、风险价值等财务管理基本观念以及对企业筹资、投资、营运资金、收益分配等财务活动的管理原理和方法。

　　"财务管理"是一门应用性、实践性很强的课程，是高等院校经济和管理类专业的主干课程。多年的财务管理教学实践和教学研究，使我们认识到一本合意的教材对教师组织教学工作的重要性。为了方便教师的教学和读者的学习，本书在编写中突出以下几个特点：

　　（1）教材除了精心安排全书的学习目标外，还特意在每章中设计了本章教学建议和本章导读。课后附有本章小结、本章关键词、思考题、基础训练测试。以便使学生能在较短的时间掌握这门专业基础知识课，也便于一般经济管理干部在职学习。

　　（2）注重通俗易懂、繁简适度。教材编写注重系统性、科学性和实用性，分析问题深入浅出，语言表达通俗易懂，对单纯的理论阐述力求简化，对应用内容力求到位。

　　（3）注重基本能力的培养。在编写过程中以基本理论、基本知识为基础，以基本内容和基本方法为主线，侧重培养学生的应用能力和专业技能，以及分析问题和解决问题的能力。

　　本书是为适应高等院校经济和管理类专业以及其他相关专业"财务管理"

课程的教学需要而编写的，可作为高等院校经济与管理类专业以及其他相关专业"财务管理"课程的教学用书，也可作为高职高专类经济与管理专业及其他相关专业"财务管理"课程的教学用书，还可作为企业财会管理人员提高财务管理理论水平的参考用书。

本书由西安财经大学赵栓文、任俊杰担任主编，徐玮、云应平、谢丽担任副主编，赵栓文负责全书的总体设计、编写、总篡和定稿以及审阅工作。编写分工如下：第一章由西安财经大学赵栓文执笔；第二章、第三章、第四章由西安财经大学任俊杰执笔；第五章、第六章由西安财经大学云应平执笔；第七章、第八章、第十章由西安财经大学徐玮执笔；第九章由西安财经大学行知学院谢丽执笔。

本书的编写得益于中国财政经济出版社的精心组织和西安财经大学商学院等单位领导和老师的大力支持和帮助，在此表示衷心感谢。同时，本书在编写过程中参阅了大量的文献资料和相关教材，在此向原作者致以诚挚的谢意。本书稿在修改过程中，同事们提出了很多中肯的建议，在此向他们致以诚挚的谢意。

由于时间紧迫，编者水平有限，书中难免有各种纰漏，恳请各位同仁批评指正，以便这本教材能够得到不断的充实和完善。

我们衷心希望本书的出版能帮助读者深入系统地理解和把握财务管理的知识体系，并给读者带来学习财务管理的乐趣。

编　者

2021 年 8 月

目　　录

第一章　概论 ··· 1
　第一节　财务管理的概念 ··· 2
　第二节　财务管理的目标 ··· 5
　第三节　财务管理的原则 ··· 9
　第四节　财务管理的过程 ··· 11
　第五节　财务管理的环境 ··· 13
　本章小结 ·· 16

第二章　货币时间价值的计算和风险估价 ································ 19
　第一节　货币时间价值的计算 ·· 19
　第二节　风险和收益 ··· 30
　本章小结 ·· 41

第三章　证券投资 ··· 46
　第一节　债券投资 ··· 46
　第二节　股票投资 ··· 51
　本章小结 ·· 56

第四章　项目投资 ··· 60
　第一节　项目投资的现金流量的确定 ···································· 60
　第二节　非贴现现金流量指标 ·· 66
　第三节　贴现现金流量指标 ··· 68
　第四节　项目投资决策评价指标的应用及比较 ······················ 72
　本章小结 ·· 77

第五章　股权融资 ··· 82
　第一节　企业筹资的动机与要求 ··· 83
　第二节　资金需要量的预测 ··· 86
　第三节　投入资本 ··· 91

第四节　发行股票 ·· 95
　　本章小结 ·· 112

第六章　负债融资 ··· 116
　　第一节　发行债券 ·· 117
　　第二节　长期借款 ·· 128
　　第三节　租赁筹资 ·· 133
　　第四节　短期融资 ·· 136
　　本章小结 ·· 141

第七章　资本结构决策 ·· 146
　　第一节　资本成本 ·· 147
　　第二节　杠杆效应 ·· 158
　　第三节　资本结构 ·· 164
　　本章小结 ·· 170

第八章　营运资金管理 ·· 173
　　第一节　营运资金管理概述 ·· 174
　　第二节　现金管理 ·· 180
　　第三节　应收账款管理 ·· 187
　　第四节　存货管理 ·· 198
　　第五节　流动负债管理 ·· 205
　　本章小结 ·· 210

第九章　股利分配管理 ·· 213
　　第一节　股利分配的概念及原则 ··· 214
　　第二节　股利分配政策 ·· 215
　　第三节　股票股利与股票分割 ··· 223
　　第四节　股票回购 ·· 227
　　本章小结 ·· 230

第十章　财务分析与评价 ··· 234
　　第一节　财务分析与评价概述 ··· 235
　　第二节　基本的财务报表分析 ··· 239
　　第三节　上市公司财务分析 ·· 251
　　第四节　财务评价与考核 ··· 255
　　本章小结 ·· 264

附录一　复利终值系数表（**FVIF** 表） ………………………………… 267
附录二　复利现值系数表（**PVIF** 表） ………………………………… 269
附录三　普通年金终值系数表（**FVIFA** 表） ………………………… 272
附录四　普通年金现值系数表（**PVIFA** 表） ………………………… 274

参考文献 ……………………………………………………………………… 276

主编简介 ……………………………………………………………………… 277

第一章 概论

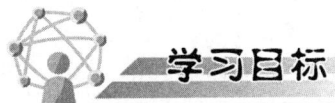

知识目标： 要求学生熟悉财务管理的概念、特点、目标、原则、方法、环境等与财务管理有关的基本问题；掌握典型财务管理目标的主要观点及其异同；明确财务管理的基本内容；熟悉企业的组织形式，理清委托代理关系中各主体间的矛盾与协调；掌握市场利率的构成及测算；了解财务管理的机构设置并熟悉财务管理环境。

能力目标： 能利用财务管理的基本理论解释企业经营管理的目标与方向；能够辨别企业短期利益与长远利益的区别；能够正确判断企业面临的理财环境；能够根据企业实际状况正确地选择财务管理目标；通过掌握本章知识点为以后章节的学习打下基础。

 **本章教学建议**

综合运用启发式、提问式、互动式教学方法及案例讨论等方式，结合PPT多媒体课件等教学手段，使学生尽快进入课程学习角色，提升学生的专业应用技巧与能力，扩展学生的知识面与思维方式。

顺丰控股（集团）有限公司（以下简称"顺丰"）是我国民营快递行业的龙头企业。它一直秉持"成就客户，推动经济，发展民族速递业"的经营理念，致力于成为中国最值得信赖和尊敬的民族快递企业，为客户提供最优质的服务。顺丰以快递业务为核心，一直拥有非常好的现金流与债务偿还能力。从蜗居旺角砵兰街一角到成为国内快递业领跑者，顺丰的发展有着火箭般的速度。其创始人王卫在2011年接受媒体采访时还坚持"顺丰在短期内不可能上市，未来也不会为了上市而上市、为了圈钱而上市"。但在新经济形势下，顺丰和其他快递公司一样面临着新的挑战和变化：首先是宏观经济环境发生变化，中国经济进入新常态，增长放缓不可避免，企业经营成本增加，利润率下降；其次是在互联网思维影响下，行业之间的打通与跨界逐渐升级，最直接的例子就是有实力的电商企业逐渐开始自建物流。为了更快地发展，顺丰于2016年5月借壳鼎泰新材，成功登陆A股市场。此次上市募集的配套资金80亿元，将用于扩充和加强软硬件配套设施的建设、升级，构建集物流、资金流和信息流为一体的开放生态系统，为客户提供全方位的物流服务和第三方支付、理财等金融服务，并利用大数据为客户提供销售预测、提前发货、数据分析等信息服务。

资料来源：编者根据多方面资料整理而成。

思考一：顺丰财务管理的目标是什么？进行了哪些财务管理活动？

思考二：经济环境的变化对顺丰的财务管理活动有哪些影响？

第一节　财务管理的概念

财务管理是企业管理的重要组成部分，渗透到企业的各个领域、各个环节之中。财务管理直接关系企业的生存与发展，从某种意义上说，财务管理是企业可持续发展的一个关键。然而，有些企业的财务管理不尽人意。这些企业的财务管理往往存在两个误区：一是把财务管理简单化，仿佛财务管理只是财务部门的事，忽视其整体管理职能；二是财务部门完全听命于"老板"，忽视财务管理自身的规律性与相对的独立性。

任何经济组织在其正常的运行过程中，资金的收付和物资的运用都是其必不可少的组成要素。合理有效的资金收付并最大限度地发挥物资及资金在使用过程中的效能，需要一个科学合理的管理过程。

一、财务管理的概念

财务管理是组织企业财务活动、处理财务关系的一项经济管理工作。因此，要了解什么是财务管理，必须先分析企业的财务活动和财务关系。

（一）企业财务活动

企业财务活动是以现金收支为主的企业资金收支活动的总称。在市场经济条件下，一切物资都具有一定的价值，它体现了耗费于物资中的社会必要劳动量，社会再生产过程中物资价值的货币表现就是资金。在市场经济条件下，资金是进行生产经营活动的必要条件。企业的生产经营过程，一方面表现为物资的不断购进和售出；另一方面则表现为资金的支出和收回。企业的经营活动不断进行，也就会不断产生资金的收支。企业资金的收支，构成了企业经济活动的一个独立方面，这便是企业的财务活动。

企业财务活动可分为以下四个方面。

1. 企业筹资引起的财务活动。企业从事经营活动，首先必须解决的是通过什么方式、在什么时间筹集多少资金。在筹资过程中，企业通过发行股票、发行债券、吸收直接投资等方式筹集资金，表现为企业资金的收入；而企业偿还借款、支付利息和股利以及付出各种筹资费用等，则表现为企业资金的支出。这种因为资金筹集而产生的资金收支，便是由企业筹资引起的财务活动。

2. 企业投资引起的财务活动。企业筹集资金的目的是把资金用于生产经营活动以取得盈利，不断增加企业价值。企业把筹集到的资金用于购置自身经营所需的固定资产、无形资产等，便形成企业的对内投资；企业把筹集到的资金投资于其他企业的股票、债券，与其他企业联营进行投资以及收购另一个企业等，便形成企业的对外投资。企业无论是购买内部所需的各种资产，还是购买各种证券，都需要支出资金。当企业变卖其对内投资的各种资产或收回其对外投资时，会产生资金的收入。这种因企业投资而产生的资金收支，便是由投资引起的财务活动。

3. 企业经营引起的财务活动。企业在正常的经营过程中，会发生一系列的资金收支。首先，企业要采购材料或商品，以便从事生产和销售活动；同时，还要支付工资和其他营业费用。其次，当企业将产品或商品售出后，便可取得收入，收回资金。最后，如果企业现有资金不能满足企业经营的需要，还要采取短期借款方式来筹集所需资金。上述各方面都会产生资金的收支，属于企业经营引起的财务活动。

4. 企业分配引起的财务活动。企业在经营过程中会产生利润，也可能会因对外投资而分得利润，这表明企业有了资金的增值或取得了投资报酬。企业的利润要按规定的程序进行分配。首先要依法纳税；其次要用来弥补亏损，提取盈余公积；最后要向投资者分配股利。这种因利润分配而产生的资金收支便属于由利润分配引起的财务活动。

上述财务活动的四个方面不是相互割裂、互不相关的，而是相互联系、互相依存的。正是上述四个方面构成了完整的企业财务活动，这四个方面也正是财务管理的基本内容：企业筹资管理、企业投资管理、营运资本管理、利润及其分配的管理。

（二）企业财务关系

企业财务关系是指企业在组织财务活动过程中与各有关方面发生的经济关系。企业的筹资活动、投资活动、经营活动、利润及其分配活动与企业内部和外部的方方面面有着广泛的联系。企业的财务关系可概括为以下几个方面。

1. 企业同其所有者之间的财务关系。这主要是指企业的所有者向企业投入资金，企业向其所有者支付投资报酬所形成的经济关系。企业所有者主要有四类：国家、法人单位、个人、外商。企业的所有者要按照投资合同、协议、章程的约定履行出资义务，以便及时形成企业的资本金。企业利用资本金进行经营，实现利润后，应按出资比例或合同、章程的规定，向其所有者分配利润。企业同其所有者之间的财务关系体现着所有权的性质，反映着经营权和所有权的关系。

2. 企业同其债权人之间的财务关系。这主要是指企业向债权人借入资金，并按借款合同的规定按时支付利息和归还本金所形成的经济关系。企业除利用资本金进行经营活动外，还要借入一定数量的资金，以降低企业资本成本，扩大企业经营规模。企业的债权人主要有债券持有人、贷款机构、商业信用提供者、其他出借资金给企业的单位或个人。企业利用债权人的资金后，要按约定的利息率及时向债权人支付利息。债务到期时，要合理调度资金，按时向债权人归还本金。企业同其债权人之间的关系体现的是债务与债权关系。

3. 企业同其被投资单位之间的财务关系。这主要是指企业将其闲置资金以购买股票或直接投资的形式向其他企业投资所形成的经济关系。企业向其他单位投资，应按约定履行出资义务，参与被投资单位的利润分配。企业同被投资单位之间的关系体现的是所有权性质的投资与受资的关系。

4. 企业同其债务人之间的财务关系。这主要是指企业将其资金以购买债券、提供借款或商业信用等形式出借给其他单位所形成的经济关系。企业将资金借出后，有权要求其债务人按约定的条件支付利息和归还本金。企业同其债务人的关系体现的是债权与债务关系。

5. 企业内部各单位之间的财务关系。这主要是指企业内部各单位之间在生产经营各环节相互提供产品或劳务所形成的经济关系。在实行内部责任核算制度的条件下，企业供、产、销各部门以及各生产单位之间，相互提供产品和劳务要进行计价结算。这种在企业内部形成的资金结算关系，体现了企业内部各单位之间的利益关系。

6. 企业与职工之间的财务关系。这主要是指企业在向职工支付劳动报酬的过程中形成的经济关系。企业要用自身的产品销售收入，向职工支付工资、津贴、奖金等，按照提供的劳动数量和质量支付职工的劳动报酬。这种企业与职工之间的财务关系，体现了职工和企业在劳动成果上的分配关系。

7. 企业与税务机关之间的财务关系。这主要是指企业要按税法的规定依法纳税而与国家税务机关之间形成的经济关系。任何企业都要按照国家税法的规定缴纳各种税款，以保证国家财政收入的实现，满足社会各方面的需要。及时、足额地纳税是企业对国家的贡献，也是对社会应尽的义务。因此，企业与税务机关之间的关系反映的是依法纳税和依法征税的权利义务关系。

二、企业财务管理的特点

企业生产经营活动的复杂性，决定了企业管理必须包括多方面的内容，如生产管理、技术管理、劳动人事管理、设备管理、销售管理、财务管理等。各项工作是互相联系、紧密配合的，同时又有科学的分工，具有各自的特点，其中财务管理的特点如下：

（一）财务管理是一项综合性管理工作

企业在实行分工、分权的过程中形成了一系列专业管理工作，有的侧重于使用价值的管理，有的侧重于价值的管理，有的侧重于劳动要素的管理，有的侧重于信息的管理。社会经济的发展，要求财务管理主要运用价值形式对经营活动实施管理。通过价值形式，把企业的一切物质条件、经营过程和经营结果都合理地加以规划和控制，以达到企业效益不断提高、财富不断增加的目的。因此，财务管理既是企业管理的一个独立方面，又是一项综合性的管理工作。

（二）财务管理与企业各方面有着广泛联系

在企业的日常经营活动中，一切涉及资金的收支活动都与财务管理有关。事实上，企业内部各部门与资金不发生联系的情况是很少见的。因此，财务管理的触角常常伸向企业经营的各个角落。

企业每一个部门都会通过资金的使用与财务部门发生联系，每一个部门也都要在合理使用资金、节约资金支出等方面接受财务部门的指导，受到财务制度的约束，以此来保证企业经济效益的提高。

（三）财务管理能迅速反映企业生产经营状况

在企业管理中，决策是否恰当、经营是否合理、技术是否先进、产销是否顺畅，都可以迅速地在企业财务指标中得到反映。例如，如果企业生产的产品适销对路，质量优良可靠，则可带动生产发展，实现产销两旺，资金周转加快，盈利能力增强，这一切都可以通过各种财务指标迅速地反映出来。这也说明，财务管理工作既有其独立性，又受整个企业管理工作的制约。财务部门应通过自己的工作，向企业领导及时通报有关财务指标的变化情况，以便把各部门的工作都纳入提高经济效益的轨道上，努力实现财务管理的目标。

综上所述，财务管理的概念可以概括为：企业财务管理是企业管理的一个组成部分，它是根据财经法规制度，按照财务管理的原则，组织企业财务活动，处理财务关系的一项经济管理工作。

第二节 财务管理的目标

系统论认为，正确的目标是系统良性循环的前提，企业财务管理的目标对企业财务管理系统的运行也具有同样的意义。为此，应首先明确财务管理的目标。

一、财务管理目标的概念

目标是系统希望实现的结果，根据不同的系统所研究和解决的问题，可以确定不同的目标。财务管理的目标，是企业理财活动希望实现的结果，是评价企业理财活动是否合理的基本标准。为了完善财务管理理论，有效指导财务管理实践，必须对财务管理目标进行认真研究。因为财务管理目标直接反映理财环境的变化，并根据环境的变化做适当调整，它是财务管理理论体系中的基本要素和行为导向，是在财务管理实践中进行财务决策的出发点和归宿。财务管理目标制约着财务运行的基本特征和发展方向，是财务运行的一种驱动力。不同的财务管理目标会产生不同的财务管理运行机制，科学地设置财务管理目标，对优化理财行为，实现财务管理的良性循环具有重要意义。财务管理目标作为企业财务运行的导向力量，其设置若有偏差，财务管理的运行机制就很难合理。因此，研究财务管理目标问题，既是建立科学的财务管理理论结构的需要，也是优化我国财务管理行为的需要，在理论和实践上都具有重要意义。

二、财务管理目标的基本特点

（一）财务管理目标具有相对稳定性

随着宏观经济体制和企业经营方式的变化，随着人们认识的发展和深化，财务管理目标也可能发生变化。在国外，财务管理目标就曾经历过"筹资数量最大化""利润最大化""股东财富最大化"等多种目标。这些财务管理目标之间既有一定联系，也有一定区别。我国企业的财务管理目标曾经历过"产值最大化"和"利润最大化"两个发展阶段。但是，宏观经济体制和企业经营方式的变化是渐进的，只有发展到一定阶段以后才会产生质变；人们的认识在达到一个新的高度以后，也需要有一个达成共识、为人们所普遍接受的过程。因此，财务管理目标作为人们对客观规律性的一种概括，总的说来是相对稳定的。

（二）财务管理目标具有可操作性

财务管理目标是实行财务目标管理的前提，它要能够起到组织动员的作用，要能够据以制定经济指标并进行分解，实现对职工科学的绩效考评，这样，财务管理目标就必须具有可操作性。具体说就是可以计量、追溯和控制。

（三）财务管理目标具有层次性

财务管理目标是企业财务管理这个系统顺利运行的前提条件，同时它本身也是一个系统。各种各样的理财目标构成了一个网络，这个网络反映着各个目标之间的内在联系。财务管理目标之所以有层次性，是由企业财务管理内容和方法的多样性以及它们相互关系上的层次性决定的。例如，企业财务管理的基本内容可以划分为筹资管理、投资管理、营运资金管理、利润及其分配管理几个方面，而每个方面又可以再进行细分，如投资管理可以再分为研究投资环境、确定投资方式、作出投资决策几个方面。

（四）财务管理目标具有多元性

多元性是指财务管理目标不是单一的，而是适应多因素变化的综合目标集合。现代财务管理是一个系统，其目标也是一个多元的有机构成体系。在这个多元目标中，有一个处于支配地位、起主导作用的目标，其他目标处于被支配地位，对主导目标的实现起到配合辅助作用。例如，企业在努力实现"企业价值最大化"这一主导目标的同时，还必须事先履行社会责任、加速企业成长、提高企业偿债能力等一系列辅助目标。

三、财务管理的总体目标

（一）利润最大化目标

利润最大化观点在西方经济理论中已是根深蒂固。西方经济管理理论都是以利润最大化为前提假设来分析和评价企业行为和业绩。这种观点认为利润代表了企业新创造的财富，利润越多则企业财富增加得越多，则越接近企业目标。企业追求利润最大化就必须合理配置经济资源，严格经济核算，加强经营管理，改进生产技术，提高劳动生产率，降低产品成本，提高经济效益。而且利润指标在实际应用中的确有比较方便之处，利润总额直观明确，计算简便，易分解落实，便于理解，这正是这种并不十分理想的财务管理目标在现实中尚能广为应用的缘由。

但是，由于利润指标本身的局限性，以利润最大化作为财务管理目标在实践中存在如下缺点：

1. 利润最大化的概念含糊不清。它指的是短期利润还是长期利润，是税前利润还是税后利润，是经营总利润还是支付给股东的利润，这些都不明确。

2. 没有考虑货币时间价值。例如在投资决策中，对未来年度的收益仅以利润来衡量，忽视现金流入的时间，会导致错误的选择。

3. 没有考虑利润与投入资本额的匹配关系。利润最大化无法在不同时期、不同规模企业之间以利润额的大小来比较、评价企业的经济效益。例如，同样获得100万元利润，一个企业投入资本350万元，另一个企业投入资本320万元，哪一个更符合企业的目标？利润最大化不能回答这个问题。

4. 没有考虑获取利润所承担的风险问题。例如，同样投入10万元、本年获利5万元的两个企业，一个获利全部转化为现金，不存在发生坏账的风险；另一个则全部是账龄在2年以上的应收账款，可能发生坏账损失。显然，如果不考虑风险，很难作出正确判断。一般而言，在市场经济条件下，利润一般与风险并存，收益越高，风险越大。一味强调利润最大化而不考虑风险，往往会导致企业陷入严重危机。

利润往往使企业财务决策行为具有短期行为倾向，只顾短期利润的增加，不考虑企业的长远发展。尤其是在所有权和经营权分离的情况下，经营者的收益往往与其任期内的利润有关，所以经营者可能会通过牺牲企业长远利益而追求任期内的利润最大化，从而实现个人利益最大化。

利润作为会计账面数值容易受到企业会计政策和会计方法选择的主观影响，具有较强的主观性。因而该目标不能充分客观评价企业财务管理工作的质量。

（二）股东财富最大化目标

股东财富最大化是指通过财务上的合理运营，为股东带来最多的财富。它是从投资者的角度来考虑企业的价值最大化问题。在股份制企业中，股东财富由其所拥有的股票数量和股票市价决定，在股票数量一定时，股票价格最高，则股东财富达到最大。

股票市价的高低体现投资大众对企业价值的客观评价。它以每股市价表示，反映资本与利润之间的关系；它受预期每股盈余的影响，反映每股盈余的大小和取得的时间；它受企业风险大小的影响，可以反映每股盈余的风险。因此，人们往往用股票市价来代表股东财富，股东财富最大化的目标在一定条件下也就演变成股票市场价格最大化这一目标。但实际上以股票市价或每股市价最大化作为理财目标很难被普遍采用，原因主要有两点：一是无论是在西方国家还是在我国，上市企业在全部企业中只占极少一部分，大量的非上市企业不可能采用这一目标；二是即使是上市企业，股票市价也要受多种因素的影响，股票价格并不总能反映企业的经营业绩，也难以准确体现股东财富。

（三）企业价值最大化目标

企业价值最大化是指通过企业财务上的合理经营，采用最优的财务政策，在充分考虑货币时间价值、风险价值和企业长期稳定发展的基础上，使企业的总价值达到最大。它不仅站在股东的角度考虑股东价值最大化问题，也是站在债权人和企业员工的角度对企业价值的要求。企业价值是指企业总资产的市场价值，即企业有形资产和无形资产的市场评价，它反映了企业潜在或预期的获利能力。

以企业价值最大化作为财务管理目标，考虑了取得报酬的时间，并运用货币时间价值原理进行计算；考察了风险与报酬的关系，报酬的大小与企业价值的大小成正比，风险的高低与企业价值的大小成反比；其基本思想是将企业长期稳定的发展和持续的获利能力放在首位；强调在实现企业价值增长中对有关利益的满足，满足投资者对企业的要求，保证债权人的利益，使企业员工的利益得到最大满足；它还有利于社会资源的合理配置，并有利于促使管理当局克服管理上的短期行为，将自身的个人目标与企业目标协调一致。

（四）基于社会责任视角的相关者利益最大化目标

在现代经济生活中，企业除了需要股东或所有者提供的物质性资本外，还需要其他利益相关者提供人力资本、市场资本、组织资本和关系资本等非物质性资本。企业就是靠各种利益相关者权利与期望的契约关系来维持生存的。但企业逐利的本性促使企业在设立财务管理目标时，更加注重财富和价值这些量化的显性指标，而忽略或者缩小对员工、生态环境、社区等的投入。企业在追求利益最大化的过程中满足了所有者或股东的利益要求，却导致了企业社会责任的缺失。此外，企业承担社会责任会损害企业财务管理目标的实现。但企业社会责任不是单纯的慈善事业，也不是强调企业在承担社会责任时应放弃追求正常的经济效益。企业承担社会责任将促进社会进步，为企业本身的发展营造一个良好的发展平台。

鉴于企业现行财务管理目标与企业社会责任的辩证统一关系，在确定财务管理目标时，相关者利益最大化的财务管理目标被理论界普遍认为是20世纪90年代以来，解决企业社会责任危机的理论基础，代表着企业财务管理目标的发展趋势。

（五）财务管理目标的协调

实现财务管理目标的首要任务是协调相关利益群体的关系，化解他们之间的利益冲突。为此，必须力求企业相关利益群体的利益分配均衡，也就是减少企业各相关利益群体之间的利益冲突所导致的企业总体收益和价值下降，使利益分配在数量上和时间上达到动态的协调平衡。

1. 所有者与经营者的矛盾与协调。所有者与经营者的主要矛盾就是所有者总是希望实现股东财富最大化，要求经营者尽最大努力提高企业价值和股东财富。而经营者期望在提高企业价值和股东财富的同时能更多地增加物质报酬和非物质待遇、拥有较少的劳动时间和较低的劳动强度、增加闲暇时间、避免工作中的风险，即能更多地增加享受成本。因此所有者与经营者的目标不完全一致的矛盾，势必导致经营者有可能为了自身的目标而背离股东的权益。这种背离主要表现为两种情况：一是消极运作。经营者为了自己的利益不尽最大努力去提高企业经济效益。他们认为企业利润率提高，好处将归于所有者；但如果企业遭受亏损，自己在名誉上和经济上都将受到损失。因而有的人只求无过，不思进取，不积极努力去争取可能到手的效益。这样做只是道德问题，并不触犯法律，所有者也很难追究其直接责任。二是逆向选择。经营者为了自己的利益，不惜明显地损害所有者的利益。例如，购置高档轿车，装修豪华办公室，借口工作需要请客送礼，有的甚至故意压低本企业股票价格，以自己名义借款购回企业股票，导致股东财富受损。

为防止经营者背离股东的目标，企业应建立科学、严格的绩效考核方法，将经营者的报酬与绩效结合起来，并辅以一定的监督措施。具体可采取以下方式：

（1）解聘。解聘是一种通过所有者约束经营者的方法。如果经营者未能使企业价值达到最大化，就解聘经营者，迫使经营者为实现财务管理目标而努力工作。

（2）接收。接收是一种通过市场约束经营者的方法。如果经营者未能采取一切有效措施提高企业价值，该企业就可能被其他企业强行接收或吞并，相应经营者也会被解聘。经营者为避免这种接收，必须采取一切措施增加股东财富和企业价值。

（3）激励。激励是把经营者的报酬与其绩效挂钩，以使经营者自觉采取各种有效措施保证企业价值最大化和增加股东财富。激励通常有两种方式：一是股票选择权方式。它是允许经营者以固定的价格购买一定数量的企业股票，当股票的价格越高于股票固定价格时，经营者所得的报酬就越多。经营者为获取更大的股票价格涨幅，就必然主动采取能够提高股价的行动。二是绩效股形式。它是企业运用每股收益、资产收益率等指标来评价经营者的业绩，视其业绩大小给予经营者不等的股票作为报酬。如果企业的经营业绩未能达到规定目标，经营者也将部分丧失原先持有的绩效股。这种方式使经营者不仅为了多获得绩效股而不断采取措施提高企业的经营业绩，而且为了使每股市价最大化，经营者也采取各种措施使股票市价稳定上升，从而增加股东财富和企业价值。

2. 所有者与债权人的矛盾与协调。所有者的财务目标与债权人期望实现的目标也是不一致的。例如，所有者不经债权人同意，要求经营者改变举债资金的原定用途，将其用于预期风险更高的新项目。若高风险的新项目成功，额外利润就会被所有者独享；但若失败，债权人却要与所有者共同负担由此造成的损失。这对债权人来说风险与收益是不对称的。所有者或股东不征得现有债权人同意，而要求经营者发行新债券或举借新债，致使旧债券的价值降低，使旧债权人蒙受损失。

为协调所有者与债权人的上述矛盾，可采取以下措施：在借款合同中增加限制性条款，如规定借款的用途、借款的担保条款、借款的信用条款、规定不得发行新债或规定发行新债的数额等，防止和迫使股东不能剥夺债权人的债权价值，使企业不能将债权人的资金用于其他用途；收回借款或停止借款，当债权人发现企业有剥夺其财产意图时拒绝进一步合作，提前收回债权或不再提供新的借款，从而保护自身权益。

3. 财务管理目标与企业社会责任。企业作为一种社会经济组织，其价值最大化目标的实现与其所承担的社会责任基本一致。例如，企业要实现其目标，就必须提供社会公众（顾客）所需要的产品或服务。企业在实现其目标的过程中，为社会成员提供就业机会和为改善本单位员工生活福利创造条件。企业目标的实现，可为国家提供充足的税源，可为治理环境污染、社区公益事业提供更多的财务支持等。但是，企业作为一个经济利益主体，也可能为了追逐自身目标的实现而放弃或削弱其应肩负的社会责任。例如，企业为了获利，可能生产劣质产品，损害顾客利益；可能只顾降低产品成本，而不顾员工的健康保护和其他利益；可能只注重生产经营投资，而忽视环保方面的支出，造成环境污染等。为了保障所有公民的正当权益，政府颁布了一系列保护公众利益的法律，通过这些法律调节股东和社会公众的利益。但是法律不可能解决所有问题，况且目前我国的法制尚不够健全，企业有可能在合法的情况下从事不利于社会的事情。因此，企业在实现其目标的过程中，应严格遵守公德和职业道德规范，充分发挥主观能动性，在确保顾客、社会公众、债权人、企业员工等的正当权益下，实现企业价值最大化目标。

第三节　财务管理的原则

一、财务管理原则的意义

财务管理的原则，也称理财原则，是指人们对财务活动共同的、理性的认识。它是理论与实务的联系纽带，是已被实践所证明的并且为多数理财人员所接受的理财行为准则，它是财务理论和财务决策的基础。财务管理理论是从科学角度对财务管理进行研究的成果，通常包括假设、概念、原理和原则等。财务管理实务是指人们在财务管理工作中使用的原则、程序和方法。理财原则是财务管理理论和实务的结合部分。理财原则必须符合大量观察和事实，能被多数人所接受。财务管理理论有不同的流派和争论，甚至存在完全相反的理论，而原则不同，它们被现实反复证明并被多数人接受，具有共同认识的特征。原则不一定在任何情况下都绝对正确。原则的正确性与应用环境有关，在一般情况下它是正确的，而在特殊情况下不一定正确。

二、财务管理的具体原则

依据市场经济的内在要求和财务管理自身的特点，财务管理应遵循以下四项原则。

（一）成本效益原则

成本效益原则是市场经济条件下通行于世界各国企业管理和财务管理的一项基本原则，也是我国市场经济条件下企业财务管理所要遵循的首要原则。

成本效益原则中的"效益"是一个包含收入、收益、所得甚至有用性在内的多方位多层次概念；而成本效益原则中的"成本"也是泛指与效益相关的各种耗费和价值牺牲。就处于市场经济条件下的企业而言，如果成本发生后未取得效益，或者发生的成本大于取得的效益，则既无微观经济效益可言，也无宏观经济效益可言。可见，成本效益原则是投入产出原则的价值体现，是社会再生产活动得以延续和发展的基本要求。就成本效益的关系来说，成本的耗费是效益取得的前提条件，而取得一定的效益则是成本耗费的直接目的。成本与效益是一对既对立又统一的矛盾。

成本效益原则的核心是要求企业耗用一定的成本应取得尽可能大的效益，或在效益一定的条件下应最大限度地降低成本。按照成本效益原则的要求，用长期、发展的观点看，在较长的时期内，成本必须呈现下降的趋势，而效益必须呈现上升的趋势。

（二）风险与收益均衡原则

获取收益是市场经济条件下企业经营的基本出发点，而风险则是由企业未来情况的不确定性和不可预测性所引起的、伴随收益获取的一种客观经济现象。而且，市场经济的发展和竞争的日趋加剧，会使企业在收益获取方面伴随有更大的风险。

企业欲获得收益，必然要承担风险，承担风险的目的在于获取收益。风险越大，则收益也越大；收益越小，则风险亦越小。

风险与收益均衡原则的核心是要求企业不能承担超过收益限度的风险，在收益既定的条件下，应最大限度地降低风险。因为，若收益既定，承担较大的风险会导致效益的降低；承担超过收益限度的风险会带来负效益。此二者都会对企业整体目标的实现产生不利影响，从而危及企业的发展甚至生存。

（三）资源合理配置原则

资源通常是指经济资源，即企业所拥有的各项资产。资产的主要功能是带来收益，但并不意味着拥有资产就一定会取得收益，更不意味着取得最佳收益。资产所带来的收益的大小，在很大程度上取决于资源配置的合理与否。而且，资源的合理配置也不仅指资产的合理配置，而是泛指企业的人、财、物等经营要素的有效搭配与协调。由于财务管理具有价值管理和综合性的特点，使得各项经营要素的搭配情况直接体现在相关财务项目和有关财务指标上。

资源合理配置原则的核心是要求企业的相关财务项目必须在结构上和数量上相互配套与协调，以保证企业的各种资源都得到最大限度的利用，从而获得较为满意的收益。

（四）利益关系协调原则

利益关系的协调状况直接影响到财务管理目标的实现程度。企业与内外部当事人之间的关系，包括与政府投资人及接受投资人、债权人及债务人、内部员工之间的关系，说到底是一种利益关系。企业与内外部当事人之间的利益关系，会因为种种原因而经常出现不协调甚至矛盾的情况，这种不协调或者矛盾如果不能及时得到解决，轻则影响各方的积极性，导致企业财务状况的恶化和财务能力的弱化；重则对企业目标的实现产生不利影响，甚至引发社会问题。因而，财务管理必须把协调企业与内外部当事人之间的利益关系问题作为一个极其严肃的问题来对待。

利益关系协调原则的核心是要求企业在收益分配中，既要保证国家的利益，也要保证自身和员工的利益；既要保证投资人的利益，也要保证债权人的利益；既要保证所有者的利益，也要保证经营者的利益。同时也使企业的财务状况得以改善，财务能力得以增强，为实现企业目标创造条件。

第四节　财务管理的过程

财务管理的过程将着重解决财务管理这种复杂而严密的工作过程应由哪些具体环节组成以及各环节的相互关系问题。

财务管理的过程是财务管理职能的延伸，是在财务管理职能这个基本问题的基础上产生的一个深层次问题。它是由财务管理的科学性、连续性和完整性决定的。其中，科学性是指财务管理工作必须遵循资金运动过程的固有规律和管理者自身思维过程的固有规律。连续性是指财务管理的整个过程应由诸多相互联系的环节构成，而且这些相互联系的环节还必须首尾相连，形成一个完整的循环。完整性是指财务管理工作在横向上应研究财务活动中的全部问题，解决全部矛盾，不能空缺；在纵向上应一步接一步，一环扣一环地进行，不能超越。根据科学性、连续性和完整性的要求，财务管理过程应由财务预测、财务决策、财务预算、财务控制、财务分析五个具体环节顺次构成。

一、财务预测

财务预测是财务管理人员在历史唯物主义观点的指引下，根据企业财务活动的历史资料和其他相关信息，结合企业的现实条件和未来可能具有的条件，采用一定的方法，对企业未来财务活动的发展趋势及可能达到的状况进行判断和测算的过程。在整个财务管理过程中，财务预测承担着提出财务方案的职责。

财务预测的方法一般有两大类，即定性和定量预测法。定性预测法是在数据不足或应充分说明问题的情况下，主要依靠预测人员本身的知识和经验，经过分析、类比、推理与判断之后得出预测结果的方法。较常见的具体方法有主观判断法、预测调查法、专家会议法等。定量预测法是根据预测对象及其相关因素之间的数量关系，通过建立预测模型，并带入相关数据以得出预测结果的方法。较常见的有时间序列预测法和因果关系预测法两种。前者又包括简单平均法、移动平均法、加权平均法和指数平滑法等具体方法；后者包括因果比率分析法、盈亏临界分析法、直线回归分析法等具体方法。

财务预测作为整个财务管理过程的首要环节，具有极其重要的作用。它是进行财务决策的基础，编制财务预算的前提，实施财务控制的条件，开展财务分析的根据。这也从另一个侧面表明了财务预测与其他财务管理环节之间的关系。

二、财务决策

财务决策是对财务预测所提出的诸多财务方案进行可行性研究，从而选出最优方案的过程。财务决策在整个财务管理过程中，承担着对财务方案作出选择的职责。

财务决策是企业经营决策的重要组成部分，它以资源的优化配置为目标，主要研究企业经营决策中资金的筹集、投放、营运、分配的时间、方向、数量等问题。在企业经营决策中与资金无关的决策问题几乎不存在。也就是说，企业的大多数经营决策都要涉及财务问题。就此而言，可以肯定，虽然财务决策是经营决策的组成部分，但财务决策不是其他经营决策的趋同和回归，而是各项经营决策的核心和综合反映。

财务决策是财务管理全过程中的一个重要环节，虽然它是在财务预测的基础上进行的，但是财务决策的科学性直接决定着财务预算的可靠性、财务控制的有效性和财务分析的有用性。可以说它是财务管理工作的核心，没有财务决策，财务预算、财务控制、财务分析甚至财务预测，都将失去存在的意义。

三、财务预算

财务预算是对财务决策所选定的最优财务方案进行数量化、具体化、系统化反映的过程。财务预算既是财务管理的一个重要环节，也是财务管理必须借助的一种有效手段。在整个财务管理过程中，财务预算承担着明确和落实财务方案的职责。

财务预算就其本身来讲，是企业全面预算的重要组成部分，这种关系是由经营决策与财务决策之间的关系决定的。一般来说，全面预算是对经营决策所选定的最优方案通过有关数据进行的集中而又系统的反映。财务预算是对财务决策所选定的最优方案通过有关数据进行的集中而又系统的反映。全面预算为企业经济活动的各个方面确立目标和任务，也为生产经营控制和业绩评价提供基本依据和尺度。同样，财务预算为企业的各种财务活动确立目标和任务，既为财务控制提供标准，也为财务分析和业绩评价提供依据和尺度。

财务预算的编制方法，即确定财务预算中各项目预算数值的方法，主要有平衡计算法和销售百分比法。前者主要考虑各财务项目的内在联系，从而揭示各财务项目自身发展变化的规律性；后者主要考虑某些财务项目与相关财务项目之间的相互联系，从而揭示企业整体财务状况发展变化的规律性。在财务管理实践中，如果能够实现这两种方法的较好结合，会使所编制的财务预算更加科学，更加切合实际。

四、财务控制

财务控制是根据一定的标准，利用有关信息和相应的手段，约束与调节企业的财务行为，使之按照预定目标运行的过程。它既是财务管理的一个环节，也是实现财务管理目标的基本手段。在财务管理全过程中，财务控制承担着保证最优财务方案实现的职责。

财务控制的方法是一个方法体系。从不同的角度看，财务控制的方法具有不同的类型，而且每类方法都包含着不同的具体方法。从控制标准的角度看，财务控制的方法主要有制度控制法和预算控制法。从控制手段的角度看，财务控制的方法主要有定额控制法、限额控制法和定率控制法三种。从受控者权责利的角度看，财务控制的方法主要有授权控制法、责任制度控制法和利益控制法三种。此外，还可以从财务控制所依据的基本原理的角度和财务控制本身的灵活性的角度看财务控制的方法，前者主要是平衡控制法，后者主要是区域控制法。在上述各种控制方法中，预算控制法是最基本的控制方法。这是因为有关制度要求、定额限制、权责范围、平衡原理等都在财务预算数据中得到体现。或者说，在编制预算、确定有关财务项目的预算数据时，已经考虑了有关制度的要求、定额的限制、受控者的权责范围，而且大多数财务项目的预算数据都是采用平衡法计算得到的，并留有余地。

五、财务分析

财务分析是根据财务预算、财务报表以及有关资料,运用特定方法,借助有关指标来了解和判断企业的财务状况和财务能力,评价企业财务效果,以便为其他管理环节反馈信息的过程。在财务管理全过程中,它承担着检查财务预算(即最优财务方案)落实情况的职责。

财务分析的方法主要有比率分析法、指数分析法、趋势分析法和构成分析法四种。比率分析法是通过计算、比较、解释各种财务比率来了解和评价企业财务状况和财务能力的方法。指数分析法是通过将资产负债表和损益表的各个项目表示为基期同一项目的百分比来了解和评价企业财务状况和财务能力的方法。趋势分析法是通过将财务比率内部比较的比较期限延长来了解和评价企业财务状况和财务能力发展变化的长期趋势的方法。构成分析法是通过计算、比较各财务项目的结构来了解和评价企业财务状况和财务能力的方法。

财务分析作为财务管理全过程的最后一个环节,它标志着上一个财务管理循环的完成,也意味着下一个财务管理循环的开始,是两个循环交替的转换点。下一个财务管理循环能否在较高水平上进行,关键在于财务分析能否充分揭示财务报表中数据之间的本质关系,能否为其他管理环节提供真实的、有用的信息。由此可见,财务分析的水平是决定财务管理整体水平的最为重要的因素之一。

总之,财务预测、财务决策、财务预算、财务控制、财务分析这五项财务管理具体工作的各自特征,决定了它们在财务管理过程中承担不同的职责、完成不同的任务、发挥不同的作用。但它们之间又相互影响、相互作用、相互制约、相互促进,前一项工作都是后一项工作的前提和基础,后一项工作都是前一项工作的继续和延伸。这种关系决定了它们作为财务管理过程的五个具体环节,已经形成了一个完整的管理循环,只要财务管理人员能保证财务预测的准确性、财务决策的科学性、财务预算的可靠性、财务控制的有效性和财务分析的有用性,财务管理水平就能够呈现出一种"螺旋式"上升的趋势。

第五节 财务管理的环境

企业的财务管理环境又称理财环境,是指对企业财务活动产生影响的企业外部条件。财务管理环境是企业财务决策难以改变的外部约束条件,企业财务决策更多的是适应它们的要求和变化。财务管理环境涉及的范围很广,其中最重要的是经济环境、金融市场环境和法律环境。

一、经济环境

经济环境是指企业进行财务活动的宏观经济状况。财务管理作为一种微观经济管理活动,与其所处的宏观经济环境密切相关。这些宏观经济环境主要包括以下几个方面。

(一)经济周期

在市场经济条件下,宏观经济的发展呈现出周期性变化。宏观经济的周期性变化可通过反映宏观经济的有关统计指标表现出来,如国内生产总值(GDP)、消费总量、投资总量失业率等。其中,GDP是衡量宏观经济综合性最强的指标。因此,经济周期变化通常用GDP

的系列统计指标表示。宏观经济周期一般要经过萧条、复苏、繁荣、衰退四个阶段。

（二）宏观经济政策

当代市场经济中，为保证整个宏观经济良性运行，政府主要通过货币政策和财政政策来对经济进行宏观调控。根据不同的宏观经济运行状况，政府可采取扩张的或紧缩的货币政策和财政政策，以促进经济健康稳定地发展，保持价格总水平的稳定，实现充分就业。这些宏观经济政策的调整对企业财务管理的影响是直接的。在企业理财中，必须根据不同时期国家宏观经济的调整对企业理财的影响采取相应的对策。

（三）通货膨胀

通货膨胀不仅对消费者不利，也给企业理财带来很大困难。企业面对通货膨胀，为了实现期望的报酬率，必须加强收入和成本管理。同时，使用套期保值等办法减少损失，如提前购买设备和存货、买进现货卖出期货等。

二、金融市场环境

金融市场是指资金供求双方交易的场所。金融市场对企业理财具有重要的意义。金融市场是企业投资和筹资的场所。金融市场上有许多筹集资金的方式，并且比较灵活。企业需要资金时，可以到金融市场选择适合自己需要的方式筹资。企业有了剩余的资金，也可以灵活选择投资方式，为其资金寻找出路。

（一）金融市场的分类和组成

1. 金融市场的分类。

（1）按交易的期限划分为短期资金市场和长期资金市场。短期资金市场是指期限不超过一年的资金交易市场，因为短期有价证券易于变成货币或作为货币使用，所以也叫货币市场。长期资金市场是指期限在一年以上的股票和债券交易市场，因为发行股票和债券主要用于固定资产等资本货物的购置，所以也叫资本市场。

（2）按交易的时间划分为现货市场和期货市场。现货市场是指买卖双方成交后，当场或几天之内买方付款、卖方交出证券的交易市场。期货市场是指买卖双方成交后，在双方约定的未来某一特定的时日才交易的交易市场。

（3）按交易的性质分为发行市场和流通市场。发行市场是指从事新证券和票据等金融工具买卖的转让市场，也叫初级市场或一级市场。流通市场是指从事已上市的旧证券或票据等金融工具买卖的转让市场，也叫次级市场或二级市场。

（4）按交易的直接对象分为同业拆借市场、国债市场、企业债券市场、股票市场、金融期货市场等。

2. 金融市场的组成。金融市场由主体、客体和参加人组成：

（1）主体是指银行和非银行金融机构，它们是金融市场的中介机构，是连接筹资人和投资人的桥梁。

（2）客体是指金融市场上的买卖对象，如商业票据、政府债券、公司股票等各种信用工具。

（3）金融市场的参加人是指客体的供给者和需求者，如企业、事业单位、政府部门、城乡居民等。

（二）金融市场上利率的决定因素

在金融市场上，利率是资金使用权的价格。一般来说，金融市场上资金的购买价格，可用下式表示：

$$利率 = 纯利率 + 通货膨胀附加率 + 风险附加率 \quad (式1-1)$$

1. 纯利率。纯利率是指无通货膨胀、无风险情况下的平均利率。例如，在没有通货膨胀时，国库券的利率可以视为纯利率。纯利率的高低，受平均利润率、资金供求关系和国家宏观政策调节的影响。

首先，利息是利润的一部分，所以利息率依存利润率，并受平均利润率的制约。一般说来，利息率随平均利润率的提高而提高。利息率的最高限不能超过平均利润率。否则，企业无利可图，不会借入款项；利息率的最低界限大于0，不能等于或小于0，否则提供资金的人不会拿出资金。至于利息率占平均利润率的比重，则取决于金融业和工商业之间的博弈结果。

其次，在平均利润率不变的情况下，金融市场上的供求关系决定了市场利率水平。在经济繁荣时资金需求量上升，若供应量不变则利率上升；在经济衰退时正好相反。

最后，政府为防止经济过热，通过中央银行减少货币供应量，则资金供应减少，利率上升；政府为刺激经济发展，增加货币发行，则情况相反。

2. 通货膨胀附加率。通货膨胀使货币贬值，投资者的真实报酬率下降。因此投资者在把资金交给借款人时，会在纯利率的水平上再加上通货膨胀附加率，以弥补通货膨胀造成的购买力损失。因此，每次发行国库券的利息率都随预期的通货膨胀附加率变化，它近似等于纯利率加预期通货膨胀附加率。

3. 风险附加率。投资者除了关心通货膨胀率以外，还关心资金使用者能否保证他们收回本金并取得一定的收益。风险越大，投资人要求的收益率越高。实证研究表明，公司长期债券的风险大于国库券，要求的收益率也高于国库券；普通股股票的风险大于公司债券，要求的收益率也高于公司债券；小公司普通股股票的风险大于大公司普通股股票，要求的收益率也大于大公司普通股股票。风险越大，要求的收益率也越高，风险和收益之间存在对应关系。风险附加率是投资者要求的除纯利率和通货膨胀附加率之外的风险补偿，用下式表示：

$$风险附加率 = 流动性风险附加率 + 违约风险附加率 + 期限风险附加率 \quad (式1-2)$$

（1）流动性风险附加率。资产的流动性是资产以合理的价格转化为现金的能力。不同证券的流动性是不同的。对于预期难以以合理的价格转化为现金的变现力风险，投资者要求相应的补偿，即流动性风险附加率。

（2）违约风险附加率。违约风险附加率是投资者承担的债务人到期无法还本付息的可能性。违约风险越高，投资者要求的报酬率就越高。违约风险与债务人的经营和财务状况有关，经营不善导致财务状况不佳的债务人到期不能清偿债务本金和利息的可能性越大，违约风险就越高。根据债务人的经营和财务状况，信用评定机构确定信用等级，代表违约风险的高低。信用等级越低，违约风险就越高。

（3）期限风险附加率。期限风险附加率是指因到期时间长短不同而形成的利率变动的风险。一般而言，到期时间越长，利率变化的可能性就越大，利率变动导致证券价格波动，从而使投资者蒙受损失的可能性增大。如果利率上升，长期债券的价格就下降，投资者会遭受损失。期限风险附加率就是对投资者承担利率变动风险的一种补偿。

三、法律环境

财务管理的法律环境是指企业和外部发生经济关系时所应遵守的各种法律、法规和规章。企业在其经营活动中，要和国家、其他企业或社会组织、企业职工或其他公民及国外的经济组织或个人发生经济关系。国家管理这些经济活动和经济关系的手段包括行政手段、经济手段和法律手段三种。在市场经济条件下，行政手段逐步减少，而经济手段特别是法律手段日益增多，越来越多的经济关系和经济活动的准则用法律的形式固定下来。同时，众多的经济手段和必要的行政手段的使用，也必须逐步做到有法可依，从而转化为法律手段的具体形式，真正实现国民经济管理的法制化。

企业的理财活动，无论是筹资、投资还是利润分配，都要和企业外部发生经济关系。在处理这些经济关系时，应当遵守有关的法律规范。

（一）企业组织法律规范

企业组织必须依法成立。组建不同的企业，要依照不同的法律规范，包括《中华人民共和国公司法》（以下简称《公司法》）、《中华人民共和国外资企业法》《中华人民共和国中外合资经营企业法》《中华人民共和国中外合作经营企业法》《中华人民共和国个人独资企业法》《中华人民共和国合伙企业法》等。这些法律规范既是企业的组织法，又是企业的行为法。

例如，《公司法》对公司制企业的设立条件、设立程序、组织机构、组织变更和终止的条件和程序等都做了规定，包括股东人数、法定资本的最低限额、资本的筹集方式等。公司一旦成立，其主要的活动，包括财务管理活动，都要按照《公司法》的规定来进行。因此，《公司法》是公司财务管理最重要的强制性规范，公司的理财活动不能违反该法律，公司的自主权不能超出该法律的限制。

（二）税收法律规范

任何企业都有法定的纳税义务。有关税收的立法分为三类：所得税的法规、流转税的法规、其他地方税的法规。

除上述法律规范外，与企业财务管理有关的其他经济法律规范还有许多，包括各种证券法律规范、结算法律规范、合同法律规范等。财务人员要熟悉这些法律规范，在守法的前提下完成财务管理的职能，实现企业的财务目标。

本章小结

1. 财务管理是企业财务活动的重要组成部分，它是一项以资金运动为对象，利用资金成本、收入等价值形式组织企业生产经营中的价值形成、实现和分配，并处理在这种价值运动中的经济关系的综合性管理活动。

2. 财务管理的主体有主管财政机关、企业投资者和经营者。

3. 财务管理的原则有成本效益原则、风险与收益均衡原则、资源合理配置原则、利益关系协调原则。

4. 财务管理的目标主要包括四种观点：利润最大化、股东财富最大化、企业价值最大化和相关者利益最大化。财务管理是一项综合性的价值管理活动，企业价值最大化是其追求的理想目标。对股东、经营者和债权人等利益相关者的协调是实现财务管理目标的重要工作。

5. 财务管理的内容由筹资、投资资金营运和股利分配等环节组成，筹资是财务管理活动的起点，投资是财务管理的目的和归宿，资金营运是财务管理的过程，股利分配是财务管理的结果。

6. 财务管理中的财务关系是指企业在组织理财活动过程中与有关各方所发生的经济利益关系。财务管理的财务关系主要有与投资者之间的关系，与债权人之间的关系，与政府之间的关系，与其他利益相关者之间的关系等。

7. 财务管理环境是指对财务管理活动和财务管理产生影响作用的企业内外部各种条件或因素的总称。

一、本章关键词

财务管理（financial management）
财务管理目标（objective of financial management）
利润最大化（profit maximization）
股东财富最大化（stockholder wealth maximization）
企业价值最大化（corporate value maximization）
代理问题（agency problem）
代理成本（agency cost）
财务管理环境（environment of financial management）

二、思考题

1. 简述以股东财富最大化为财务管理目标的优点。
2. 利润最大化是财务管理的最优目标吗？为什么？
3. 委托人和代理人的天然冲突是什么？如何减少这种冲突？
4. 财务管理的四个主要领域是什么？对每个领域各举一个财务活动的例子。
5. 你认为企业财务活动与财务关系相比，哪个更重要？
6. 债权人与企业之间的矛盾是什么？怎样协调？
7. 金融市场环境对财务管理的影响是什么？
8. 通货膨胀与企业理财有何关系？

三、基础训练测试

（一）单项选择题

1. 财务管理的核心是（　　）。
A. 财务预测　　　　　　　　　　　B. 财务决策
C. 财务预算　　　　　　　　　　　D. 财务控制
2. 某公司董事会召开公司战略发展讨论会，拟将企业价值最大化作为财务管理目标，下列理由中，难以成立的是（   ）。
    A. 有利于规避企业短期行为   B. 有利于量化考核和评价
    C. 有利于持续提升企业获利能力   D. 有利于均衡风险与报酬的关系
  3. 下列各项企业财务管理目标中，能够同时考虑资金的时间价值和投资风险因素的是（   ）。
    A. 产值最大化   B. 利润最大化
    C. 每股收益最大化   D. 企业价值最大化
  4. 下列各项中，能够用于协调企业所有者与企业债权人矛盾的方法是（   ）。
    A. 解聘   B. 监督
    C. 激励   D. 停止借款
  5. 按照金融工具的属性将金融市场分为（   ）。
    A. 发行市场和流通市场   B. 基础性金融市场和金融衍生品市场
    C. 短期金融市场和长期金融市场   D. 一级市场和二级市场

（二）多项选择题
  1. 在某公司财务目标研讨会上，张经理主张"贯彻合作共赢"的价值理念，做大企业的财富蛋糕；李经理认为既然企业的绩效按年度考核，财务目标就应当集中体现当年利润指标；王经理提出应将企业长期稳定的发展放在首位，以便创造更多的价值。上述观点涉及的财务管理目标有（   ）。
    A. 利润最大化   B. 企业规模最大化
    C. 企业价值最大化   D. 相关者利益最大化
  2. 债权人为了防止自身利益被损害，通常采取（   ）等措施。
    A. 优于股东分配剩余财产   B. 在合同中增加限制性借款条款
    C. 收回借款，不再借款给债务人   D. 参加董事会，进行相关决策
  3. 财务管理目标最具代表性的观点有（   ）。
    A. 利润最大化   B. 股东财富最大化
    C. 企业价值最大化   D. 资本利润率最大化

（三）综合分析题
  结合目前的经济热点问题和某一企业实际经营情况，分析企业的投资策略，结合当前经济环境和企业经营情况分析企业应该采取的财务管理措施。

第二章　货币时间价值的计算和风险估价

学习目标

知识目标：要求学生了解风险的种类、风险与报酬的关系；理解货币时间价值的含义；掌握货币时间价值的计算和风险衡量的方法。

能力目标：能够计算货币时间价值，能够度量各种风险，能够测算均衡背景下的报酬风险与收益。能够计算各种年金终值、现值及相关收益率和时期数。

本章教学建议

本章的计算是一个难点，通过现金流量图直观展示相关计算过程是一种有效的教学方法，也可以利用动画、结合 Excel 等电子表格工具，使学生尽快进入课程学习角色，提升学生的专业应用技巧与能力，扩展学生的知识面与思维方式。

本章导读

货币的时间价值是客观存在的经济范围，任何企业的财务活动，都是在特定的时空中进行的。货币的时间价值原理，正确地揭示了不同时点上货币之间的换算关系，是财务决策的基本依据。为此，财务人员必须了解货币的时间价值的概念和计算方法。

第一节　货币时间价值的计算

一、货币时间价值的概念

我们把一定数额的货币资金存入银行，若干期后我们发现可以从银行拿到的资金数额比原来多了一些，这多出来的部分就是我们通常所说的利息。问题是，我们什么也没有做，钱为什么会有所增长？利息是银行支付给我们的，银行为什么要给我们支付利息？利息到底应该支付多少？我们如何确定这一数额的大小？从这些问题当中，我们就可以多少感知到货币时间价值的存在以及它的现实意义。

货币的时间价值（time value of money）这个概念认为，目前拥有的货币比未来收到的同样金额的货币具有更大的价值,因为目前拥有的货币可以进行投资,在目前到未来这段时间里获得收益。即使没有通货膨胀的影响,只要存在投资机会,货币的现值就一定大于它的未来价值。

关于时间价值的概念,西方国家的传统说法是:即使在没有风险和没有通货膨胀的条件下,今天1元钱的价值亦大于1年以后1元钱的价值。股东投资1元钱,就牺牲了当时使用或消费这1元钱的机会或权利,按牺牲时间计算的这种牺牲的代价或报酬,就叫时间价值。但是这些概念都没有揭示时间价值的真正来源。

承接开篇我们提出的关于银行存款利息的问题,我们可以做进一步探讨。当我们把资金存入银行,我们虽然没有利用这部分资金,但是银行却没有让这部分资金闲置,而是将其充分地加以利用,或放贷,或再投资,从而创造出了更多的社会财富。我们作为最初资金的贡献者,理应参与到这些新财富的分配过程当中去,这便是银行存款利息的来源。至于利息的多少,取决于当前社会资金创造财富的一个平均水平。

综上所述,货币的时间价值的概念是在不考虑风险和通货膨胀条件下,资金被投入到生产经营和流通周转过程中所创造出的新的社会财富,其大小通常为社会平均资金利润率或平均投资报酬率。

我们研究货币时间价值的目的在于,计算确定不同时间收到或付出货币之间的数量关系。现在的1元钱不等于1年后的1元钱,那么,现在的1元钱等于1年后的多少钱,而1年后的1元钱又等于现在的多少钱?这些都属于时间价值的计算问题。货币时间价值计算的关键是计算终值和现值,终值和现值的差额就是货币的时间价值。

二、一次性收付款项的终值和现值

(一) 相关概念

为便于时间价值的计算,我们首先对一些相关的名词概念做一解释。

1. 终值和现值。所谓终值(the future value),又称将来值,是现在一定量的资金折算到未来某一时点所对应的金额,通常记作 F;所谓现值(the present value),是未来某一时点上的一定量资金折算到现在所对应的金额,通常记作 P。

现值和终值是一定量资金在前后两个不同时点上对应的价值,其差额即为资金的时间价值。现实生活中计算利息时所称本金、本利和的概念相当于资金时间价值理论中的现值和终值,利率(用 i 表示)可视为资金时间价值的一种具体表现;现值和终值对应的时点之间可以划分为 n 期($n \geq 1$),相当于计息期。

2. 单利和复利。单利和复利是两种不同的计算利息的方式。单利,是只对最初的本金计算利息,以后各期所产生的利息不能复生利息。复利,以前期的本利和作为下一期的本金,反复计算利息,俗称"利滚利"。

对货币时间价值计算过程中的有关指标用符号表示如下:

P——现值,F——终值,I——利息额,i——利息率,n——期数。

(二) 单利终值和现值的计算

1. 单利终值的计算。单利终值的计算公式为:

$$F = P + I = P(1 + n \times i)$$ (式2-1)

【例 2-1】 一笔期限为 3 年,年利率为 6% 的 100 万元的贷款,按单利计算,利息总额和本利和分别为:

$I = 100 \times 6\% \times 3 = 18$（万元）

$F = 100 \times (1 + 3 \times 6\%) = 118$（万元）

2. 单利现值的计算。单利现值的计算公式为:

$$P = F/(1 + n \times i) \quad \text{(式 2-2)}$$

【例 2-2】 某人希望在 5 年末取得本利和 1 000 元,以支付一笔债务。当前利率为 5%,单利计息条件下,此人现在需要存入银行的资金为:

$P = 1\,000/(1 + 5 \times 5\%) = 800$（元）

(三) 复利现值和终值的计算

1. 复利终值的计算。复利终值的计算公式为:

$$F = P \times (1 + i)^n \quad \text{(式 2-3)}$$

其中,$(1+i)^n$ 为复利终值系数,记作 $(F/P, i, n)$;n 为计息期,该系数可以在本书附表 1 中查询到。

【例 2-3】 某人将 1000 元存入银行,年利率为 7%,复利计息,5 年后此人可得本利和为:

$F = 1\,000 \times (1 + 7\%)^5 = 1\,403$（元）

或者可写成记号形式:

$F = 1\,000 \times (F/P, 7\%, 5) = 1\,000 \times 1.403 = 1\,403$（元）

2. 复利现值的计算。复利现值的计算公式为:

$$P = F/(1+i)^n = F \times (1+i)^{-n} \quad \text{(式 2-4)}$$

其中,$(1+i)^{-n}$ 为复利现值系数,记作 $(P/F, i, n)$;n 为计息期,该系数可以在本书附表 2 中查询到。

【例 2-4】 某投资项目预计 6 年后可得收益 800 万元,按年折现率 12% 计算,则这笔收益的现值是:

$P = F \times (1 + 12\%)^{-6} = 800 \times (P/F, 12\%, 6) = 800 \times 0.5066 = 405.28$（万元）

三、年金终值和现值

以上四个公式都是针对一次性收付款项时间价值的计算。除此之外,现实经济生活中还存在一定时期内多次收付款项,即系列收付款项的现象。年金就是这样一类特殊的分期收付款项的方式,它必须同时满足三个特性,即连续性、等额性和同期性。简而言之,年金是指一定时期内每次等额收付的系列款项,通常记作 A。企业的财务活动中,许多款项的收支都表现为年金的形式,如租金、折旧费、保险费等。年金按具体收付款时间点的不同,又分为四种,即普通年金（后付年金）、即付年金（先付年金）、递延年金和永续年金。

(一) 普通年金

普通年金是指从第一期起,在一定时期内每期期末等额发生的系列收付款项,又称后付年金。

1. 普通年金终值计算（已知年金 A,求终值 F）。指一定时期内,每期期末等额收入或支出的本利和,也就是将每期的金额按复利换算到最后一期期末的终值,然后加总,就是该年金终值,记作 $F = A(F/A, i, n)$。推导过程如图 2-1 所示。

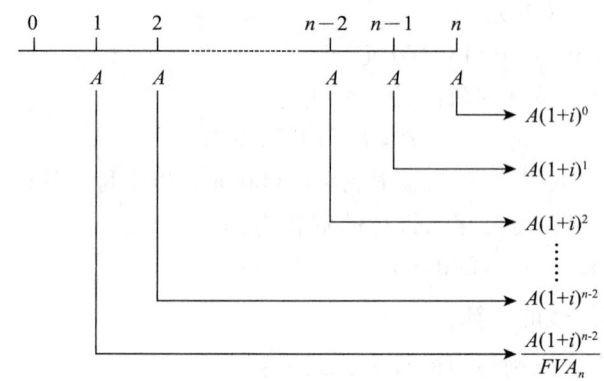

图 2-1 普通年金终值计算示意图

设每年的支付金额为 A,利率为 i,期数为 n,则按复利计算的年金终值 F 为:

$$F_n = A(1+i)^0 + A(1+i)^1 + A(1+i)^2 + \cdots\cdots + A(1+i)^{n-2} + A(1+i)^{n-1}$$
$$= A\sum_{t=1}^{n}(1+i)^{t-1} \tag{式 2-5}$$

以上推导过程是等比数列的求和公式。为了简化计算,普通年金终值的计算公式也可以用下式:

$$F = A \times \frac{(1+i)^n - 1}{i} \tag{式 2-6}$$

式中,$\frac{(1+i)^n - 1}{i}$ 为普通年金终值系数,利率为 i,经过 n 期的年金终值系数记作 $(F/A, i, n)$,可查普通年金终值系数表(附表3)。

【例 2-5】某企业在以后 5 年内于每年年末存入银行 3 000 元,银行的年复利率为 10%,要求计算 5 年后的本利和。

已知:$A = 3\,000$,$i = 10\%$,$n = 5$

$$F = 3\,000 \times \frac{(1+i)^n - 1}{i} = 3\,000 \times (F/A, 10\%, 5) = 3\,000 \times 6.105 = 18\,315 \text{(元)}$$

2. 偿债基金的计算(已知终值 F,求年金 A)。偿债基金是指为了在约定的未来某一时点清偿某笔债务或积聚一定数额的资金而必须分次等额形成的存款准备金。由于每次形成的等额准备金类似于年金存款,因而同样可以获得按复利计算的利息,所以债务实际上等于年金终值,每年提取的偿债基金等于年金 A。也就是说,偿债基金的计算实际上是普通年金终值的逆运算。其计算公式为:

$$A = F / \frac{(1+i)^n - 1}{i} = F / (F/A, i, n) \tag{式 2-7}$$

【例 2-6】某企业有一笔 4 年到期的借款,到期值为 1 000 万元。若存款年复利率为 10%,则为偿还该项借款应建立的偿债基金为:

$$A = 1\,000 / \frac{(1+10\%)^4 - 1}{10\%} = 1\,000 / (F/A, 10\%, 4) = 1\,000 / 4.6410 = 215 \text{(万元)}$$

3. 普通年金现值计算（已知年金 A，求现值 P）。指一定时期内，每期期末等额收入或支出款项的复利现值之和，记作 $P = A(P/A, i, n)$。推导如下：

由图 2-2 可知，年金现值的计算公式为：

$$P = A\frac{1}{(1+i)^1} + A\frac{1}{(1+i)^2} + \cdots\cdots + A\frac{1}{(1+i)^{n-1}} + A\frac{1}{(1+i)^n}$$

$$= A\sum_{t=1}^{n}\frac{1}{(1+i)^t} \qquad (式2-8)$$

以上推导过程是等比数列的求和公式。为了简化计算，普通年金现值的计算公式也可以用下式：

$$P = A \times \frac{1 - (1+i)^{-n}}{i} \qquad (式2-9)$$

式中，$\frac{1-(1+i)^{-n}}{i}$ 为普通年金现值系数，利率为 i，经过 n 期的年金现值系数记作 $(P/A, i, n)$，可查普通年金现值系数表（附表 4）。普通年金现值的计算公式可写为：

$$P = A \times (P/A, i, n) \qquad (式2-10)$$

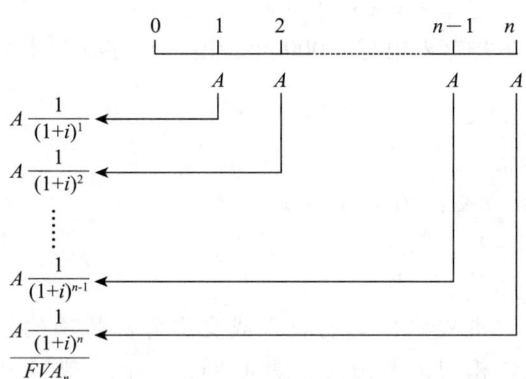

图 2-2 普通年金现值计算示意图

【例 2-7】某企业计划租用 1 套设备，租期为 6 年，合同规定每年年末支付租金 1 000 元，年利率为 5%，试计算 6 年租金的现值是多少？

已知：$A = 1\,000$，$i = 5\%$，$n = 6$，则

$P = A(P/A, i, n)$

$= A(1 - (1+i)^{-n})/i$

$= 1\,000 \times 5.076 = 5\,076$（元）

4. 资本回收额（已知现值 P，求年金 A）。资本回收额是指在约定的时间内等额回收初始投入资本或清偿债务的金额。资本回收额的计算为普通年金现值的逆运算。其计算公式为：

$$A = P \Big/ \frac{1-(1+i)^{-n}}{i} = P/(P/A, i, n) \qquad (式2-11)$$

【例 2-8】某企业借得 1 000 万元的贷款，在 10 年内以年利率 12% 等额偿还，则每年应付的金额为：

$$A = 1\,000 / \frac{1 - (1+12\%)^{-10}}{12\%} = 1\,000 / (P/A, 12\%, 10) = 176.99 \text{ 万元}$$

(二) 即付年金

即付年金是指从第一期起,在一定时期内每期期初等额发生的系列收付款项,又称先付年金。它与普通年金的区别仅在于收付款项的时间不同。

1. 即付年金终值计算。是其最后一期期末时的本利和,相当于各期期初等额收付款项的复利终值之和。n 期先付年金与 n 期普通年金的收付款次数相同,但由于付款时间不同,n 期先付年金终值比 n 期普通年金的终值多计算一期利息。因此,在 n 期普通年金终值的基础上乘以 $(1+i)$ 就得出 n 期先付年金的终值了,公式为:

$$F = A \times \frac{(1+i)^n - 1}{i} \times (1+i) \qquad \text{(式 2-12)}$$

或者

$$F = A \times \left[\frac{(1+i)^{n+1} - 1}{i} - 1 \right] \qquad \text{(式 2-13)}$$

这样,通过查阅普通年金终值系数表(附表3)得到 $(n+1)$ 期的值,然后减 1 变可得即付年金终值系数的数值,记作 $F = A \cdot [(F/A, i, n+1) - 1]$。

【例 2-9】某人每年年初存入银行 1 000 元,银行年存款利率为 8%,则第 10 年年末的本利和是:

$$F = 1\,000 \times \left[\frac{(1+8\%)^{10+1} - 1}{8\%} - 1 \right]$$
$$= 1\,000 \times [(F/A, 8\%, 10+1) - 1]$$
$$= 1\,000 \times (16.645 - 1)$$
$$= 15\,645 \text{ (元)}$$

2. 即付年金现值计算。是指每期起初收入或支出等额款项的复利现值之和,与 n 期普通年金现值相比,付款次数相同,但由于付款时间的不同,普通年金比即付年金多贴现 1 期。因此,在 n 期普通年金现值的基础上乘以 $(1+i)$ 就得出 n 期先付年金的现值了,公式为:

$$P = A \times \frac{1 - (1+i)^{-n}}{i} \times (1+i)$$
$$= A \times \left[\frac{1 - (1+i)^{-(n-1)}}{i} + 1 \right] \qquad \text{(式 2-14)}$$

这样,通过查阅普通年金现值系数表(附表4)得到 $(n-1)$ 期的值,然后加 1 变可得即付年金现值系数的数值,记作 $P = A \cdot [(P/A, i, n-1) + 1]$。

【例 2-10】某企业租入 1 套生产线,预计在未来 10 年内每年年初需要支付租金为 50 000 元,假如银行年复利率为 12%,那么这笔租金相当于现值的钱数为:

$$p = 50\,000 \times \left[\frac{1 - (1+12\%)^{-(10-1)}}{12\%} + 1 \right]$$
$$= 50\,000 \times [(P/A, 12\%, 10-1) + 1]$$
$$= 50\,000 \times (5.328 + 1) = 316\,400 \text{ (元)}$$

(三) 递延年金

递延年金又称"延期年金",是指第一次收付款项发生时间与第一期无关,而是若干期后等额的系列收付款项，它是普通年金的特殊形式，凡不是从第一期开始的年金都是递延年金。

1. 递延年金终值。它的计算完全可以利用普通年金终值公式来计算（因为递延期内没有年金），假设发生等额收付款项的期数为 n，未发生等额收付款项的期数为 m，则递延年金终值的计算公式为：

$$F = A \times \frac{(1+i)^n - 1}{i} = A \times (F/A, i, n) \qquad （式2-15）$$

2. 递延年金现值计算。

第一种方法：先按照普通年金计算出年金在 m 期期末的现值，然后再复利折现 m 期就是递延年金的现值。计算公式：

$$P = A \times (P/A, i, n) \times (P/F, i, m) \qquad （式2-16）$$

第二种方法：假设前 m 期也有年金发生，那么就构成了一个普通年金，按照 $m+n$ 期计算出年金现值后，再减去假设存在的 m 期的年金现值就是递延年金的现值。计算公式：

$$P = A \times [(P/A, i, n+m) - (P/A, i, m)] \qquad （式2-17）$$

第三种方法：先按照普通年金终值的计算方法计算出递延年金的终值，然后再复利折现到 0 时点计算出递延年金的现值。计算公式：

$$P = A \times (F/A, i, n) \times (P/F, i, m+n) \qquad （式2-18）$$

具体结合图示讲解如下：

方法一：把递延期以后的年金套用普通年金公式求现值，这时求出来的现值是第一个等额收付前一期的数值，再往前推递延期期数就得出了递延年金的现值，如图 2-3 所示。

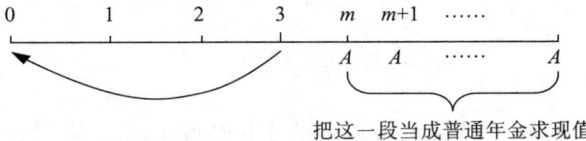

图 2-3 递延年金现值计算方法一图示

方法二：把递延期每期期末都当作有等额的收付，把递延期和以后各期看成是一个普通年金，计算这个普通年金的现值，再把递延期多算的年金现值减去即可，如图 2-4 所示。

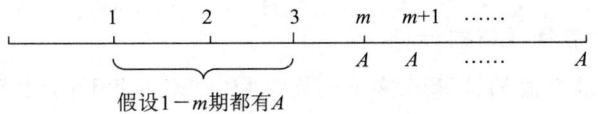

图 2-4 递延年金现值计算方法二图示

方法三：先求递延年金的终值，再将终值换算成现值，如图 2-5 所示。

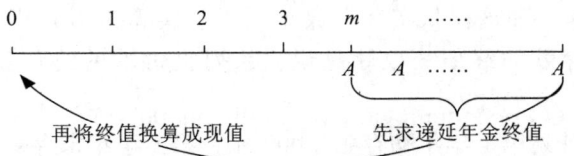

图 2-5 递延年金现值计算方法三图示

注意在计算递延年金现值时,如遇到期初问题可转化为期末问题处理,如从第 4 年年初开始支付,相当于从第 3 年年末开始支付。

【例 2-11】某人在年初存入一笔资金,存满 5 年后每年年末取出 1 000 元,至第 10 年年末取完,银行存款利率为 10%,则此人应在最初一次存入银行的钱数为:

已知:$m=5$,$n=5$,$i=10\%$,$A=1\,000$

方法一:$P = 1\,000 \times (P/A,10\%,5) \times (P/F,10\%,5)$
$= 1\,000 \times 3.7908 \times 0.6209 = 2\,354$(元)

方法二:$P = 1\,000 \times [(P/A,10\%,10) - (P/A,10\%,5)]$
$= 1\,000 \times (6.1446 - 3.7908) = 2\,354$(元)

方法三:$P = 1\,000 \times (P/A,10\%,5) \times (P/F,10\%,10)$
$= 1\,000 \times 6.1051 \times 0.3855 = 2\,354$(元)

(四) 永续年金

永续年金是指期限为无穷的年金,它也是普通年金的一种特殊形式。优先股的固定股利,存本取息都可以看作永续年金的例子。英国有一种没有到期日的国债,国债利息也可视为永续年金。由于永续年金没有具体的到期日,所以永续年金没有终值的计算问题。永续年金只能计算现值,而且永续年金现值的计算用途十分广泛,如股票、债券的估价等。

永续年金现值的计算公式,可根据普通年金现值的计算公式推导如下:

根据年金现值的计算公式,我们知道:$P = \dfrac{1-(1+i)^{-n}}{i}$

当 $n \to \infty$ 时,$\dfrac{1}{(1+i)^n} \to 0$

故: $P = \dfrac{A}{i}$ （式 2-19）

【例 2-12】某企业的优先股股票每年定期支付股息 6 元。假设目前的市场利率为 10%,要求对该优先股股票进行定价。

$P = 6/10\% = 60$(元)

四、时间价值计算中的几个特殊问题

(一) 不等额现金流量现值的计算

1. 不等额现金流量终值的计算。这个问题实际上就是将不同时点的资金逐一换算为未来某一时点的终值再求其合计的过程。如在 n 年内,已知每年年末存款 R_t($t=1,2,\cdots,n$),求第 n 年年末一次取出的本利和是多少。这类问题就属于求系列收付款终值的问题,它是由一次性存款现值求终值的发展,即分别将不同时点存款的现值(当时值)按一定的利率(单利率或复利率)和该存款实际存放年限逐一换算为第 n 年年末的终值,再将它们加起来,便得到系列存款的终值。也就是说,系列收付款的终值就是每笔收付款的单利(复利)终值之和。

【例 2-13】某人计划第 1 年年初存款 8 000 元,第 1 年年末存款 10 000 元,第 3 年年初存款 20 000 元,第 4 年年末存款 25 000 元。假定年利率为 10%。

(1) 若单利计息,则第 5 年年末系列存款的本利和为:

$F = 8\,000 \times (1 + 5 \times 10\%) + 10\,000 \times (1 + 4 \times 10\%) + 20\,000 \times (1 + 3 \times 10\%)$
$\quad + 25\,000 \times (1 + 1 \times 10\%) = 79\,500$（元）

（2）若按年复利计息，则第 5 年年末系列存款的本利和为：

$F = 8\,000 \times (1 + 10\%)^5 + 10\,000 \times (1 + 10\%)^4 + 20\,000 \times (1 + 10\%)^3 + 25\,000 \times (1 + 10\%)$

$\quad = 8\,000 \times 1.6105 + 10\,000 \times 1.4641 + 20\,000 \times 1.3310 + 25\,000 \times 1.1$

$\quad = 81\,645$（元）

2. 不等额现金流量的现值的计算。这个问题实质上是将不同时点的资金逐一换算为事前某一时点的现值再求其合计的过程。如在 n 年内每年年末取款（本利和）R_t（$t = 1, 2, \cdots, n$），第 n 年取完，问事先应一次性存入银行多少钱（一次存入，分次取出）？这实际上是由一次性取款终值换算为现值问题的发展，只需将各期取款额（当期终值）分别折算为期初（第 0 年）的现值，那么这些现值的合计数就是所求的系列收付款项的现值。也就是说，系列收付款的现值就是每笔收付款的单利（复利）现值之和。

【例 2 – 14】某人计划第 1 年年初取款 8 000 元，第 1 年年末取款 10 000 元，第 3 年年初取款 20 000 元，第 4 年年末取款 25 000 元。假定年利率为 10%。

（1）若单利计息，则第 1 年年初系列取款的现值为：

$F = 8\,000 + \dfrac{10\,000}{1 + 1 \times 10\%} + \dfrac{20\,000}{1 + 2 \times 10\%} + \dfrac{25\,000}{1 + 4 \times 10\%} = 51\,614.72$（元）

（2）若按年复利计息，则第 1 年年初系列取款的现值为：

$F = 8\,000 + 10\,000 \times (1 + 10\%)^{-1} + 20\,000 \times (1 + 10\%)^{-2} + 25\,000 \times (1 + 10\%)^{-4}$

$\quad = 8\,000 + 10\,000 \times (P/F, 10\%, 1) + 20\,000 \times (P/F, 10\%, 2) + 25\,000 \times (P/F, 10\%, 4)$

$\quad = 8\,000 + 10\,000 \times 0.9091 + 20\,000 \times 0.8264 + 25\,000 \times 0.6830$

$\quad = 50\,694$（元）

（二）年金和不等额现金流量混合情况下的现值计算

在年金和不等额现金流量混合的情况下，能用年金公式计算现值便用年金公式计算，不能用年金计算的部分便用复利公式计算。

【例 2 – 15】某系列现金流量如表 2 – 1 所示，贴现率为 9%，求这一系列现金流量的现值。

表 2 – 1　　　　　　　　　　　某系列现金流量表

年	1	2	3	4	5	6	7	8	9	10
现金流量	1 000	1 000	1 000	1 000	2 000	2 000	2 000	2 000	2 000	3 000

先必须求出 5 ~ 9 年年金的现值系数。有以下两种方法：

$PVIFA_{9\%, 5\sim9} = PVIF_{9\%, 5} + PVIF_{9\%, 6} + PVIF_{9\%, 7} + PVIF_{9\%, 8} + PVIF_{9\%, 9}$

$\quad = 0.650 + 0.596 + 0.547 + 0.502 + 0.460$

$\quad = 2.755$

或

$$PVIFA_{9\%,5\sim9} = PVIFA_{9\%,9} - PVIFA_{9\%,4}$$
$$= 5.995 - 3.240$$
$$= 2.755$$

再求这一现金流量的现值:
$$PV_0 = 1\,000 \times PVIFA_{9\%,4} + 2\,000 \times PVIFA_{9\%,5\sim9} + 3\,000 \times PVIFA_{9\%,10}$$
$$= 1\,000 \times 3.240 + 2\,000 \times 2.755 + 3\,000 \times 0.422$$
$$= 10\,016 \text{（元）}$$

（三）计息期短于 1 年时时间价值的计算

当计息期短于 1 年,而使用的利率又是年利率时,计息期数和计息率均应按下列公式进行换算:

$$r = i/m \quad \text{（式 2-20）}$$
$$t = m \times n \quad \text{（式 2-21）}$$

其中,r 代表期利率,i 代表年利率,m 代表每年的计息期数,n 代表年数,t 代表换算后的计息期数。

【例 2-16】 某人准备在第 5 年年末获得 1 000 元收入,年利息率为 10%。试计算:
(1) 如果每年计息一次,问现在应存多少钱?
(2) 每半年计息一次,现在应存多少钱?

①如果每年计息一次,则 $n = 5$,$I = 10\%$,$FV_5 = 1\,000$,那么,
$$PV = FV_n \times PVIF_{i,n}$$
$$= 1\,000 \times PVIF_{10\%,5}$$
$$= 1\,000 \times 0.621$$
$$= 621 \text{（元）}$$

②每半年计息一次,则 $m = 2$,
$$r = i/m = 10\%/2 = 5\%$$
$$t = m \times n = 5 \times 2 = 10$$
则:
$$PV = FV_{10} \times PVIF_{5\%,10}$$
$$= 1\,000 \times 0.614$$
$$= 614 \text{（元）}$$

（四）折现率的计算

1. 折现率的推算。在前面计算终值和现值时,都假定利率是给定的,但在现实财务管理活动中,经常会遇到已知计息期数、终值和现值,求贴现率的问题。

一般来说,求贴现率可以分为两步:第一步求出换算系数,第二步根据系数和有关系数表求贴现率。

【例 2-17】 把 100 元存入银行,10 年后可获得本利和 259.4 元,问银行存款利率是多少?

$$(F/P, i, n) = 259.4/100 = 2.594$$

查复利终值系数表（附表 1）,与 10 年期相对应的贴现率中,10% 的系数为 2.594,因

此,利息率应为 10%。

再以普通年金为例,说明推算折现率的步骤如下:

(1) 计算出 $(F/A, i, n)$ 的值,并令 $(F/A, i, n) = a$。

(2) 查普通年金终值系数表,沿着 n 所在的那一行自左向右横向查找,若恰好找到表中某一系数数值等于 a,则该系数所对应的利率便是所求的 i 值;若无法找到恰好等于 a 的系数值,则进入下一步。

(3) 还在 n 所对应的该行找出与 a 最接近的两个系数值 a_1、a_2,且满足 $a_1 < a < a_2$,利用 a_1、a_2 分别对应的利率 i_1、i_2 代入插值公式计算:

$$i = i_1 + \frac{a_1 - a}{a_1 - a_2} \times (i_2 - i_1) \tag{式 2-22}$$

【例 2-18】现在起每年年末存入银行 2 000 元,要想 4 年后能得到本利和 10 000 元,存款利率应有多高?

$(F/A, i, n) = 10\,000/2\,000 = 5$

查询年金终值系数表(附表 3),在 4 年所在的横行查找:当利率为 15% 时,系数为 4.993,当利率为 16% 时,系数为 5.066,所以要求的利率应在 15%~16% 之间。用插值法计算 i 的值为:

$$i = 15\% + \frac{4.993 - 5}{4.993 - 5.066} \times (16\% - 15\%)$$

$i = 15\% + 0.096\% = 15.096\%$

此外,还要说明几点:

(1) 对于即付年金利率 i 的推算,同样可采用上述方法进行。所不同的是,求出 $(F/A, i, n)$ 的值后,令 $a = (F/A, i, n) + 1$,然后在普通年金终值系数表中沿 $n+1$ 所在的行横向查找,找出与 a 相等或相近的系数,据以确定 i。

(2) 永续年金贴现率 i,可根据其现值计算公式直接求得。

$$P = \frac{A}{i} \Rightarrow i = \frac{A}{P} \tag{式 2-23}$$

(3) 一次性收付款的折现率,也可根据其复利终值(或现值)的计算公式直接求得,而无须查表。

2. 有效年利率。

(1) 含义。有效年利率(EAR)是指在考虑复利效果后付出(或收到)的实际利率,不论一年当中复利的次数为多少,一年中实际上所得到的利率即为有效年利率。

(2) 有效年利率的推算。如果未作特别说明,一般公布的就是年利率。当计息期短于一年,而运用的利率又是年利率时,则应将名义利率换算成有效年利率,复利终值和现值的计算公式也要做适当调整。计算有效年利率可按下列公式计算:

已知:$r = i/m$,$t = m \times n$,则:

$$F = P \times (1 + i/m)^{m \cdot n} = P \times (1 + r)^t \tag{式 2-24}$$

式中:r 代表名义利率,m 代表每年复利次数,n 代表年数,i 代表有效年利率。

注意:复利的现值和终值可不求实际利率,相应调整名义利率再代入相关公式求解。

有效年利率和名义利率的关系:①当计息周期为一年时,名义利率与有效年利率相等;计息周期短于一年时,有效年利率大于名义利率;计息周期长于一年时,有效年利率小于名义利率。②名义利率越大，计息周期越短，有效年利率与名义利率的差异就越大。③名义利率不能完全反映资本的时间价值，有效年利率才能真正反映资本的时间价值。

第二节 风险和收益

本节主要讨论风险和收益的关系，目的是解决估价时如何确定折现率的问题。折现率应当根据投资者要求的必要收益率来确定。实证研究表明，必要收益率的高低取决于投资的风险，风险越大，要求的必要收益率越高。不同风险的投资，需要使用不同的折现率。那么，投资的风险如何计量？特定的风险需要多少收益来补偿？这些就成为选择折现率的关键问题。

一、风险报酬的概述

（一）风险的分类

1. 风险的概念。风险是现代企业财务管理环境的一个重要特征，在企业财务管理的每一个环节都不可避免地要面对风险。

风险是预期结果的不确定性。风险不仅包括负面效应的不确定性，还包括正面效应的不确定性。风险的负面效应，可以称为"危险"，人们对于危险，需要识别、衡量、防范和控制，即对危险进行管理。风险的另一部分即正面效应，可以称为"机会"。人们对于机会，需要识别、衡量、选择和获取。理财活动不仅要管理危险，还要识别、衡量、选择和获取增加企业价值的机会。

在理解风险概念时，首先应明确风险是事件本身的不确定性，具有客观性。特定投资的风险大小是客观的，是否去冒风险及冒多大风险，是可以选择的，是主观决定的。其次，风险可能给投资人带来超出预期的收益，也可能带来超出预期的损失。但从财务管理的角度看，风险主要指无法达到预期收益的可能性。再次，风险和不确定性是有区别的，风险是指事前可以知道所有可能的后果以及每种后果的概率；不确定性是指事前无法知道所有可能的后果，更不清楚每种后果的概率。

2. 风险的类别。风险可按不同的分类标志进行分类：

（1）从个别理财主体的角度看，风险分为系统风险和非系统风险。系统风险是指那些影响所有公司的因素引起的风险，如战争、经济衰退、通货膨胀、高利率等。由于系统风险是影响整个资本市场的风险，所以也称"市场风险"。由于系统风险没有有效的方法消除，所以也称"不可分散风险"。非系统风险是指发生于个别公司的特有事件造成的风险。例如，一家公司的工人罢工、新产品开发失败、失去重要的销售合同、诉讼失败，或者宣告发现新矿藏、取得一个重要合同等。这类事件是非预期的、随机发生的，它只影响一个或少数公司，不会对整个市场产生太大影响。这种风险可以通过多样化投资来分散，即发生于一家公司的不利事件可以被其他公司的有利事件所抵销。由于非系统风险是个别公司或个别资产所特有的，因此也称"特殊风险"或"特有风险"。由于非系统风险可以通过投资多样化分散掉，因此也称"可分散风险"。

（2）从企业的角度看，风险分为经营风险和财务风险。经营风险是指因生产经营方面的原因给企业盈利带来的不确定性。企业生产经营的许多方面都会受到来源于企业外部和内部的诸多因素的影响,具有很大的不确定性。例如,由于原材料供应地的政治经济情况变动,运输路线改变,原材料价格变动,新材料、新设备的出现等因素带来的供应方面的风险;由于产品生产方向不对头,产品更新时期掌握不好,生产质量不合格,新产品、新技术开发试验不成功,生产组织不合理等因素带来的生产方面的风险;由于出现新的竞争对手,消费者爱好发生变化,销售决策失误,产品广告推销不力以及货款回收不及时等因素带来的销售方面的风险。所有这些生产经营方面的不确定性,都会引起企业的利润或利润率的高低变化。财务风险是指由于举债而给企业盈利带来不利影响的可能性。对财务风险的管理,关键是要保证有一个合理的资本结构,维持适当的负债水平,既要充分利用举债经营这一手段获取财务杠杆收益,提高自有资金盈利能力,同时要注意防止过度举债而引起的财务风险的加大,避免陷入财务困境。

(二) 风险报酬的概念及表现形式

财务活动经常是在有风险的情况下进行的。企业决策者一般都讨厌风险,并尽可能地规避风险,愿意要确定的某一报酬率,而不愿意要不确定的某一报酬率,是决策者的共同心态,这种现象叫风险反感。既然存在普遍的风险反感,为什么企业在实践中都要冒风险进行经营和投资呢?其主要原因在于进行风险投资具有双重效应,它是一种危险与机会并存的活动,风险与报酬紧密相连,进行风险投资的企业可以得到超过货币时间价值以上的额外报酬,即风险报酬。

风险报酬可以用绝对数表示,也可用相对数表示——风险报酬额和风险报酬率。所谓风险报酬额,是指投资者因冒风险进行投资而获得的超过资金时间价值的额外报酬;所谓风险报酬率,是指投资者因冒风险进行投资而获得的超过时间价值率的那部分额外报酬率,即风险报酬额与原投资额的比率。如果把通货膨胀因素抽象掉,投资报酬率就是时间价值率和风险报酬率之和。在财务管理中通常用相对数表示,即对风险报酬率加以计量。

二、单项资产的风险和收益

风险的衡量需要使用概率和统计方法。

(一) 概率

在经济活动中,某一事件在相同的条件下可能发生也可能不发生,这类事件称为随机事件。概率就是用来表示随机事件发生可能性大小的数值。通常,把必然发生的事件的概率定为1,把不可能发生的事件的概率定为0,而一般随机事件的概率是介于0与1之间的一个数。概率越大就表示该事件发生的可能性越大。

【例 2-19】某公司有两个投资机会,A 投资机会是一个高科技项目,该领域竞争很激烈,如果经济发展迅速并且该项目搞得好,取得较大市场占有率,利润会很大;否则,利润很小甚至亏本。B 项目是一个老产品并且是必需品,销售前景可以准确预测出来。假设未来的经济情况只有三种:繁荣、正常、衰退,有关的概率分布和预期收益率,如表 2-2 所示。

表 2-2　　　　　　　　　公司未来经济情况表

经济情况	发生概率	A 项目预期收益率(%)	B 项目预期收益率(%)
繁荣	0.3	90	20
正常	0.4	15	15

续表

经济情况	发生概率	A项目预期收益率（%）	B项目预期收益率（%）
衰退	0.3	-60	10
合计	1.0	—	—

在这里，概率表示每一种经济情况出现的可能性，同时也就是各种不同预期收益率出现的可能性。例如，未来经济情况出现繁荣的可能性有0.3，假如这种情况真的出现，A项目可获得高达90%的收益率。也就是说，采纳A项目获利90%的可能性是0.3。当然，收益率作为一种随机变量，受多种因素的影响。我们这里为了简化，假设其他因素都相同，只有经济情况一个因素影响收益率。

（二）离散型分布和连续型分布

如果随机变量（如收益率）只取有限个值，并且对应这些值有确定的概率，则称随机变量是离散型分布。【例2-19】就属于离散型分布，它有三个值，如图2-6所示。

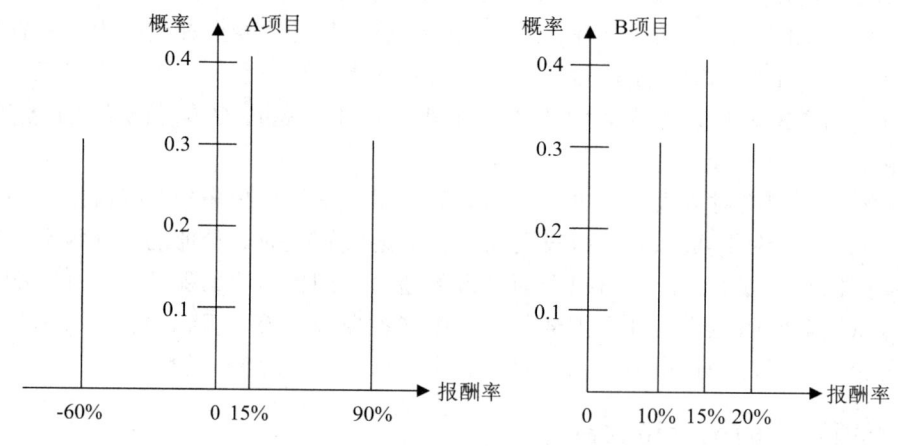

图2-6　离散型分布

实际上，出现的经济情况远不止三种，有无数可能的情况会出现。如果对每种情况都赋予一个概率，并分别测定其收益率，则可用连续型分布描述，如图2-7所示。

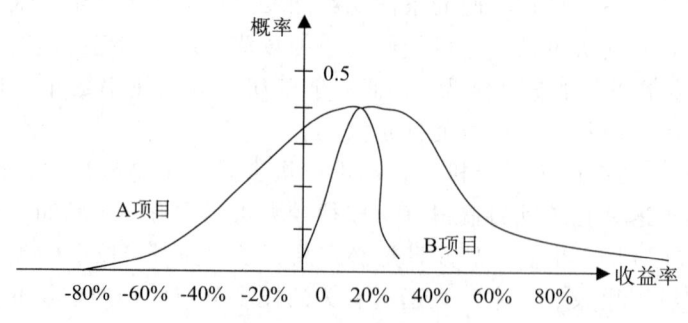

图2-7　连续型分布

从图2-7可以看到，我们给出例子的收益率呈正态分布，其主要特征是曲线为对称的钟形。实际上并非所有问题都按正态分布。但是，按照统计学的理论，不论总体分布是正态还是非正态，当样本很大时，其样本平均数都呈正态分布。一般来说，如果被研究的量受彼此独立的大量偶然因素的影响,并且每个因素在总的影响中只占很小部分,那么,这个总影响所引起的数量上的变化,就近似服从于正态分布。所以,正态分布在统计上被广泛使用。

(三) 预期值

随机变量的各个取值,以相应的概率为权数的加权平均数,这叫作随机变量的预期值(数学期望或均值),它反映随机变量取值的平均化。其计算如以下公式:

$$预期值(\overline{K}) = \sum_{i=1}^{N}(P_i \times K_i) \qquad (式2-25)$$

式中:P_i 表示第 i 种结果出现的概率,K_i 表示第 i 种结果出现后的预期收益率,N 表示所有可能结果的数目。

根据【例 2-19】的资料,据此计算:
预期收益率(A) = 0.3 × 90% + 0.4 × 15% + 0.3 × (-60%) = 15%
预期收益率(B) = 0.3 × 20% + 0.4 × 15% + 0.3 × 10% = 15%

两者的预期收益率相同,但其概率分布不同(见图 2-6)。A 项目的收益率分散程度大,变动范围在 -60% ~ 90%;B 项目的收益率分散程度小,变动范围在 10% ~ 20%。这说明两个项目的收益率相同,但风险不同。为了定量地衡量风险大小,还要使用统计学中衡量概率分布离散程度的指标。

需要说明的是,现实中要找到随机变量的概率是相当困难的,因此还可以采用如下方法计算预期值:首先,收集能够代表预测期收益率分布的历史收益率的样本,假定所有历史收益率的观察值出现的概率相等,那么预期收益率就是所有数据的简单算术平均值。

【例 2-20】某公司股票的历史收益率数据如表 2-3 所示,请用算术平均值估计预期收益率。

表 2-3　　　　　　　　　某公司股票的历史收益率　　　　　　　　　单位:%

年度	1	2	3	4	5	6
收益率	26	11	15	27	21	32

解答:预期收益率 = (26% + 11% + 15% + 27% + 21% + 32%)/6 = 22%

(四) 离散程度

离散程度是用于衡量风险大小的统计指标。一般来说,离散程度越大,风险越大;离散程度越小,风险越小。

反映随机变量离散程度的指标包括平均差、方差、标准差、标准离差率和全距等。本书主要介绍标准差和标准离差率两项指标。

1. 标准差。标准差是用来表示随机变量与期望值之间离散程度的一个数值。在已经知道每个变量值出现概率的情况下,标准差可以按下式计算:

$$标准差(\sigma) = \sqrt{\sum_{i=1}^{n}(K_i - \overline{K})^2 \times P_i} \qquad (式2-26)$$

在已知历史收益率(样本)的情况下,样本标准差可以按下式计算:

$$样本标准差 = \sqrt{\frac{\sum_{i=1}^{N}(K_i - \overline{K})^2}{N-1}} \qquad (式2-27)$$

标准差是一个绝对数,在预期收益率相同的情况下,标准差越大,风险越大;标准差越小,风险越小。它用于预期收益率相同的各项投资的风险程度的比较。

根据【例 2-19】的有关数据,据此计算:

A 项目的标准差

$$\sigma_A = \sqrt{(90\% - 15\%)^2 \times 0.30 + (15\% - 15\%)^2 \times 0.40 + (-60\% - 15\%)^2 \times 0.30}$$
$$= 58.09\%$$

B 项目的标准差

$$\sigma_B = \sqrt{(20\% - 15\%)^2 \times 0.30 + (15\% - 15\%)^2 \times 0.40 + (10\% - 15\%)^2 \times 0.30}$$
$$= 3.87\%$$

由于它们的预期收益率相同,因此可以认为 A 项目的风险比 B 项目大。

2. 标准离差率。标准离差率是标准差同预期值之比,也称变化系数。其计算公式为:

$$标准离差率(V) = \frac{标准差}{预期值} \quad (式 2-28)$$

标准离差率是一个相对指标,无论预期值是否相同,标准离差率越大,风险越大;反之,标准离差率越小,风险越小。

【例 2-21】 A 证券的预期收益率为 10%,标准差是 12%;B 证券的预期收益率为 18%,标准差是 20%。

变化系数(A) = 12% ÷ 10% = 1.20

变化系数(B) = 20% ÷ 18% = 1.11

直接从标准差看,B 证券的离散程度较大,能否说 B 证券的风险比 A 证券大呢?不能轻易下这个结论,因为 B 证券的平均收益率较大。如果以各自的平均收益率为基础观察,A 证券的标准差是其均值的 1.20 倍,而 B 证券的标准差只是其均值的 1.11 倍,B 证券的相对风险较小。这就是说,A 证券的绝对风险较小,但相对风险较大,B 证券与此正相反。

(五) 风险控制对策

1. 规避风险。当资产风险所造成的损失不能由该资产可能获得的收益予以抵销时,应当放弃该资产,以规避风险。例如,拒绝与不守信用的厂商业务往来,放弃可能明显导致亏损的投资项目。

2. 减少风险。减少风险主要有两方面意思:一是控制风险因素,减少风险的发生;二是控制风险发生的频率和降低风险损害程度。减少风险的常用方法有:进行准确地预测;对决策进行多方案优选和替代;及时与政府部门沟通获取政策信息;在发展新产品前,充分进行市场调研;采用多领域、多地域、多项目、多品种的经营或投资以分散风险。

3. 转移风险。对可能给企业带来灾难性损失的资产,企业应以一定的代价,采取某种方式转移风险。例如,向保险公司投保;采取合资、联营、联合开发等措施实现风险共担;通过技术转让、租赁经营和业务外包等实现风险转移。

4. 接受风险。接受风险包括风险自担和风险自保。风险自担是指风险损失发生时,直接将损失摊入成本或费用,或冲减利润;风险自保是指企业预留一笔风险金或随着生产经营的进行,有计划地计提资产减值准备等。

三、投资组合的风险和收益

投资组合理论认为,若干种证券组成的投资组合,其收益是这些证券收益的加权平均数,但是其风险不是这些证券风险的加权平均风险,投资组合能降低风险。

这里的"证券"是"资产"的代名词,它可以是任何产生现金流的东西,如一项生产性实物资产、一条生产线或者是一个企业。

(一)证券组合的收益——投资组合的预期收益率

两种或两种以上证券的组合,其预期收益率可以直接表示为:

$$K_p = \sum_{i=1}^{n} K_i W_i \qquad (式2-29)$$

其中:K_i表示第i种证券的预期收益率,W_i表示第i种证券在全部投资额中的比重,n表示组合中的证券种类总数。

(二)证券组合风险——投资组合预期收益率的标准差

投资组合预期收益率的标准差,并不是单个证券标准差的简单加权平均。投资组合的风险不仅取决于组合内的各证券的风险,还取决于各个证券之间的关系。

投资组合收益率概率分布的标准差是:

$$\sigma_p = \sqrt{\sum_{j=1}^{n} \sum_{k=1}^{n} W_j W_k \sigma_{jk}} \qquad (式2-30)$$

式中:n表示组合内证券种类总数,W_j表示第j种证券在投资总额中的比例,W_k表示第k种证券在投资总额中的比例,σ_{jk}表示第j种证券与第k种证券收益率的协方差。

协方差的计算如下:

$$\sigma_{jk} = r_{jk} \sigma_j \sigma_k \qquad (式2-31)$$

式中:r_{jk}表示证券j和证券k收益率之间的预期相关系数,σ_j表示第j种证券的标准差,σ_k表示第k种证券的标准差。

证券j和证券k收益率概率分布的标准差的计算方法,前面讲述单项证券标准差时已经介绍过。

1. 两种证券组合的风险。两种证券组合的收益率的方差为:

$$\sigma_p^2 = W_1^2 \sigma_1^2 + W_2^2 \sigma_2^2 + 2W_1 W_2 r_{12} \sigma_1 \sigma_2 \qquad (式2-32)$$

其中:r_{12}表示相关系数,反映两种证券收益率的相关程度,即两种证券收益率之间相对变动的状态。理论上,相关系数介于区间[-1,1]内。

当$r_{12}=1$时,表明两种证券的收益率具有完全正相关的关系,即它们的收益率变化方向和变化程度完全相同。这时,$\sigma_p^2 = W_1^2 \sigma_1^2 + W_2^2 \sigma_2^2 + 2W_1 W_2 \sigma_1 \sigma_2$,标准差$\sigma_p = W_1 \sigma_1 + W_2 \sigma_2$,即$\sigma_p^2$或$\sigma_p$达到最大。由此表明,组合的风险等于组合中各项证券风险的加权平均值。换句话说,当两种证券的收益率完全正相关时,两种证券的风险完全不能互相抵消,所以这样的证券组合不能降低任何风险。

当$r_{12}=-1$时,表明两种证券的收益率具有完全负相关的关系,即它们的收益率变化方向和变化程度完全相反。此时,$\sigma_p^2 = (W_1 \sigma_1 - W_2 \sigma_2)^2$,$\sigma_p = |W_1 \sigma_1 - W_2 \sigma_2|$,即$\sigma_p^2$或$\sigma_p$达到最小,甚至可能是零,因此,当两种证券的收益率具有完全负相关关系时,两者之间的

风险可以充分地相互抵消，甚至完全消除。因而，由这样的证券组成的组合就可以最大限度地抵消非系统风险。

当 $r_{12}=0$ 时，每种证券的收益率相对于另外证券的收益率独立变动。此时，$\sigma_p^2 = W_1^2\sigma_1^2 + W_2^2\sigma_2^2$，比完全正相关时小，比完全负相关时大，这样的证券组成的组合有风险分散化效应。

在实际中，两项证券的收益率完全正相关和完全负相关的情况几乎是不可能的。绝大多数证券两两之间都具有不完全的相关关系，即 $-1 < r_{12} < 1$。因此，证券投资组合可以降低风险，但不能完全消除风险，组合中的证券种类越多，风险越小，若投资组合中包括全部证券，证券组合就不承担非系统风险，只承担系统风险。因此，只要两种证券之间的相关系数小于1，证券组合收益率的标准差就小于各证券收益率标准差的加权平均数。

【例2-22】假设投资100万元，A和B各占50%。如果A和B完全负相关，即一个变量的增加值永远等于另一个变量的减少值。组合的风险被全部抵消，如表2-4所示。如果A和B完全正相关，即一个变量的增加值永远等于另一个变量的增加值。组合的风险不减少也不扩大，如表2-5所示。

表2-4　　　　　　　　　完全负相关的证券组合数据

方案 年度	A		B		组合	
	收益	收益率（%）	收益	收益率（%）	收益	收益率（%）
20×1	20	40	-5	-10	15	15
20×2	-5	-10	20	40	15	15
20×3	17.5	35	-2.5	-5	15	15
20×4	-2.5	-5	17.5	35	15	15
20×5	7.5	15	7.5	15	15	15
平均数	7.5	15	7.5	15	15	15
标准差	—	22.6	—	22.6	—	0

表2-5　　　　　　　　　完全正相关的证券组合数据

方案 年度	A		B		组合	
	收益	收益率（%）	收益	收益率（%）	收益	收益率（%）
20×1	20	40	20	40	40	40
20×2	-5	-10	-5	-10	-10	-10
20×3	17.5	35	17.5	35	35	35
20×4	-2.5	-5	-2.5	-5	-5	-5
20×5	7.5	15	7.5	15	15	15
平均数	7.5	15	7.5	15	15	15
标准差	—	22.6	—	22.6	—	22.6

【例2-23】假设A证券的预期收益率为10%，标准差是12%。B证券的预期收益率是18%，标准差是20%。假设等比例投资于两种证券，即各占50%。

该组合的预期收益率为：

$K_p = 10\% \times 0.50 + 18\% \times 0.50 = 14\%$

如果两种证券的相关系数等于1，没有任何抵消作用，在等比例投资的情况下该组合的标准差等于两种证券各自标准差的简单算术平均数，即16%。

如果两种证券之间的预期相关系数是0.2，组合的标准差会小于加权平均的标准差，其标准差是：

$$\sigma_p = \sqrt{(0.5 \times 0.5 \times 1.0 \times 0.12^2 + 2 \times 0.5 \times 0.5 \times 0.20 \times 0.12 \times 0.2 + 0.5 \times 0.5 \times 1.0 \times 0.2^2)}$$
$$= \sqrt{0.0036 + 0.0024 + 0.01}$$
$$= 12.65\%$$

从这个计算过程可以看出：只要两种证券之间的相关系数小于1，证券组合收益率的标准差就小于各证券收益率标准差的加权平均数。

2. 多种证券组合的风险。一般来讲，随着证券组合中证券个数的增加，证券组合的风险会逐渐降低，当证券的个数增加到一定程度时，证券组合的风险程度将趋于平稳，这时组合风险的降低将非常缓慢直到不再降低，如图2-8所示。

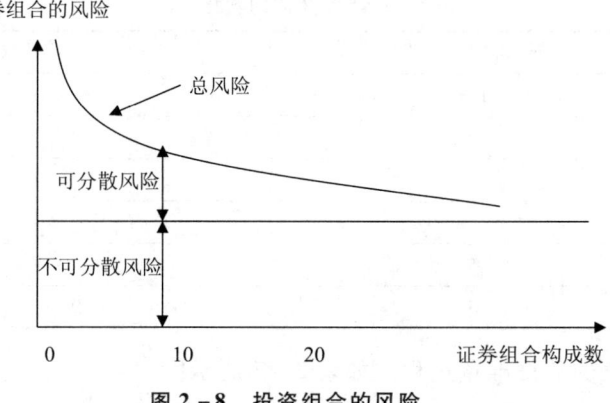

图2-8 投资组合的风险

值得注意的是，在风险分散的过程中，不应当过分夸大证券多样性和证券个数的作用。实际上，当证券组合中证券数目较少时，增加证券的个数，分散风险的效应会比较明显，但当证券数目增加到一定程度时，风险分散的效应就会逐渐减弱。经验数据表明，当组合中不同行业的证券个数达到20个时，绝大多数非系统风险均已被消除掉。此时，如果继续增加证券数目，对分散风险已经没有多大的实际意义，只能增加管理成本。另外，不要指望通过证券多样化达到完全消除风险的目的，因为系统风险是不能够通过风险的分散来消除的。

四、资本资产定价模型（CAPM）

1964年，威廉·夏普（William Sharp）根据投资组合理论提出了资本资产定价模型（CAPM）。资本资产定价模型是财务学形成和发展过程中最重要的里程碑。它第一次使人们可以量化市场的风险程度，并且能够对风险进行具体定价。

资本资产定价模型的研究对象，是充分组合情况下风险与要求的收益率之间的均衡关系。资本资产定价模型可用于回答如下不容回避的问题：为了补偿某一特定程度的风险，投资者应该获得多大的收益率？在前面的讨论中，我们将风险定义为预期收益率的不确定性；然后根据投资理论将风险区分为系统风险和非系统风险，知道了在高度分散化的资本市场里只有系统风险,并且会得到相应的回报。现在将讨论如何衡量系统风险以及如何对风险定价。

(一) 系统风险的度量

既然一项资产的期望收益率取决于它的系统风险,那么度量系统风险就成为一个关键问题。

度量一项资产系统风险的指标是贝塔系数,用希腊字母 β 表示。β 系数被定义为某个证券的收益率与市场组合之间的相关性。其计算公式为:

$$\beta_j = \frac{r_{jm}\sigma_j\sigma_m}{\sigma_m^2} = r_{jm}\left(\frac{\sigma_j}{\sigma_m}\right) \tag{式 2-33}$$

根据上式可以看出,一种股票的 β 值的大小取决于:①该股票与整个股票市场的相关性;②它自身的标准差;③整个市场的标准差。

【例 2-24】 J 股票历史已获得收益率以及市场历史已获得收益率的有关资料如表 2-6 所示,并且已知 J 股票与市场收益率的相关系数为 0.8927,要求计算 J 股票的 β 值。

表 2-6 计算 β 值的数据

年度	J 股票收益率 (Y_i)	市场收益率 (X_i)
1	1.8	1.5
2	-0.5	1
3	2	0
4	-2	-2
5	5	4
6	5	3

计算 J 股票 β 值的数据准备过程,如表 2-7 所示。

表 2-7 计算 β 值的数据准备

年度	J 股票收益率 (Y_i)	市场收益率 (X_i)	$(X_i - \bar{X})$	$(Y_i - \bar{Y})$	$(X_i - \bar{X})^2$	$(Y_i - \bar{Y})^2$
1	1.8	1.5	0.25	-0.08	0.0625	0.0064
2	-0.5	1	-0.25	-2.38	0.625	5.6644
3	2	0	-1.25	0.12	1.5625	0.0144
4	-2	-2	-3.25	-3.88	10.5625	15.0544
5	5	4	2.75	3.12	7.5625	9.7344
6	5	3	1.75	3.12	3.0625	9.7344
合计	11.3	7.5			22.875	40.2084
平均数	1.88	1.25	—	—	—	—
标准差	2.8358	2.1389	—	—	—	—

标准差的计算:

$$\sigma_m = \sqrt{\frac{22.875}{6-1}} = 2.1389$$

$$\sigma_j = \sqrt{\frac{40.2084}{6-1}} = 2.8358$$

β 系数的计算:

$$\beta_j = r_{jm}\left(\frac{\sigma_j}{\sigma_m}\right)$$

$$= 0.8927 \times \frac{2.8358}{2.1389} = 1.18$$

β 系数的经济意义在于,它告诉我们相对于市场组合而言特定资产的系统风险是多少。例如,市场组合相对于它自己的 β 系数是 1;如果某股票的 $\beta=0.5$,表明它的系统风险是市场组合系统风险的 0.5 倍,其收益率的变动性只是一般市场变动性的一半;如果某股票的 $\beta=2.0$,说明这种股票的变动幅度为一般市场变动的 2 倍。总之,某一股票的 β 值的大小反映了这只股票收益的变动与整个股票市场收益变动之间的相关性及其程度。

(二) 投资组合的 β 系数

投资组合的 β_p 等于被组合各证券 β 值的加权平均数:

$$\beta_p = \sum_{i=1}^{n} X_i \beta_i \qquad (\text{式 } 2-34)$$

如果一个高 β 值股票 ($\beta>1$) 被加入一个平均风险组合 (β_p) 中,则组合风险将会提高;反之,如果一个低 β 值股票 ($\beta<1$) 加入一个平均风险组合中,则组合风险将会降低。所以,一只股票的 β 值可以度量该股票对整个组合风险的贡献,β 值可以作为这一股票风险程度的一个大致度量。

【例 2-25】某证券组合中有三只股票,有关的信息如表 2-8 所示,计算证券组合的 β 系数。

表 2-8　　　　　　　　　某证券组合的相关信息

股票	β 系数	股票的每股市价(元)	股票的数量(股)
A	0.7	4	200
B	1.1	2	100
C	1.7	10	100

首先计算 A、B、C 三只股票所占的价值比例:
A 股票的价值比例:$(4 \times 200) / (4 \times 200 + 2 \times 100 + 10 \times 100) = 40\%$
B 股票的价值比例:$(2 \times 100) / (4 \times 200 + 2 \times 100 + 10 \times 100) = 10\%$
C 股票的价值比例:$(10 \times 100) / (4 \times 200 + 2 \times 100 + 10 \times 100) = 50\%$
然后,计算加权平均 β 系数,即为所求:
$\beta_p = 40\% \times 0.7 + 10\% \times 1.1 + 50\% \times 1.7 = 1.24$

(三) 资本资产定价模型

1. 资本资产定价模型的基本原理。根据风险与收益的一般关系,某资产的必要收益率是由无风险收益率和该资产的风险收益率决定的。即:

$$\text{必要收益率} = \text{无风险收益率} + \text{风险收益率} \qquad (\text{式 } 2-35)$$

资本资产定价模型的一个主要贡献就是解释了风险收益率的决定因素和度量方法,并且给出了下面的一个简单易用的表达形式：

$$R = R_f + \beta (R_m - R_f) \qquad (式2-36)$$

式中：R 表示某资产（或某证券组合，下同）的必要收益率；R_f 表示无风险收益率，通常以国库券的收益率作为无风险收益率；R_m 表示平均股票的要求收益率（指 $\beta=1$ 的股票要求的收益率，也是指包括所有股票的组合即市场组合要求的收益率）；$(R_m - R_f)$ 表示投资者为补偿承担超过无风险收益率的平均风险而要求的额外收益率，即市场风险溢酬。

这是资本资产定价模型的核心关系式。从上式中不难看出，某项资产的风险收益率是该资产系统风险系数与市场风险溢酬的乘积，即：

$$风险收益率 = \beta (R_m - R_f) \qquad (式2-37)$$

2. 证券市场线。资本资产定价模型的关系式在数学上就是一个直线方程，称为证券市场线，简称 SML。SML 线如图 2-9 所示。

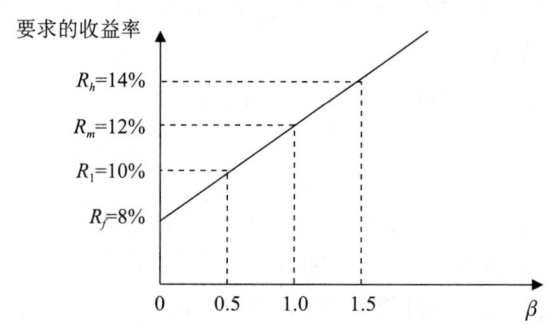

图 2-9 β 值与要求的收益率

证券市场线的主要含义如下：

（1）纵轴为要求的收益率，横轴则是以 β 值表示的风险。

（2）无风险证券的 $\beta = 0$，故 R_f 成为证券市场线在纵轴的截距。

（3）证券市场线的斜率（$R_m - R_f = 12\% - 8\% = 4\%$）表示经济系统中风险厌恶感的程度。一般来说，投资者对风险的厌恶感越强，证券市场线的斜率越大，对风险资产所要求的风险补偿越大，对风险资产的要求收益率越高。

（4）在 β 值分别为 0.5、1 和 1.5 的情况下，必要收益率由最低 $R_l = 10\%$，到市场平均的 $R_m = 12\%$，再到最高 $R_h = 14\%$。β 值越大，要求的收益率越高。

从证券市场线可以看出，投资者要求的收益率不仅仅取决于市场风险，而且还取决于无风险利率（证券市场线的截距）和市场风险补偿程度（证券市场线的斜率）。由于这些因素始终处于变动之中，所以证券市场线也不会一成不变。预计通货膨胀提高时，无风险利率会随之提高，进而导致证券市场线向上平移。风险厌恶感的加强，会提高证券市场线的斜率。

（四）资本资产定价模型的假设

资本资产定价模型建立在如下基本假设的基础上：

（1）所有投资者均追求单期财富的期望效用最大化，并以各备选组合的期望收益和标准差为基础进行组合选择。

（2）所有投资者均可以无风险利率无限制地借入或贷出资金。

（3）所有投资者拥有同样预期，即对所有资产收益的均值、方差和协方差等，投资者均有完全相同的主观估计。

（4）所有的资产均可被完全细分，拥有充分的流动性且没有交易成本。

（5）没有税金。

（6）所有投资者均为价格接受者，即任何一个投资者的买卖行为都不会对资产价格产生影响。

（7）所有资产的数量是给定的和固定不变的。

在以上假设的基础上，提出了具有奠基意义的资本资产定价模型。随后，每一个假设逐步被放开，并在新的基础上进行研究，这些研究成果都是对资本资产定价模型的突破与发展。多年来，资本资产定价模型经受住了大量的经验证明，尤其是 β 概念。

自提出资本资产定价模型以来，各种理论争议和经验证明便不断涌现。尽管该模型存在许多问题和疑问，但是以其科学的简单性、逻辑的合理性赢得了人们的支持。各种实证研究验证了 β 概念的科学性及适用性。

本章小结

为实现企业价值最大化的目标，企业进行任何财务决策都必须考虑未来的现金流量及这些现金流量折算的现在价值。未来的现金流量在不同时间产生，因此需要计算其时间价值。资金时间价值的计算包括：单笔资金复利终值和现值的计算，各种年金的终值、现值的计算以及偿债基金、资本回收额的计算。企业经营过程中面临的风险很多，概括起来有来自宏观环境的系统风险，也叫不可分散风险；来自微观环境的非系统风险，也叫可分散风险。风险是客观存在的，风险越大时，要求获得的投资报酬率就越高；反之亦然。企业通过合理的投资组合可以分散掉其中的部分风险。决策方案未来收益的不确定性使企业必须考虑风险因素对企业价值的影响，兼顾风险与报酬的均衡。因此，资金时间价值、风险与报酬是企业进行财务决策的两个基本价值观念。必须明确货币时间价值的概念及计算方法，单项资产的风险与报酬、多项资产的风险与报酬的概念及资本资产定价模型相关计算问题。

一、本章关键词

资金时间价值（time value of capital）

终值（final value）

现值（present value）

年金（annuity）

普通年金（ordinary annuity）

即付年金（immediate annuity）

递延年金（deferred annuity）

永续年金（perpetual annuity）

复利计息（compound interest）

偿债基金（sinking fund）

资本回收额（capital recovery）

风险收益（risk return）
概率（probability）
期望（expectations）
方差（variance）
标准差（standard deviation）
标准离差率（standard deviation rate）
可分散风险（diversifiable risk）
不可分散风险（systemic risk）
证券组合（portfolio）
资本资产定价模型（capital asset pricing model）

二、思考题

1. 怎样理解资金时间价值的概念？
2. 什么是年金？常见的年金有哪几种？应如何计算？
3. 风险生产的原因是什么？试述风险衡量的基本步骤。
4. 什么是风险收益？单项投资的风险收益如何计算？
5. 什么是系统风险？什么是非系统风险？

三、基础训练测试题

（一）单项选择题

1. 以下关于资金时间价值的说法正确的是（   ）。
   A. 资金时间价值包括风险价值和通货膨胀因素
   B. 资金时间价值不包括风险价值和通货膨胀因素
   C. 资金时间价值包括风险价值但不包括通货膨胀因素
   D. 资金时间价值包括通货膨胀因素但不包括风险价值

2. 资金时间价值的实质是（   ）。
   A. 推迟消费时间的报酬   B. 放弃劳动偏好所得的报酬
   C. 资金周转使用后的增值额   D. 劳动手段的增值额

3. 某人现在存入银行 1 000 元，利率 10%，复利计息，第 5 年年末的本利和为（   ）。
   A. 1 611 元   B. 2 434.5 元
   C. 2 416.5 元   D. 5 000 元

4. 在复利终值和计息期确定的情况下，折现率越高，则复利现值（   ）。
   A. 越大   B. 越小
   C. 不变   D. 不一定

5. 下列公式中，（   ）是计算永续年金的公式。
   A. $P = A \times (P/F, i, n)$ B. $P = A \times (1/i)$
   C. $P = A \times [(1+i)^n - 1]/i$ D. $P = A/(1+i)^n$

6. 有一项年金，前 3 年无流入，后 5 年每年年初流入 500 万元。假设年利率为 10%，其现值为（   ）万元。

A. 1 994.59   B. 1 565.68
C. 1 813.48   D. 1 423.21

7. 年金是指在一定时期内每期收付相等金额的款项。其中，每期期初收付的年金是（   ）。
   A. 即付年金   B. 延期年金
   C. 普通年金   D. 永续年金

8. 下列无法衡量风险大小的指标是（   ）。
   A. 标准离差   B. 标准离差率
   C. 方差   D. 期望报酬率

9. 在期望值相同的条件下，标准差越大的方案，则风险（   ）。
   A. 越大   B. 越小
   C. 二者无关   D. 无法判断

10. 现有两个投资项目甲和乙，已知甲项目期望值为20%，乙项目期望值为30%，甲标准离差是40%，乙项目标准离差是50%，那么（   ）。
    A. 甲项目的风险程度大于乙项目   B. 甲项目的风险程度小于乙项目
    C. 甲项目的风险程度等于乙项目   D. 不能确定

（二）多项选择题

1. 关于投资者要求的投资报酬率，下列说法正确的有（   ）。
   A. 风险程度越高，要求的报酬率越低
   B. 无风险报酬率越高，要求报酬率越高
   C. 无风险报酬率越低，要求的报酬率越高
   D. 风险程度、无风险报酬率越高，要求的报酬率越高

2. 关于衡量投资方案风险的下列说法中，正确的有（   ）。
   A. 预期报酬率的概率分布越窄，投资风险越小
   B. 预期报酬率的概率分布越窄，投资风险越大
   C. 预期报酬率的标准差越大，投资风险越大
   D. 预期报酬率的变异系数越大，投资风险越大

3. 递延年金的特点有（   ）。
   A. 年金的第一次支付发生在若干期以后   B. 没有终止
   C. 是普通年金的一种特殊形式   D. 既有终值也有现值

4. 下列年金中，可计算终值与现值的有（   ）。
   A. 普通年金   B. 即付年金
   C. 永续年金   D. 递延年金

5. 下列有关系数间的关系表述正确的是（   ）。
   A. 年金终值系数与投资回收系数互为倒数
   B. 年金现值系数和偿债资金系数互为倒数
   C. 预付年金终值系数与普通年金终值系数相比期数加1，系数减1
   D. 预付年金现值系数与普通年金现值系数相比期数减1，系数加1

6. 证券投资组合的策略主要有（   ）。

A. 保守型策略 B. 冒险性策略
C. 适中型策略 D. 稳健性策略

（三）计算分析题

1. 甲公司 2008 年年初对 A 设备投资 1 000 000 元，该项目 2010 年年初完工投产，2010 年、2011 年、2012 年年末预期收益分别为 200 000 元、300 000 元、500 000 元，银行存款利率为 12%。

要求：

（1）按单利计算，2010 年年初投资额的终值；

（2）按复利计算，并按年计息，2010 年年初投资额的终值；

（3）按复利计算，并按季计息，2010 年年初投资额的终值；

（4）按单利计算，2010 年年初各年预期收益的现值之和；

（5）按复利计算，并按年计息，2010 年年初各年预期收益的现值之和；

（6）按复利计算，并按季计息，2010 年年初各年预期收益的现值之和。

2. 某公司有一项付款业务，有甲、乙、丙三种付款方式可供选择。

甲方案：1~5 年每半年年末付款 2 万元，共 20 万元；

乙方案：1~5 年每年年初付款 3.8 万元，共 19 万元；

丙方案：3 年后每年年初付款 7.5 万元，连续支付 3 次，共 22.5 万元。

假定该公司股票的 β 系数为 0.75，平均股票要求的收益率为 12.5%，无风险收益率为 2.5%。

要求：请代该公司作出付款方式的决策。

3. 已知：A、B 两种证券构成证券投资组合。A 证券的预期收益率为 10%，方差是 0.0144，投资比重为 80%；B 证券的预期收益率为 18%，方差是 0.04，投资比重为 20%；A 证券收益率与 B 证券收益率的协方差是 0.0048。

要求：

（1）计算下列指标：该证券投资组合的预期收益率；A 证券的标准差；B 证券的标准差；A 证券与 B 证券的相关系数；该证券投资组合的标准差。

（2）当 A 证券与 B 证券的相关系数为 0.5 时，投资组合的标准差为 12.11%，结合（1）的计算结果回答以下问题：相关系数的大小对投资组合收益率有没有影响？相关系数的大小对投资组合风险有什么样的影响？

4. 股票 A 和股票 B 的部分年度资料，如表 2-9 所示。

表 2-9　　　　　　　　　　股票 A 和股票 B 的收益率

年度	A 股票收益率（%）	B 股票收益率（%）
1	26	13
2	11	21
3	15	27
4	27	41
5	21	22
6	32	32

要求：

（1）分别计算投资于 A 股票和 B 股票的预期收益率和标准差。

（2）如果投资组合中，A 股票占 40%，B 股票占 60%，A 股票和 B 股票收益率的相关系数为 0.35，该组合的预期收益率和标准差是多少？

（3）如果 A 股票和 B 股票收益率的相关系数为 1，证券组合中 A 股票占 40%，B 股票占 60%，该组合的预期收益率和标准差是多少？

（4）根据上述（2）（3）的计算结果，说明相关系数的大小对证券组合的收益率和风险的影响。

（5）如果资本市场有效，假设证券市场平均收益率为 25%，无风险收益率为 10%，根据 A、B 股票的 β 系数，分别评价这两种股票相对于市场投资组合而言的投资风险大小。

（6）如果资本市场有效，证券市场平均收益率为 15%，无风险收益率为 5%，市场组合的标准差为 6%，计算（2）中证券组合的 β 系数及其与市场组合的相关系数。

第三章 证券投资

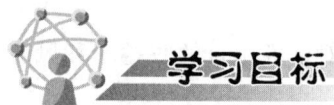

知识目标：要求学生了解证券投资的种类与程序；理解证券投资的风险与收益；掌握股票、债券的估价方法及收益率计算；理解证券投资组合的意义，掌握资本资产定价模型。

能力目标：能够通过债券的价值和收益率的计算进行债券投资决策分析，能够通过股票的价值和收益率的计算进行股票投资决策分析。

结合金融市场现实背景，通过财经媒体网站或财经频道直接观察和获取有关证券的市场实时相关信息，使学生直接进入投资者的角色，体验真实世界的证券投资决策分析过程，提升学生的专业应用技巧与能力，扩展学生的知识面与思维方式。

证券投资是指企业为获取投资收益或特定经营目的而买卖有价证券。在现代金融市场上，股票、债券是最基本的金融工具，也是企业进行对外投资的主要形式。本章主要对股票投资和债券投资的估价方法、投资特点及相关问题进行阐述。

第一节 债券投资

债券是重要的金融工具之一，债券投资是企业对外进行间接投资的主要方式之一。企业要正确作出债券投资决策，规避投资风险，必须了解债券投资的特点，对债券的投资回报率和风险作出客观的评价。

一、债券的有关概念

（一）债券的概念

债券是政府、金融机构或工商企业等组织直接向社会借债筹措资金时，向投资者发行并且承诺按一定利率支付利息并按约定条件偿还本金的债权债务凭证。债券购买者与发行者之间是一种债权债务关系，债券发行者即债务人，投资者（债券持有人）即债权人。

（二）债券的基本要素

债券作为证明债权债务关系的凭证，一般用具有一定格式的票面形式来表现。通常，债券票面上基本标明的要素有以下几点：

1. 债券的面值。债券的面值是指债券的票面价值，是债券发行方对债券持有者在债券到期或发行期间分期偿还的本金数额，也是向债券持有者按期支付利息的计算依据。债券的面值包括债券的币种和票面金额。债券面值的币种可用本国货币，也可用外币，这主要取决于发行者的需要和债券的种类。

2. 债券的票面利率。票面利率也称为名义利率，是指债券年利息与债券面值的比率，债券发行方每年向债券持有者应付的利息等于面值与票面利率的乘积。债券票面利率一般是固定不变的，利息可以分期支付，也可以到期一次支付。除此之外，也有浮动利率债券和零息债券。

3. 债券还本期限。债券还本期限是指从发行债券日起到偿还债券本息日止的时间。债券通常都有一个特定的还本期限，当然，随着时间的推移，发行后债券的有效期限逐年递减。

4. 债券的债务人和债权人。债券票面上要指明债券的债务人和债权人。债务人按法定程序发行债券，取得一定时期资金的使用权及由此而带来的利益，同时又承担着举债的风险和义务，按期还本付息。债权人有依法或按合同规定取得利息和到期收回本金的权利。

（三）债券的内在价值

债券的内在价值又称为债券的理论价值，是指债券未来现金流入量的现值。这里的现金流入量包括利息流、债券到期偿还的本金流以及中途出售债券的出售价收入。如果知道债券的面值、票面利率、还本付息方式及投资者所要求的最低回报率就可以确定债券的内在价值。

如果债券的内在价值大于当前债券的价格（或购买价格），应投资购买该债券；反之，如果债券的内在价值小于当前债券的价格，不应投资购买该债券。

债券的内在价值的计算取决于下文介绍的债券估价模型。

（四）债券的收益率

债券投资的目的是在到期收回本金的同时得到固定的利息。债券的投资收益包含两方面内容：一是债券的年利息收入，这是债券发行时就决定的。一般情况下，债券利息收入不会改变，投资者在购买前就可得知。二是资本损益，指债券买入价与卖出价或偿还额之间的差额，当债券卖出价大于买入价时，为资本收益，当卖出价小于买入价时，为资本损失。由于债券买卖价格受市场利率和供求关系等因素的影响，资本损益很难在投资前作准确预测。

衡量债券收益水平的尺度为债券收益率，债券的收益率主要有票面收益率、本期收益率和持有期收益率等多种，这些收益率分别反映投资者在不同买卖价格和持有年限下的不同收益水平。

1. 票面收益率。票面收益率又称名义收益率或息票率，是印制在债券票面上的固定利率，即年利息收入与债券面额之比率。投资者如果将按照面额发行的债券持有至期满，则所获得的投资收益率与票面收益率是一致的。其计算公式可表示为：

$$票面收益率 = \frac{债券年利息收入}{债券面值} \times 100\% \qquad (式3-1)$$

票面收益率只适用于投资者按票面金额买入债券直至期满并按票面面额收回本金的情况，它没有反映债券发行价格与票面金额不一致的可能性，也没有考虑投资者有中途卖出债券的可能。

2. 本期收益率。本期收益率又称直接收益率或当前收益率，是指债券的年实际利息收入与买入债券的实际价格之比。债券的买入价可以是发行价格，也可以是流通市场的交易价格，它可能等于债券面额，也可能高于或低于债券面额。其计算公式可表示为：

$$本期收益率 = \frac{债券年利息收入}{债券买入价} \times 100\% \qquad (式3-2)$$

直接收益率反映了投资者的投资成本带来的收益。它对那些每年从债券投资中获得一定利息现金收入的投资者来说很有意义。但它和票面收益率一样，不能全面地反映投资者的实际收益，因为它忽略了资本损益，既没有计算投资者买入价格与持有债券到期满按面额偿还本金之间的差额，也没有反映买入价格与到期前出售或赎回价格之间的差额。

3. 持有期收益率。债券的持有期收益率是指买入债券后持有一段时间，又在债券到期前或到期日将其出售而得到的收益率。

如投资者持有债券时间不超过1年，不用考虑货币时间价值，其持有期收益率可按如下公式计算：

$$持有期收益率 = [债券持有期间的利息收入 + (卖出价 - 买入价)] / 债券买入价 \times 100\%$$
$$(式3-3)$$

$$持有期年均收益率 = 持有期收益率 / 持有年限 \qquad (式3-4)$$

$$持有年限 = 实际持有天数 / 360 \qquad (式3-5)$$

或：

$$持有期年均收益率 = \frac{债券持有期间利息收入 + (卖出价 - 买入价)}{买入价} \times \frac{360}{实际持有天数} \times 100\%$$
$$(式3-6)$$

如投资者持有债券时间超过1年，需要考虑货币时间价值。此时，持有期收益率是指能使未来现金流入量的现值等于购买价格时的折现率。只有债券持有期收益率超过投资者要求的必要收益率时，债券才值得购买。

同样，债券持有期收益率的计算取决于下文介绍的债券估价模型。

二、债券估价模型

（一）分期支付利息、到期还本的债券模型

分期付息、到期还本债券是指票面利率固定、每期期末计算并支付利息、到期偿还本金的债券。这种债券价值（即债券的内在价值，下同）的计算公式为：

$$V = \frac{I_1}{(1+R_b)^1} + \frac{I_2}{(1+R_b)^2} + \cdots + \frac{I_n}{(1+R_b)^n} + \frac{M}{(1+R_b)^n} = \sum_{t=1}^{n} \frac{I_t}{(1+R_b)^t} + \frac{M}{(1+R_b)^n}$$
$$(式3-7)$$

式中：V 代表债券的价值；M 代表面值（到期偿还的本金）；$I_1 = I_2 = \cdots = I_n$ 代表每期的利息；R_b 代表折现率，即投资者要求的收益率；n 代表付息期数。

从以上公式可知，折现率越高，债券的价值就越低；反之，折现率越低，债券的价值就越高。

【例 3-1】某公司 20×2 年 1 月 1 日发行面值为 1 000 元、票面利率为 12%、5 年期、每年 12 月 31 日计算并支付一次利息的债券。假设市场上同等风险投资的必要收益率为 10%，则：

20×2 年 1 月 1 日，该债券的价值为：

$$V = \frac{1\,000 \times 12\%}{(1+10\%)^1} + \frac{1\,000 \times 12\%}{(1+10\%)^2} + \frac{1\,000 \times 12\%}{(1+10\%)^3} + \frac{1\,000 \times 12\%}{(1+10\%)^4} + \frac{1\,000 \times 12\%}{(1+10\%)^5}$$
$$+ \frac{1\,000}{(1+10\%)^5}$$
$$= 1\,000 \times 12\% \times (P/A, 10\%, 5) + 1\,000 \times (P/F, 10\%, 5)$$
$$= 120 \times 3.7908 + 1\,000 \times 0.6209$$
$$= 1\,075.80 \text{（元）}$$

20×4 年 1 月 1 日，该债券的价值为：

$$V = 1\,000 \times 12\% \times (P/A, 10\%, 3) + 1\,000 \times (P/F, 10\%, 3)$$
$$= 120 \times 2.4869 + 1\,000 \times 0.7513$$
$$= 1\,049.73 \text{（元）}$$

即这种债券的价格必须低于 1 049.73 元，20×4 年 1 月 1 日购买该债券才能获得 10% 的收益率。

【例 3-2】某公司 20×2 年 5 月 1 日用平价购买一张面额为 1 000 元的债券，其票面利率为 8%，每年 5 月 1 日计算并支付一次利息，并于 5 年后的 4 月 30 日到期。该公司持有该债券至到期日，计算其到期收益率。

$$1\,000 = 80 \times (P/A, \overline{R_b}, 5) + 1\,000 \times (P/F, \overline{R_b}, 5)$$

解该方程要用"逐次测试法"：

（1）用 $\overline{R_b} = 8\%$ 试算：

$$80 \times (P/A, 8\%, 5) + 1\,000 \times (P/F, 8\%, 5)$$
$$= 80 \times 3.9927 + 1\,000 \times 0.6806$$
$$= 1\,000 \text{（元）}$$

可见，平价购买的每年付息一次的债券的到期收益率等于票面利率。

如果债券的价格高于面值，则情况将发生变化。例如，买价是 1 105 元，则：

$$1\,105 = 80 \times (P/A, \overline{R_b}, 5) + 1\,000 \times (P/F, \overline{R_b}, 5)$$

通过前面试算已知，$\overline{R_b} = 8\%$ 时，等式右方为 1 000 元，小于 1 105，可判断收益率低于 8%，降低折现率进一步试算。

（2）用 $\overline{R_b} = 6\%$ 试算：

$$80 \times (P/A, 6\%, 5) + 1\,000 \times (P/F, 6\%, 5)$$
$$= 80 \times 4.212 + 1\,000 \times 0.747$$

= 336.96 + 747

= 1 083.96（元）

由于折现结果仍小于 1 105 元，还应进一步降低折现率。

（3）用 $\overline{R_b}$ =4% 试算：

80 × (P/A, 4%, 5) + 1 000 × (P/F, 4%, 5)

= 80 × 4.452 + 1 000 × 0.822

= 356.16 + 822

= 1 178.16（元）

折现结果高于 1 105 元，可以判断，收益率高于 4%。用内插法计算近似值：

$$\overline{R_b} = 4\% + \frac{1\,105 - 1\,178.16}{1\,083.96 - 1\,178.16} \times (6\% - 4\%) = 5.55\%$$

（二）到期一次还本付息、单利计息的债券模型

到期一次还本付息债券是指在存续期间不支付利息，利息和本金都是债券到期时才支付的债券，这种债券未来现金流量的时点只有 1 个，就是第 n 期期末，但到期支付的利息因计息方法的不同，其现金流量的数额也不同。

单利计息形式的债券是我国凭证式国库券常用的方式，其到期支付的利息 = 面值 × 票面利率 × 债券期限。这种债券价值的计算公式为：

$$V = \frac{M \cdot (1 + i \cdot t)}{(1 + R_b)^n} = M \cdot (1 + i \cdot n) \cdot (P/F, R_b, n) \quad （式 3-8）$$

式中：i 代表票面利率；R_b 代表折现率，即投资者要求的收益率；n 代表债券持有期限。

在此模型下，得：

$$债券的到期收益率 = \sqrt[n]{\frac{M(1 + i \cdot n)}{买价}} - 1 \quad （式 3-9）$$

【例 3-3】假设 20×2 年 2 月 1 日发行的国库券面值为 1 000 元、票面利率为 4%、期限为 3 年，利息以单利计算。投资者要求的收益率为 4%，则国库券 20×2 年 2 月 1 日的价值为：

$$V = \frac{1\,000 \times (1 + 4\% \times 3)}{(1 + 4\%)^3} \approx 995.68 （元）$$

（三）折价发行、到期还本的债券模型

折价发行、到期还本债券是指按照低于债券面值的价格发行，没有票面利率，到期按面值偿还的债券。这种债券价值的计算公式为：

$$V = F \times (P/F, R_b, n) \quad （式 3-10）$$

式中：R_b 代表折现率，即投资者要求的收益率；F 代表面值（到期偿还的本金）。

在此模型下，得：

$$到期收益率 = \sqrt[n]{\frac{F}{买价}} - 1 \quad （式 3-11）$$

式中，n 为债券持有至到期期限。

【例 3-4】某债券面值为 1 000，期限为 5 年，以折价方式发行，期内不计利息，到期

按面值偿还，当时市场利率为8%，则其价格为多少时，企业才能购买？

$V = 1\,000 \times (P/F, 8\%, 5) = 1\,000 \times 0.681 = 681$（元）

即债券价格必须低于681元，企业才能购买。

第二节　股票投资

股票本身并没有价值，仅仅是能够给持有者带来未来现金流量的凭证。股票估价是对股票的价值进行合理的评定，是货币时间价值、风险与收益观念的重要应用领域之一。

一、股票的相关概念

（一）股票的定义

股票是一种有价证券，它是股份有限公司发行的用于证明投资者的股东身份和权益的、并据以获取股息和红利的凭证。股票实质上代表了股东对股份公司财产的一种所有权，是一种所有权凭证。股票应载明的事项包括公司名称、公司登记成立日期、股票种类、票面金额及代表的股份数、股票编号。

根据不同的方法和标准，股票有以下五种分类方式。

1. 按股东所享有的权利和义务，可分为普通股股票和优先股股票。

（1）普通股股票是最基本、最常见的一种股票，其持有者享有股东的基本权利和义务。普通股股票的权利完全随公司盈利的高低而变化。在公司盈利较多时，普通股股东可获得较高的股利收益，但其在公司盈利和剩余财产的分配顺序上列在债权人和优先股股东之后，故其承担的风险也比较高。

（2）优先股股票是一种特殊股票，在其股东权利和义务中附加了某些特别条件。优先股股票的股息率是固定的，其持有者的股东权利受到一定限制，但在公司盈利和剩余财产的分配上比普通股股东享有优先权。

2. 按票面是否标明持有者姓名，分为记名股票和不记名股票。

（1）记名股票是指在股票票面和股份公司的股东名册上记载股东姓名的股票。股份有限公司向发起人、法人发行的股票，应当为记名股票。记名股票的特点：①股东权利归属于记名股东。②可以一次或分次缴纳出资。我国《公司法》规定，设立股份有限公司的条件之一是发起人认购和募集的股本达到法定资本最低限额。采取发起设立方式设立股份有限公司的，注册资本为在公司登记机关登记的全体发起人认购的股本总额。一次缴纳的，应当缴纳全部出资；分期缴纳的，应当缴纳首期出资。全体发起人首次出资额不得低于注册资本的20%，其余部分由发起人自公司成立之日起2年内缴足。以募集方式设立股份有限公司的，发起人认购的股份不得少于公司股份总数的35%。③转让相对复杂或受限制。④便于挂失，相对安全。

（2）不记名股票是指在股票票面和股份公司股东名册上均不记载股东姓名的股票。发行不记名股票的，公司应当记载其股票数量、编号及发行日期。不记名股票有如下特点：①股东权利归属股票的持有人。②认购股票时要求一次缴纳出资。③转让相对简便。④安全性较差。

3. 按股票票面是否记明入股金额,分为无面额股票和有面额股票。

(1) 无面额股票也称为无面值股票、比例股票、分权股票或份额股票,是指股票票面上不记载金额的股票。这种股票并非没有价值,而是不在票面上标明固定的金额,只记载其为几股或股本总额的若干分之几。无面额股票没有票面价值,但有账面价值,无面额股票的价值可以随股份公司财产的增减而增减。由于无面额股票不受面额限制的约束,所以有很强的流通性。

(2) 所谓有面额股票,是相对于无面额股票而言的,是指在股票票面上记载一定金额的股票。这一记载的金额也称为股票票面金额、股票票面价值或股票面值。我国《公司法》规定,股票发行价格可以和票面金额相等,也可以超过票面金额,但不得低于票面金额。这样,有面额股票的票面金额就成为发行价格的最低界限。

4. 按股票发行公司能否赎回自己的股票,分为可赎回股票和不可赎回股票。

(1) 可赎回股票,又称为可收回股票,是指在发行后一定时期可按特定的赎买价格由发行公司收回的股票。一般的股票从某种意义上说是永久的,因为它的有效期限是与股份公司相联系的;而可赎回股票却不具有这种性质,它可以依照该股票发行时所附的赎回条款,由公司出价赎回。股份公司一旦赎回自己的股票,必须在短期内予以注销。

(2) 不可赎回股票是指发行后根据规定不能赎回的股票。这种股票一经投资者认购,在任何条件下都不能由股份公司赎回。这种股票的发行保证了公司资本的长期稳定。

我国目前各公司发行的都是不可赎回的、记名的、有面值的普通股票,只有少量公司过去按当时的规定发行过优先股票。

5. 按发行对象和上市地点,分为A股、B股、H股、N股和S股等。

A股即人民币普通股票,由我国境内公司发行,境内上市交易,以人民币标明面值,以人民币认购和交易。B股即人民币特种股票,由我国境内公司发行,境内上市交易,以人民币标明面值,以外币认购和交易。H股是注册地在内地、在中国香港上市的股票,以此类推,在纽约和新加坡上市的股票,就分别称为N股和S股。

(二) 股票的特征

股票具有以下六个方面的特征:

1. 收益性。收益性是股票最基本的特征,它是指持有股票可以为持有人带来收益的特性。

2. 风险性。风险性是指股票可能产生经济利益损失的特性。持有股票要承担一定的风险。

3. 流动性。流动性是指股票可以自由地进行交易。

4. 永久性。永久性是指股票所载有权利的有效性是始终不变的,因为它是一种无期限的法律凭证。

5. 参与性。参与性是指股票持有人有权参与公司重大决策的特性。

6. 波动性。波动性是指股票交易价格经常性变化,或者说与股票票面价值经常不一致。

二、股票估价

(一) 股票价值的一般模型

通常投资者购买股票期望获得两种现金流:持有期间的股利和持有期末的预期股票价

格，假定 V 为股票的内在价值，D_t 为每股股利，R 为贴现率，n 为持有股票的年数，P_n 为第 n 年出售股票时的价格，则股票估价的股利贴现模型如下：

$$V = \sum_{t=1}^{n} \frac{D_t}{(1+R)^t} + \frac{P_n}{(1+R)^n} \quad \text{（式 3-12）}$$

显然，假定股票无限期持有，则上式可演变为更典型的股利贴现模型：

$$V = \sum_{t=1}^{\infty} \frac{D_t}{(1+R)^t} \quad \text{（式 3-13）}$$

【例 3-5】某公司准备购买 1 只股票，预计未来两年每年的股利为 4 元，两年后市场价格为 30 元，投资者预期收益率为 12%。要求：计算该股票的现值为多少？

根据股票价值的一般模型：

$$\begin{aligned} V &= \sum_{t=1}^{n} \frac{D_t}{(1+R)^t} + \frac{P_n}{(1+R)^n} \\ &= \frac{4}{(1+12\%)^1} + \frac{4}{(1+12\%)^2} + \frac{30}{(1+12\%)^2} \\ &= 4 \times 0.8929 + 4 \times 0.7972 + 30 \times 0.7972 = 30.68 \text{（元）} \end{aligned}$$

即该股票的现值为 30.68 元。

此外，随着赋值不同，股利贴现模型又可细分为零增长模型、稳定增长模型、复合增长模型等。

（二）长期持有、股利固定增长的股票价值模型

这种长期持有、股利固定增长的股票价值模型又被称作"戈登模型（Gordon Model）"，在大多数理财学和投资学方面的教材中，戈登模型是一个被广泛接受和运用的股票估价模型，该模型通过计算公司预期未来支付给股东的股利现值，来确定股票的内在价值，它相当于未来股利的永续流入。戈登股利增长模型是股息贴现模型的特殊形式。

不变增长模型有三个假定条件：①股息的支付在时间上是永久性的；②股息的增长速度是一个常数；③模型中的贴现率大于股息增长率。

在戈登模型中，需要预测的是下一期股利及其年增长率，而不是预计每一期的股利。表 3-1 是固定股利增长率政策下未来股利的流入量表。

表 3-1　　　　　　　　股票内部因素对股票价值的影响

项目	第 1 期	第 2 期	第 3 期	…
股利	D_1	$D_1(1+g)^1$	$D_1(1+g)^2$	…
时点	01	02	03	…
V				…

将所有现金流折现到 0 点，则：

$$V = \frac{D_1}{(1+r)^1} + \frac{D_1(1+g)}{(1+r)^2} + \frac{D_1(1+g)^2}{(1+r)^3} + \cdots \cdots \quad \text{（式 3-14）}$$

应用等比数列的求和公式，上式可以简化为：

$$V = \frac{D_1}{r-g} \quad \text{（式 3-15）}$$

由于这个公式十分简单，因此人们很容易忘记这是一个无限项的运算。

根据这个模型，公司的股利政策会对股票价值产生影响。这个模型十分有用，原因之一就是它使投资者可以确定一个不受当前股市状况影响的公司的绝对价值或"内在价值"。其次，戈登模型对未来的股利（而不是盈余）进行计量，关注投资者预期可以获得的实际现金流量，有助于不同行业的企业之间进行比较。

【例3-6】某公司发行的股票，经分析属于固定成长型，预计获得的报酬率为10%，最近1年的每股股利为2元，预计股利增长率为6%，则该种股票的价值为：

$$股票价值 = \frac{2 \times (1 + 6\%)}{10\% - 6\%} = 53（元）$$

若购入价格为46元，在不考虑风险的前提下，投资该股票是可行的。

（三）零增长模型的公式

零增长模型假定股利增长率等于0，即$g = 0$，也就是说未来的股利按一个固定数量支付。贴现现金流模型的公式如下：

$$V = \frac{D_1}{(1+k)^1} + \frac{D_2}{(1+k)^2} + \frac{D_3}{(1+k)^3} + \cdots + \frac{D_t}{(1+k)^t} \quad （式3-16）$$

式中，V代表股票的内在价值，D_t代表在未来时期以现金形式表示的每股股利，k代表在一定风险程度下现金流的贴现率。

根据这个假定，我们用D_0来改换方程（3-16）中的D_t，则：

$$V = \sum_{t=1}^{\infty} \frac{D_0}{(1+k)^t} = D_0 \sum_{t=1}^{\infty} \frac{1}{(1+k)^t} \quad （式3-17）$$

因为$k > 0$，按照数学中无穷级数的性质，可知：

$$\sum_{t=1}^{\infty} \frac{1}{(1+k)^t} = \frac{1}{k} \quad （式3-18）$$

代入公式（3-17）中，得出零增长模型公式：

$$V = \frac{D_0}{k} \quad （式3-19）$$

式中，V代表股票的内在价值，D_0代表在未来无限时期支付的每股股利，k代表到期收益率。

【例3-7】假定某公司在未来无限时期支付的每股股利为8元，必要收益率为10%，运用公式（3-19），可知1股该公司股票的价值等于$8/0.10 = 80$（元），而当时1股股票价格为65元，则每股股票净现值为15元（80-65），说明该股股票被低估15元，因此建议可以购买该种股票。

（四）多阶段增长的股票价值模型

多阶段增长又称非固定增长，有些公司的股票在一段时间内高速增长，在另一段时间里又正常固定增长或固定不变，在这种情况下，就要分段计算才能确定股票的价值。

【例3-8】通州公司持有永乐公司的股票，其必要报酬率为10%，预计永乐公司未来3年股利高速增长，增长率为20%，此后转为正常增长，增长率为6%。永乐公司最近支付的股利为3元。要求：计算该公司的股票价值。

首先，计算前3年的股利现值，如表3-2所示。

表 3-2　　　　　　　　　　　股利现值计算表

年份	股利（元）	复利现值系数	现值（元）
1	3×1.2=3.6	0.9091	3.2728
2	3.6×1.2=4.32	0.8264	3.5700
3	4 032×1.2=5.184	0.7513	3.8947
合计	—	—	10.7375

其次，计算第 3 年年底的股票价值：

$V_3 = d_3(1+g)/(R-g)$
   $= 5.184 \times (1+6\%)/(10\%-6\%)$
   $= 137.376$（元）

最后，计算股票目前的内在价值：

$V = 137.376 \times (P/F, 10\%, 3) + 10.7375$
  $= 137.376 \times 0.7513 + 10.7375$
  $= 113.95$（元）

即该股票的价值为 113.95 元。

三、股票的收益率

股票持有期收益率是投资者持有股票期间的股息收入与买卖差价占股票买入价格的比率。

（一）短期持有股票的收益率

短期股票由于期限较短，一般不用考虑货币时间价值因素，只需考虑股票价差及利息，将其与投资额相比，即可求出短期股票收益率。

$K = (S_1 - S_0 + d)/S_0 \times 100\%$
  $= (S_1 - S_0)/S_0 + d/S_0$
  $=$ 预期资本利得收益率 + 股利收益率　　　　　　　　　　（式 3-20）

式中，K 代表短期股票收益率，S_1 代表股票出售价格，S_0 代表股票购买价格，d 代表股利。

【例 3-9】2×21 年 2 月 1 日，华商公司购买宏大公司每股市价 20 元的股票。2×22 年 1 月，华商公司每股获得现金股利 1 元。2×22 年 2 月 1 日，华商公司将股票以每股 22 元的价格出售。要求：计算该股票的收益率。

$K = (S_1 - S_0 + d)/S_0 \times 100\%$
  $= (22 - 20 + 1)/20 \times 100\%$
  $= 15\%$

即该股票的收益率为 15%。

（二）股票长期持有、股利固定增长的收益率的计算

$$K = D/P_0 + g \qquad\qquad （式 3-21）$$

式中，P_0 代表股票的买价，g 代表股利年增长率，D 代表第 1 期的股利，K 代表投资收益率。

【例 3-10】 金龙公司发行的股票每股市价为 40 元,预期下一年度的股利为 2.4 元,预期股利增长率为 6%,要求:计算该股票的收益率。

$K = D/V + g = 2.4 \div 40 + 6\% = 12\%$

即股票的收益率为 12%。

(三) 一般情况下股票投资收益率的计算

股票投资的收益率是使各期股利及股票售价的复利现值等于股票买价时的贴现率,公式如下:

$$V = \sum_{t=1}^{n} \frac{d_t}{(1+K)^t} + \frac{V_n}{(1+K)^n} \qquad (式3-22)$$

式中,V 代表股票的买价,d_t 代表第 t 期的股利,K 代表投资收益率,V_n 代表股票出售价格,n 代表持有股票的期数。

【例 3-11】 ABC 公司在 2×21 年 1 月 1 日以每股 5.10 元的价格购买 A 公司股票 100 万股,2×21—2×22 年的 3 月 31 日,每股各分得现金股利 0.5 元、0.6 元、0.8 元,2004 年 3 月 31 日以每股 6 元的价格将股票全部出售。问:投资收益率是多少?

用内插法进行计算,设 $i=16\%$、$i=18\%$。分年计算净现值如表 3-3 所示。

表 3-3   各年净现值计算表

年份	当年现金流量/万元	$i=16\%$		$i=18\%$	
		现值系数	现值(万元)	现值系数	现值(万元)
2002	100×0.5=50	0.826	43.10	0.874	43.70
2003	100×0.6=60	0.743	44.58	0.718	43.08
2004	100×0.8+100×6=680	0.641	435.88	0.609	414.12
合计	—	—	523.56	—	500.90

用内插法计算收益率如下:

$K = 16\% + \dfrac{523.56 - 510}{523.56 - 500.90} \times (18\% - 16\%) = 17.2\%$

即该股票的收益率为 17.2%。

本章小结

证券投资是指企业以获取投资收益或控股为目的将资金用于购买股票、债券等金融资产的投资行为。证券投资按其投资对象不同,可以分为债券投资、股票投资。

企业进行短期债券投资的目的主要是为了合理利用暂时闲置的资金,调节现金余额并获得收益。企业进行长期债券投资的目的主要是为了获得稳定收益。债券收益率和债券内在价值是债券投资决策使用的主要指标。

企业进行股票投资的目的主要有两种:一是获利,二是控股。企业应根据不同的投资目的做出与之相应的投资决策:即前者要分散投资,以降低投资风险;后者则要集中投资,以达到绝对控股的目的。

一、本章关键词

股票（stock）
普通股股票（common stock）
股利（dividend）
股票价值（stock value）
股票估价（stock valuation）
债券（bond）
债券价值（bond value）
债券估价（bond valuation）
票面利率（coupon rate）
债券期限（bond maturity）
折价发行（discount issue）

二、思考题

1. 什么是证券、证券投资？证券如何分类？证券投资有何风险？
2. 股票与债券各有什么特点？
3. 股票、债券的价值计算模型有哪些？如何应用？
4. 股票、债券的长期收益率如何计算？

三、基础训练测试练习题

（一）单项选择题

1. 按照证券的收益可将证券分为（　　）。
   A. 凭证证券和有价证券　　B. 所有权证券和债权证券
   C. 原生证券和衍生证券　　D. 固定收益证券和变动收益证券
2. 长期债券投资的目的是（　　）。
   A. 合理利用暂时闲置的资金　　B. 调节现金余额
   C. 获得稳定收益　　D. 获得企业的控制权
3. 证券投资者购买证券时，可以接受的最高价格是证券（　　）。
   A. 票面价格　　B. 到期价格
   C. 市场价格　　D. 内在价值
4. 在证券投资中，证券发行人无法按期支付利息或本金的风险称为（　　）。
   A. 利率风险　　B. 违约风险
   C. 购买力风险　　D. 流动性风险
5. 影响证券投资的主要因素是（　　）。
   A. 安全性　　B. 收益性
   C. 流动性　　D. 期限性
6. 某公司发型 5 年期债券，债券的面值为 1 000 元，票面利率 5%，每年付息一次，到期还本，投资者要求的必要报酬率为 6%，则该债券的价值为（　　）元。

A. 784.67 B. 769
C. 1 000 D. 957.92

7. 1张面额100元的长期股票，每年可获利10元，如果折现率为8%，则其估价为（　）。

A. 100元 B. 125元
C. 110元 D. 80元

8. 企业以债券作为对外投资，从其产权关系看属于（　）。

A. 债权投资 B. 股权投资
C. 证券投资 D. 实物投资

9. 股票投资的特点是（　）。

A. 收益稳定 B. 价格波动小
C. 收益率高 D. 风险小

10. 当投资必要收益率等于无风险收益率时，风险系数应（　）。

A. 大于1 B. 等于1
C. 小于1 D. 等于0

（二）多项选择题

1. 相对于实物投资而言，证券投资（　）。

A. 流动性强 B. 价值不稳定
C. 投资风险较大 D. 交易成本低

2. 证券投资的目的包括（　）。

A. 暂时利用闲置资金 B. 与筹集长期资金相配合
C. 满足季节性经营对现金的需求 D. 获得对相关企业的控制权

3. 由影响所有公司的因素引起的风险，可称为（　）。

A. 可分散风险 B. 市场风险
C. 不可分散风险 D. 系统风险

4. 下列证券中属于固定收益证券的有（　）。

A. 公司债券 B. 金融债券
C. 优先股股票 D. 普通股股票

5. 股票投资的优点有（　）。

A. 投资风险高 B. 收入稳定性强
C. 购买力风险低 D. 拥有经营控制权

6. 按照资本资产定价模型，影响特定股票预期收益率的因素有（　）。

A. 无风险的收益率 B. 平均风险股票的必要收益率
C. 特定股票β系数 D. 财务杠杆系数

7. 证券投资的收益包括（　）。

A. 价差收益 B. 股利收益
C. 债券利息收益 D. 出售收入

8. 有价证券按性质可以分为（　）。

A. 债权性证券 B. 权益性证券

C. 混合型证券   D. 收益性证券

9. 证券投资的风险主要有（   ）。

A. 违约风险   B. 利息率风险

C. 购买力风险   D. 经营风险

10. 股票投资的缺点有（   ）。

A. 购买力风险高   B. 求偿权居后

C. 价格不稳定   D. 收入稳定性强

（三）计算分析题

1. 某公司于 2×21 年 5 月购买了 1 张面值 1 000 元的债券，其票面利率为 8%，每年 5 月 1 日计算并支付一次利息。该债券于 5 年后的 4 月 30 日到期。试计算在市场利率为 6%、8%、10% 三种条件下债券的价值。

2. 某公司于 2×21 年 1 月平价发行新债券，每张面值 1 000 元，票面利率 10%，5 年到期，每年 12 月 31 日付息。

要求：

（1） 2×21 年 1 月 1 日的到期收益率是多少？

（2） 假定 2×25 年 1 月 1 日的市场利率下降到 8%，那么此时的债券价值是多少？

（3） 假定 2×25 年 1 月 1 日的市价为 900 元，此时购买该债券的到期收益率时多少？

（4） 假定 2×23 年 1 月 1 日的市场利率为 12%，债券市价为 950 元，你是否会购买该债券？

3. 某企业所持有的甲种股票，每股每年可获利 15 元，预计 3 年后每股售价可达 180 元，企业要求的最低期望收益率为 20%。

要求：如果甲种股票现在的实际交易价格为 138 元，该企业是否应持有甲种股票。

4. 某煤矿由于矿藏逐渐枯竭，因此公司的收益和股利以每年 15% 的比例减少。若该煤矿上年支付的股利为 15 元/股，投资人要求的最低收益率为 12%，那么该煤矿股票售价为多少时投资人才会购买？

第四章 项目投资

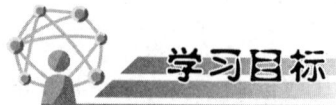

知识目标：要求学生了解项目投资的概念及类型；理解项目计算期的构成和现金流量的概念及构成内容；掌握现金流量的含义及计算方法；掌握项目投资决策指标的含义、特点及计算方法；掌握项目投资决策评价指标的应用。

能力目标：能够运用现金净流量的计算方法确定各项目投资方案的现金净流量，能够运用项目投资决策指标，进行项目投资方案的决策分析。

提供给学生某一上市公司募投项目可行性研究报告，作为本章现实背景引入相关内容。结合 PPT 多媒体课件、Excel 软件的财务函数和图形图表展示有关指标的计算逻辑，使学生尽快进入课程学习角色，提升学生使用财务电算化解决实际问题的应用能力。

在充满投资机会的现代社会，要想使筹集到的资金投放到收益高、回收快、风险小的项目中，对企业的生存和发展十分重要。那么，如何衡量一个项目的投资可行性呢？本章将为您介绍一系列评价指标和方法，帮您作出正确的项目投资决策。

第一节 项目投资的现金流量的确定

一、项目投资的有关概念

（一）项目投资的概念及种类

1. 项目投资的概念。项目投资是一种以特定项目为对象，直接与新建项目或更新改造项目有关的长期投资行为。财务管理所讨论的投资主要是指企业所进行的生产经营性资产的直接投资。在企业的整个投资中，项目投资具有十分重要的地位，对企业的稳定与发展、未来盈利能力、长期偿债能力都有着重要影响。

2. 项目投资的特点。与企业其他类型的投资相比，项目投资具有以下几个特点：

（1）项目投资影响周期长。项目投资的建设周期及使用周期往往比较长，其决策一经作出，将会在相当长的时间内影响企业的经营成果和财务状况，甚至对企业的生存和发展产生重要的影响，往往需要几年、十几年甚至几十年才能收回投资。因此，项目投资决策的成败对企业未来的命运将产生决定性作用。

（2）项目投资次数少、金额大。与流动资产投资相比，项目投资并不经常发生，特别是大规模的固定资产投资，一般要隔若干年甚至十几年才发生一次。虽然投资次数少，但每次投资金额却比较多，特别是战略性的扩大生产能力投资，其投资数额往往是企业或其投资人多年的资金积累，在企业总资产中占有相当大的比重。因此，项目投资对企业未来的现金流量和财务状况都将产生深远的影响。

（3）项目投资实物形态与价值形态可以分离。项目投资中建设的项目投入使用后，所形成的固定资产随着磨损，其价值将逐渐地、部分地脱离其实物形态，转化为货币准备金，而其余部分仍存在于实物形态中。在使用年限内，保留在固定资产实物形态上的价值逐年减少，而脱离实物形态转化为货币准备金的价值却逐年增加。直到固定资产报废，其价值才得到全部补偿。但当用以往年度形成的货币准备金重新购置固定资产时，其实物也得到更新。这时，固定资产的价值与其实物形态又重新统一起来。这一特点说明，由于企业各种固定资产的新旧程度不同，实物更新时间不同，企业可以在某些固定资产需要更新之前，利用脱离实物形态的货币准备金去投资其他固定资产，然后再利用新固定资产所形成的货币准备金去更新旧的固定资产，从而充分发挥资金的使用效能。

（4）项目投资变现能力较差。项目投资形成的主体通常是厂房和设备等固定资产，是企业从事生产经营活动所必需的劳动手段，但这些资产不能轻易改变其用途。因此，项目投资一旦完成，要想改变其用途或者出售是相当困难的，不是无法实现，就是代价太大。这种投资所具有的不可逆转性，要求企业注重投资有效性，绝不可盲目投资。

（5）项目投资资金占用数量较稳定。项目投资完成后，一经形成生产能力，便在资金占用数量上保持相对稳定。因为如果营业量在一定范围内增加，往往并不需要立即增加固定资产投资，通过挖掘潜力、提高效率可以完成增加的业务量。如果业务量在一定范围内减少，为维持一定的生产能力，企业并不能出售固定资产以调节资金占用。

（二）项目投资的类型

按照不同的分类标准，可以对项目投资进行一定的分类。

1. 按照投资对企业的影响，分为战略性投资和战术性投资。

（1）战略性投资是指对企业全局产生重大影响的投资，如控制企业的主要原材料供应商、扩大企业规模、开发新型产品等。战略性投资可能是为了实现多角化经营，也可能出于控制或影响被投资单位的目的。其特点在于所需资金量一般较大，收回时间较长，风险较大。

（2）战术性投资是指只关系企业某一局部的具体业务投资，如设备的技术投资、原有产品新功能的开发、产品成本的降低等投资项目。战术性投资主要是为了维持原有产品的市场占有率，或者是利用闲置资金增加企业收益。其特点在于投资所需资金量较少，风险相对较小。

2. 按照项目投资的对象，分为固定资产投资、无形资产投资和其他资产投资。

（1）固定资产投资是指将资金投放于房屋和建筑物、机器设备、运输设备、工具器具等固定资产的投资。

（2）无形资产投资是指将资金投放于专利权、非专利技术、商标权、著作权、土地使用权、商誉等无形资产的投资。

（3）其他资产投资是指除以上资产投资之外的投资，如应在以后年度内分期摊销的各项费用，如开办费等。

3. 按照项目投资的顺序与性质，分为先决性投资和后续性投资。

（1）先决性投资是指必须对某项目进行投资，才能使其后或同时进行的项目实现收益的投资。例如，企业为扩大生产能力引进了新的生产线，为使生产线得以运转，必须有电力保证，这里的电力项目投资就是先决性投资。

（2）后续性投资是指在原有基础上进行项目建设，建成后将发挥原项目同样作用或更有效地发挥同一作用和性能，能够完善或取代现有项目的投资。

4. 按照项目投资的时序和作用，分为新建企业投资、简单再生产投资和扩大再生产投资。

（1）新建企业投资是指为建立一个新企业，包括在生产、经营、生活条件等方面所进行的投资。投入的资金通过建设形成企业的原始资产。

（2）简单再生产投资是指为更新生产经营中已提足折旧的生产经营性资产所进行的投资。其特点是把原来生产经营过程中收回的资金重新再投入生产过程中，维持原有的经营规模。

（3）扩大再生产投资是指为扩大企业现有的经营规模所进行的投资。这是企业需要追加资金进行投资，从而扩大企业的资产规模。

5. 按照增加利润的途径，分为增加收入投资和降低成本投资。

（1）增加收入投资是指通过扩大企业生产经营规模或营销活动来增加收入，进而增加利润的投资。

（2）降低成本投资是指企业维持现有的经营规模，通过投资来降低生产经营中的成本费用，间接增加企业利润的投资。

6. 按照项目投资之间的关系，分为相关性投资、独立性投资与互斥性投资。

（1）相关性投资是指当采纳或放弃某个投资项目时，会使另外一个投资项目的经济指标发生显著变动的投资。例如，对油田和输油管道的投资、对车间厂房与生产设备的投资等，都属于相关性投资。

（2）独立性投资是指当采纳或放弃某一投资项目时，并不影响另一项目经济指标的投资，如一个制造公司在专用机床上的投资和在办公设施上的投资，就是两个不相关的投资项目，属于独立性投资。

（3）互斥性投资是指接受了某一项目，必须拒绝其他项目的投资。即便所有的互斥项目通过可行性研究均可以接受，也只能选择其中的一个。例如，在一块土地上兴建一个儿童乐园或者建造一个运动场，就属于互斥性投资。

二、现金流量的构成

投资项目的现金流量包括现金流入量和现金流出量。流入量是指能够使投资方案的现实货币资金增加的项目，现金流出量是指能够使投资方案的现实货币资金减少或需要动用现金的项目。

(一) 现金流入量

1. 营业收入。营业收入是指项目投产后在生产经营期内每年实现的全部营业收入。为简化计算，假定每期发生的赊销额与回收的应收账款大致相等。营业收入是经营期内主要的现金流入量项目。

2. 回收资金。回收资金是指在项目计算期的终结点收回的全部资产，包括固定资产残值回收和原来垫付的全部流动资产。

3. 其他现金流入量。其他现金流入量是指以上几项现金流入项目以外的现金流入，如多交的税金退回或是国家特殊项目的补贴等。

(二) 现金流出量

1. 建设投资。建设投资是指在建设期内所发生的各类资产的投资。固定资产投资加上建设期贷款利息为固定资产原值，但建设期的利息并不支付，所以不作为现金流出。建设投资是建设期发生的主要现金流出量。

2. 垫付流动资金。垫付流动资金是指项目建成投产后，为正常经营活动而投放垫支在流动资产上的资金，以及为使机器设备正常运转而投入的维护修理费等。

3. 付现成本，是指在项目经营期内每年发生的用现金支付的成本，它是生产经营期内最主要的现金流出量。

4. 支付的各种税金，是指在经营期内实际支付的各项税款，包括所得税、营业税等税款。

5. 其他现金流出，是指不包括以上内容中的现金流出项目，如营业外净支出，罚款等。

(三) 净现金流量

净现金流量又称现金净流量（NCF），是指项目计算期内每年的现金流入量与现金流出量的差额。即：

$$NCF = 该年的现金流入量 - 该年的现金流出量 \qquad (式4-1)$$

三、项目现金流量的计算

(一) 初始现金流量

初始现金流量是指项目投资开始时发生的现金流量，主要包括：投放在固定资产项目上的资金；项目建成投产后，为正常经营活动而投放垫支在流动资产上的资金；为使机器设备正常运转而投入的维护修理费等。

$$建设期某年现金净流量（NCF） = -该年发生的投资额 \qquad (式4-2)$$

(二) 营业现金流量

营业现金流量是指固定资产项目投入使用后，在其使用寿命周期内由于生产经营所带来的现金流入和流出的数量。现金流入一般是指营业现金收入，现金流出是指营业现金支出和缴纳的税金。在加入所得税因素以后，现金流量的计算有三种方法可用。

(1) 根据现金流量的定义计算，则：

$$经营现金净流量（NCF） = 营业收入 - 付现成本 - 所得税 \qquad (式4-3)$$

（2）根据年末营业结果来计算，则：

$$营业现金流量 = 息前税后利润 + 折旧 \quad (式4-4)$$

另外若考虑开办费、无形资产的摊销额和项目终点时的残值、流动资金回收额，则上式还可以改写为：

$$营业现金流量 = 息前税后利润 + 折旧 + 开办费、无形资产摊销额 + 终结点的回收额$$
$$(式4-5)$$

（3）根据所得税对收入和折旧的影响计算，则：

经营现金净流量（NCF）
= 息前税后利润 + 折旧 = （收入 − 成本）×（1 − 税率）+ 折旧
= （收入 − 付现成本 − 折旧）×（1 − 税率）+ 折旧
= 收入 ×（1 − 税率）− 付现成本 ×（1 − 税率）− 折旧 ×（1 − 税率）+ 折旧
= 收入 ×（1 − 税率）− 付现成本 ×（1 − 税率）− 折旧 + 折旧 × 税率 + 折旧
= 收入 ×（1 − 税率）− 付现成本 ×（1 − 税率）+ 折旧 × 税率 （式4-6）

$$经营期某年现金净流量（NCF）= 营业现金收入 − 付现成本 − 所得税 \quad (式4-7)$$

或：

$$经营期某年现金净流量（NCF）= 净利润 + 折旧额 \quad (式4-8)$$

（三）终结现金流量

终结现金流量是指固定资产项目投资完结时所发生的现金流量，主要包括固定资产项目的残值收入或变价收入、原有垫支在流动资产上的资金回收等。

$$终结点现金净流量（NCF）= 经营期现金净流量 + 回收额 \quad (式4-9)$$

（四）计算投资项目现金流量时应注意的问题

1. 必须考虑现金流量的增量（相关性原则）。这里实际上是提出了相关现金流量的观点。相关现金流量是指与某一特定项目相关联的现金流量，如果决定投资于某一项目，则会发生；如果不投资于某一项目，则不会发生。例如，某企业在投资某一项目之前，每年有营业收入100万元，投资某一项目后，营业收入为150万元，则相关现金流量就是50万元。相关现金流量表现为增量现金流量。

2. 尽量利用现有的会计利润数据。企业在项目论证时，一般要编制预计会计报表。尽管报表中的利润并不等于项目评价中的现金流量，但由于利润指标比较容易获得，因此，我们可以以利润指标为基础，经过适当的调整，使之转化为现金流量。

3. 不能考虑沉没成本因素（相关性原则，如设备更新决策）。

4. 充分关注机会成本（相关性原则）。机会成本指在决策过程中选择某个方案而放弃其他方案所丧失的潜在收益。

5. 考虑项目对企业其他部门的影响。

【例4-1】某项目需投资1200万元用于构建固定资产，另外在第1年年初一次投入流动资金300万元，项目寿命5年，直线法提计折旧，5年后设备残值200万元，每年预计付现成本300万元，可实现销售收入800万元，项目结束时可全部收回垫支的流动资金，所得税率为40%。要求：项目计算期内各年现金净流量。

每年的折旧额 =（1 200 − 200）/5 = 200（万元）

销售收入	800
减：付现成本	300
减：折旧	200
税前净利	300
减：所得税	120
税后净利	180
营业现金流量	380

具体可参考表 4-1 中内容。

表 4-1　　　　　　　　　　　现金流量计算表　　　　　　　　　　单位：万元

项目	0	1	2	3	4	5
固定资产投资	-1 200					
流动资产投资	-300					
营业现金流量		380	380	380	380	380
固定资产残值						200
收回流动资金						300
现金流量合计	-1 500	880	380	380	380	880

【例 4-2】某企业投资新建一个分厂，投资均为贷款，固定资产总投资为 500 万元，建设期 2 年。第 1 年年初投入 300 万元，应计贷款利息 30 万元；第 2 年年初投入 200 万元，应计贷款利息 55 万元。第 2 年年末投入流动资产 92 万元，该项目的生产经营期 5 年，预期期满报废时残值收入 45 万元。固定资产按直线法计提折旧。生产经营期各年实现的税后利润分别为：21 万元、23 万元、38 万元、45 万元和 50 万元。要求：计算该项目投资在项目计算期内各年的现金净流量。

固定资产原值 = 500 + 30 + 55 = 585（万元）

固定资产年折旧额 = (585 - 45)/10 = 54（万元）

项目计算期 = 2 + 5 = 7（年）

NCF_0 = -300（万元）　　　　　　NCF_1 = -200（万元）

NCF_2 = -92（万元）　　　　　　NCF_3 = 21 + 54 = 75（万元）

NCF_4 = 23 + 54 = 78（万元）　　NCF_5 = 38 + 54 = 92（万元）

NCF_6 = 45 + 54 = 99（万元）　　NCF_7 = 50 + 54 + 92 + 45 = 241（万元）

【例 4-3】某公司购置 1 台设备，价值 530 万元，建设期 1 年，第 1 年年末投入流动资产 80 万元。该项目生产经营期 10 年，固定资产期末残值 30 万元，直线法计提折旧。预计投产后，前 5 年每年有 600 万元的营业收入，并发生付现成本 400 万元；后 5 年每年发生 900 万元的营业收入，并发生付现成本 600 万元。所得税率 40%。要求：计算该项目投资在各年的现金净流量。

固定资产年折旧额 = (530 - 30)/10 = 50（万元）

项目计算期 = 10 + 1 = 11（年）

经营期前 5 年每年应交所得税 = [600 - (400 + 50)] × 40% = 60（万元）

经营期后 5 年每年应交所得税 = [900 - (600 + 50)] × 40% = 100（万元）

$NCF_0 = -530$(万元) $NCF_1 = -80$(万元)
$NCF_{2-6} = 600 - 400 - 60 = 140$(万元)
$NCF_{7-10} = 900 - 600 - 100 = 200$(万元)
$NCF_{11} = 200 + 30 + 80 = 310$(万元)

第二节 非贴现现金流量指标

投资决策评价指标,是指用于衡量和比较投资项目可行性,以便据以进行方案决策的定量化标准与尺度。项目投资决策的方法很多,按是否考虑资金时间价值,可以分为动态类指标,即考虑了时间价值的贴现类指标,以及静态类指标,即没有考虑时间价值的非贴现类指标。本节我们讨论静态指标。

一、投资回收期(PP)

(一) 投资回收期的含义

投资回收期(Payback Period,缩写为PP)是指回收初始投资所需要的时间,一般以年为单位。投资回收期的计算,因每年的营业净现金流量是否相等而有所不同。

如果每年的营业净现金流量相等,则投资回收期可按下式计算:

$$投资回收期 = 原始投资额/每年营业净现金流量 \quad (式4-10)$$

如果每年营业净现金流量不相等,那么,计算回收期要根据每年年末尚未回收的投资额加以确定。

(二) 投资回收期的种类及计算公式

投资回收期分为包括建设期的回收期和不包括建设期的回收期,其中:

$$不包括建设期的回收期 = 原始投资额 / 每年相等的净现金流量 \quad (式4-11)$$

$$包括建设期的回收期 = 不包括建设期的回收期 + 建设期 \quad (式4-12)$$

包括建设期的投资回收期还可以用下面的公式直接计算:

$$包括建设期的投资回收期 = \frac{累计现金净流量最后一项负值对应的年数} + \frac{累计现金净流量最后一项负值的绝对值}{下一年的现金净流量} \quad (式4-13)$$

(三) 静态投资回收期的特点

优点:①能够直观地反映原始投资的返本期限;②便于理解,计算简单;③可以直观地利用回收期之前的净现金流量信息。缺点:①没有考虑资金时间价值因素;②不能正确反映投资方式的不同对项目的影响;③不考虑回收期满后继续发生的净现金流量。

(四) 决策原则

包括建设期的回收期≤计算期的1/2

不包括建设期的回收期≤运营期的1/2

【例4-4】有三个投资机会,其有关部门数据如表4-2所示。

表4-2　　　　　　　　　　　有关部门数据　　　　　　　　　　　　单位：元

时间/年	0	1	2	3	4
方案A：净收益	—	500	500	—	—
净现金流量	-10 000	5 500	5 500	—	—
方案B：净收益	—	1 000	1 000	1 000	1 000
净现金流量	-10 000	3 500	3 500	3 500	3 500
方案C：净收益	—	2 000	2 000	1 500	1 500
净现金流量	-20 000	7 000	7 000	6 500	6 500

三个方案的投资回收期计算过程如表4-3、表4-4、表4-5所示。

表4-3　　　　　　　投资回收期计算过程（方案A）

	时间/年	净现金流量/元	回收额/元	未回收额/元	回收时间/年
方案A	0	-10 000	—	—	—
	1	5 500	5 500	4 500	1
	2	5 500	4 500	—	0.82

回收期 = 1 + 4 500/5 500 = 1.82（年）

表4-4　　　　　　　投资回收期计算过程（方案B）

	时间/年	净现金流量/元	回收额/元	未回收额/元	回收时间/年
方案B	0	-10 000	—	—	—
	1	3 500	3 500	6 500	1
	2	3 500	3 500	3 000	1
	3	3 500	3 000	—	0.86

回收期 = 1 + 1 + 3 000/3 500 = 2.86（年）

表4-5　　　　　　　投资回收期计算过程（方案C）

	时间/年	净现金流量/元	回收额/元	未回收额/元	回收时间/年
方案C	0	-20 000	—	—	—
	1	7 000	7 000	13 000	1
	2	7 000	7 000	6 000	1
	3	7 000	6 000	—	0.86

回收期 = 1 + 1 + 6 000/7 000 = 2.86（年）

二、平均报酬率

平均报酬率（Return on Investment，缩写为ROI）又称投资收益率或投资报酬率。

（一）投资收益率的含义与计算公式

投资收益率指达产期正常年份的年息税前利润或运营期年均息税前利润占项目总投资的百分比。

投资收益率＝年息税前利润或年均息税前利润/项目总投资 （式4－14）

在使用投资收益率指标时应该注意两个问题：第一，在各年息税前利润不相等时，计算平均息税前利润（简单平均法计算）；第二，项目总投资等于原始投资加上资本化利息。

（二）投资收益率的优缺点

该指标最大的优点就是计算简单。缺点在于：第一，没有考虑资金时间价值因素；第二，不能正确反映建设期长短、投资方式的不同和回收额的有无等条件对项目的影响；第三，分子、分母计算口径的可比性较差；第四，该指标的计算无法直接利用净现金流量信息。

（三）决策原则

投资收益率≥基准投资收益率

【例4－5】根据表4－2的资料，方案A、B、C的投资报酬率分别为：

投资报酬率（A）＝（500＋500）÷2/10 000＝5%

投资报酬率（B）＝（1 000＋1 000＋1 000＋1 000）÷4/10 000＝10%

投资报酬率（C）＝（2 000＋2 000＋1 500＋1 500）÷4/20 000＝8.75%

第三节　贴现现金流量指标

一、净现值

（一）净现值的含义

净现值（Net Present Value，缩写为NPV）是指在项目计算期内，按基准收益率或设定折现率计算的各年净现金流量现值的代数和。

净现值＝各年净现金流量现值合计－原始投资额现值

即：$NPV = \left[\dfrac{NCF_1}{(1+k)^1} + \dfrac{NCF_2}{(1+k)^2} + K + \dfrac{NCF_n}{(1+k)^n} \right] - C = \sum_{t=1}^{n} \dfrac{NCF_t}{(1+k)^t} - C$ （式4－15）

（二）净现值指标的优缺点

净现值的优点：一是考虑了资金时间价值；二是考虑了项目计算期全部的净现金流量和投资风险。缺点：无法从动态角度直接反映投资项目的实际收益率水平；计算比较复杂。

（三）决策原则

前面我们已经分析过，计算终值的过程，是往现值上增加利息；计算现值，是从终值上扣减利息。在计算净现值时，我们用一个折现率扣减利息，如果净现值等于0，这意味着项目按照该折现率扣减利息之后，现金流入与现金流出相等，即项目的实际收益率正好等于该折现率。即：

如果净现值大于0，则表示项目的实际收益率高于折现率；

如果净现值小于0，则表示项目的实际收益率低于折现率；

如果净现值等于0，则表示项目的实际收益率等于折现率。

如果折现率我们用的是行业基准收益率，那么，当净现值大于或者等于0时，说明项目的实际收益率已经达到或者超过行业基准收益率，表示项目是可行的；如果净现值小于0，说明项目的实际收益率低于行业基准收益率，表示项目不可行。由此，得出如下结论：

净现值≥0 → 方案实际收益率≥折现率 → 方案可行

净现值<0 → 方案实际收益率<折现率 → 方案不可行

【例4-6】根据表4-2的资料，假设贴现率 i=10%，则三个方案的净现值为：

$$
\begin{aligned}
净现值（A）&= 5\,500 \times (P/A, 10\%, 2) - 10\,000 \\
&= 5\,500 \times 1.7533 - 10\,000 \\
&= -454.75（元）
\end{aligned}
$$

$$
\begin{aligned}
净现值（B）&= 3\,500 \times (P/A, 10\%, 4) - 10\,000 \\
&= 3\,500 \times 3.1699 - 10\,000 \\
&= 1\,094.65（元）
\end{aligned}
$$

$$
\begin{aligned}
净现值（C）&= 7\,000(P/A, 10\%, 2) + 6\,500(P/A, 10\%, 2)(P/F, 10\%, 2) - 20\,000 \\
&= 7\,000 \times 1.7355 + 6\,500 \times 1.7355 \times 0.8264 - 20\,000 \\
&= 1\,094.65（元）
\end{aligned}
$$

二、内部收益率

（一）内部报酬率的含义

内部收益率（Internal Rate of Return，缩写为IRR），即指项目投资实际可望达到的收益率。实质上，它是使项目的净现值等于零时的折现率。

（二）计算方法

根据内部收益率的含义，即净现值等于0的折现率，在特殊条件下，净现值的计算式中，只有一个包含未知量的年金现值系数，我们可以令净现值等于0，先求出年金现值系数，然后查表采用内插法计算出内部收益率。如果特殊条件中有一个不满足，则净现值的计算式中，就出现了多于一个的系数。这样，采用先求系数的方法，就行不通了。这种情况下，无捷径可走，只能采用逐步测试法，即取一个折现率，计算NPV，如果NPV等于0，则所用的折现率即为内部收益率。但这种情况很少见到，多数情况下，NPV或者大于0，或者小于0。这样，就需要再次进行试算。试算的基本程序举例说明如下：

第一，取10%的折现率进行测试，如果NPV大于0，则说明内部收益率比10%高，因此，需要选取一个比10%高的折现率进行第二次测试。

第二，取12%的折现率进行第二次测试，如果NPV仍然大于0，则需要进行第三次测试。

第三，取14%的折现率进行第三次测试，如果NPV小于0，则说明内部收益率低于14%。

测试到此，可以判断出内部收益率在12%~14%之间，具体值为多少，采用内插法确定。

【例4-7】X公司一次投资200万元购置12辆小轿车用于出租经营，预计在未来8年中每年可获现金净流入量45万元，则该项投资的内部收益率是多少？

由于内部收益率是使投资项目净现值等于零时的折现率,因而:

$NPV = 45 \times (P/A、i、8) - 200$

令 $NPV = 0$

则: $45 \times (P/A、i、8) - 200 = 0$

$(P/A、i、8) = 200 \div 45 = 4.4444$

查年金现值系数表(附表4),确定4.4444介于4.4873(对应的折现率i为15%)和4.3436(对应的折现率i为16%),可见内部收益率介于15%和16%之间。

此时可采用插值法计算内部收益率:

$$IRR = 15\% + \frac{4.4873 - 4.4444}{4.4873 - 4.3436} \times (16\% - 15\%) = 15.3\%$$

于是,该项投资收益率为15.3%。

【例4-8】中盛公司于2×21年2月1日以每3.2元的价格购入H公司股票500万股,2×22年、2×23年、2×24年分别分派现金股利每股0.25元、0.32元、0.45元,并于2×24年4月2日以每股3.5元的价格售出,要求计算该项投资的收益率。

首先,采用测试法进行测试,如表4-6所示。

表4-6　　　　　　　　　　　　项目 IRR 测试表

时间	股利及出售股票的现金流量(万元)	测试1		测试2		测试3	
		系数10%	现值(万元)	系数12%	现值(万元)	系数14%	现值(万元)
2×21	-1 600	1	-1 600	1	-1 600	1	-1 600
2×22	125	0.909	113.625	0.893	111.625	0.877	109.62
2×23	160	0.826	132.16	0.797	127.52	0.769	123.04
2×24	1 975	0.751	1 483.225	0.712	1 406.2	0.675	1 333.125
净现值	—	—	129.01	—	45.345	—	-34.21

然后,采用插值法计算投资收益率。由于折现率为12%时净现值为45.345万元,折现率为14%时净现值为-34.21万元,因此,该股票投资收益率必然介于12%与14%之间。这时,可以采用插值法计算投资收益率:

$$IRR = 12\% + \frac{45.345 - 0}{45.345 - (-34.21)} \times (14\% - 12\%) = 13.14\%$$

于是,该项目的内部投资收益率13.14%。

(三) 内部收益率指标的优缺点

内部报酬率的优点是:第一,能从动态的角度直接反映投资项目的实际收益水平;第二,计算过程不受基准收益率高低的影响,比较客观。其缺点在于:第一,计算过程复杂,第二,当运营期出现大量追加投资时,有可能导致多个内部收益率出现,或偏高或偏低,缺乏实际意义。

(四) 决策原则

只有当内部报酬率指标大于或等于基准收益率或资金成本的投资项目才具有财务可行性。

三、获利指数

(一) 获利指数的含义

获利指数（Profitability Index，缩写为 PI）是指投产后按基准收益率或设定折现率折算的各年净现金流量的现值合计与原始投资的现值合计之比。

获利指数 = 投产后各年净现金流量的现值合计/原始投资的现值合计

(二) 获利指数与净现值的关系

$$\text{净现值} = \text{投产后各年净现金流量的现值合计} - \text{原始投资的现值合计} \quad (\text{式} 4-16)$$

(1) 如果 NPV 大于 0，则 PI 大于 1；
(2) 如果 NPV 等于 0，则 PI 等于 1；
(3) 如果 NPV 小于 0，则 PI 小于 1。

(三) 获利指数与净现值率的关系

净现值率 = 项目的净现值/原始投资现值合计
　　　　 = (投产后各年净现金流量现值合计 - 原始投资现值合计)/原始投资现值合计
　　　　 = 获利指数 - 1　　　　　　　　　　　　　　　　　　　　　(式 4-17)

所以：　　　　　　　　获利指数 = 1 + 净现值率　　　　　　　　　(式 4-18)

(四) 获利指数的优缺点

获利指数的优点是能够从动态的角度反映项目投资的资金投入与总产出之间的关系；获利指数的缺点是不能够直接反映投资项目的实际收益水平，计算相对复杂。

(五) 决策原则

净现值大于等于 0，投资项目可行。由此可以推出：获利指数大于等于 1，投资项目可行；反之，则项目不可行。

【例 4-9】根据表 4-2 的资料，假设贴现率 $i = 10\%$，则三个方案的获利指数为：

获利指数 (A) = [5 500 × (P/A, 10%, 2)] /10 000
　　　　　　 = [5 500 × 1.7533] /10 000
　　　　　　 = 0.9643

获利指数 (B) = [3 500 × (P/A, 10%, 4)] /10 000
　　　　　　 = 3 500 × 3.1699/10 000
　　　　　　 = 1.1094

获利指数 (C) = [7 000(P/A,10%,2) + 6 500(P/A,10%,2)(P/F,10%,2)]/20 000
　　　　　　 = [7 000 × 1.7355 + 6 500 × 1.7355 × 0.8264] /20 000
　　　　　　 = 1.074

第四节 项目投资决策评价指标的应用及比较

一、独立方案财务可行性评价及投资决策

（一）独立方案的含义

在财务管理中，将一组相互分离、互不排斥的方案称为独立方案。在独立方案中，选择某一方案并不排斥选择另一方案。

（二）独立方案财务可行性评价

对于这方面的决策就是要判断某一个方案是否具备财务可行性。不同的指标评价结果可能会不一致，这样就会出现所评价的财务可行性程度的差异。根据差异的程度，方案的财务可行性有四种情况：即完全具备财务可行性、基本具备财务可行性、基本不具备财务可行性和完全不具备财务可行性。

1. 完全具备财务可行性的条件。如果某一投资项目的评价指标同时满足以下条件，则可以断定该投资项目无论从那个方面看完全具备财务可行性，应当接受此投资方案。这些条件是：

（1）净现值≥ 0；
（2）净现值率≥ 0；
（3）获利指数≥ 1；
（4）内部收益率$\geq$要求的报酬率；
（5）包括建设期的静态投资回收期$\leq n/2$（即项目计算期的一半）；
（6）不包括建设期的静态投资回收期$\leq P/2$（即运营期的一半）；
（7）投资收益率$\geq$基准投资收益率。

2. 基本具备财务可行性的条件。若主要指标结论可行，而次要或辅助指标结论不可行，则基本具备财务可行性。

3. 基本不具备财务可行性的条件。若主要指标结论不可行，而次要或辅助指标结论可行，则基本不具备财务可行性。

4. 完全不具备财务可行性的条件。若主要指标结论不可行，次要或辅助指标结论也不可行，则完全不具备财务可行性。

注意：①在对独立方案进行财务可行性评价的过程中，当次要或辅助指标与主要指标的评价结论发生矛盾时，应当以主要指标的结论为准。②利用净现值、净现值率、获利指数和内部收益率指标对同一个独立项目进行评价，会得出完全相同的结论。③独立方案的财务可行性与投资决策的关系。只有完全具备或基本具备财务可行性的方案：接受；完全不具备或基本不具备财务可行性的方案：拒绝。

二、多个互斥方案的比较决策

互斥方案是指互相关联、互相排斥的方案，即一组方案中的各个方案彼此可以相互代

替，采纳方案组中的某一方案，就会自动排斥这组方案中的其他方案。

（一）多个互斥方案比较决策的含义

多个互斥方案比较决策，是指在每一个入选方案已具备财务可行性的前提下，利用具体决策方法比较各个方案的优劣，利用评价指标从各个备选方案中最终选出一个最优方案的过程。

（二）决策方法

对于互斥方案决策，前面介绍了五种方法。这五种方法分别适用于不同的条件。因此，对于这一部分内容，不仅要掌握每种方法的基本原理，而且还要掌握每种方法的适用条件。

1. 净现值法。所谓净现值法，是指通过比较所有已具备财务可行性投资方案的净现值指标的大小来选择最优方案的方法。这种方法适用于原始投资相同且项目计算期相等的多方案比较决策。在此法下，净现值最大的方案为优。

2. 差额投资内部收益率法。差额投资内部收益率法，是指在两个原始投资额不同方案的差量净现金流量的基础上，计算出差额内部收益率，并与行业基准折现率进行比较，进而判断方案优劣的方法。

关于这种方法需要注意三个问题：

（1）适用范围：该方法适用于两个原始投资不相同，但项目计算期相同的多方案比较决策。

（2）决策指标计算：差额内部收益率的计算与内部收益率指标的计算方法是一样的，只不过所依据的是差量净现金流量。

（3）决策原则：当差额内部收益率指标大于或等于行业基准收益率或设定折现率时，原始投资额大的方案较优；反之，则投资少的方案为优。

该法经常被用于更新改造项目的投资决策中，当差额内部收益率大于或等于基准折现率或设定折现率时，应当进行更新改造；反之，就不应当进行更新改造。

【例 4 - 10】 A 项目与 B 项目为互斥方案，它们的项目计算期相同。A 项目原始投资的现值为 150 万元，1 ~ 10 年的净现值流量为 29.97 万元；B 项目原始投资的现值为 100 万元，1 ~ 10 年的净现值流量为 20.18 万元。行业基准折现率为 10%。

要求：

（1）计算差量净现金流量 ΔNCF；

（2）计算差额内部收益率 ΔIRR；

（3）用差额投资内部收益率法作出比较投资决策。

解答：

（1）差量净现值流量为：$\Delta NCF_0 = -150 - (-100) = -50$（万元）

$$\Delta NCF_{1-10} = 29.29 - 20.18 = 9.11 （万元）$$

（2）差额内部收益率 ΔIRR 为：$(P/A, \Delta IRR, 10) = 50 / 9.11 \approx 5.4885$

$\because (P/A, 12\%, 10) = 5.6502 > 5.4885$

$(P/A, 14\%, 10) = 5.2161 < 5.4885$

$\therefore 12\% < \Delta IRR < 14\%$，应用内插法，则：

$$\Delta IRR = 12\% + \frac{5.6502 - 5.4885}{5.6502 - 5.2161} \times (14\% - 12\%) \approx 12.74\%$$

（3）用差额投资内部收益率法作出比较投资决策：

∵ $\Delta IRR = 12.74\% > ic = 10\%$

∴ 应当投资 A 项目

三、固定资产更新决策

固定资产更新改造是指以新的固定资产替换到期报废的旧的固定资产，或以新的技术装备对原有的技术装备进行改造。这是实现以内涵为主的扩大再生产的重要方式。固定资产更新决策一般也采用差量分析法进行决策。其一般步骤为：

第一，从新设备的角度计算差量现金流量 $\Delta NCFt$；

第二，根据差量现金流量计算差量净现值 ΔNPV；

第三，当 $\Delta NPV \geq 0$，选择新设备；当 $\Delta NPV < 0$，继续使用旧设备。

【例 4 – 11】某公司计划更新一台旧设备以减少成本，旧设备采用直线法计提折旧，新设备采用年数总和法折旧，公司的所得税税率为 33%，资金成本率为 10%。其他资料如表 4 – 7 所示。请作出判定：该公司是否应该进行更新决策。

表 4 – 7　　　　　　　　　　　设备更新的相关数据

项目	旧设备	新设备
原价/元	50 000	70 000
可用年限/年	10	4
已用年限/年	6	0
尚可使用年限/年	4	4
税法规定残值/元	0	7 000
目前变现价值/元	20 000	7 000
每年可获得的收入/元	40 000	6 000
每年付现成本/元	20 000	18 000
每年折旧额：	直线法	年数总和法
第 1 年/元	5 000	25 200
第 2 年/元	5 000	18 900
第 3 年/元	5 000	12 600
第 4 年/元	5 000	6 300

下面采用差量分析法对设备更新问题作出决策。所有增减量均用希腊字母"Δ"表示。

假设新旧设备是两个投资期不同的方案 A 和 B：

第一步，计算初始投资的差量：

Δ 初始投资 = 70 000 − 20 000 = 50 000（元）

第二步，计算各年营业现金流量的差量，如表4-8所示。

表4-8　　　　　　　　　各年营业现金流量的差量　　　　　　　　单位：元

项目	第1年	第2年	第3年	第4年
Δ销售收入（1）	20 000	20 000	20 000	20 000
Δ付现成本（2）	-2 000	-2 000	-2 000	-2 000
Δ折旧额（3）	20 200	13 900	7 600	1 300
Δ税前利润（4）=（1）-（2）-（3）	1 800	8 100	14 400	20 700
Δ所得税（5）=（4）×33%	594	2 673	4 752	6 831
Δ税后净利（6）=（4）-（5）	1 206	5 427	9 648	13 869
Δ营业净现金流量（7）=（1）-（2）-（5）	21 406	19 327	17 248	15 169

第三步，计算两个方案现金流量的差量，如表4-9所示。

表4-9　　　　　　　　　两个方案现金流量的差量　　　　　　　　单位：元

项目	第0年	第1年	第2年	第3年	第4年
Δ初始投资	-50 000				
Δ营业净现金流量		21 406	19 327	17 248	15 469
Δ终结现金流量					7 000
现金流量	-50 000	21 406	19 327	17 248	22 169

第四步，计算净现值的差量：

$$\Delta NPV = 21\,406 \times (P/F, 10\%, 1) + 19\,327 \times (P/F, 10\%, 2) + 17\,248 \\ \times (P/F, 10\%, 3) + 22\,169 \times (P/F, 10\%, 4) - 50\,000$$
$$= 21\,406 \times 0.909 + 19\,327 \times 0.826 + 17\,248 \times 0.751 + 22\,169 \times 0.683 - 50\,000$$
$$= 13\,516.83 \text{元}$$

因为固定资产更新后，将增加净现值13 516.83元，故应进行更新。

四、年等额净回收额法

年等额净回收额法，是指通过比较所有投资方案的年等额净回收额（Net Annual recovery，缩写为NA）指标的大小来选择最优方案的方法。

适用条件：原始投资不同，特别是项目计算期不同的多方案比较决策。

（一）决策指标

年等额净回收额=方案净现值×资本回收系数=方案净现值/年金现值系数　（式4-19）

年等额净回收额，实际上就是把一个方案的净现值平均分摊到项目计算期的各年。我们前面已经提到，净现值是反映一个项目总体盈利情况的指标。而年等额净回收额，实际上就是把反映项目总体盈利能力的指标，调整为每年盈利情况的指标。

（二）决策原则

选择年等额净回收额最大的方案。

（三）计算程序

首先，计算净现值；

其次，用净现值除以年金现值系数（期数使用计算期），得出年等额净回收额；
最后，根据年等额净回收额进行决策。

【例4-12】富强公司有两项投资方案，其现金净流量，如表4-10所示。

表4-10 两方案各年现金净流量数据表 单位：元

项目计算期	甲方案		乙方案	
	净收益	现金净流量	净收益	现金净流量
0		-200 000		-120 000
1	20 000	120 000	16 000	56 000
2	32 000	132 000	16 000	56 000
3	—	—	16 000	56 000

要求：如果该企业期望达到的最低报酬率为12%，请作出决策。

解答：

1. 计算甲、乙方案的 NPV：

$NPV_{甲} = 120\,000 \times (P/E, 12\%, 1) + 13\,200 \times (P/F, 12\%, 2) - 200\,000$
$= 120\,000 \times 0.8929 + 132\,000 \times 0.7972 - 200\,000$
$= 12\,378.4$（元）

$NPV_{乙} = 56\,000 \times (P/A, 12\%, 3) - 120\,000$
$= 56\,000 \times 2.4018 - 120\,000$
$= 14\,500.8$（元）

2. 计算甲、乙方案的年等额净回收额：

甲方案年等额净回收额 $= \dfrac{12\,378.4}{(P/A, 12\%, 2)} = \dfrac{12\,378.4}{1.6901} = 7\,342.06$（元）

乙方案年等额净回收额 $= \dfrac{14\,500.8}{(P/A, 12\%, 3)} = \dfrac{14\,500.8}{2.4018} = 6\,037.47$（元）

3. 作出决策：

因为甲方案年等额净回收额 7 324.06 元 > 乙方案年等额净回收额 6 037.47 元，所以应选择甲方案。

五、多方案组合排队投资决策

（一）组合排队方案的含义

如果一组方案既不属于相互独立，又不属于相互排斥，而是可以实现任意组合或排队，则这些方案被称作组合排队方案。独立方案和互斥方案属于两种极端的情况，组合排队方案是处于两者之间的一种情况。

（二）组合排队方案决策的含义

这类决策分两种情况：在资金总量不受限制的情况下，可按每一项目的净现值大小排队，确定优先考虑的项目顺序；在资金总量受到限制时，则需按净现值率或获利指数的大小，结合净现值进行各种组合排队，从中选出能使 $\sum NPV$ 最大的最优组合。

(三) 组合或排队方案决策的程序

在主要考虑投资效益的条件下,多方案比较决策的主要依据,就是能否保证在充分利用资金的前提下,获得尽可能多的净现值总量。

【注意】组合排队决策包括两个方面的含义:一是确定方案组合;二是对该组合内的方案进行排队。

【例 4 – 13】A、B、C、D 四个投资项目为相互排斥方案,具体资料如表 4 – 11 所示。假定企业现在只有 2 500 万元可用于投资。要求:作出投资组合决策。

表 4 – 11　　　　　　　　　　投资项目资料

项目	原始投资(万元)	净现值(万元)	现值指数
A	550	97.89	1.178
B	690	70.24	1.102
C	1 136	217.26	1.191
D	1 550	182.87	1.118

按 A、B、C、D 的现值指数从大到小排序见表 4 – 12。

表 4 – 12　　　　　　　按投资项目现值指数从大到小排列

序号	项目	现值指数	净现值(万元)	原始投资(万元)
1	C	1.191	217.26	1 136
2	A	1.178	97.89	550
3	D	1.118	182.87	1 550
4	B	1.102	70.14	690

企业在 2 500 万元原始投资额的限制下,可以选择的投资组合有:C + A + B;C + A;C + B;A + B;A + D;D + B。最优组合为:C + A + B,此时累计投资总额为 1 136 + 550 + 690 = 2 376 万元,但现实的净现值比所有其他组合都多。

本章小结

项目投资是一种以特定项目为对象,直接与新建项目或更新改造项目有关的长期投资行为。项目投资的特点是投资金额大、影响时间长、变现能力差、投资风险大。因此项目投资决策必须严格遵守相应的投资程序。

现金流量是指与项目投资决策有关的现金流入和现金流出的数量,是评价投资方案是否可行时必须事先计算的一个基础性指标。现金流量包括现金流入量、现金流出量和现金净流量三个具体概念。

项目投资决策方法分为非贴现法和贴现法两大类。非贴现法包括平均报酬率法和投资回收期法。贴现法包括净现值法、获利指数法和内部报酬率法。

项目投资决策的应用分为独立项目可行性评价决策、多个互斥方案的比较决策以及多方案组合排队投资决策。

一、本章关键词

项目投资（project investment）
现金净流量（net cash flow）
静态投资回收期（static payback period）
会计收益率（accounting rate of return）
净现值（net present value）
净现值率（net present value ratio）
获利指数（profit index）
内含报酬率（internal rate of return）
互斥方案（mutually exclusive program）
独立方案（stand–alone program）

二、思考题

1. 项目投资的定义及特点分别是什么？
2. 项目计算期的构成情况如何？
3. 原始总投资、建设投资、流动资金投资之间的关系如何？
4. 什么是现金流量？在长期投资决策过程中，为什么采用现金流量而不是采用会计利润作为评价基础？
5. 长期投资决策用到哪些指标？利用长期投资决策的不同指标进行投资决策时，为什么会得不出不同的投资结果？

三、基础训练测试题

（一）单项选择题

1. 在财务管理中，将企业为使项目完全达到设计生产能力，开展正常经营而投入的全部现实资金称为（　　）。
   A. 投资总额　　　　　　　　　B. 现金流量
   C. 建设投资　　　　　　　　　D. 原始总投资

2. 项目投资决策中，完整的项目计算期是指（　　）。
   A. 建设期　　　　　　　　　　B. 经营期
   C. 建设期和达产期　　　　　　D. 建设期和经营期

3. 一个投资方案年营业收入300万元，年营业成本210万元，其中折旧85万元，所得税税率为40%，则该方案年现金净流量为（　　）万元。
   A. 90　　　　　　　　　　　　B. 139
   C. 175　　　　　　　　　　　D. 54

4. 下列各项中，属于长期投资决策静态评价指标是（　　）。
   A. 投资利润率　　　　　　　　B. 获利指数

C. 净现值　　　　　　　　　　　　D. 内含报酬率

5. 下列各项中，其数值越小越好的指标是（　　）。

A. 现值指数　　　　　　　　　　　B. 获利指数

C. 投资回收期　　　　　　　　　　D. 内含报酬率

6. 公司拟投资一项目10万元，投资后年营业收入48 000元，付现成本13 000元，预计有效期5年，按直线法计提折旧，无残值，所得税税率为25%，则该项目（　　）。

A. 回收期2.86年　　　　　　　　　B. 回收期3.33年

C. 回收期3.2年　　　　　　　　　 D. 回收期43.56年

7. 当某方案的净现值大于零时，其内含报酬率（　　）。

A. 可能小于零　　　　　　　　　　B. 一定小于零

C. 一定大于设定的折现率　　　　　D. 不确定

8. 在单一方案决策过程中，与净现值评价结论可能发生矛盾的评价指标是（　　）。

A. 现值指数　　　　　　　　　　　B. 投资回收期

C. 内含报酬率　　　　　　　　　　D. 净现值率

9. 在投资项目评价指标中，起主导作用的评价指标有（　　）。

A. 投资回收期　　　　　　　　　　B. 投资报酬率

C. 内含报酬率　　　　　　　　　　D. 净现值

10. 某投资方案，当折现率为16%时，其净现值为338元；当折现率为18%，其净现值为-22元。则利用内插法计算该方案的报酬率为（　　）。

A. 18.88%　　　　　　　　　　　　B. 16.12%

C. 17.88%　　　　　　　　　　　　D. 18.14%

（二）多项选择题

1. 当新建项目的建设期不为0时，建设期内各年的净现金流量可能（　　）。

A. 小于0　　　　　　　　　　　　 B. 等于0

C. 大于0　　　　　　　　　　　　 D. 大于1

2. 下列项目中，属于经营期现金流入项目的有（　　）。

A. 营业收入　　　　　　　　　　　B. 回收流动资金

C. 回收固定资产余额　　　　　　　D. 其他现金流入

3. 下列各项中，既属于原始投资额，又构成项目投资总额有（　　）。

A. 固定资产投资　　　　　　　　　B. 无形资产投资

C. 资产化利息　　　　　　　　　　D. 垫支的流动资金

4. 下列指标中，属于动态指标的有（　　）。

A. 投资利润率　　　　　　　　　　B. 获利指数

C. 净现值　　　　　　　　　　　　D. 内含报酬率

5. 在建设期不为0的完整工业投资项目中，分次投入的垫支流动资金的实际投资时间可以发生在（　　）。

A. 建设起点　　　　　　　　　　　B. 建设期末

C. 试产期内　　　　　　　　　　　D. 终结点

（三）计算分析题

1. 航运公司准备购入一设备以扩充生产能力。现有甲、乙两个方案可供选择，甲方案需投资 20 000 元，使用寿命为 5 年，采用直线法计提折旧，5 年后设备无残值，5 年中每年销售收入 8 000 元，每年的付现成本为 3 000 元。乙方案需投资 24 000 元，使用寿命为 5 年，采用直线法计提折旧；5 年后有残值收入 4 000 元，5 年中每年销售收入 10 000 元，付现成本，第一年为 4 000 元，以后逐年增加修理费 200 元，另垫支营运资金 3 000 元。假设所得税率为 40%。要求计算两方案每年的现金净流量。

2. 某公司有两个投资项目可供选择，其中：

（1）A 项目的现金净流量如下：第 0 年现金净流量为 -2 000 万元，当年建设当年投产，投产后第 1 年到第 5 年现金净流量为 625 万元。

（2）B 项目的现金净流量如下：第 0 年现金净流量为 -3 100 万元，当年建设当年投产，投产后第 1 年到第 5 年现金净流量分别为 850 万元、775 万元、700 万元、625 万元、1 650 万元。

要求：

（1）计算 A 项目和 B 项目的静态投资回收期；

（2）计算 A 项目和 B 项目的会计收益率。

3. 神龙公司拟投资一项目，投资额为 1 000 万元，使用寿命期 5 年，5 年中每年销售收入为 800 万元，付现成本为 500 万元，假定所得税税率 25%，固定资产残值不计，资本成本率为 10%。

要求：

（1）计算该项目的年营业现金净流量；

（2）计算投资回收期；

（3）计算该项目的净现值；

（4）当资本成本率为 15% 时，该项目投资是否可行？

4. 红星公司两个项目的现金流量如表 4-13 所示，该企业的资本成本为 10%。

表 4-13　　　　　　　　　现金流量表　　　　　　　　　单位：万元

	0	1	2	3	4	5
甲方案						
固定资产投资	-6 000					
营业现金流量		2 200	2 200	2 200	2 200	2 200
合计	-6 000	2 200	2 200	2 200	2 200	2 200
乙方案						
固定资产投资	-8 000					
流动资产垫支	-2 000					
营业现金流量		2 800	2 500	2 200	1 900	1 600
固定资产残值						2 000
营运资金回收						2 000
合计	-10 000	2 800	2 500	2 200	1 900	5 600

要求：
（1）分别计算两个方案的净现值；
（2）分别计算两个方案的获利指数；
（3）分别计算两个方案的投资回收期；
（4）分别计算两个方案的投资报酬率。

第五章　股权融资

知识目标：通过本章的学习，了解企业筹资的动机与要求，企业筹资的基本渠道与方式；理解投入资本、普通股筹资、优先股筹资、利用留存收益等几种股权筹资方式的概念；明确股权融资的条件、程序及有关法律规定；熟悉普通股发行价格的确定方法，熟悉股票上市的意义及应具备的条件；掌握各种股权融资方式的优缺点，掌握资金需要量预测方法。

能力目标：能根据企业经营活动实际情况测算资金需要量，能帮助企业制定股票发行价格，能帮助企业选择合适的方式融通到所需资金，使企业摆脱融资困境。

综合运用启发式、提问式、互动式教学方法及案例讨论等方式，结合 PPT 多媒体课件等教学手段，使学生尽快掌握各种股权融资渠道、方式的优缺点，以及融资应具备的条件、遵守的程序，提升学生的专业应用技巧与能力。

美国老太太和中国老太太

曾经听过这样一个故事：一位美国老太太和一位中国老太太在一起聊天，美国老太太说："我今年终于把买房的贷款还完了。"中国老太太说："今年我终于攒够了买房的钱。"虽然结果是一样的，但过程却大相径庭，为了买房子，美国老太太一开始就想方设法向银行贷款，提前享受了生活，实现了自己的梦想。中国老太太则相反，她从年轻时就努力工作，努力赚钱攒钱，实现了自己的梦想，但她大半生没能好好享受生活。

这个经典故事的含义是很丰富的，人们可以从多个角度来思考。从企业理财的角度来看，这个故事当然也具有启发意义。任何一个投资者想开办企业从事生产经营都需要资金。那么资金从何而来呢？是等到投资者自己攒够钱，还是积极想办法从外界筹资？上面的故事显然已经给出了答案。当然，企业筹资是一个十分复杂而又重要的问题，需要综合考虑多方面的因素作出决策。

资料来源：陈玉菁. 财务管理[M]. 北京：中国人民大学出版社，2008.3.

企业是现代社会经济生活中最重要、最活跃的市场主体，资金是企业的血液，是企业设立、生存和发展的物质基础，是企业开展生产经营业务活动的基本前提。企业能否进行良好的运营与发展，在很大程度上取决于企业能否得到稳定的资金来源。企业获取资金的行为就叫筹资。企业根据自身经营活动、投资活动和资本结构调整等需要，通过恰当的筹资渠道，力求经济有效地筹措和集中资本。股权性融资和债权性融资是企业最常见的筹资方式。本章介绍股权融资。

第一节　企业筹资的动机与要求

资金筹集简称"筹资"，是指企业作为主体，依据其生产经营、对外投资和调整资本结构的需要，通过资本市场和不同的筹资渠道，采用适当的筹资方式，经济有效地筹措和集中资金的一种行为。

如果说企业的财务活动是以现金收支为主的资金流转活动，那么筹资活动则是资金运转的起点。筹资管理是企业财务管理的一项基本内容，筹资管理要求解决为什么要融资、需要筹集多少资金、以什么方式融资，以及如何根据财务风险和资本成本，合理安排资本结构等问题。筹资决策是重要的财务活动之一，企业会经常面临筹资的问题。

一、企业筹资的动机

企业筹资最基本的目的，是为企业的经营活动提供资金保障，企业具体的筹资活动通常受特定动机的驱使。

（一）创立性筹资动机

创立性筹资动机，是指企业设立时，为取得资本金并形成开展经营活动的基本条件而产生的筹资动机。

（二）支付性筹资动机

支付性筹资动机，是指为了满足经营业务活动的正常波动所形成的支付需要而产生的筹资动机。

（三）扩张性筹资动机

扩张性筹资动机，是指企业因扩大经营规模或对外投资需要而产生的筹资动机。处于成长期的企业，往往会产生扩张性的筹资动机。

（四）调整性筹资动机

调整性筹资动机，是指企业因调整资本结构而产生的筹资动机。企业产生调整性筹资动机的具体原因：一是优化资本结构，合理利用财务杠杆效应；二是偿还到期债务。

（五）混合性筹资动机

企业可能因扩张规模和调整资金结构需要而产生的筹资动机。

二、企业筹资的要求

（一）筹资要满足经营运转的资金需要

筹集资金，作为企业资金周转运动的起点，决定着企业资金运动的规模和生产经营发展的程度。企业新建时,要按照企业战略所确定的生产经营规模核定长期资本需要量和流动资金需要量。在企业日常生产经营活动运行期间,需要维持一定数额的资金,以满足营业活动的正常波动需求。企业筹资管理,能够为企业生产经营活动的正常开展提供财务保障。

(二) 筹资要满足投资发展的资金需要

企业在成长时期,往往因扩大生产经营规模或对外投资需要大量资金。企业生产经营规模的扩大有两种形式:一种是新建厂房、增加设备,这是外延式的扩大再生产;另一种是引进技术改进设备,提高固定资产的生产能力,培训工人提高劳动生产率,这是内涵式的扩大再生产。不管是外延式的扩大再生产还是内涵式的扩大再生产,都会发生扩张性的筹资动机。同时,企业由于战略发展和资本经营的需要,还会积极开拓有发展前途的投资领域,以联营投资、股权投资和债权投资等形式对外投资。经营规模扩张和对外产权投资,往往会产生大额的资金需求。企业筹资管理,能够为企业投资活动的正常开展提供财务保障。

(三) 筹资要合理安排筹资渠道和选择筹资方式

企业筹资,首先要解决的问题是资金从哪里来、以什么方式取得,这就是筹资渠道的安排和筹资方式的选择问题。

安排筹资渠道和选择筹资方式是一项重要的财务工作,直接关系到企业所能筹措资金的数量、成本和风险。企业的筹资渠道与筹资方式有着密切的联系。同一筹资渠道的资本往往可以采取不同的筹资方式取得,而同一筹资方式又往往适用于不同的筹资渠道。因此,需要深刻认识各种筹资渠道和筹资方式的特征、性质以及与企业融资要求的适应性。通过筹资管理,可以在权衡不同性质资金的数量、成本和风险的基础上,合理安排筹资渠道和筹资方式,以有效地筹集资金。

(四) 筹资要降低资本成本

资本成本是企业筹集和使用资金所付出的代价,包括资金筹集费用和使用费用。在资金筹集过程中,要发生股票发行费、借款手续费、证券印刷费、公证费、律师费等费用,这些属于资金筹集费用。在企业生产经营和对外投资活动中,要发生利息支出、股利支出、融资租赁的资金利息等费用,这些属于资金使用费用。不同方式取得的资金,其资本成本是不同的。一般来说,债务资金比股权资金的资本成本要低,而且其资本成本在签订债务合同时就已确定,与企业的经营业绩和盈亏状况无关。即使同是债务资金,由于借款、债券和租赁的性质不同,其资本成本也有差异。企业筹资的资本成本,需要通过资金使用所取得的收益与报酬来补偿,资本成本的高低决定了企业资金使用的最低投资报酬率要求。因此,企业在筹资管理中,要在权衡债务清偿财务风险的基础上,合理利用资本成本较低的资金种类,降低企业的资本成本率。

(五) 筹资要合理控制财务风险

财务风险,是企业无法如期足额地偿付到期债务的本金和利息、支付股东股利的风险,主要表现为偿债风险。由于无力清偿权益人的要求,将会导致企业破产。尽管债务资金的资本成本较低,但由于债务资金有固定合同还款期限,到期必须偿还,因此企业承担的财务风险比股权资金要大一些。企业筹集资金在降低资本成本的同时,要充分考虑不同资金的财务风险,防范企业破产的财务危机。筹资管理中的财务风险控制,从另一个角度来说也受到了企业资产流动性的限制。如果企业经营风险较高,资产流动性不强,将制约企业筹资中不能使用太多债务资金。

三、企业筹资的渠道和筹资方式

在现代市场经济竞争中,企业所处的内外环境各不相同,所选择的融资方式也有相应的差异。企业只有采取了适合自身发展的筹资渠道和融资方式来筹集生产经营活动中所需要的资金,才能保障企业生产经营活动的正常运行和扩大再生产的需要,也才能够促进企业的长远发展。

(一) 筹资渠道

筹资渠道是指筹措资金的来源方向与通道。认识和了解各筹资渠道和每种渠道的特点,有助于企业充分拓宽和正确利用筹资渠道。一般来说,企业筹资渠道最基本的就是间接筹资和直接筹资。间接筹资是企业通过银行等金融机构以信贷关系间接从社会取得资金;直接筹资是企业与投资者协议或通过发行股票、债券等方式直接从社会取得资金。我国企业目前筹资渠道主要包括以下几种:国家财政投资和财政补贴、银行与非银行金融机构、其他法人单位与自然人、企业自身积累等。

1. 国家财政资金。国家对企业的直接投资是国有企业特别是国有独资企业获得资金的主要渠道。现有国有企业的资金来源中,其资本部分大多是由国家财政以直接拨款形式形成的,除此以外,还有些是国家对企业"税前还贷"或减免各种税款而形成的。不管是何种形式形成的,从产权关系来看,它们都属于国家投入的资金,产权归国家所有。

2. 银行信贷资金。银行信贷资金是指银行对企业的各种借款,是我国目前各类企业最为重要的资金来源。

3. 其他金融机构资金。其他金融机构主要是指信托投资公司、保险公司、租赁公司、证券公司、财务公司等。它们所提供的各种金融服务,既包括信贷资金投放,也包括物资的融通,还包括为企业承销证券等金融服务。

4. 其他企业资金。其他企业资金是指企业为一定的生产经营目的而进行相互投资。企业间的购销业务可以通过商业信用方式来完成,从而形成企业间的债权债务关系,形成债务人对债权人的短期信用资金占用。企业间的相互投资和商业信用的存在,使其他企业资金也成为企业资金的重要来源。

5. 居民个人资金。居民个人资金是指企业职工和居民个人的节余货币,可用于对企业的投资,形成民间资金来源渠道,从而为企业所用。

6. 企业自留资金。企业自留资金是指企业内部形成的资金,也称企业的内部留存,主要包括提取的盈余公积金和未分配利润等。这些资金的重要特征之一是:它们无须企业通过一定的方式去筹集,而直接由企业实现净利后提取,从而形成的资金。

各种筹资渠道的资金供应数量,存在较大的差别。有些渠道的资金供应量多,如银行信贷资金和非银行金融机构资金等;而有些相对较少,如企业自留资金等。资金供应量的多少,在一定程度上取决于财务管理环境的变化,特别是宏观经济政策、金融市场与金融政策、有关法律的限制等因素。对于各种不同渠道的社会资金,企业可以通过不同的方式来取得。

(二) 筹资方式

筹资方式是企业筹集资金所采取的具体形式,不同筹资方式所筹集到的资金的属性和期限是不同的。随着我国金融市场的发展，企业的筹资有多种方式可以选择。企业筹资的总体方式分为内部筹资和外部筹资，内部筹资主要依靠企业的利润留存积累，外部筹资一般来讲，主要有两种方式，并形成两种性质的资金来源：股权资金和债务资金。股权资金，是企业通过吸收投入资本、发行股票等方式从投资者那里取得的；债务资金，是企业通过向银行借款、发行债券、利用商业信用、融资租赁等方式从债权人那里取得的。筹资方式具体有以下几类：

1. 吸收投入资本。吸收投入资本，是指企业按照"共同投资、共同经营、共担风险、共享收益"的原则，以签订投资合同、协议等形式直接吸收国家、法人单位、自然人和外商投入资金的一种筹资方式。

2. 发行股票。普通股是股份公司资本构成中最基本、最主要的股份。普通股不需要还本，也不需要定期定额向股东支付股息，因此风险很低。但采取这一方式筹资会引起原有股东控制权的分散。只有股份有限公司才能发行股票。

3. 发行债券。债券是公司为筹集资本，按法定程序发行并承担在指定的时间内支付一定的利息和偿还本金义务的有价证券。按照我国《公司法》《证券法》等法律法规规定，只有股份有限公司、国有独资公司、由两个以上的国有企业或者两个以上的国有投资主体投资设立的有限责任公司，才有资格发行公司债券。

4. 金融机构借款。向金融机构借款，是指企业根据借款合同从银行或非银行金融机构取得资金。企业可以向银行、非银行的金融机构借款以满足对资金的需要。这一方式手续简便，企业可以在较短时间内取得所需的资金，保密性也很好。但企业需要负担固定利息，到期还需归还本金，如果企业不能合理安排还贷资金就会引起企业财务状况的恶化。

5. 融资租赁。融资租赁，是指企业与租赁公司签订租赁合同，从租赁公司租赁资产，通过对租赁物的占有、使用取得资金。

6. 商业信用。商业信用，是指企业之间在商品交易或劳务供应中，由于延期付款或延期交货所形成的借贷信用关系。商业信用是由于业务供销活动而形成的，它是企业短期资金的一种重要的和经常性的来源。

7. 留存收益。留存收益包括盈余公积和未分配利润。利用留存收益，是企业将当年利润转化为股东对企业追加投资的过程。

企业的筹资渠道与筹资方式有着密切的联系。同一筹资渠道的资本往往可以采取不同的筹资方式取得，而同一筹资方式又往往可以适用于不同的筹资渠道。因此，企业在筹资时，应当实现筹资渠道和筹资方式两者之间的合理配合。

安排筹资渠道和选择筹资方式是一项重要的财务工作，直接关系到企业所能筹措资金的数量、成本和风险，因此需要深刻认识各种筹资渠道和筹资方式的特征、性质以及与企业融资要求的适应性。通过筹资管理，可以在权衡不同性质资金的数量、成本和风险的基础上，合理安排筹资渠道和筹资方式，以有效地筹集资金。

第二节 资金需要量的预测

企业的资金需要量是筹资的数量依据，企业在筹资之前，应当采用一定的方法，科学合理地进行预测。开展企业资金需要量预测的基本目的,是为了保证企业生产经营业务的顺利进行,使筹集来的资金既能满足生产经营的需要,又不会有太多的闲置,从而促进企业财务管理目标的实现。本节介绍预测资金需要量常用的方法。

一、销售百分比法

企业的销售规模扩大时,要相应增加流动资产,如果销售规模增加很多,还必须增加长期资产。为取得扩大销售所需增加的资产,企业需要筹措资金。这些资金,一部分来自留存收益,另一部分通过外部筹资取得。通常,销售增长率较高时,仅靠留存收益不能满足资金需要,即使获利良好的企业也需向外部筹资。因此,企业需要预先知道自己的筹资需求,提前安排筹资计划,否则就可能发生资金短缺问题。

销售百分比法,是假设资产、负债与销售收入存在稳定的百分比关系,根据预计销售收入和相应的百分比预计资产、自发性负债的增加,然后确定外部融资需求量的一种资金预测方法。

(一)基本假设

任何方法都是建立在一定的假设前提基础上的,销售百分比法也不例外。归纳起来,销售百分比法的假设条件有以下几个:

1. 资产负债表的资产、负债项目可以划分为敏感项目与非敏感项目。凡是随销售额变化同比例变化的项目,称为敏感项目;凡不随销售额变化而变化的项目,称为非敏感项目。敏感项目在短时期内随销售额的变化而发生同比例的变化,其隐含的前提是:现有的资产负债水平对现在的销售是最优的,即所有的生产能力已经全部使用。这个条件直接影响敏感项目的确定。例如,只有当固定资产利用率已经达到最优状态,产销量的增加将导致机器设备、厂房等固定资产的增加,此时固定资产净值才应列为敏感资产;如果目前固定资产的利用率并不完全,则在一定范围内的产量增加就不需要增加固定资产的投入,此时固定资产净值不应列为敏感项目。

2. 敏感项目与销售额之间成正比例关系。这一假设又包含两方面意义:一是线性假设,即敏感项目与销售额之间为正相关;二是直线过原点,即销售额为零时,项目的初始值也为零。这一假设与现实的经济生活不相符。例如,现金的持有动机除了与销售有关的交易动机外,还包括投机动机和预防动机,所以即使销售额为零也应持有一部分现金;又如,存货应留有一定数量的安全库存以应付意外情况,这也导致存货与销售额并不总是呈现正比例关系。

3. 基期与预测期的情况基本不变。这一假设包含三重含义:一是基期与预测期的敏感项目和非敏感项目的划分不变;二是敏感项目与销售额之间成固定比例,或称比例不变;三是销售结构和价格水平与基期相比基本不变。由于实际经济情况总是处于不断变动之中,基期与预测期的情况不可能一成不变。一般来说,各个项目的利用不可能同时达到最优,所以基期与预测期的敏感项目与非敏感项目的划分会发生一定的变化,同样,敏感项目与销售额的比例也可能发生变化。

4. 企业的内部资金来源仅来自留存收益。这个假设相当于假设企业当期计提的折旧在当期全部用来更新固定资产。但是,企业固定资产的更新是有一定周期的,各期计提的折旧在未使用以前可以作为内部资金来源使用,与之类似的还有无形资产的摊销费用。

5. 销售的预测比较准确。销售预测是销售百分比法应用的重要前提之一,只有销售预测准确,才能比较准确地预测资金需要量。但是,产品的销售受市场供求、同业竞争以及国家宏观经济政策等的影响,销售预测不可能是一个准确的数值。

(二) 基本步骤

应用销售百分比法预测资金需要量通常需经过以下步骤:

1. 预测销售额增长率。销售预测对外部融资需求量的预测有重大影响。如果销售的实际状况超出预测很多,企业没有准备足够的资金添置设备或储备存货,则无法满足顾客需要,不仅会失去盈利机会,而且会丧失原有的市场份额。相反,销售预测过高,筹集大量资金购买设备并储备存货,则会造成设备闲置和存货积压,使资产周转率下降,导致权益收益率降低,股价下跌。

2. 确定随销售额变化而变化的敏感资产和敏感负债项目。资产是资金使用的结果,随着销售额的变化,资产项目将占用更多的资金。同时,随着资产的增加,相应的短期债务也会增加,如存货增加会导致应付账款增加,此类债务称为"自发性债务",可以为企业提供暂时性资金。一般情况下,随销售额变动而变动的敏感资产项目包括现金、应收账款、存货等项目;而敏感负债项目包括应付票据、应付账款等项目,不包括短期借款、短期融资券、长期负债等筹资性负债。

3. 确定敏感资产、敏感负债与销售额的稳定比例关系。如果企业资金周转的营运效率保持不变,某些资产与负债项目将会随销售额的变化而呈正比例变化,保持稳定的百分比关系。企业应当根据历史资料和同业情况,剔除不合理的资金占用,寻找与销售额的稳定百分比关系。

4. 确定需要增加的资金数额。由于销售额增长而需要的资金需求增长额,扣除留存利润后,即为所需要的外部筹资额,计算公式如下:

$$对外筹资需求量 = \frac{A}{S_1} \times \Delta S - \frac{B}{S_1} \times \Delta S - P \times E \times S_2 \quad \text{(式 5-1)}$$

式中,A 代表随销售额变化而变化的敏感性资产,B 代表随销售额变化而变化的敏感性负债,S_1 代表基期销售额,S_2 代表预测期销售额,ΔS 代表销售变动额,P 代表销售净利率,E 代表利润存留率,A/S_1 代表敏感资产占基期销售额的百分比,B/S_1 代表敏感负债占基期销售额的百分比。

【例 5-1】中远公司 2×21 年 12 月 31 日的简要资产负债表如表 5-1 所示。假定中远公司 2×21 年销售额为 10 000 万元,销售净利率为 10%,利润留存率为 50%。2×22 年销售额预计增长 30%,公司有足够的生产能力,无须追加固定资产投资。试测算中远公司 2×22 年外部融资额。

表 5-1 中远公司资产负债表
2×21 年 12 月 31 日

资产	金额(万元)	与销售关系(%)	负债与权益	金额(万元)	与销售关系(%)
现　　金	500	5	短期借款	1 500	N
应收账款	1 500	15	应付账款	1 500	15
存　　货	3 000	30	公司债券	1 000	N
固定资产	5 000	N	实收资本	5 000	N
			留存收益	1 000	N
合计	10 000	50	合计	10 000	15

首先,确定有关项目与基期销售额的百分比关系。在表 5-1 中,N 为不变动,是指该项目不随销售的变动而变动。

其次,确定需要增加的资金量。从表 5-1 可以看出,销售收入每增加 100 元,必须增加 50 元的资金占用,同时会自动增加 15 元的资金来源,两者差额还有 35% 的资金需求。因此,每增加 100 元的销售收入,公司必须取得 35 元的资金来源,销售额从 10 000 万元增加到 13 000 万元,增加了 3 000 万元,按照 35% 的比率,可预测将增加 1 050 万元的资金需求。

最后,确定外部融资需求的数量。2×22 年的净利润为 1 300 万元(13 000×10%),利润留存率 50%,则将有 650 万元(1 300×50%)利润被留存下来,还有 400 万元(1 050 - 650)的资金必须从外部筹集。

根据中远公司的资料,利用公式可求得对外融资的需求量为:
外部融资额 = 50% × 10 000 × 30% - 15% × 10 000 × 30% - 13 000 × 10% × 50%
= 400(万元)

销售百分比法的优点是,能为筹资管理提供短期预计的财务报表,以适应外部筹资的需要,且易于使用。但在有关因素发生变动的情况下,必须相应地调整原有的销售百分比。

二、资金习性预测法

资金习性预测法,是指根据资金习性预测未来资金需要量的一种方法。所谓资金习性,是指资金的变化同产销量变化之间的依存关系。按照资金习性,可以把资金区分为不变资金、变动资金和半变动资金。

不变资金是指在一定的产销量范围内,不受产销量变化的影响而保持固定不变的那部分资金。也就是说,产销量在一定范围内变动,这部分资金保持不变。具体包括:为维持营业而占用的最低数额的现金;原材料的保险储备占用的资金;必要的成品储备占用的资金;厂房、机器设备等固定资产占用的资金等。

变动资金是指随产销量的变化而同比例变化的那部分资金,具体包括直接材料、直接人工等占用的资金。另外,在最低储备以外的现金、存货、应收账款等也具有变动资金的性质。

半变动资金是指虽然受产销量变化的影响而发生变化,但不成同比例变化的资金,如一些辅助材料上占用的资金等。半变动资金可采用一定的方法分解为不变资金和变动资金两部分。

设产销量为自变量 X,资金占用量为因变量 Y,它们之间的关系可用下式表示:

$$Y = a + bX \quad (式 5-2)$$

式中,a 代表不变资金;b 代表单位产销量所需变动资金,b 值可以用高低点法或回归直线法求得。

(一) 高低点法

高低点法是根据企业一定期间资金占用的历史资料,选用最高收入期和最低收入期的资金占用量之差,同这两个收入期的销售额之差进行对比,先求 b 的值,然后代入原直线方程求出 a 的值,从而估计推测资金发展趋势。计算公式为:

$$b = \frac{最高收入期的资金占用量 - 最低收入期的资金占用量}{最高销售收入 - 最低销售收入} \quad (式 5-3)$$

$$a = 最高收入期的资金占用量 - b \times 最高销售收入 \qquad (式5-4)$$

【例5-2】中伟公司历年现金占用与销售额之间的关系如表5-2所示,2×20年预计销售收入可达到6 600万元,试测算2×20年的资金需要量。

表5-2　　　　　　　　　现金与销售额变化情况表　　　　　　　　　单位:万元

年 度	销售收入 X	现金占用 Y
2×15	4 000	220
2×16	4 800	260
2×17	5 200	280
2×18	5 600	300
2×19	6 000	320

根据以上资料,采用适当的方法来计算不变资金和变动资金的数额。

这里,我们用高低点法来求 a 和 b 的值。

$$b = \frac{最高收入期的资金占用量 - 最低收入期的资金占用量}{最高销售收入 - 最低销售收入}$$

$$= \frac{320 - 220}{6\,000 - 4\,000} = 0.05$$

将 $b = 0.05$ 的数据代入 2×19 年 $Y = a + bX$,得:

$a = 320 - 0.05 \times 6\,000 = 20$(万元)

解得:

$Y = 20 + 0.05X$

如果 2×20 年预计销售收入为 6 600 万元,则 2×20 年的资金需要量:

$Y = 20 + 0.05X = 20 + 0.05 \times 6\,600 = 350$(万元)

高低点法简便易行,在企业的资金变动趋势比较稳定的情况下较适宜。

(二)回归直线法

回归直线法是根据若干期业务量和资金占用的历史资料,运用最小平方法原理计算不变资金和单位销售额的变动资金的一种资金习性分析方法。

$$b = \frac{n\sum XY - \sum X \cdot \sum Y}{n\sum X^2 - (\sum X)^2} \qquad (式5-5)$$

$$a = \frac{\sum Y - b\sum X}{n} \qquad (式5-6)$$

【例5-3】中强公司历年产销量和资金变化情况如表5-3所示,根据表5-3整理出表5-4。2×21年预计销售量为150万件,试测算2×21年资金需求量。

表5-3　　　　　　　　　产销量与资金变化情况表

年度	产销量 X(万件)	资金占用 Y(万元)
2×15	120	100
2×16	110	95
2×17	100	90

续表

年度	产销量 X（万件）	资金占用 Y（万元）
2×18	120	100
2×19	130	105
2×20	140	110

表 5-4　　　　　　　　　资金需要量预测表（按总额预测）

年度	产销量 X（万件）	资金占用 Y（万元）	XY	X^2
2×15	120	100	12 000	14 400
2×16	110	95	10 450	12 100
2×17	100	90	9 000	10 000
2×18	120	100	12 000	14 400
2×19	130	105	13 650	16 900
2×20	140	110	15 400	19 600
合计 n=6	$\sum X = 720$	$\sum Y = 600$	$\sum XY = 72\,500$	$\sum X^2 = 87\,400$

$$b = \frac{n\sum XY - \sum X \cdot \sum Y}{n\sum X^2 - (\sum X)^2} = \frac{6 \times 72\,500 - 720 \times 600}{6 \times 87\,400 - 720^2} = 0.5$$

$$a = \frac{\sum Y - b\sum X}{n} = \frac{600 - 0.5 \times 720}{6} = 40（万元）$$

解得：

$Y = 40 + 0.5X$

把 2×21 年预计销售量 150 万件代入上式，得出 2×21 年资金需要量为：

$40 + 0.5 \times 150 = 115$（万元）

从理论上来说，回归直线法是一种计算结果最为精确的方法。

运用回归直线法必须注意以下几个问题：①资金需要量与营业业务量之间线性关系的假定应符合实际情况；②确定 a、b 数值，应利用连续若干年的历史资料，一般要有三年以上的资料；③应考虑价格等因素的变动情况。

进行资金习性分析，把资金划分为变动资金和不变资金两部分，从数量上掌握了资金同销售量之间的规律性，对准确预测资金需要量有很大帮助。实际上，销售百分比法是资金习性分析法的具体运用。

第三节　投入资本

筹集投入资本，是指非股份制企业按照"共同投资、共同经营、共担风险、共享收益"的原则，直接吸收国家、法人、个人和外商等直接投入资金，形成企业资本金的一种筹资方式。吸收投入资本与发行股票、留存收益都是企业筹集股权资金的重要方式，但发行股票要以股票为媒介，而吸收投入资本，资本不分为等额股份、无须发行任何证券。吸收投入资本的实际出资额，注册资本部分形成实收资本，超过注册资本的部分形成资本公积。吸收投入资本中的出资者都是企业的所有者，并对企业具有经营管理权。企业经营状况好，盈利多，各方可按出资额的比例分享利润，但如果企业经营状况差，连年亏损，甚至被迫破产清算，则各方要在其出资的限额内按出资比例承担损失。

一、筹集投入资本的种类

筹集投入资本按投资主体的不同，分为国家投入资本、法人投入资本、个人投入资本和外商投入资本。

（一）国家投入资本

国家投入资本是指有权代表国家投资的政府部门或机构，以国有资产投入企业，这种情况下形成的资本称为国有资本。吸收国家投入资本是国有企业筹集自有资金的主要方式。目前，主要是国家以拨款形式投入企业所形成的各种资金。根据《公司国有资本与公司财务暂行办法》的规定，在公司持续经营期间，公司以盈余公积、资本公积转增实收资本的，国有公司和国有独资公司由公司董事会或经理办公会决定，并报主管财政机关备案；股份有限公司和有限责任公司由董事会决定，并经股东大会审议通过。

吸收国家投资一般具有以下特点：①产权归属国家；②资金数额较大；③资金的运用和处置受国家约束较大；④只有国有企业才能采用。

（二）法人投入资本

法人投入资本是指法人单位以其依法可以支配的资产投入企业，这种情况下形成的资本称为法人资本。法人资本目前主要指法人单位在进行横向经济联合时所产生的联营、合资等投资。

吸收法人投资一般具有以下特点：①投资发生在法人单位之间；②投资以参与企业利润分配或控制企业为目的；③出资方式灵活多样。

（三）个人投入资本

个人投入资本是指社会公众或本企业内部职工以其个人合法财产投入企业，这种情况下形成的资本称为个人资本。

吸收社会个人投资一般具有以下特点：①参加投资的人数较多；②每人投资的数额相对较少；③以参与企业利润分配为目的。

（四）外商投入资本

外商投入资本是指外国投资者以及我国香港、澳门、台湾地区投资者投入的资金，由此形成外商资本金。随着我国改革开放的不断进行，吸收外商投资已成为企业筹集资金的重要方式。企业可以通过合资经营或合作经营的方式吸收外商直接投资，即与其他国家的投资者共同投资，创办中外合资经营企业或者中外合作经营企业，共同经营、共担风险、共负盈亏、共享利益。

吸收外商投资一般具有以下特点：①一般只有中外合资、合作或外商独资经营企业才能采用；②可以募集外汇资金；③出资方式比较灵活。

二、筹集投入资本的出资方式

企业在采用吸收投入资本这一方式筹集资金时，投资者可以用货币、厂房、机器设备、材料物资、无形资产等多种方式向企业投资。具体而言，主要有以下几种出资方式。

（一）以货币资产出资

以货币资产出资是吸收投入资本中最重要的出资方式。企业有了货币资产，就可以购置各种物质资源，支付各种费用，满足企业创建开支和随后的日常周转需要。因此，企业应尽量动员投资者采用货币资产出资。吸收投入资本中所需投入货币资金的数额，取决于投入的实物及工业产权之外建立企业的开支和日常周转需要。目前，我国《公司法》规定，公司全体股东或者发起人的货币出资金额不得低于公司注册资本的30%。

（二）以实物资产出资

实物出资是指投资者以房屋、建筑物、设备等固定资产和材料、燃料、商品产品等流动资产所进行的投资。

一般来说，企业吸收的实物投资应符合以下条件：①适合企业生产、经营、研发等活动的需要；②技术性能良好；③作价公平合理。

出资中实物的作价，可以由出资各方按公平合理的原则协商确定，也可以聘请经各方同意的专业资产评估机构评估确定。国有及国有控股企业接受其他企业的非货币资产出资，需要委托有资格的资产评估机构进行资产评估。

（三）以土地使用权出资

投资者也可以用土地使用权来进行投资。土地使用权是指土地经营者对依法取得的土地在一定期限内有进行建筑、生产经营或其他活动的权利。土地使用权具有相对的独立性，在土地使用权存续期间，包括土地所有者在内的其他任何人和单位，不能任意收回土地和非法干预使用权人的经营活动。

企业吸收土地使用权投资应符合以下条件：①适合企业科研、生产、经营、研发等活动的需要；②地理、交通条件适宜；③作价公平合理。

（四）以工业产权出资

工业产权出资通常是指以专有技术、商标权、专利权、非专利技术等无形资产所进行的投资。

投资者以工业产权出资应符合以下条件：①有助于企业研究、开发出高新技术产品；②有助于企业生产出适销对路的高科技产品；③能帮助企业改进产品质量，提高生产效率；④有助于企业降低生产消耗、能源消耗等各种消耗；⑤作价公平合理。

吸收工业产权等无形资产出资的风险较大，企业在吸收工业产权出资时应特别谨慎，进行认真的可行性研究。因为以工业产权投资，实际上是把技术资本化，使技术的价值固定化。而技术具有强烈的时效性，会因其不断老化落后而导致其实际价值不断减少甚至完全丧失。

吸收投入资本的出资方式除国家规定外，应在企业成立时经批准的企业合同、章程中有详细规定。此外，对无形资产出资方式的限制，《公司法》规定，股东或者发起人不得以劳务、信用、自然人姓名、商誉、特许经营权或者设定担保的财产等作价出资。对于非货币资产出资，需要满足三个条件：可以用货币估价、可以依法转让、法律不禁止。

《公司法》对无形资产出资的比例要求没有明确限制，但《外资企业法实施细则》另有规定，外资企业的工业产权、专有技术的作价应与国际上通常的作价原则相一致，且作价金额不得超过注册资本的20%。

三、筹集投入资本的程序

（一）确定筹资数量

企业在新建或扩大经营时，要先确定资金的需要量。资金的需要量根据企业的生产经营规模和供销条件等来核定，确保筹资数量与资金需要量相适应。

（二）寻找投资单位

企业既要广泛了解有关投资者的资信、财力和投资意向，又要通过信息交流和宣传，使出资方了解企业的经营能力、财务状况以及未来预期，以便于公司从中寻找最合适的合作伙伴。

（三）协商和签署投资协议

找到合适的投资伙伴后，双方进行具体协商，确定出资数额、出资方式和出资时间。企业应尽可能吸收货币投资，如果出资方确有先进而适合需要的固定资产和无形资产，方可采取非货币出资方式。对实物投资、工业产权投资、土地使用权投资等非货币资产，双方应按公平合理的原则协商定价，当出资数额、资产作价确定后，双方签署投资协议或合同，以明确双方的权利和责任。

（四）取得所筹集的资金

签署投资协议后，企业应按规定或计划取得资金。如果采取现金出资方式，通常还要编制拨款计划，确定拨款期限、每期数额及划拨方式，有时投资者还要规定拨款的用途，如把拨款区分为固定资产投资拨款、流动资金拨款、专项拨款等。如为实物、工业产权、非专利技术、土地使用权投资，其中重要的问题就是核实财产。财产数量是否准确，特别是价格有无高估低估情况，关系到投资各方的经济利益，必须认真处理，必要时可聘请资产评估机构来评定，然后办理产权的转移手续取得资产。

四、筹集投入资本的优缺点

（一）筹集投入资本的优点

1. 能够尽快形成生产能力。吸收直接投资不仅可以取得一部分货币资金，而且能够直接获得所需的先进设备和技术，尽快形成生产经营能力。

2. 容易进行信息沟通。吸收直接投资的投资者比较单一，股权没有社会化、分散化，投资者可能直接担任公司管理层职务，公司与投资者易于沟通。

3. 手续相对比较简便，筹资费用较低。

（二）筹集投入资本的缺点

1. 资本成本较高。相对于负债筹资来说，筹集投入资本的成本较高。当企业经营较好、盈利较多时，投资者往往要求将大部分盈余作为红利分配，因为向投资者支付的报酬是按其出资份额和企业实现利润的比率来计算的。

2. 公司控制权集中,不利于公司治理。采用筹集投入资本的方式筹资,投资者一般都要求获得与投资数额相适应的经营管理权。如果某个投资者的投资额比例较大,则该投资者对企业的经营管理就会有相当大的控制权,容易损害其他投资者的利益。

3. 不利于产权交易。筹集投入资本由于没有证券为媒介,不利于产权交易,难以进行产权转让。

第四节　发行股票

相对于债券和借款的到期还本付息,发行股票筹资通常不需要归还本金,也没有固定的股利负担,因此投资者将承担较高的财务风险,必然要求更高的投资回报,所以发行股票筹资的资本成本较高。

一、股票的概念及种类

(一) 股票的有关概念

1. 股票的含义。股票是一种有价证券,它是股份有限公司为筹措股权资本而发行的用以证明投资者的股东身份和权益的、并据以获取股息和红利的凭证。股票实质上代表了股东对股份公司财产的一种所有权,是一种所有权凭证。它可以作为买卖对象和抵押品,是资本市场主要的长期融资工具之一。股票应载明的事项包括公司名称、公司登记成立日期、股票种类、票面金额及代表的股份数、股票编号。

2. 股票的特征。

(1) 股票的参与性。股东有权出席股东大会、选举公司的董事会、参与公司的经营决策,其权力的大小取决于自身持有的股票份额的多少。

(2) 股票的收益性。股票不像普通商品一样包含使用价值,它仅仅是一种凭证,其作用是用来证明持有人的财产权利,所以股票自身并没有价值,也不可能有价格。但当持有股票后,股东不但可参加股东大会,对股份公司的经营决策施加影响,且还能享受分红和派息的权利,股票持有者还可以利用股票获取差价和保值,获得相应的经济利益,所以又将股票称为有价证券。

(3) 股票的风险性。因为股票的盈利会随着股份有限公司的经营状况和盈利水平上下波动,并且受到股票交易市场的行情影响,所以认购股票必须承担一定的风险。

(4) 股票价格的波动性。股票在证券市场上交易,价格受供求关系影响会发生波动,通常股票价格与股票票面价值并不一致。

(5) 股票的可转让性。股票是一种虚拟资本,它可以作为一种特殊的商品在资本市场上转让、买卖流通、继承、赠送或是作为抵押品,是因为它代表着对一定经济利益的分配和支配权,其持有者作为公司的股东拥有法律和公司章程规定的权利和义务。因此股票的转让实质上是股东权利和义务的转让。

(二) 股票的种类

根据不同的方法和标准可以对股票进行不同的分类。

1. 股票按股东所享有的权利和义务分。

（1）普通股股票。普通股股票简称普通股，是股份公司依法发行的具有管理权、股利不固定的股票，是股份公司最基本、最常见的一种股票，其持有者享有股东的基本权利和义务。普通股股票的权利完全随公司盈利的高低而变化。在公司盈利较多时，普通股股东可获得较高的股利收益，但在公司盈利和剩余财产的分配顺序上列在债权人和优先股股东之后，故其承担的风险也比较高。

（2）优先股股票。优先股股票简称优先股，是股份公司依法发行的具有一定优先权的股票，这是一种特殊股票，在其股东权利义务中附加了某些特别条件。优先股股票的股息率是固定的，其持有者的股东权利受到一定限制，但在公司盈利和剩余财产的分配上比普通股股东享有优先权。

2. 股票按是否计入股东名册分。

（1）记名股票。记名股票是指在股票票面和股份公司的股东名册上记载股东姓名的股票。我国《公司法》规定，股份有限公司向发起人、法人发行的股票，应当为记名股票。记名股票一律用股东本名，其转让股东以背书的方式进行。记名股票的特点：股东权利归属于记名股东；可以一次或分次缴纳出资；转让相对复杂或受限制；便于挂失，相对安全。

（2）不记名股票。不记名股票是指在股票票面和股份公司股东名册上均不记载股东姓名的股票。发行无记名股票的，公司应当记载其股票数量、编号及发行日期。不记名股票的特点：股东权利归属股票的持有人；认购股票时要求一次缴纳出资；转让相对简便；安全性较差。公司对社会公众发行的股票可以为无记名股票。无记名股票的转让，由股东交付给受让人后即生效。

3. 股票按票面是否记明入股金额分。

（1）无面额股票。无面额股票也称为无面值股票、比例股票、分权股票或份额股票，是指股票票面上不记载金额的股票。这种股票并非没有价值，而是不在票面上标明固定的金额，只记载其为几股或占股本总额的份额。无面额股票没有票面价值，但有账面价值，无面额股票的价值会随股份公司财产的增减而增减。由于无面额股票不受面额限制的约束，所以有很强的流通性。

（2）有面额股票。有面额股票是相对于无面额股票而言的，是指在股票票面上记载一定金额的股票。这一记载的金额也称为股票票面金额、股票票面价值或股票面值。我国《公司法》规定，股票发行价格可以和票面金额相等，也可以超过票面金额，但不得低于票面金额。这样，有面额股票的票面金额就成为发行价格的最低限额。

4. 股票按发行时间的先后分。

（1）始发股股票。始发股股票是设立时发行的股票。始发股一般是指部分发起人发起设立股份有限公司或者企业改制为股份公司时发行的股票，也叫原始股。

（2）新发股股票。新发股股票是公司增资时发行的股票。

始发股和新股发行的条件和价格不尽相同，但同类股东的权利、义务是相同的。

5. 股票按发行公司能否赎回分。

（1）可赎回股票。所谓可赎回股票又称为可收回股票，是指在发行后一定时期可按特定的赎买价格由发行公司收回的股票。一般的股票从某种意义上说是永久的，因为它的有效期限是与股份公司相联系的；而可赎回股票却不具有这种性质，它可以依照该股票发行时所附的赎回条款,由公司出价赎回。股份公司一旦赎回自己的股票,必须在短期内予以注销。

(2) 不可赎回股票。不可赎回股票,是指发行后根据规定不能赎回的股票。这种股票一经投资者认购,在任何条件下都不能由股份公司赎回。这种股票的发行保证了公司资本的长期稳定。

我国目前各公司发行的都是不可赎回的、有面值的普通股票,只有少量公司过去按当时的规定发行过优先股票。

6. 股票按发行对象和上市地点分。

(1) A股。A股即人民币普通股票,由我国境内公司发行,境内上市交易,是供我国个人或法人买卖的、以人民币标明票面价值并以人民币认购和交易的股票。

(2) B股。B股即人民币特种股票,由我国境内公司发行,境内上市交易,它以人民币标明面值,以外币认购和交易。

(3) H股。H股是注册地在内地、在香港上市的股票。

依此类推,在纽约和新加坡上市的股票,就分别称为N股和S股。

二、普通股发行的条件

股票只能由股份有限公司发行。股份的发行,实行公平、公正的原则,必须同股同权、同股同利。同次发行的股票,每股的发行条件和价格应当相同。任何单位或个人所认购的股份,每股应支付相同的价款。

在股票发行实行核准制的情况下,一国的法律法规对股票发行规定若干实质性的条件,这些条件因股票发行的不同类型而有所区别。我国《公司法》《证券法》和相关的法规对首次公开发行股票、上市公司配股、增发、发行可转换债券、公开发行股票、非公开发行股票,以及首次公开发行股票并在创业板上市的条件都分别作出了具体规定。股票发行具体应执行的管理规定主要包括股票发行条件、发行程序和方式、销售方式等。

(一) 股票发行的一般条件

企业申请发行股票,必须先设立股份有限公司。根据《中华人民共和国公司法》的规定,设立股份有限公司应当具备以下条件:①发起人符合法定人数。应当有2人以上200人以下为发起人,其中须有半数以上的发起人在中国境内有住所。②发起人认购和募集的股本达到法定资本最低限额。股份有限公司注册资本的最低限额为人民币500万元,法律、行政法规对股份有限公司注册资本的最低限额有较高规定的,从其规定。③股份发行、筹办事项符合法律规定。发起人必须依照规定申报文件,承担公司筹办事务。④发起人制定公司章程,采用募集设立的经创立大会通过。发起人应根据《公司法》《上市公司章程指引》的要求制定章程草案。⑤有公司名称,建立符合股份有限公司要求的组织机构。拟设立的股份有限公司应当依照工商登记的要求确定公司名称,并建立股东大会、董事会、监事会和经理等组织机构。⑥有公司住所。

1. 公开发行普通股的条件。对于公开发行股票,我国《上市公司证券发行管理办法》规定,上市公司的盈利能力具有可持续性,符合下列规定:①最近三个会计年度连续盈利,扣除非经常性损益后的净利润与扣除前的净利润相比,以低者作为计算依据;②业务和盈利来源相对稳定,不存在严重依赖控股股东、实际控制人的情形;③现有主营业务或投资方向能够可持续发展,经营规模和投资计划稳健,主要产品或服务的市场前景良好,行业经营环境和市场需求不存在现实或可预见的重大不利变化；④高级管理人员和核心技术人员稳定，最近 12 个月内未发生重大不利变化；⑤公司重要资产、核心技术或其他重大权益的取得合法，能够持续使用，不存在现实或可预见的重大不利变化；⑥不存在可能严重影响公司持续经营的担保、诉讼、仲裁或其他重大事项；⑦最近 24 个月内曾公开发行证券的，不存在发行当年营业利润比上年下降 50% 以上的情形。

上市公司的财务状况良好，符合下列规定：①会计基础工作规范，严格遵循国家统一会计制度的规定。②最近 3 年及一期财务报表未被注册会计师出具保留意见、否定意见或无法表示意见的审计报告；被注册会计师出具带强调事项段的无保留意见审计报告的，所涉及的事项对发行人无重大不利影响或者在发行前重大不利影响已经消除。③资产质量良好，不良资产不足以对公司财务状况造成重大不利影响。④经营成果真实，现金流量正常。营业收入和成本费用的确认严格遵循国家有关企业会计准则的规定，最近三年资产减值准备计提充分合理，不存在操纵经营业绩的情形。⑤最近三年以现金方式累计分配的利润不少于最近三年事项的年均可分配利润的 30%。

2. 非公开发行普通股的条件。对于非公开发行股票，我国《上市公司证券发行管理办法》规定，非公开发行股票的特定对象应当符合下列规定：①特定对象符合股东大会决议规定的条件；②发行对象不超过 35 名。发行对象为境外战略投资者的应当遵循国家的相关规定。上市公司非公开发行股票，应当符合下列规定：①发行价格不低于定价基准日前 20 个交易日公司股票均价的 80%；②本次发行的股份自发行结束之日起，6 个月内不得转让；控股股东、实际控制人及其控制的企业认购的股份，18 个月内不得转让；③募集资金使用符合本办法的相关规定；④本次发行将导致上市公司控制权发生变化的，还应当符合中国证监会的其他规定。

（二）设立发行股票的特殊条件

股份有限公司在设立时要发行股票，即初次发行。设立股份有限公司公开发行股票（以下简称"首次公开发行股票"），除符合前述公开发行的基本条件外，我国 2018 年 6 月 6 日修订的《首次公开发行股票并上市管理办法》还规定，发行人应当是依法设立且合法存续的有限公司。经国务院批准，有限责任公司在依法变更为股份有限公司时，可以采取募集设立方式公开发行股票。发行人自股份有限公司成立后，持续经营时间应当在 3 年以上，但经国务院批准的除外。有限责任公司按原账面净资产值折股整体变更为股份有限公司的，持续经营时间可以从有限责任公司成立之日起计算。发行人应当符合下列条件：①最近 3 个会计年度净利润均为正数且累计超过人民币 3 000 万元，净利润以扣除非经常性损益后较低者为计算依据；②最近 3 个会计年度经营活动产生的现金流量净额累计超过人民币 5 000 万元；或者最近 3 个会计年度营业收入累计超过人民币 3 亿元；③发行前股本总额不少于人民币 3 000 万元；④最近一期末无形资产（扣除土地使用权、水面养殖权和采矿权等后）占净资产的比例不高于 20%；⑤最近一期末不存在未弥补亏损。

（三）增资发行新股的特殊条件

增资发行是指随着公司的发展、业务的扩大，公司为达到增加资本金的目的而发行股票的行为。

公开增发与首次公开发行一样，没有特定的发行对象，股票市场上的投资者均可以认购。而非公开增发，有特定的发行对象，主要是机构投资者、大股东及关联方等。机构投资者大体可以划分为财务投资者和战略投资者。其中，财务投资者通常是以获利为目的，通过短期持有上市公司股票适时套现、实现获利的法人，他们一般不参与公司的重大战略决策。战略投资者通常是以与发行人具有合作关系或合作意向和潜力，并愿意按照发行人配售要求与发行人签署战略投资配售协议的法人，他们与发行公司业务联系紧密且欲长期持有发行公司股票。上市公司通过非公开增发引入战略投资者不仅获得战略投资者的资金，还有助于引入其管理理念与经验，改善公司治理。大股东及关联方是指上市公司的控股股东或关联方。一般来说，采取非公开增发的形式向控股股东认购资产，有助于上市公司与控股股东进行股份与资产置换，进行股权和业务的整合，同时也进一步提高了控股股东对上市公司的所有权。

1. 公开增发新股。除满足前述公开发行的基本条件外，我国《上市公司证券发行管理办法》要求，公开增发还应当符合下列规定：①最近3个会计年度加权平均资产收益率不低于6%。扣除非经常性损益后的净利润与扣除前的净利润相比，以低者作为加权平均净资产收益率的计算依据。②除金融类企业外，最近一期末不存在持有金额较大的交易性金融资产和可供出售的金融资产、借予他人款项、委托理财等财务性投资的情形。③发行价格不低于公告招股意向书前20个交易日公司股票均价或前一个交易日的均价。

公开增发新股的认购方式通常为现金认购。

2. 非公开增发新股。如前所述，非公开发行股票的发行价格不低于定价基准日前20个交易日公司股票均价的80%。非公开增发新股的认购方式不限于现金，还包括股权、债权、无形资产、固定资产等非现金资产。通过非现金资产认购的非公开增发，往往是以重大资产重组或者引进长期战略投资为目的。因此，非公开增发除了能为上市公司带来资金外，往往还能带来具有盈利能力的资产，提升公司治理水平，优化上下游业务等。但需要注意的是，使用非现金资产认购股份有可能会滋生通过资产定价不公允等手段侵害中小股东利益的现象。

三、股票发行的程序

（一）设立发行股票的程序

我国《上市公司证券发行管理办法》规定：公司设立发行股票的程序包括作出发行新股的决议、提出募集股份申请、公告招股说明书、招认股份、缴纳股款、召开创立大会等。

1. 作出发行新股的决议。上市公司申请发行证券，董事会应当依法就下列事项作出决议，并提请股东大会批准：①本次证券发行的方案；②本次募集资金使用的可行性报告；③前次募集资金使用的报告；④其他必须载明的事项。

股东大会就发行股票作出决定，至少应当包括下列事项：①本次发行证券的种类及数量；②发行方式、发行对象及向原股东配售的安排；③定价方式或价格区间；④募集资金用途；⑤决议的有效期；⑥对董事会办理本次发行具体事宜的授权；⑦其他必须明确的事项。

股东大会就发行证券事项作出决议，必须经出席会议的股东所持表决权的三分之二以上通过。

2. 提出发行新股的申请。公司发行新股，经股东大会作出决议后，应当由保荐人保荐，并向直属证券管理部门正式提出发行股票的申请。公司公开发行股票的申请报告由证券管理部门受理，考察汇总后进行预选资格审定。

3. 提交中国证监会审核。中国证监会依照下列程序审核发行证券的申请：①收到申请文件后，5个工作日内决定是否受理；②中国证监会受理后，由中国证监会发行部对申报材料进行预审；③预审通过后中国证监会股票发行审核委员会复审；④中国证监会作出核准或不予核准的决定。

4. 中国证监会核准发行。自中国证监会核准发行之日起，上市公司应在12个月内发行证券；超过12个月未发行的，核准文件失效，须重新经中国证监会核准后方可发行。

5. 公告招股说明书，制作认股书，签订承销协议。公司经核准向社会公开发行新股时，应与承销商在发行前2—5个工作日内将招股说明书概要刊登在至少一种中国证监会指定的上市公司信息披露报刊上，并制作认股书。

6. 招认股份，缴纳股款，交割股票。最后，股权律师为公司招认股份，缴纳股款。改组董事会、监事会。

7. 募集后的公司设立登记公告。公司发行新股募足股款后，必须由公司登记机关办理变更登记，并公告。因为募集新股后，公司资本增加，应当依法办理变更手续。

如上市公司发行证券前发生重大事项的，应暂缓发行，并及时报告中国证监会。该事项对本次发行条件构成重大影响的，发行证券的申请应重新经过中国证监会核准。

（二）增资发行新股的程序

上市公司公开增发新股的程序如下。

1. 聘请保荐人（主承销商）。公司向社会公开发行新股，应当由依法设立的证券公司承销，签订承销协议；发行的新股票面总值超过人民币五千万元的，应当由承销团承销，承销团由主承销和参与承销的证券公司组成。

2. 董事会作出决定。上市公司依法就下列事项作出决议：董事会应当就本次发行是否符合《上市公司新股发行管理办法》的规定、具体发行方案、募集资金使用的可行性、前次募集资金的使用情况作出决议，并提请股东大会批准。

3. 股东大会批准。股东大会应当就本次发行的数量、定价方式或价格（包括价格区间）、发行对象、募集资金的用途及数额、决议的有效期，对董事会办理本次发行具体事宜的授权等事项进行逐项表决，最后形成有关决议。上市公司发行新股决议一年有效，决议失效后仍决定继续实施发行新股的，需重新提请股东大会表决。

4. 编制和提交申请文件。发行人和主承销商应按照中国证监会的规定编制并提交发行申请文件。

5. 重大事项的持续关注。非公开增发新股融资相对来说操作较简便，不需要履行刊登招股说明书、公开询价等程序，从而在操作时间上要比公开增发少得多，发生的筹资费用也较低。

四、股票发行价格的确定

股票发行价格的确定是股票发行计划中最基本和最重要的内容，它关系到发行人与投资者的根本利益及股票上市后的表现。若发行价过低，将难以满足发行人的筹资需求，甚至会损害原有股东的利益；而发行价太高，又将增加投资者的风险，增加承销机构的发行风险和发行难度，抑制投资者的认购热情，并会影响股票上市后的市场表现。

（一）发行价格的种类

股票的发行价格通常有等价、时价和中间价三种。等价是指以股票面额为发行价格，即股票的发行价格与其面额等价，也称为平价发行。一般在股票初次发行或在股东内部分摊增资的情况下采用。时价是以本公司股票在流通市场上买卖的实际价格为基准确定的股票发行价格，也称市价发行。中间价是以股票市场价格与面值的中间值作为股票的发行价格。以中间价和时价发行都可能是溢价发行，也可能是折价发行。因此发行公司及承销商通常会参考公司的经营业绩、净资产、发展潜力、发行数量、行业特点、二级市场的股价水平等因素，然后确定合理的发行价格。

（二）发行价格的确定方法

根据我国《证券法》的规定，股票发行采用溢价发行的，其发行价格由发行人与承销的证券公司协商确定。发行人通常会参考公司经营业绩、净资产、发展潜力、发行数量、行业特点、股市状态等确定发行价格。在实际工作中，股票发行价格的确定方法主要有以下三种。

1. 市盈率法。市盈率，是指公司股票市场价格与公司盈利的比率。计算公式为：

$$市盈率 = \frac{每股市价}{每股收益} \qquad (式5-7)$$

市盈率法是以公司股票的市盈率为依据确定发行价格的一种方法。采用市盈率法确定股票发行价格的步骤如下：

（1）根据注册会计师审核后的盈利预测计算出发行公司的每股收益：

$$每股收益 = \frac{净利润}{发行前总股数} \qquad (式5-8)$$

确定每股收益的方法有两种：一是完全摊薄法。用发行当年预测全部净利润除以总股数，直接得出每股收益；二是加权平均法。采用加权平均法确定每股收益较为合理。因股票发行的时间不同，资金实际到位的先后对企业效益影响较大，同时投资者在购股后才应享受应有的收益。加权平均法的计算公式为：

$$每股收益 = \frac{发行当年预测净利润}{发行前总股数 + 本次公开发行股数 \times \frac{12-发行月份}{12}} \qquad (式5-9)$$

（2）根据二级市场的平均市盈率、发行公司所处行业的情况、发行公司的经营状况及其成长性等拟定市盈率。

（3）根据发行市盈率与每股收益之乘积决定发行价格，公式如下：

$$发行价格 = 每股收益 \times 发行市盈率 \qquad (式5-10)$$

2. 净资产倍率法。净资产倍率法又称资产净值法，是指通过资产评估和相关会计手段确定发行公司拟募股资产的每股净资产值，然后根据证券市场的状况将每股净资产值乘以一定的倍率，以此确定股票发行价格的方法。净资产倍率法在国外常用于房地产公司或资产现值要重于商业利益的公司的股票发行，但在国内一直未采用。以此种方式确定每股发行价格不仅应考虑公平市值，还须考虑市场所能接受的溢价倍数。以净资产倍率法确定发行股票价格的计算公式是：

$$发行价格 = 每股净资产值 \times 溢价倍数 \qquad (式5-11)$$

3. 现金流量折现法。现金流量折现法是通过预测公司未来的盈利能力,据此计算出公司的净现金流量,并按一定的折现率折算,从而确定股票发行价格的方法。其基本要点是:首先用市场接受的会计手段预测公司每个项目若干年内每年的净现金流量,再按照市场公允的折现率,分别计算出每个项目未来的净现金流量的净现值。公司的净现值除以公司股份数,即为每股净现值。采用此法应注意两点:第一,由于未来收益存在不确定性,发行价格通常要对上述每股净现值折让20%—30%;第二,用现金流量折现法定价的公司,其市盈率往往远高于市场平均水平,但这类公司发行上市时套算出来的市盈率与一般公司发行股票的市盈率之间不具可比性。这一方法在国际主要股票市场上主要用于对新上市公路、港口、桥梁、电厂等基建公司的估值发行的定价。这类公司的特点是前期投资大,初期回报不高,上市时的利润一般偏低,如果采用市盈率法定价则会低估其真实价值,而对公司未来收益的分析和预测能比较准确地反映公司的整体和长远价值。

需要注意的是,我国2018年10月26日修订的《公司法》规定,股票发行价格可以按票面金额,也可以超过票面金额,但不得低于票面金额,即不得折价发行。我国《证券法》规定,股票发行采取溢价发行的,其发行价格由发行人与承销的证券公司协商确定。我国《上市公司证券发行管理办法》规定,公开增发股票的发行价格,应不低于公告招股意向书前20个交易日公司股票均价或前一个交易日的均价;非公开发行股票的发行价格不低于定价基准日前20个交易日公司股票均价的80%。

五、股票的发行方式与推销方式

公司发行股票筹资,应当选择适宜的股票发行方式和销售方式,并合理地制定发行价格,以便及时募足资本。

(一) 股票发行方式

股票发行遵循公平、公正等原则,必须同股同权、同股同利。同次发行的股票,每股的发行条件和价格应当相同。同时,发行股票还应接受国务院证券监督管理机构的管理和监督。

股票发行方式,指的是公司通过何种途径发行股票。由于各国的金融市场监管制度、金融体系结构和金融市场结构不同,股票发行方法也有所不同。股票的发行方法,可按不同标准分类。

1. 以发行对象为标准分。

(1) 公开发行。公开发行又称公募,是指向不特定对象公开募集股份。这种发行方式的发行范围广、发行对象多,易于足额募集资本;股票的变现性强,流通性好;股票的公开发行还有助于提高发行公司的知名度和扩大其影响力。但这种发行方式也有不足,主要是手续繁杂,发行成本高。

我国2019年12月28日修订、2020年3月1日起施行的《证券法》(以下简称我国《证券法》)规定,公开发行证券,必须符合法律、行政法规规定的条件,并依法报经国务院证券监督管理机构或者国务院授权的部门注册。未经依法注册,任何单位和个人不得公开发行证券。证券发行注册制的具体范围、实施步骤,由国务院规定。有下列情形之一的,为公开发行:①向不特定对象发行证券;②向特定对象发行证券累计超过200人,但依法实施员工持股计划的员工人数不计算在内;③法律、行政法规规定的其他发行行为。

（2）非公开发行。非公开发行又称私募，是指上市公司采用非公开方式，向少数特定的对象发行股票的行为。这种发行方式弹性较大，发行成本低，但发行范围小，股票变现性差。

我国《证券法》规定，非公开发行证券，不得采用广告、公开劝诱和变相公开方式。我国证券监督管理委员会2020年2月14日重新发布的《上市公司证券发行管理办法》（以下简称我国《上市公司证券发行管理办法》）规定，非公开发行股票的特定对象应当符合下列条件：①特定对象符合股东大会决议规定的条件。②发行对象不超过35名。发行对象为境外战略投资者的，应当遵守国家的相关规定。但依法实施员工持股计划的员工人数不计算在内。③法律、行政法规规定的其他发行行为。

2. 以发行中是否有中介机构（证券承销商）协助为标准分。

（1）直接发行。直接发行，是指发行公司自己承担股票发行的一切事务和发行风险，直接向认购者推销出售股票的方式。这种销售方式优点是可由发行公司直接控制发行过程，并可节省发行费用；缺点是筹资时间长，发行公司要承担全部发行风险，并需要发行公司有较高的知名度、信誉和实力。

（2）间接发行。间接发行又叫委托发行，是指发行公司将股票销售业务委托给证券经营机构代理。这种销售方式是股票发行普遍采用的方式。

3. 以发行股票能否带来现款为标准分。

（1）有偿增资发行。有偿增资发行，是指认购者必须按股票的某种发行价格支付现款，方能获得股票的一种发行方式。公开增发、配股和定向增发都采用有偿增资的方式。采用这种方式发行股票，可以直接向外界募集资本，增加公司的资本金。

（2）无偿增资发行。无偿增资发行，是指认购者不必向公司缴纳现金就可获得股票的发行方式，发行对象只限于原股东。采用这种方式发行的股票，不直接从外界募集股本，而是依靠减少公司的资本公积或留存收益来增加资本金。一般只在分配股票股利、资本公积或盈余公积转增资本时采用。公司按比例将新股票无偿发行给原股东，其目的主要是增强股东信心和公司信誉。

（3）搭配增资发行。搭配增资发行，是指发行公司向原股东发行新股时，仅让股东支付发行价格的一部分就可获得一定数额股票的发行方式。例如，股东认购面额为10元的股票，只需支付5元即可，其余部分由资本公积或留存收益转增。这种发行方式通常是对原股东的一种优惠。

（二）股票的推销方式

股票的推销方式，指的是股份有限公司向社会公开发行股票时所采取的股票销售方法。股票推销方式有两类：自行销售和委托销售。

1. 自行销售。股票发行的自行销售方式，是指发行公司自己直接将股票销售给认购者。这种销售方式可由发行公司直接控制发行过程，实现发行意图，并可以节省发行费用；缺点是筹资时间长，发行公司要承担全部发行风险，并需要发行公司有较高的知名度、信誉和实力。

2. 委托销售。股票发行的委托销售方式，是指发行公司将股票销售业务委托给证券经营管理机构代理。委托销售又分为包销和代销两种具体办法。所谓包销，是根据承销协议商定的价格，证券经营机构一次性全部购进发行公司公开募集的全部股份，然后以较高的价格出售给社会上的认购者。对发行公司而言，包销的办法可及时募足资本，免于承担发行风险（股款未募足的风险由承销商承担），但股票以较低的价格出售给承销商会损失部分溢价。所谓代销，是证券经营机构代替发行公司代售股票，在承销期结束时，将未售出的证券全部退还给发行人，并由此获取一定的佣金，但不承担股款未募足风险的承销方式。

我国《证券法》规定，发行人向不特定对象发行的证券，法律、行政法规规定应当由证券公司承销的，发行人必须与依法设立的证券经营机构签订承销协议，由证券经营机构承销。公开发行证券的发行人有权依法自主选择承销的证券公司。证券承销业务采取代销或包销方式，证券的代销、包销期限最长不得超过 90 日。证券公司在代销、包销期内，对所代销、包销的证券应当保证先行出售给认购人，证券公司不得为本公司预留所代销的证券和预先购入并留存所包销的证券。股票发行采用代销方式，代销期限届满，向投资者出售的股票数量未达到拟公开发行股票数量70%的，为发行失败。发行人应当按照发行价并加算银行同期存款利息返还股票认购人。

六、股票上市

股票上市，指的是股份有限公司公开发行的股票经批准在证券交易所进行挂牌交易。经批准在交易所上市交易的股票则成为上市股票。按照国际通行的做法，非公开募集发行的股票或未向证券交易所申请上市的非上市证券，应在证券交易所外的店头市场上流通转让，只有公开募集发行并经批准上市的股票才能进入证券交易所流通转让。

（一）股票上市的意义及条件

1. 股票上市的意义。

（1）便于筹措新资金。证券市场是一个资本商品的买卖市场，证券市场上有众多的资金供应者。同时，股票上市经过了政府机构的审查批准并接受严格的管理，执行股票上市和信息披露的规定，容易吸引社会资本投资者。同时，公司上市后，还可以通过增发、配股、发行可转换债券等方式进行再融资。

（2）促进股权流通和转让。股票上市后便于投资者购买，提高了股权的流动性和股票的变现力，便于投资者认购和交易。

（3）促进股权分散化。上市公司拥有众多的股东，再加上上市股票的流通性强，能够避免公司的股权集中，分散公司的控制权，有利于公司治理结构的完善。

（4）便于确定公司价值。股票上市后，公司股价有市价可循，便于确定公司的价值。对于上市公司来说，即时的股票交易行情，就是对公司价值的市场评价。同时，市场行情也能够为公司收购、兼并等资本运转、产权交易等提供询价基础。

股票上市对公司也有不利影响，这主要表现在：上市成本较高，手续复杂严格；公司将负担较高的信息披露成本；信息公开的要求可能会暴露公司商业机密；股价有时会歪曲公司的实际情况，影响公司声誉；可能会分散公司的控制权，造成管理上的困难。

2. 股票上市的条件。公司公开发行的股票进入证券交易所交易，必须受严格的条件限制。我国《证券法》规定，股份有限公司申请股票上市，应当符合下列条件：①股票经国务院证券管理部门批准已经向社会公开发行；②公司股本总额不少于人民币 5 000 万元；③开业时间在 3 年以上，最后 3 年连续盈利；原国有企业依法改建而设立的，或者本法实施后新组建成立，其主要发起人为国有大中型企业的，可连续计算；④持有人民币 1 000 元以上的个人股东不少于1 000人，个人持有的股票面值总额不少于人民币1 000万元；⑤向社会公开发行的股份达公司股份总数的25%以上，公司股本总额超过人民币4亿元的，其向社会公开发行股份的比例不少于15%；⑥公司在3年内无重大违法行为，财务会计报告无虚假记载；⑦证券主管部门规定的其他条件。

3. 上市公司发行新股的基本条件。上市公司的增资扩股融资是指上市公司向社会公开发行新股，包括向原股东配售股票（配股）和向全体社会公众发售股票（增发）。《证券法》规定的上市公司公开发行新股的条件，包括：①前一次发行的新股已经募足，并间隔1年以上；②公司在最近3年内连续盈利，并可向股东支付股利；③公司在最近3年内财务会计文件无虚假记载，无其他重大违法行为；④公司预期利润率可达同期银行存款利率；⑤前一次公开发行股票所得资金的使用与其招股说明书相同，并且资金使用效益良好；⑥公司以当年利润分派新股，不受前款第②项限制。

根据《上市公司新股发行管理办法》，上市公司申请发行新股，还应当符合以下具体要求：①上市公司发行新股，应当以现金认购方式进行，同股同价。②上市公司申请发行新股，应当由具有主承销商资格证券公司担任发行推荐人和主承销商。除金融类上市公司外，上市公司发行新股所募集的资金，不得投资于商业银行和证券公司等金融机构。③具有完善的法人治理结构，与对其有实际控制权的法人或其他组织及其他关联企业在人员、资产、财务上分开，保证上市公司的人员、财务独立以及资产完整。④公司章程符合《公司法》和《上市公司章程指引》的规定。⑤股东大会的通知、召开方式、表决方式和决议内容符合《公司法》及有关规定。⑥本次新股发行募集资金用途符合国家产业政策的规定。⑦本次新股发行募集资金数额原则上不超过公司股东大会批准的拟投资项目的资金需要数额。⑧不存在资金、资产被具有实际控制权的个人、法人其他组织及其关联人占用的情形或其他损害公司利益的重大关联交易。⑨公司有重大购买或出售资产行为的，应当符合中国证监会有关规定。⑩中国证监会规定的其他要求。

4. 配股的特别要求。根据《关于做好上市公司新股发行工作的通知》，上市公司申请配股，除应当符合《上市公司新股发行管理办法》的规定外，还应当符合以下要求：①经注册会计师核验，公司最近3个会计年度加权平均净资产收益率平均不低于6%；扣除非经营性损益后的净利润与扣除前的净利润相比，以低者作为加权平均净资产收益率的计算依据。设立不满3个会计年度的，按设立后的会计年度计算。②公司一次配股发行股份总数，原则上不超过前次发行并募足股份后股本总额的30%；如公司具有实际控制权的股东全额认购所配售的股份，可不受上述比例的限制。③本次配股距离前次发行的时间间隔不少于一个会计年度。④控股股东应当在股东大会召开前公开承诺认配股份的数量。⑤采用《证券法》规定的代销方式发行。控股股东不履行认配股份的承诺，或者代销期限届满，原股东认购股票的数量未达到拟配售数量70%的，发行人应当按照发行价并加算银行同期存款利息返还已经认购的股东。⑥除金融类企业外，最近一期末不存在持有金额较大的交易性金融资产和可供出售的金融资产、借予他人款项、委托理财等财务性投资的情形。⑦发行价格应不低于公告招股意向书前20个交易日公司股票均价或前1个交易日的均价。

（二）股票上市决策

股份公司为实现其上市目标，需在申请上市前对公司状况进行分析，对上市公司的股利政策、上市方式和上市时机作出决策。

1. 公司状况分析。申请股票上市的公司，需分析公司及其股东的状况，全面分析权衡股票上市的各种利弊及其影响，确定关键因素。例如，如果公司面临的主要问题是资本不足，现有股东风险过大，则可通过股票上市予以解决。倘若公司目前存在的关键问题是，一旦控制权外流，就会导致公司的经营不稳定，从而影响公司长远的稳定发展，则可放弃上市计划。

2. 上市公司的股利决策。股利决策包括股利政策和股利分派方式的抉择。股利政策既影响上市公司股票的吸引力，又影响公司的支付能力，因此，必须作出合理的选择。

3. 股票上市方式的选择。股票上市的方式一般有公开发售、反向收购等，申请上市的公司需要根据股市行情、投资者和本公司的具体情况进行选择。其中公开发售是股票上市的最基本方式。

4. 股票上市时机的选择。股票上市的最佳时机，是在公司预计来年会取得良好业绩的时间。当然，还需考虑当时的股市行情是否适宜而定。

（三）股票上市的暂停、特别处理与终止

当上市公司出现经营情况恶化、存在重大违法违规行为或其他原因导致不符合上市条件时，国务院证券管理部门有权决定暂停或终止其股票上市资格。

1. 股票上市的暂停。当上市公司出现以下情形之一时，由交易所暂停其上市：①公司股本总额、股权分布等发生变化，不再具备上市条件；②公司不按规定公开其财务状况，或者对财务会计报告作虚假记载；③公司有重大违法行为；④公司最近3年连续亏损。

前三条，证券交易所根据中国证监会的决定暂停其股票上市，第四条由交易所决定。例如，社会公众持股低于总股本25%的上市公司；股本总额超过人民币4亿元，社会公众持股比例低于10%的上市公司；连续20个交易日不高于以上条件，交易所将决定暂停其股票上市交易。12个月内仍不达标的，交易所将终止其股票上市交易。

2. 股票上市的特别处理。上市公司出现财务状况或其他状况异常的，其股票交易将被交易所"特别处理（Special Treatment，简称ST）"。

所谓"财务状况异常"是指以下几种情况：①最近两个会计年度的审计结果显示的净利润为负值。②最近一个会计年度的审计结果显示其股东权益低于注册资本。③最近一个会计年度经审计的股东权益扣除注册会计师、有关部门不予确认的部分，低于注册资本。④注册会计师对最近一个会计年度的财产报告出具无法表示意见或否定意见的审计报告。⑤最近一份经审计的财务报告对上年度利润进行调整，导致连续两个会计年度亏损。⑥经交易所或中国证监会认定为财务状况异常的。"其他状况异常"是指自然灾害、重大事故等导致生产经营活动基本中止，公司涉及可能赔偿金额超过公司净资产的诉讼等情况。

在上市公司的股票交易被实行特别处理期间，其股票交易遵循下列规则：①股票报价日涨跌幅限制为5%；②股票名称改为原股票名前加"ST"；③上市公司的中期报告必须经过审计。

3. 股票上市的终止。当上市公司出现下列情形之一时，由交易所终止其股票上市：①上述暂停情况的第②项、第③项出现时，经查实后果严重；②上述暂停情况的第①项、第④项所列情况之一，在期限内未能消除，不具备上市条件的，由国务院证券管理部门决定终止其股票上市；③公司决议解散、被行政主管部门依法责令关闭或者被宣告破产。由国务院证券管理部门决定终止其股票上市。

七、普通股筹资的优缺点

(一) 普通股筹资的优点

1. 没有固定的利息负担。公司有盈利，并认为适合分配股利时才分派股利；公司盈利较少，或者虽有盈利但现金短缺或有更好的投资机会，也可以少支付或不支付股利。
2. 没有固定到期日。利用普通股筹集的是永久性的资金，除非公司清算才需偿还。它对保障企业最低的资金需求有重要意义。
3. 能增强公司的社会声誉。普通股筹资，股东的大众化，为公司带来了广泛的社会影响。特别是上市公司，其股票的流通性强，有利于市场确认公司的价值。
4. 促进股权流通和转让。普通股筹资以股票作为媒介，便于股权的流通和转让，便于吸收新的投资者。
5. 财务风险小。由于普通股没有固定到期日，不用支付固定的利息，因此财务风险小。
6. 筹资限制较少。利用优先股或债券筹资，通常有许多限制，这些限制往往会影响公司经营的灵活性，而利用普通股筹资则没有这种限制。

(二) 普通股筹资的缺点

1. 普通股的资本成本较高。首先，从投资者的角度讲，投资普通股风险较高，相应地要求有较高的投资报酬率；其次，对于筹资公司来讲，普通股股利从净利润中支付，不像债券利息那样作为费用从税前支付，因而不具有抵税作用；此外，普通股发行费用一般高于其他证券。
2. 不易尽快形成生产能力。普通股筹资吸收的一般都是货币资金，还需要通过购置和建造才能形成生产经营能力。
3. 公司控制权分散。以普通股筹资会增加新股东，这可能会分散公司控制权，削弱原有股东对公司的控制权。同时，股票的流通性增强，也容易被恶意收购。
4. 增加了公司保护商业秘密的难度。如果公司股票上市，需要履行严格的信息披露制度，接受公众股东的监督，会带来较大的信息披露成本，也增加了公司保护商业秘密的难度。

八、优先股

优先股股票是指由股份有限公司发行的、在分配公司收益和剩余财产方面比普通股股票具有优先权的股票。优先股是相对普通股而言，较普通股具有某些优先权利，同时也受到一定限制的股票。公司发行优先股筹集的资本称为优先股股本，优先股的持有者称为优先股股东。

(一) 优先股的特征与种类

优先股常被看成是一种混合证券，是介于股票与债券之间的一种有价证券。发行优先股对于公司资本结构、股本结构的优化，提高公司的效益水平，增强公司财务弹性等都具有十分重要的意义。优先股与普通股比较，具有下列特征：

1. 优先分配股利的权利。优先股股东通常优先于普通股股东分配股利，且其股利一般是固定的，受公司经营状况和盈利水平的影响较小。

2. 优先分配公司剩余财产。当公司解散、破产等进行清算时，优先股股东优先于普通股股东分配剩余财产。

3. 优先股股东一般无表决权。在公司股东大会上，优先股股东无权过问公司的经营管理。

4. 优先股可由公司赎回。发行优先股的公司，按照公司章程有关规定，根据公司的需要，可以以一定的方式将所发行的优先股赎回，以调整资本结构。

（二）优先股的种类

公司发行优先股，在操作方面与发行普通股无较大差别，但由于公司与优先股股东的约定不同，从而有多种类型的优先股。按股息是否可以累积，分为累积优先股和非累积优先股；按能否参与剩余利润的分配，分为参与优先股和非参与优先股；按可否转换为普通股，分为可转换优先股和不可转换优先股；按是否可由发行公司赎回，分为可赎回优先股和不可赎回优先股。

（三）优先股发行的动机

股份公司发行优先股的基本目的是筹集股权资本，但由于优先股自身具备的特征，公司发行优先股还有多种动机。

1. 防止公司股权分散化。由于优先股股东一般没有表决权，发行优先股就可以避免公司股权分散，保障公司原有股东的控制权。

2. 调剂现金余缺。公司在需要现金资本时可发行优先股，在现金充裕时可赎回部分或全部优先股，从而调剂现金余缺。

3. 调整公司资金结构。由于优先股在特定情况下具有可转换性和可赎回性，在安排资金结构时，可以利用这些手段进行资金结构和自有资本内部结构的调整。

4. 维持举债能力。公司发行优先股，有利于巩固自有资本的基础，进一步增强公司的举债能力。

5. 增加普通股股东权益。由于优先股股息固定，且优先股股东对公司留存收益不具有要求权，因此，在公司收益一定的前提下，提高优先股比重，会相应提高普通股股东的权益，提高每股收益额，发挥其杠杆作用。

（四）优先股筹资的优缺点

1. 优先股筹资的优点。

（1）优先股筹资具有财务杠杆作用。优先股的股息率一般为固定比率，从而使得优先股筹资具有财务杠杆作用。

（2）避免固定的股利支付负担。公司采用优先股筹资，如果财务状况不佳，可以不支付优先股股息，避免固定的股利支付负担。

（3）没有固定到期日。优先股一般没有固定的到期日，在公司存续期内，一般无须偿还本金。

（4）不会导致公司破产。优先股股东也是公司的所有者，不能像公司债权人那样强迫公司破产。

2. 优先股筹资的缺点。

（1）资本成本较高。优先股的股息在税后支付，所以资本成本较高。

（2）优先股的股息可能会成为公司一项沉重的财务负担。由于优先股在股息分配、资产清算等方面拥有优先权，使得普通股股东在公司经营不稳定时收益受到影响，当公司盈利下降时，优先股的股息可能会成为公司一项沉重的财务负担，而且普通股股东可能就分不到股利。

九、利用留存收益筹资

留存收益筹资是指企业将留存收益转化为投资的过程，将企业生产经营所实现的净收益留在企业，而不作为股利分配给股东，其实质为原股东对企业追加投资。

（一）留存收益的筹资途径

1. 提取盈余公积金。盈余公积金，是指有指定用途的留存净利润。盈余公积金主要用于企业未来的经营发展，经投资者审议后也可以用于转增股本（实收资本）和弥补以前年度经营亏损。

2. 未分配利润。未分配利润，是指未限定用途的留存净利润。未分配利润有两层含义：第一，这部分净利润本年没有分配给公司的投资者；第二，这部分净利润未指定用途，可以用于企业未来经营发展、转增股本（实收资本）、弥补以前年度经营亏损、以后年度利润分配。

（二）利用留存收益筹资的优缺点

1. 利用留存收益筹资的优点。

（1）不用发生筹资费用。与企业从外部筹集长期资本相比较，留存收益筹资不需要发生筹资费用，资本成本较低。

（2）维持公司的控制权分布。利用留存收益筹资，不用对外发行新股或吸收新投资者，由此增加的权益资本不会改变公司的股权结构，不会稀释原有股东的控制权。

（3）保持企业举债能力。留存收益实质上属于股东权益的一部分，可以作为企业对外举债的基础。先利用这部分资金筹资，减少了企业对外部资金的需求，当企业遇到盈利率很高的项目时，再向外部筹资，而不会因企业的债务已达到较高的水平而难以筹到资金。

2. 利用留存收益筹资的缺点。

（1）筹资数额有限。留存收益的最大数额是企业到期的净利润和以前年度未分配利润之和，不如外部筹资一次性可以筹资大量资金。如果企业发生亏损，当年没有利润留存。

（2）与股利政策的权衡。如果留存收益过高，现金股利过少，则可能影响企业的形象，并给今后进一步的筹资增加困难。利用留存收益筹资需要考虑公司的股利政策，不能随意变动。

华谊兄弟传媒集团筹资分析

一、公司简介

华谊兄弟传媒集团,是中国大陆一家知名的综合性娱乐集团,由王中军、王中磊兄弟在1994年创立,其在初期通过投资冯小刚、姜文的电影而进入电影行业,尤其是因每年投资冯小刚的贺岁片而声名鹊起,随后全面投入传媒产业,投资及运营电影、电视剧、艺人经纪、唱片、娱乐营销等领域,在这些领域都取得了不错的成绩,并且在2005年成立华谊兄弟传媒集团。

二、华谊兄弟采用的多种融资手段

(一) 引进其他影业公司合拍影片

《功夫》和《可可西里》均与美国六大电影公司之一的索尼/哥伦比亚合拍,《大腕》也是与哥伦比亚(亚洲)共同投资2 500多万元,《情癫大圣》是与香港英皇合作,与香港寰亚合拍的《天下无贼》《夜宴》投资分别为4 000万元、1.28亿元,《墨攻》则采取了亚洲四个主要发行地区的公司联合投资,并负责各自区域电影发行的方法。

(二) 股权筹资,私募股权投资

此举除了引入资金,更重要的是引入了审计和财务管理制度,引入了资金方对资金使用的有力监管,从而保证了严格的成本控制。

(三) 运用版权从银行等金融机构贷款

收编冯小刚、张纪中对于华谊兄弟版权融资意义重大。由于有大牌导演、大牌明星加盟作为票房保证,中国信保帮助《夜宴》从深圳发展银行拿到了5 000万元的单片贷款,冯小刚导演的《集结号》争取到了5 000万元无抵押贷款,张纪中导演的《鹿鼎记》也得到了银行资金支持。

(四) 拓展电影后衍生品市场

长达50年的著作权保护期限,使得电影后衍生产品异常丰富,版权交易是个尚待开发的巨大金矿。《手机》铃声出售给摩托罗拉、《天下无贼》短信满天飞等创新,则是华谊兄弟成功运作电影后衍生品的结果。

(五) 通过贴片广告与植入式广告获得收入

由于受众数量巨大,电影及相关场所天生是个广告载体。在植入式广告的运用上,华谊兄弟的电影也远远超过其他片商,在《大腕》《手机》《天下无贼》等影片中都大量植入了摩托罗拉、淘宝网等广告,由此带来了不菲的收入。目前,华谊兄弟的收入来源日趋多元化,票房仅占30%左右。

三、华谊兄弟股权筹资分析

(一) 华谊兄弟发行股票的具体情况分析

公司于2009年10月15日采取"网下向询价对象询价配售与网上资金申购定价发行相结合"的方式,公开发行人民币普通股(A股)4 200万股,每股面值1.00元,发行价为每股人民币28.58元。其中,网下发行占本次最终发行数量的20%,即840万股,网上发行数量为本次最终发行数量减去网下最终发行数量,本次发行的股票拟在深交所创业板上市。募集资金总额为人民币120 036万元,扣除发行费用人民币52 121 313.55元。公司募集资金净额为人民币1 148 238 686.45元。其中:增加股本4 200万元,增加资本公积1 106 238 686.45元。

(二)华谊兄弟股票发行状况

1. 股票种类:本次发行的股票为境内上市人民币普通股(A股),每股面值人民币1.00元。

2. 发行数量和发行结构:本次发行股份数量为4 200万股。其中,网下发行数量为840万股,占本次发行数量的20%,网上发行数量为本次最终发行数量减去网下最终发行数量。

3. 发行价格:本次发行的发行价格为28.58元/股。

4. 发行方式:采用网下向询价对象配售与网上资金申购定价发行相结合的方式,本次发行网下配售向询价对象配售的股票为840万股,有效申购为127 210万股,有效申购获得配售的配售比例为0.66032544%,超额认购倍数为151.44倍。本次发行网上发行3 360万股,中签率为0.6135906494%,超额认购倍数为163倍。本次发行无余额。

5. 募集资金总额:本次公开发行募集资金总额为120 036万元;中瑞岳华会计师事务所有限公司已于2009年10月20日对公司首次公开发行股票的资金到位情况进行了审验,并出具中瑞岳华验字〔2009〕第212号验资报告。

6. 募集资金净额:114 823.87万元。超额募集资金52 823.87万元,其中12 966.32万元将运用于影院投资项目,剩余部分将继续用于补充公司流动资金。公司承诺:超募资金将存放于账户管理,并用于公司主营业务,上市公司最晚于募集资金到账后6个月内,根据公司的发展规划及实际生产经营需求,妥善安排超募资金的使用计划,提交董事会审议通过后及时披露。上市公司实际使用超募资金前,将履行相应的董事会或股东大会审议程序,并及时披露。

7. 发行后每股净资产:8.50元(按照2009年6月30日经审计的归属于母公司股东权益加上本次发行筹资净额之和除以本次发行后总股本计算)。

8. 发行后每股收益:0.41元(按照经会计师事务所遵照中国会计准则审计的扣除非经常性损益前后孰低的2008年净利润除以本次发行后总股本计算)。

(三)华谊兄弟发行股票的原因

1. 营运资金短缺:公司当前遇到的最主要的发展瓶颈就是资本实力与经营目标不相匹配,营运资金瓶颈已成为制约公司进一步良性快速发展的最大障碍。资金是未来娱乐公司能不能壮大的重要依托。

2. 股票筹资的作用:股票筹资是筹集资金的有效手段,通过发行股票可以分散投资风险,实现创业资本的增值,并且对公司上市起到广告宣传作用。

3. 股票筹资的优点:没有固定的股利负担;没有固定到期日;投资风险小;增加公司信誉;普通股筹资限制较少,上市的融资方式显然对华谊兄弟未来的发展具有更加巨大的吸引力。

4. 与其他融资方式的比较:发行股票融资相对于债务融资来讲,因其风险大,资金成本也较高,同时还需承担一定的发行费用,并且发行费用一般比其他筹资方式高。普通股投资风险很大,因此投资者要求的收益率较高,增加了筹资公司的资金成本;普通股股利由净利润支付,筹资公司得不到抵减税款的好处;公司的控制权容易分散。

5. 市场前景:公司对募集资金项目的市场前景进行分析时,已经考虑到了未来的市场状况,做好了应对规模扩大后市场压力的准备,有能力在规模扩大的同时,实现快速拓展市场的目标。

6. 在华谊兄弟现有的规模及股东持股状况下,分散控制权和被收购的风险较小。

(四)华谊兄弟发行股票的启示

成功上市增加了公司信誉,提高了公司知名度;使公司有足够的资金投资影院建设,盈利来源增加,有能力提高核心竞争力;并且为我国文化产业做了很大的贡献。公司应该抓紧产业链的发展,将电影电视及艺人经纪服务业很好地结合起来。另外从制度、文化、合作方式、激励机制等多个方面巩固旗下明星股东对企业的忠诚度,是华谊兄弟的重要工作之一。面对传媒业强大的竞争,要妥善安排资金。

综上所述,华谊兄弟股份有限公司发行股票是成功的,并且在融资市场上发展空间很大。

资料来源:豆丁网 https://www.docin.com。

本章小结

对于任何企业而言,筹资是生产经营活动的起点。现实中企业所需要的资金不外乎来自两个方面:一是所有者投入的权益资金(所有权融资),二是债权人提供的负债资金。股权融资是指企业通过接受投入资本、发行股票、内部积累等方式筹集的资金。股权融资是所有者开办企业的本钱,是企业筹集到的永久性资本,是举债经营的基础和保障,也是企业承担经营风险的必要条件。

企业筹资的基本目的是为了自身的生存和发展。具体来说,企业筹资包括创立性筹资、支付性筹资、扩张性筹资、调整性筹资和混合性筹资。企业筹资应遵循一定原则并受到经济环境的制约。

在现代市场经济竞争中,企业所处的内外环境各不相同,所选择的融资方式也有相应的差异。企业可以利用吸收投入资本、发行股票、发行债券、向金融机构借款、融资租赁、商业信用以及内部积累等方式从财政、金融机构、其他企业、居民个人手中融通到企业发展所需资金。

企业应进行资金需要量的预测,常用方法有销售百分比法和资金习性分析法等。

本章主要介绍了各种股权筹资的具体方式,包括吸收投入资本的种类、普通股和优先股的种类和优缺点;介绍了各种股权融资方式的操作程序,重点是普通股筹资、股票发行的条件与程序、股票发行价格的确定、股票的承销方式与股票上市的意义、条件等。

一、本章关键词

筹资渠道(financing channels)

筹资方式(financing modes)

销售百分比(sales percentage)

股权融资（equity financing）
投入资本（invested capital）
股票筹资（stock financing）
普通股（common stock）
优先股（preferred stock）

二、思考题

1. 简述企业筹资的动机。
2. 简述企业筹资的渠道和筹资方式。
3. 简述销售百分比法预测资金需要量的基本假定与步骤。
4. 简述筹集投入资本的优缺点。
5. 简述普通股筹资的优缺点。
6. 分析股票上市的意义。

三、基础训练测试

（一）单项选择题

1. 上市公司仅向现有股东同比例发行新股的方式是（   ）。
   A. 配股   B. 增发
   C. 新股上市   D. 股票股利

2. 发行人委托承销商代其向社会销售证券，承销商按规定的发行条件在约定的期限内尽力推销，到销售截止日，证券如果没能按照原定发行数全部销售，则将未出售的部分退回给发行人，承销商从发行人那里收取委托手续费，但不承担任何发行费。这种证券发行方式为（   ）。
   A. 直接发行   B. 全部包销
   C. 余额包销   D. 代销

3. 下列各项筹资渠道中，属于所有者权益筹资的是（   ）。
   A. 银行信贷资金   B. 非银行金融机构资金
   C. 企业发行债券筹集的资金 D. 企业发行股份筹集的资金

4. 采用销售百分比法预测资金需要量时，下列项目中被视为不随着销售收入的变动而变动的是（   ）。
   A. 现金   B. 应收账款
   C. 存货   D. 长期借款

5. 相对于普通股股东而言，优先股股东所拥有的优先权是（   ）。
   A. 优先表决权   B. 优先购股权
   C. 优先分配股利权   D. 优先查账权

6. 下列不属于普通股筹资的优点（   ）。
   A. 没有固定股利负担   B. 资本成本低
   C. 风险小   D. 增强公司信誉

7. 以下筹资方式中，资本成本最高的是（   ）。

A. 收益留用筹资 B. 优先股筹资
C. 普通股筹资 D. 吸收投入资本

8. 从发行公司的角度看，股票包销的优点有（　　）。
A. 可获部分溢价收入 B. 降低发行费用
C. 可获一定佣金 D. 不承担发行风险

（二）多项选择题

1. 企业为了生存和发展需要，适时适量筹集经营需要的资金。具体来说，企业筹资动机可以有（　　）。
A. 设立性筹资动机 B. 扩张性筹资动机
C. 调整性筹资动机 D. 混合性筹资动机

2. 所有者权益筹资方式主要有（　　）。
A. 其他企业投入资本 B. 发行股票
C. 向银行借款 D. 发行公司债券

3. 吸收投入资本方式筹资的优点有（　　）。
A. 增强企业信誉 B. 尽快形成生产能力
C. 降低财务风险 D. 容易分散企业控制权

4. 普通股股东所拥有的权利包括（　　）。
A. 分享盈利权 B. 优先认股权
C. 转让股份权 D. 优先分配剩余资产权

5. 普通股与优先股的共同特征主要有（　　）。
A. 同属公司股本 B. 需支付固定股息
C. 股息从税后利润中支付 D. 可参与公司重大决策

6. 优先股的优先权主要表现在（　　）。
A. 优先认股 B. 优先取得股息
C. 优先分配剩余财产 D. 优先行使投票权

7. 股票上市对公司的益处（　　）。
A. 提高公司知名度 B. 增加经理人员操作自由度
C. 保障公司的商业秘密 D. 利用股票可收购其他公司

8. 以股东享受权利和承担义务的大小为标准，可把股票分成（　　）。
A. 记名股票 B. 无记名股票
C. 普通股票 D. 优先股票

9. 股票上市的意义有（　　）。
A. 促进公司股权的社会化，防止股权过于集中
B. 提高公司的知名度
C. 便于确定公司的价值，以利于促进公司实现财富最大化目标
D. 利用股票收购其他公司

（三）综合分析题

1. 昌鑫公司 2×21 年 12 月 31 日资产负债表，如表 5-5 所示。

表 5-5 　　　　　　　　　　　　**资产负债表**

单位名称：昌鑫公司　　　　　　　2×21 年 12 月 31 日　　　　　　　　　　　　单位：万元

资产	金额	负债及所有者权益	金额
现金	1 000	短期借款	5 000
应收账款	5 000	应付账款	2 000
存货	8 120	应付费用	120
固定资产	10 000	长期借款	4 000
		实收资本	8 000
		资本公积	3 000
		留存收益	2 000
合计	24 120	合计	24 120

昌鑫公司 2×21 年的销售收入为 32 000 万元，销售净利率为 10%，股利支付率为 40%。若 2×22 年的销售收入为 40 000 万元，资产中流动资产随销售规模变动成正比例变动，负债中应付账款和应付费用随销售的增加而增加，其他项目与销售无关。

要求：

（1）根据资产、负债、所有者权益平衡的原理，确定昌鑫公司需要外部融资数额。

（2）根据计算公式，确定昌鑫公司需要外部融资数额。

2. 某企业产销量和资金变化情况，如表 5-6 所示。

表 5-6 　　　　　　　　　　　　**资金需要量预测表**

年度	产销量 X_i（万件）	资金占用量 Y_i（万元）
2×15	100	900
2×16	110	1 000
2×17	120	1 100
2×18	110	1 000
2×19	130	1 200
2×20	140	1 100
合计 n=6	$\sum x_i = 710$	$\sum y_i = 6\ 300$

要求：若 2×21 年该企业销量为 150 万件，采用线性回归分析法预测资金需要量。

第六章 负债融资

知识目标: 通过本章的学习,理解长期债券、长期借款、融资租赁、短期借款、商业信用等几种负债融资方式的概念、掌握各种负债融资方式的种类和优缺点,熟悉发行债券应具备的资格、条件,熟悉债券发行的程序,熟悉融资租赁的程序;掌握债券发行价格的确定方法,掌握借款的信用条件,掌握融资租赁租金的计算,掌握商业性用条件;了解债券信用等级的评定。

能力目标: 伴随着经济活动以及资本市场的不断发展,会出现越来越多的新的融资方式。作为企业的财务管理人员,能根据企业经营活动实际情况,选择适合企业的融资方式,通过多样化的融资活动合理安排企业负债,降低债务成本及财务风险,为企业在日益激烈的竞争中占得先机。

综合运用启发式、提问式、互动式教学方法及案例讨论等方式,结合PPT多媒体课件等教学手段,使学生掌握各种负债融资方式的主要内容,提升学生的专业应用技巧与能力。

香港电讯收购大战

2000年2月前后,香港商界演绎了一场收购大战。香港巨商李嘉诚之子李泽楷任主席的盈科数码动力与新加坡前总理李光耀之子李显扬任总裁的新加坡电信行政,争夺香港电讯的收购权。双方斗智斗勇,几经波折,最终盈科数码动力胜出。在这场收购大战中,盈科数码动力获胜的一个重要因素,是其为争夺香港电信控制权,向多家银行包括汇丰投资、法国国家巴黎银行及中银融资等,筹措了100亿美元(约770亿港元)的过渡性贷款,不惜每年负担50亿港元的利息支出,打破以往银行财团贷款的最高纪录。这确实是借入资本筹资运作的大手笔,但是公司随后面临着巨大的还款压力,一年后,该公司由于负担过重出现亏损。

资料来源:陈玉菁.财务管理[M].北京:中国人民大学出版社,2008.3。

负债融资是指通过负债筹集资金。负债是企业获得资金的重要途径,几乎没有一家企业是只靠自有资本，而不借助负债就能满足企业对资金的需求。负债融资是与股权融资性质不同的筹资方式。与股权融资相比，负债融资筹集的资金使用是有期限的，需到期偿还；不论企业经营好坏，都要定期支付债务利息，从而形成企业固定的负担；但其资本成本比股权融资成本低，且不会分散投资者对企业的控制权。负债融资形成企业的债务资金，主要是指企业通过发行公司债券、向银行借款、融资租赁、商业性用等方式筹集和取得的资金。其中，发行公司债券、向银行取得长期借款和融资租赁，是企业筹集长期债务资金的三种基本形式；而短期借款、商业信用是短期负债筹资的主要方式。

第一节　发行债券

一、债券的概念与种类

（一）债券的概念与基本要素

1. 债券的概念。债券是一种金融契约，是政府、金融机构、工商企业等直接向社会借债筹借资金时，向投资者发行、同时承诺按一定利率支付利息并按约定条件偿还本金的债权债务凭证。债券的本质是债权的证明书，具有法律效力。债券购买者或投资者与发行者之间是一种债权债务关系，债券发行人即债务人，投资者（债券购买者）即债权人。

2. 债券的基本要素。债券尽管种类多种多样，但是在内容上都要包含一些基本的要素。这些要素是指发行的债券上必须载明的基本内容，这是明确债权人和债务人权利与义务的主要约定，具体包括：

（1）债券面值。债券面值是指债券的票面价值，是发行人对债券持有人在债券到期后应偿还的本金数额，也是企业向债券持有人按期支付利息的计算依据。债券的面值与债券实际的发行价格并不一定是一致的，发行价格大于面值称为溢价发行，小于面值称为折价发行，等价发行称为平价发行。

（2）偿还期。债券偿还期是指企业债券上载明的偿还债券本金的期限，即债券发行日至到期日之间的时间间隔。公司要结合自身资金周转状况及外部资本市场的各种影响因素来确定公司债券的偿还期。

（3）付息期。债券的付息期是指企业发行债券后的利息支付的时间。它可以是到期一次支付，或1年、半年或者3个月支付一次。在考虑货币时间价值和通货膨胀因素的情况下，付息期对债券投资者的实际收益有很大影响。到期一次付息的债券，其利息通常是按单利计算的；而年内分期付息的债券，其利息是按复利计算的。

（4）票面利率。债券的票面利率是指债券利息与债券面值的比率，是发行人承诺以后一定时期支付给债券持有人报酬的计算标准。债券票面利率的确定主要受到银行利率、发行者的资信状况、偿还期限和利息计算方法以及当时资金市场上资金供求情况等因素的影响。

（5）发行人名称。发行人名称指明债券的债务主体，为债权人到期追回本金和利息提供依据。

上述要素是债券票面的基本要素，但在发行时并不一定全部在票面印制出来。例如，在很多情况下，债券发行者是以公告或条例形式向社会公布债券的期限和利率。

3. 债券的特征。债券作为一种债权债务凭证,与其他有价证券一样,也是一种虚拟资本,而非真实资本,它是经济运行中实际运用的真实资本的证书。债券作为一种重要的融资手段和金融工具具有如下特征:

(1) 偿还性。偿还性是指债券有规定的偿还期限,债务人必须按期向债权人支付利息和偿还本金。

(2) 流动性。流动性是指债券持有人可按需要和市场的实际状况,灵活地转让债券,以提前收回本金和实现投资收益。

(3) 安全性。安全性是指债券持有人的利益相对稳定,不随发行者经营收益的变动而变动,并且可按期收回本金。

(4) 收益性。收益性是指债券能为投资者带来一定的收入,即债券投资的报酬。在实际经济活动中,债券收益可以表现为三种形式:一是投资债券可以给投资者定期或不定期地带来利息收入;二是投资者可以利用债券价格的波动,买卖债券赚取差额;三是投资债券所获现金流量再投资的利息收入。

(二) 债券的种类

按照不同的分类标准,可以将债券划分为不同的类别。

1. 债券按发行主体划分。

(1) 政府债券。政府债券是政府为筹集资金而发行的债券。政府债券主要包括国债、地方政府债券等,主要是为了弥补国家财政赤字,或者为了一些耗资巨大的建设项目,如交通、通讯、住宅、教育、医院和污水处理系统等地方性公共设施的建设等筹措资金。政府债券因其信誉好、利率优惠、风险小而又被称为"金边债券"。

(2) 金融债券。金融债券是由银行和非银行金融机构发行的债券。银行、保险公司、证券公司、信托投资公司、资产管理公司等金融机构资金来源不足的时候,发行金融债券能比较有效地解决问题。债券在到期之前一般不能提前兑换,只能在市场上转让,从而保证了所筹集资金的稳定性。金融债券的资信通常高于其他非金融机构债券,违约风险相对较小,具有较高的安全性。所以,金融债券的利率通常低于一般的企业债券,但高于风险更小的国债和银行储蓄存款利率。

(3) 公司(企业)债券。公司债券又称企业债券,是公司依照法定程序发行的、约定在一定期限内还本付息的有价证券。债券是持券人拥有公司债权的书面证书,它代表债券持券人同发债公司之间的债权债务关系。由于企业主要以本身的经营利润作为还本付息的保证,因此企业债券风险与企业本身的经营状况直接相关。如果企业发行债券后经营状况不好,连续出现亏损,可能无力支付投资者本息,投资者就面临着受损失的风险。从这个意义上来说,企业债券是一种风险较大的债券,其利率通常也高于国债和地方政府债券。所以,在企业发行债券时,一般要对发债企业进行严格的资格审查或要求发行企业有财产抵押,以保护投资者利益。

2. 债券按是否记名划分。

(1) 记名公司债券。记名公司债券,应当在公司债券存根簿上载明债券持有人的姓名及住所、债券持有人取得债券的日期及债券的编号等债券持有人信息。记名公司债券,由债券持有人以背书方式或者法律、行政法规规定的其他方式转让;转让后由公司将受让人的姓名或者名称及住所记载于公司债券存根簿。

（2）无记名公司债券。无记名公司债券，应当在公司债券存根簿上载明债券总额、利率、偿还期限和方式、发行日期及债券的编号。无记名公司债券的转让，由债券持有人将该债券交付给受让人后即发生转让的效力。

3. 按照债券的实际发行价格和票面价格的异同划分。

（1）平价发行。平价发行，指债券的发行价格和票面额相等，因而发行收入的数额和将来还本数额也相等。前提是债券发行利率和市场利率相同。平价发行在债券发行中较常见。其优点是：发行者按事先规定的票面额获取发行收入，并按既定的票面额偿还本金。除按正常的利息率支付一定的债息外，不会给发行者带来额外负担。

（2）溢价发行。溢价发行，指债券的发行价格高于票面额，以后偿还本金时仍按票面额偿还。只有在债券票面利率高于市场利率的条件下才能采用这种方式发行。其优点是它不仅让发行者获得按票面金额计算的资金，而且给发行者带来额外的溢价收入，甚至使发行收入大于到期按面值偿还的本金支出，增加了发行收入，为发行者提供了在不增加债券发行数量的条件下获取更多资金的途径。但是，它要求发行者信用较高，同时，溢价发行债券利率较高，发行者到期偿还时将支付较高的利息。

（3）折价发行。折价发行，指债券发行价格低于债券票面额，而偿还时却要按票面额偿还本金。折价发行是由于市场利息率上升，而债券利息率已定，为了保证发行，只能降低发行价格。正常情况下，低价发行可以提高债券的吸引力，扩大债券的发行数量，加快发行速度，有利于发行者在短期里筹集较多的资金。

4. 债券按是否能够转换成公司股权划分。

（1）可转换债券。可转换债券，是指债券持有者可以在规定的时间内按规定的价格转换为发债公司股票的一种债券。这种债券在发行时，对债券转换为股票的价格和比率等都作了详细规定。它具有债务与权益双重属性，属于一种混合性筹资方式。由于可转换债券赋予债券持有人将来成为公司股东的权利，因此其利率通常低于不可转换债券。若将来转换成功，在转换前发行企业达到了低成本筹资的目的，转换后又可节省股票的发行成本。根据《公司法》的规定，可转换债券的发行主体是股份有限公司中的上市公司。

（2）不可转换债券。不可转换债券是指不能转换为发债公司股票的债券，又称为普通债券。由于其没有赋予债券持有人将来成为公司股东的权利，所以其利率一般高于可转换债券。大多数公司债券属于这种类型。

5. 债券按有无特定财产担保划分。

（1）担保债券。担保债券是指以抵押方式担保发行人按期还本付息的债券，主要是指抵押债券。抵押债券按其抵押品的不同，又分为不动产抵押债券、动产抵押债券和证券信托抵押债券。以不动产如房屋等作为担保品，称为不动产抵押债券；以动产如适销商品等作为担保品的，称为动产抵押债券；以有价证券如股票及其他债券作为担保品的，称为证券信托债券。一旦债券发行人违约，信托人就可将担保品变卖处置，以保证债权人的优先求偿权。

（2）信用债券。信用债券是无担保债券，是不以公司任何财产作为担保，仅凭公司自身的信用发行的债券。政府债券属于此类债券。这种债券由于其发行人的绝对信用而具有坚实的可靠性。除此之外，一些公司也可发行这种债券，即信用公司债。与抵押债券相比，信用债券的持有人承担的风险较大，因而往往要求较高的利率。为了保护投资人的利益，发行这种债券的公司往往受到种种限制，只有那些信誉卓著的大公司才有资格发行。除此以外，在债券契约中都要加入保护性条款,如不能将资产抵押其他债权人、不能兼并其他企业、未经债权人同意不能出售资产、不能发行其他长期债券等。在公司清算时,信用债券的持有人因无特定的资产做担保品,只能作为一般债权人参与剩余财产的分配。

6. 债券按利息支付的方式划分。

(1) 零息债券。零息债券,也叫贴现债券,是指债券券面上不附有息票,在票面上不规定利率,发行时按规定的折扣率,以低于债券面值的价格发行,到期按面值支付本息的债券。从利息支付方式来看,贴现国债以低于面额的价格发行,可以看作是利息预付,因而又可称为利息预付债券、贴水债券。零息债券是期限比较短的折现债券。

(2) 定息债券。固定利率债券是将利率印在票面上并按期向债券持有人支付利息的债券。该利率不随市场利率的变化而调整,因而固定利率债券可以较好地抵制通货紧缩风险。

(3) 浮息债券。浮动利率债券的息票率是随市场利率变动而调整的利率。因为浮动利率债券的利率同当前市场利率挂钩,而当前市场利率又考虑到了通货膨胀率的影响,所以浮动利率债券可以较好地抵制通货膨胀风险。其利率通常根据市场基准利率加上一定的利差来确定。浮动利率债券往往是中长期债券。

7. 债券按是否公开发行划分。

(1) 公开发行债券。公开发行债券,即公募发行,是指在证券市场上以非特定的广大投资者为对象公开发行债券。资信状况符合规定标准的公司债券可以向公众投资者公开发行,也可以自主选择仅向合格的投资者公开发行,任何投资者均可购买,可以在证券市场上转让。未达到规定标准的公司债券公开发行应当面向合格投资者发行。公募债券发行者必须向证券管理机关办理发行注册手续。由于发行数额一般较大,通常要委托证券公司等中介机构承销。公募债券信用度高,可以上市转让,因而发行利率一般比私募债券利率低。

(2) 非公开发行债券。非公开发行债券,也称私募发行,是以特定的少数投资者为指定对象发行债券,即面向少数合格的投资者发行的债券,一般以少数关系密切的单位和个人为发行对象,不对所有的投资者公开出售。具体发行对象有两类:一类是机构投资者,如大的金融机构或是与发行者有密切业务往来的企业等;另一类是个人投资者,如发行单位自己的职工,或是使用发行单位产品的用户等。私募发行一般多采取直接销售的方式,不经过证券发行中介机构,不必向证券管理机关办理发行注册手续,可以节省注册费用,手续比较简便。但是私募债券不能公开上市,流动性差,利率比公募债券高,发行数额一般不大。

二、发行债券的资格与条件

债券发行是发行人以借贷资金为目的,依照法律规定的程序向投资人要约发行代表一定债权和兑付条件的债券的法律行为,债券发行是证券发行的重要形式之一,是以债券形式筹措资金的行为过程。通过这一过程,发行者以最终债务人的身份将债券转移到它的最初投资者手中。

一般情况下,企业债券发行须经中国人民银行批准,重点企业债券和国家债券发行须经国务院批准。

(一) 发行债券的资格

在我国,根据《公司法》的规定,股份有限公司、国有独资公司和两个以上的国有公司或者两个以上的国有投资主体投资设立的有限责任公司，具有发行债券的资格。

（二）发行债券的条件

发行债券条件是指债券发行者在以债券形式筹集资金时所必须考虑的有关因素，包括发行金额、票面金额、期限、偿还方式、票面利率、付息方式、发行价格、发行费用、税收效应以及有无担保等项内容。

公司在生产经营过程中，需要使用很多资金，有时候公司自身的资金不够使用，就需要向外部筹集资金，发行债券是公司对外筹资的一种方式。发行债券与公众投资者的利益息息相关，为了保障公众投资者的合法利益，根据《证券法》规定，公开发行公司债券，应当符合下列规定：

1. 股份有限公司的净资产额不低于人民币 3 000 万元，有限责任公司的净资产额不低于人民币 6 000 万元。净资产是指公司所有者权益，也是股东权益。股份公司要发行公司债券，其净资产额不低于 3 000 万元，这样，发行债券的公司的资产数额比较大，从而保证它在发行公司债券后，有足够的偿还能力。有限责任公司不同于股份公司，它具有封闭性的特征，社会公众无法了解其具体情况，对其业务难以实施监督，为了保障投资者权益，降低有限责任公司发行债券风险，规定其净资产额不低于人民币 6 000 万元。

2. 本次发行后累计公司债券余额不超过公司净资产额的 40%。累计债券总额是指公司设立以来发行而未偿还的所有债券金额的总和。累计债券数额较大的公司，其所负的债务就较多，如果再发行公司债券，就容易出现无力偿债的情况，损害投资者的利益。要求发行公司债券的公司，其累计债券总额不得超过公司净资产额的 40%，这样就使得购买公司债券的社会公众的债权能够得到保障。

3. 最近三个会计年度实现的年均可分配利润足以支付公司债券一年的利息。可分配利润是指公司依法缴纳各种税金、依法弥补亏损并提取公积金、法定公益金后所余的利润。如果在发行公司债券的前三年，公司所有的可分配利润平均之后，一年的可分配利润足以支付公司债券的一年的利息，那么公司就可以按照约定的期限向债券持有人支付约定的利息，而不会发生迟延支付利息的情况，从而保障投资者的利益。

4. 公司筹集资金的投向符合国家的产业政策。要使公司资金流向国家急需或者要大力发展的产业，有利于国家经济在总体上的发展。

5. 债券的利率不得超过国务院限定的利率水平。公司在发行债券时，债券的利率越高，它所要偿还的债务就越多，如果公司债券的利率过高，就会因为负债过多而可能无法清偿其债务，损害债权人利益。所以，公司发行债券的利率不得超过国务院限定的利率水平。根据《企业债券管理条例》的规定，企业债券的利率不得高于银行同期限居民储蓄存款利率的 40%。

6. 国务院规定的其他条件。国务院可以根据经济发展的情况，规定其他一些条件。一旦国务院予以规定，公司就必须符合这些规定才可发行企业债券。

7. 公司内部控制制度健全，内部控制制度的完整性、合理性、有效性不存在重大缺陷。

8. 经资信评估机构评级，债券信用级别良好。

公开发行公司债券筹集的资金，必须用于核准的用途，不得用于弥补亏损和非生产性支出。上市公司发行可转换为股票的公司债券，除应当符合第一款规定的条件外，还应当符合本法关于公开发行股票的条件，并报国务院证券监督管理机构核准。

根据深、沪证券交易所关于上市企业债券的规定，企业债券发行的主体可以是股份公司，也可以是有限责任公司。根据《证券法》规定，公司申请公司债券上市交易，应当进一步符合下列条件：①债券的期限为一年以上；②公司债券的实际发行额不少于人民币5 000万元；③公司申请其债券上市时仍符合法定的债券发行条件以及交易所认可的其他条件。

三、公司债券的发行程序

（一）作出发债决议或决定

拟发行公司债券的公司，需要由公司董事会制订公司债券的发行方案，并由公司股东大会批准，作出决议；国有独资公司发行公司债券，应由国家授权投资的机构或者国家授权的部门作出决定。

（二）提出发债申请

公司在作出发行公司债券的决议或者决定后，必须依照《公司法》规定的条件，向国务院授权的部门提交规定的申请文件报请批准。需提交的文件包括公司营业执照、公司章程、公司债券募集办法、资产评估报告和验资报告等。所提交的申请文件必须真实、准确、完整。

（三）发行公司债券的批准

国务院授权的部门依照法定条件负责批准公司债券的发行，该部门应当自受理公司债券发行申请文件之日起三个月内作出决定；不予审批的，应当作出说明。

（四）公告募集办法

公司发行债券的申请经批准后，应当向社会公告公司债券募集办法，募集办法中应当载明下列事项：①公司名称；②债券总额和债券的票面金额；③债券的利率；④还本付息的期限和方式；⑤债券发行的起止日期；⑥公司净资产额；⑦已发行的尚未到期的公司债券总额；⑧公司债券的承销机构；⑨公司债券的募集方式。

（五）委托证券经营机构发售

按照我国公司债券发行的相关法律规定，公司债券的公募发行采取间接发行方式，在这种发行方式下，发行公司与承销团签订承销协议。承销团由数家证券公司或投资银行组成，承销方式有代销和包销两种方式。代销是指承销机构代为推销债券，在约定期限内未售出的余额可退还发行公司，承销机构不承担发行风险。包销是由承销团先购入发行公司拟发行的全部债券，然后再售给社会上的投资者，如果约定期限内未能全部售出，余额要由承销团负责认购。

（六）交付债券、收缴债券款

债券购买人向债券承销机构付款购买债券，承销机构向购买人交付债券，然后，债券发行公司向承销机构收缴债券款，登记债券存根簿，并结算发行代理费。

公司发行债券应当置备公司债券存根簿。发行记名公司债券的，应当在公司债券存根簿上载明下列事项：①债券持有人的姓名或者名称及住所；②债券持有人取得债券的日期及债务的编号；③债券总额、债券的票面金额、债券的利率、债券的还本付息的期限和方式；

④债券的发行日期。

四、债券发行价格的确定

债券的发行价格,是指债券发行时使用的价格,亦即债券原始投资者购入债券时所支付的市场价格。理论上,债券发行价格是债券的面值和要支付的年利息按发行当时的市场利率折现所得到的现值。债券发行价格的形成受诸多因素的影响,它与债券的面值可能一致也可能不一致,主要取决于票面利率与市场利率的一致程度。

(一)影响债券发行价格的因素

金融市场上债券的价格波动频繁,影响债券发行价格的因素也很多。

1. 债券面值。债券面值即债券票面上标出的金额。债券票面金额是其发行价格的决定因素。因为债券到期要按票面金额偿还本金,而发行价格是投资人投入的本金额。所以,从理论上讲,债券的发行价格应与票面金额一致。但在实际操作中,债券的发行价格经常出现以票面金额为中心的偏离现象。票面金额的不同,对于债券的发行成本、发行数额和持有者的分布都有影响。票面金额较小,方便收入低的小额投资者购买,市场就广阔一些,但债券印刷及发行工作量大,可能会增加发行费用;如果票面金额过大,购买者就只能局限于少数大投资者,一旦这些投资者认购积极性不高,很可能导致发行失败。企业可根据不同认购者的需要,设计多种面额的债券。

2. 债券票面利率。债券票面利率是指债券发行者向投资者支付的利息占票面金额的比率。债券的票面利率在申请发行债券前已参照市场利率和发行公司的具体情况确定下来,在债券券面上载明。

3. 市场利率。市场利率是衡量债券票面利率高低的参照系,也是决定债券价格按面值发行还是溢价或折价发行的决定因素。在债券市场上,由于债券从决定发行到实际发行要经过一套严格的审批程序,必然有时间间隔;而资金市场上的收益率水平是在不断变化的,其结果就可能出现发行债券时已确定的债券票面利率不一定与当时的市场收益率水平一致,从而影响债券的发行价格。为了协调债券购销双方在债券利息上的利益,就要调整发行价格:当票面利率高于发行时的市场收益率水平时,以高出债券票面金额的价格发行,即溢价发行,以避免发债成本过大;当票面利率低于发行时的市场收益率水平时,以低于债券票面金额的价格发行,即折价发行,以避免收益过低而无人问津;当发行时的市场收益率与票面利率大体相等时,以债券票面金额作为发行价格,即平价发行,亦称面值发行。

4. 债券有效期限。投资者非常关注投资对象的收益与风险是否均衡。一般来讲,债券的有效期限越长,其不可预测的市场风险越大,投资者的风险就越大,这种风险要么用较高的债券票面利率来补偿,要么用较低的债券发行价格来补偿。

5. 债券的信用级别。债券信用级别表明债券按期还本付息的保证程度的大小。债券信用级别越高,风险越小,其发行价格越高;反之,债券信用级别越低,风险越大,其发行价格就会较低。

(二)债券发行价格的确定方法

以分期付息、到期还本债券为例,债券发行价格的计算公式为:

$$债券发行价格 = \sum_{t=1}^{n} \frac{票面金额 \times 票面利率}{(1+市场利率)^t} + \frac{票面金额}{(1+市场利率)^n} \qquad (式6-1)$$

式中，n 代表债券期限，t 代表付息期数。

上述债券发行价格计算公式的基本原理是将债券的全部现金流按照债券发行时的市场利率进行贴现并求和。债券的全部现金流包括债券持有期间各期的利息现金流与债券到期支付的面值现金流。在实务中，根据上述公式计算的发行价格一般是确定实际发行价格的基础，还应结合发行公司自身的信誉情况来决定。

【例6-1】中诚公司发行面值为10 000元、票面年利率为8%、期限为5年、每年年末付息的债券，公司在决定发行债券时，认为8%的利率是合理的。如果到债券正式发行时，市场上的利率发生变化，那么就要调整债券的发行价格。现按三种情况分别讨论：

1. 资金市场上的利率保持不变，中诚公司的债券利率为8%仍然合理，则可采用平价发行。

债券的发行价格 = 10 000 × (P/F, 8%, 5) + 10 000 × 8% × (P/A, 8%, 5)
= 10 000 × 0.6806 + 800 × 3.9927
= 10 000（元）

由计算可知，债券发行价格10 000元，和债券面值相等。

2. 资金市场上的利率有较大幅度的上升，达到10%，则应采用折价发行。

债券的发行价格 = 10 000 × (P/F, 10%, 5) + 10 000 × 8% × (P/A, 10%, 5)
= 10 000 × 0.6209 + 800 × 3.7908
= 9 241.64（元）

也就是说，此时该债券只有按9 241.64元的价格出售，投资者才会购买，并获得10%的报酬。

3. 资金市场上的利率有较大幅度的下降，降到6%，则应采用溢价发行。

债券的发行价格 = 10 000 × (P/F, 6%, 5) + 10 000 × 8% × (P/A, 6%, 5)
= 10 000 × 0.7473 + 800 × 4.2124
= 10 842.92（元）

也就是说，在该情况下投资者按10 842.92元的价格购买中诚公司面值为10 000元的债券，便可获得6%的报酬。

五、债券的偿还

（一）债券的偿还时间

债券偿还时间按其实际发生与规定的到期日之间的关系，分为到期偿还、提前偿还与滞后偿还三类。

1. 提前偿还。提前偿还又称提前赎回或收回，是指在债券尚未到期之前就予以偿还。只有在公司发行债券的契约中明确规定了有关允许提前偿还的条款，公司才可以进行此项操作。提前偿还所支付的价格通常要高于债券的面值，并随到期日的临近而逐渐下降，具有提前偿还条款的债券可使公司筹资有较大的弹性。当公司资金有结余时，可提前赎回债券；当预测利率下降时，也可提前赎回债券，而后以较低的利率来发行新债券。

2. 到期偿还。到期偿还又包括分批偿还和一次偿还。如果一个公司在发行同一种债券的当时就为不同编号或不同发行对象的债券规定了不同的到期日，这种债券就是分批偿还债券。因为各批债券的到期日不同，它们各自的发行价格和票面利率也可能不相同，从而导致发行费较高；但由于这种债券便于投资人挑选最合适的到期日，因而便于发行。另外一种就是最为常见的到期一次偿还的债券。多数情况下，发行债券的公司选择在债券到期日一次性偿还债券本金，并结算债券利息。

3. 滞后偿还。债券在到期日之后偿还称为滞后偿还。这种偿还条款一般在发行时便订立，主要是给予持有人以延长持有债券的选择权。滞后偿还有转期和转换两种形式。转期是指将较早到期的债券换成到期日较晚的债券，实际上是将债务的期限延长。常用的办法有两种：一是直接以新债券兑换旧债券；二是用发行新债券得到的资金来赎回旧债券。转换通常指股份有限公司发行的债券可以按一定的条件转换成发行公司的股票。

（二）债券的偿还形式

债券的偿还形式是指在偿还债券时使用什么样的支付手段。可使用的支付手段包括现金、新发行的本公司债券（简称新债券）、本公司的普通股股票和本公司持有的其他公司发行的有价证券。

1. 用现金偿还债券。用现金偿还债券是最为常见的形式，因为现金是债券持有人最愿意接受的支付手段。公司为了确保在债券到期时有足够的现金偿还债券，有时需要建立偿债基金。如果发行债券合同的条款中明确规定用偿债基金偿还债务，公司就必须每年都提取偿债基金，且不得挪作他用，以保护债券持有者的利益。

2. 以新债券换旧债券。以新债券换旧债券也被称为"债券的调换"。公司进行债券的调换，一般有以下几种原因：①原有债券的契约中订有较多的限制性条款，不利于公司的发展；②将多次发行、尚未彻底偿清的债券进行合并，以减少管理费；③有的债券到期，但公司现金不足。

3. 用普通股偿还债券。如果公司发行的是可转换债券，可通过转换成普通股来偿还债券。

六、债券的信用等级

公司债券信用评级，是对具有独立法人资格的公司所发行某一特定债券，按期还本付息的可靠程度进行评估，并标示其信用程度的等级。通常是由债券信用评级机构根据债券发行者的要求及提供的有关资料（主要是公司的财务报表），通过调查、预测、比较、分析等手段，对拟发行的债券质量、信用、风险进行公正、客观的评价，并赋予其相应的等级标志。这种信用评级，是为投资者购买债券和证券市场债券的流通转让活动提供信息服务。

（一）债券评级的作用

公司公开发行债券通常需要由债券评信机构评定等级。债券的信用等级对于发行公司和购买人都有重要影响。

1. 债券评级是度量违约风险的一个重要指标。债券的等级对于债务融资的利率以及公司债务成本有着直接的影响。一般说来，资信等级高的债券，能够以较低的利率发行；资信等级低的债券，风险较大，只能以较高的利率发行。另外，许多机构投资者将投资范围限制在特定等级的债券之内。

2. 债券评级方便投资者进行债券投资决策。对投资者来说，由于受时间、知识和信息的限制，无法对众多债券进行分析和选择，因此需要专业机构对拟发行的债券还本付息的可靠程度进行客观、公正和权威的评定，以明了的等级符号标示债务偿还的风险情况，以此作为投资决策的参考，并降低搜寻信息的成本。另外，投资者购买债券是要承担一定风险的，选择信用级别高的债券能够有效规避风险，这对广大普通投资者尤其是中小投资者来说，能够借助评估机构提供的可靠信息帮助自己作出正确决策。

3. 债券评级方便公司（证券发行方）获得市场准入条件。例如，《公司债发行试点办法》要求发行公司债必须经过信用评级，而《保险机构投资者债券投资管理暂行办法》规定保险机构投资的企业（公司）债券，应具有国内信用评级机构评定的 AA 级或者相当于 AA 级以上的长期信用级别）。

4. 债券评级可以降低监管机构的成本。信用评级可以帮助政府实现分类监管，将监管资源投向信用级别低（一般为 BBB 级以下）、信用风险大的企业，而对于具有较高信用等级的评级对象可以放宽监管要求，从而降低监管成本。

（二）债券的等级标准

债券的等级表示债券质量的优劣，反映债券还本付息能力的强弱和债券投资风险的高低。它会直接影响公司发行债券的效果和投资者的选择。债券评级取决于公司违约的可能性和公司违约时借款合同所能提供给债权人的保护这两个方面。债券等级评定主要的依据是公司提供的信息。

目前投资界公认的最具权威性的信用评级体系有穆迪信用等级和标准普尔信用等级。最具权威的评级机构是美国的穆迪投资者服务公司和标准普尔公司。

现将穆迪投资者服务公司和标准普尔公司关于债券等级标准的划分列示在表 6-1 中。

表 6-1　　　　　　　　穆迪和标准普尔的债券信用级别

穆迪		标准普尔	
Aaa	最高质量	AAA	最高级别
Aa	高质量	AA	高级别
A	上中级	A	上中级别
Baa	下中级	BBB	中级别
Ba	具有投机因素	BB	下中级别
B	通常不值得正式投资	B	投机级别
Caa	可能违约	CCC	完全投机级别
Ca	高度性投机，经常违约	CC	最大投机级别
C	违约	C	规定盈利时付息但未能盈利付息
D	最低级	D	违约，但尚有一些残余价值

不同的债券级别有着不同的经济含义。以标准普尔公司的债券信用级别为例，说明各债券级别的经济含义如下：

AAA 级：这是最高级别的债券，表示债券发行人还本付息的能力极强。

AA 级：表示债券发行人有很强的还本付息能力，它与 AAA 级相比只有很小的差别。

A 级：表示债券发行人有较强的还本付息能力，但其还本付息能力较易受到环境变动和经济条件变动等不利因素的影响。

BBB 级：表示有足够的还本付息能力，但由于在条规中规定了一旦经济条件发生变化便修正偿付指标，因而可能导致债券发行人还本付息能力的削弱。

这四个级别债券信誉高，履约风险小，是"投资级债券"。从第五级开始的债券信誉低，是"投机级债券"。

BB 级、B 级、CCC 级、CC 级：表示在还本付息能力上具有投机性。其中，BB 级表示投机程度最低，CC 级表示投机程度最高。由于这类债券看起来有一定质量，还有一些保障性特征，但这些因素被大量的不确定性或风险所淹没，因而这类债券随着条件变化具有很大的风险。

C 级：表示不能支付利息的债券。

D 级：表示违约债券，本息应付未付。

上述级别从 AA 级到 B 级通常可用"+"号和"-"号进行微调，如"AA+"表示级别略高于 AA 级，但又略低于 AAA 级，"BB-"表示级别略低于 BB 级，但又略高于 B 级等。

目前，我国的债券信用评级工作正在开展，但尚无统一的债券等级标准和系统评级制度。根据《中国人民银行信用评级管理指导意见》及《信贷市场和银行间债券市场信用评级规范》等文件的有关规定，凡是向社会公开发行的债券，需要由人民银行指定的资信评估机构进行评估。我国证券交易规则也将债券的信用等级不低于 A 级作为企业申请债券上市的条件之一，企业债券资信评级报告是企业申请债券上市必须向证交所提交的文件之一。

七、债券筹资的优缺点

（一）债券筹资的优点

1. 筹资的范围广、金额大。债券属于直接融资，发行对象十分广泛，市场容量相对较大，它既可以向各类银行或非银行金融机构筹资，也可以向其他法人单位、个人筹资，不受金融中介机构自身资产规模及风险管理的约束，因此筹资比较容易，并可筹集较大金额的资金，满足公司大规模筹资的需要。这是在银行借款、融资租赁等负债筹资方式中，公司选择发行债券筹资的主要原因。

2. 资本成本低。债券的利息可以税前列支，具有抵税作用；另外债券投资人比股票投资人的投资风险低，因此其要求的报酬率也较低。故公司债券的资本成本要低于普通股。

3. 具有财务杠杆作用。债券的利息是固定的费用，债券持有人除获取利息外，不能参与公司净利润的分配，因而具有财务杠杆作用，在息税前利润增加的情况下会使股东的收益以更快的速度增加。

4. 提高公司的社会声誉。公司债券的发行主体，有严格的资格限制。发行公司债券，往往是股份有限公司和有实力的有限责任公司所为。通过发行公司债券，一方面筹集了大量资金，另一方面也扩大了公司的社会影响。

5. 有利于优化资源配置。由于债券是公开发行的，是否购买债券取决于市场上众多投资者自己的判断，并且投资者可以方便地交易并转让所持有的债券，有助于加速市场竞争，优化社会资金的资源配置效率。

（二）债券筹资的缺点

1. 发行资格要求高，限制条件多。发行公司债券，面向的债权人是社会公众，因此国家为了保护投资者利益，维护社会经济秩序，对发债公司的资格有严格的限制。从申报、审批、承销到取得资金，需要经过众多环节和较长时间；而且发行债券的契约书中的限制条款通常比优先股及短期债务更为严格，可能会影响公司的正常发展和以后的筹资能力。

2. 财务风险大。相对于长期借款筹资，发行债券的利息负担和筹资费用都比较高。而且债券不能像长期借款一样进行债务展期，加上大额的本金和较高的利息，在固定的到期日，将会对公司现金流量产生巨大的财务压力，当企业资金周转出现困难时，易使企业陷入财务困境，甚至破产清算。因此企业通过发行债券来筹资时，必须考虑利用债券筹资方式所筹集的资金所进行的投资项目的未来收益的稳定性和增长性的问题。

3. 信息披露成本高。发行债券需要公开披露募集说明书及其引用的审计报告、资产评估报告、资信评级报告等多种文件。债券上市后也需要披露定期报告和临时报告，信息披露成本较高。同时也不利于保守公司的经营、财务等信息及其他商业机密。

昔日"特钢航母"折戟高杠杆

东北特钢，是我国北方最大的特钢企业，被称作是"特钢航母"，其产品在航空、军工等领域具有较强竞争力。然而，有背景、有市场、自带光环的大企业，也并不意味着不会违约。

市场需求疲弱影响盈利能力和内生性资金来源不足、对外部融资严重依赖等因素导致了东北特钢陷入巨额债务违约的泥潭。2016年，东北钢铁共有八只债券到期，其中七只债券均发生不同程度的违约，开启了地方国企债券违约的先河。

东北特钢在首次债券违约后，就承认了业绩下滑的影响。其在公告中称："受钢铁行业整体不景气影响，公司近期销售压力很大，库存商品增加，销售回款不及时。"

然而，数据显示，2015年东北特钢利润总额达到2.2亿元，较上年增长30%。比起业绩，近几年来一直处于80%以上，并在2016年7月《省政府东北特钢工作协调领导小组会议精神传达提纲》中曝光的已上升至120%的企业负债率，才是其连续违约的主要原因。

东方金诚评级总监刚猛在接受人民网专访时表示，东北特钢发展战略与财务资源的不匹配，造成资金链断裂是其违约的主要原因。东北特钢的债务高企始于其2007年的整体搬迁。在整体搬迁过程中，东北特钢投入了巨额资金进行大规模技术改造，所需资金绝大多数通过银行贷款、发行债券等方式筹集，致使东北特钢背负巨额债务，在资金周转方面出现了巨大困难。

资料来源：王明虎. 财务管理原理（第三版）[M]. 北京：机械工业出版社，2018。

第二节 长期借款

金融机构对企业发放借款的原则是：按计划发放、择优扶植、有物资保证、按期归还。

一、长期借款的概念及种类

（一）长期借款的概念

长期借款是指企业向银行或其他金融机构借入的使用期限在一年以上的各项借款，主要用于构建固定资产和满足长期流动资金占用的需要。企业取得长期借款，可以满足对长期资金的需求；由于长期借款的归还期长，借款企业可对债务的归还作长期安排，还款压力相对较小。但是长期借款的成本较短期借款要高，而且限制条款多，形成对债务人的种种约束。

（二）长期借款的种类

长期借款的种类很多，各公司可根据自身的情况和各种借款条件选择使用。我国目前各金融机构的长期借款主要有以下几种。

1. 按提供贷款的机构划分。

（1）政策性银行贷款。政策性银行贷款是指执行国家政策性贷款业务的银行向企业发放的贷款，通常为长期贷款。例如，国家开发银行贷款，主要满足企业承建国家重点建设项目的资金需要；中国进出口信贷银行贷款，主要为大型设备的进出口提供的买方信贷或卖方信贷；中国农业发展银行贷款，主要用于确保国家对粮、棉、油等政策性收购资金的供应。

（2）商业性银行贷款。商业性银行贷款是指由各商业银行，如中国工商银行、中国建设银行、中国农业银行、中国银行等，向工商企业提供的贷款，用以满足企业生产经营的资金需要，包括短期贷款和长期贷款。

（3）其他金融机构贷款。其他金融机构贷款，如从信托投资公司取得实物或货币形式的信托投资贷款，从财务公司取得的各种中长期贷款，从保险公司取得的贷款等。其他金融机构的贷款一般较商业银行贷款的期限要长，要求的利率较高，对借款企业的信用要求和担保的选择比较严格。

2. 按提供借款的机构对借款有无担保要求划分。

（1）信用借款。信用借款是指不需要企业提供抵押品，以借款人的信誉或保证人的信用为依据而获得的借款。企业取得这种借款，无须以财产做抵押。对于这种借款，由于风险较高，银行通常要收取较高的利息，往往还附加一定的限制条件。

（2）担保借款。担保借款是指要求借款人以抵押品作为担保而获得的借款。担保包括保证责任、财产抵押、财产质押，因此，担保借款包括保证借款、抵押借款和质押借款。

保证借款是指按《担保法》规定的保证方式，以第三人作为保证人承诺在借款人不能偿还借款时，按约定承担一定保证责任或连带责任而取得的借款。

抵押借款是指按《担保法》规定的抵押方式，以借款人或第三人的财产作为抵押物而取得的借款。抵押是指债务人或第三人不转移财产的占有，将该财产作为债权的担保，债务人不履行债务时，债权人有权将该财产折价或者以拍卖、变卖的价款优先受偿。作为借款担保的抵押品，可以是不动产、机器设备、交通运输工具等实物资产，可以是依法有权处分的土地使用权，也可以是股票、债券等有价证券，它们必须是能够变现的资产。如果借款到期借款企业不能或不愿偿还借款，银行可取消企业对抵押品的赎回权。抵押借款有利于降低银行借款的风险，提高借款的安全性。

质押借款是指按《担保法》规定的质押方式，以借款人或第三人的动产或财产权利作为质押物而取得的借款。质押是指债务人或第三人将其动产或财产权利移交债权人占有，将该动产或财产权利作为债权的担保，债务人不履行债务时，债权人有权以该动产或财产权利折价或者以拍卖、变卖的价款优先受偿。作为借款担保的质押品，可以是汇票、支票、债券、存款单等信用凭证，可以是依法可转让的股份、股票等有价证券，也可以是依法可转让的商标权、专利权、著作权中的财产权等。

3. 按企业取得借款的用途划分。

（1）基本建设借款。基本建设借款是指企业因从事新建、改建、扩建等基本建设项目需要资金而向银行申请借入的款项。

（2）专项借款。专项借款是指企业因为专门用途而向银行申请借入的款项，包括更新改造技改借款、大修理借款、科技开发和新产品试制借款、小型技术措施借款、出口专项借款、引进技术转让费周转金借款、进口设备外汇借款、进口设备人民币借款及国内配套设备借款等。

（3）流动资金借款。流动资金借款是指企业为满足流动资金的需求而向银行申请借入的款项，包括流动资金借款、生产周转借款、临时借款、结算借款和卖方信贷等。

二、长期借款的信用条件

按照国际惯例，银行在向企业发放长期借款时，往往会附带一定的信用条件，主要有以下几种。

（一）信用额度

信用额度，又称信贷限额，是指借款企业与银行在协议中规定的无担保借款最高限额。信贷额度的有效期限通常为1年，但根据情况也可延期1年。一般来讲，企业在批准的信贷限额内，可随时使用银行借款。但是，银行并不承担必须提供全部信贷限额的义务。如果企业信誉恶化，即使银行曾同意按信贷限额提供借款，企业也可能得不到借款。这时，银行不需要承担法律责任。

（二）周转信用协定

周转信贷协定指的是银行具有法律义务地承诺提供不超过某一最高限额的贷款协定。在协定的有效期内，只要企业的借款总额未超过最高限额，银行必须满足企业任何时候提出的借款要求。企业享用周转信贷协定，通常要就贷款限额的未使用部分付给银行一笔承诺费。

【例6-2】中达公司从银行获得附有承诺的周转信贷额度为5 000万元，承诺费率为0.6%，年初借入4 000万元，年底偿还，年利率为6%。则该企业负担的承诺费为6万元[（5 000-4 000）×0.6%]。这是银行向企业提供此项贷款的一种附加条件。

周转信贷协定的有效期超过1年，但实际上贷款每几个月发放一次，所以这种信贷具有短期和长期借款的双重特点。

（三）补偿性余额

补偿性余额是银行要求借款企业在银行中保持按贷款限额或实际借款额一定百分比（一般为10%~20%）的最低存款余额。从银行的角度讲，补偿性余额可降低贷款风险，补偿可能遭受的贷款损失；但是对于借款企业来讲，补偿性余额则提高了借款的实际利率，加重了企业的负担。

【例6-3】中恒公司向银行借款1 600万元，利率为8%，银行要求保留10%的补偿性余额,则企业实际可动用的借款额为 1 440 万元,试计算该借款的实际利率。

$$借款实际利率 = \frac{1\ 600 \times 8\%}{1\ 600 \times (1-10\%)} = \frac{8\%}{1-10\%} = 8.89\%$$

(四) 借款抵押

银行向财务风险较大的企业或对其信誉不甚有把握的企业发放借款,有时需要有抵押品担保,以降低银行蒙受损失的风险。短期借款的抵押品经常是借款企业的应收账款、存货、股票、债券等。银行接受抵押品后,将根据抵押品的面值决定借款金额,一般为抵押品面值的 30%~90%。这一比例的高低,取决于抵押品的变现能力和银行的风险偏好。抵押借款的成本通常高于非抵押借款,这是因为银行主要向信誉好的客户提供非抵押借款,而将抵押借款看成是一种风险投资,故而收取较高的利率;同时,银行对抵押品进行管理要发生费用,为此,往往另外收取手续费。

企业向银行提供抵押品,会限制财产的使用和将来的借款能力。

(五) 偿还条件

借款的偿还有到期一次偿还和在借款期内定期(每月、季)等额偿还两种方式。一般来讲,企业不希望采用后一种偿还方式,因为这会提高借款的实际利率;而银行不希望采用前一种偿还方式,是因为这会加重企业的财务负担,增加企业的拒付风险,同时会降低实际借款利率。

(六) 其他承诺

银行有时还要求企业为取得借款而作出其他承诺,如及时提供财务报表、保持适当的财务水平(如特定的流动比率)等。如企业违背承诺,银行可要求企业立即偿还全部借款。

长期借款融资中的周转信贷协定、补偿性余额等条件,也同样适用于短期借款融资。

三、长期借款的保护性条款

由于银行等金融机构提供的长期借款金额多、期限长、风险大,因此,按照国际惯例,除借款合同的基本条款之外,银行等金融机构通常还在借款合同中附加各种保护性条款,以确保企业按要求使用借款和按时足额偿还借款。保护性条款一般有以下两类。

(一) 一般性保护条款

一般性保护条款应用于大多数借款合同,但根据具体情况会有不同的内容,主要包括:①对借款企业流动资金保持量的规定,要求企业需持有一定最低额度的货币资金及其他流动资产,一般规定了企业必须保持的最低营运资金数额和最低流动比率数值,其目的在于保持借款企业资金的流动性和偿债能力;②对支付现金股利和再购入股票的限制,其目的在于限制现金外流;③对净经营性长期资产总投资规模的限制,其目的在于减小企业日后不得不变卖固定资产以偿还借款的可能性,仍着眼于保持借款企业资金的流动性;④限制其他长期债务,其目的在于防止其他借款人取得对企业资产优先求偿权;⑤借款企业定期向金融机构提交财务报表,其目的在于及时掌握企业的财务状况和经营成果;⑥不准在正常情况下出售较多资产,以保持企业正常的生产经营能力;⑦如期清偿应缴纳税费和其他到期债务,以防被罚款而造成不必要的现金流失;⑧不准以任何资产作其他承诺的担保或抵押,以避免企业负担过重;⑨不准贴现应收票据或出售应收账款,以避免或有负债;⑩限制租赁固定资产的规模，其目的在于防止企业负担巨额租金，以致削弱其偿债能力，还在于防止企业以租赁固定资产的办法摆脱对其净经营性长期资产总投资和负债的约束。

（二）特殊性保护条款

这类条款是针对某些特殊情况而出现在部分借款合同中的条款，只有在特殊情况下才能生效。主要包括：①借款专款专用，不得改变用途；②不准企业投资短期内不能收回资金的项目；③限制企业高级职员的薪金和奖金总额；④要求企业主要领导人在合同有效期间担任领导职务；⑤要求企业主要领导人购买人身保险等。

上述各项条款结合使用，将有利于全面保护银行等债权人的权益。但借款合同是经双方充分协商后确定的，其最终结果取决于双方谈判能力的大小，而不是完全取决于银行等债权人的主观愿望。

四、长期借款的偿还方式

企业应按借款合同的规定按期付息还本。企业偿还长期借款的方式通常有三种。

（一）到期日一次偿还

在这种方式下，还款集中，借款企业需于借款到期日前做好准备，以保证全部清偿到期借款。

（二）定期偿还相等份额的本金

即借款企业在到期日之前定期（如每一年或两年）偿还相同的金额，至借款到期日还清全部本金。

（三）分批偿还

即借款企业平时逐期偿还小额本金和利息，期末偿还余下的大额部分的方式。每批金额不等，便于企业灵活安排。

五、长期借款的程序

（一）提出申请

企业根据筹资需求向银行提出书面申请，按银行要求的条件和内容填报借款申请书。

（二）银行审批

银行按照有关政策和借款条件，对借款企业进行信用审查，依据审批权限，核准公司申请的借款金额和用款计划。银行审查的主要内容包括公司的财务状况、信用情况、盈利的稳定性、发展前景、借款投资项目的可行性、抵押品和担保情况等。

（三）签订合同

借款申请获批准后，银行与企业进一步协商借款的具体条件，签订正式的借款合同，规定借款的数额、利率、期限和一些约束性条款。

（四）取得借款

借款合同签订后，企业在核定的借款指标范围内，根据用款计划和实际需要，一次或分次将借款转入公司的存款结算户，以便使用。

六、长期借款筹资的优缺点

（一）长期借款筹资的优点

1. 筹资速度快。发行各种证券筹集长期资金所需时间一般较长，做好证券发行的准备以及证券的发行都需要一定时间。而向金融机构借款与发行证券相比，长期借款的程序相对简单，花费时间较短，公司可以迅速获得所需资金。
2. 资本成本较低。利用长期借款筹资，一般比发行债券和融资租赁的利息负担要低，而且无须支付证券发行费用、租赁手续费用等筹资费用。
3. 筹资弹性较大。在借款之前，公司根据当时的资本需求，可以直接与银行等借款机构商定借款的时间、数量、利息、偿还方式等条件。在借款期间，若公司的财务状况发生某些变化，也可与金融机构再协商，变更借款合同，或提前偿还本息。长期借款到期后，如有正当理由，还可延期归还。因此，长期借款筹资对公司具有较大的灵活性。

（二）长期借款筹资的缺点

1. 限制条款多。与债券筹资相比较，长期借款合同对借款用途有明确规定，通过借款的保护性条款，对公司资本支出额度、再筹资、股利支付等行为有严格的约束，以后公司的生产经营活动和财务政策必将受到一定程度的影响。
2. 筹资数额有限。长期借款的数额往往受到借款机构资本实力的制约，难以向发行公司债券、股票那样一次筹集到大笔资金，无法满足公司大规模筹资的需要。
3. 财务风险较大。企业举借长期借款，必须定期还本付息。在经营不利的情况下，可能会产生不能偿付的风险，甚至会导致破产。

第三节　租赁筹资

一、租赁的概念及种类

租赁是指通过签订资产出让合同的方式，使用资产的一方（承租方）通过支付租金，向出让资产的一方（出租方）取得资产使用权的一种交易行为。在这项交易中，承租方通过得到所需资产的使用权，完成了筹集资金的行为。租赁分为融资租赁和经营租赁。

（一）经营租赁

经营租赁是由租赁公司向承租单位在短期内提供设备，并提供维修、保养、人员培训等的一种服务性业务，又称服务性租赁。

（二）融资租赁

融资租赁是由租赁公司按承租单位要求出资购买设备，在较长的合同期内提供给承租单位使用的融资信用业务，它是以融通资金为主要目的的租赁。这里主要介绍作为长期筹资方式之一的融资租赁。

1. 融资租赁的含义和特点。

(1) 融资租赁的含义。融资租赁是指出租人对承租人所选定的租赁物件，进行以融资为目的的购买，然后再以收取租金为条件，将该租赁物件中长期出租给承租人使用的信用性租赁业务。

(2) 融资租赁的特点。融资租赁的主要特点是：①出租的设备由承租企业提出要求购买，或者由承租企业直接从制造商或销售商那里选定；②租赁期较长，接近于资产的有效使用期，在租赁期间双方无权取消合同；③由承租企业负责设备的维修、保养；④租赁期满，按事先约定的方法处置设备，包括退还租赁公司、继续租赁或企业留购。企业通常采用留购办法，即以很少的"名义价格"（相当于设备残值）买下设备。

2. 融资租赁的形式。

(1) 直接租赁。直接租赁是融资租赁的主要形式，承租方提出租赁申请，出租方按照承租方的要求选购，然后再出租给承租方。

(2) 售后回租。售后回租是指承租方由于急需资金等各种原因，将其资产出售给出租方，然后以租赁的形式从出租方原封不动地租回资产的使用权。在这种租赁合同中，除资产所有者的名义改变之外，其余情况均无变化。

(3) 杠杆租赁。杠杆租赁是指涉及承租人、出租人和资金出借人三方的融资租赁业务。一般来说，当所涉及的资产价值昂贵时，出租方自己只投入部分资金，通常为资产价值的20%~40%，其余资金则通过将该资产抵押担保的方式，向第三方（通常为银行）申请借款解决。租赁公司将购进的设备出租给承租方，用收取的租金偿还贷款，该资产的所有权属于出租方。出租人既是债权人也是债务人，如果出租人到期不能按期偿还借款，资产所有权则转移给资金的出借者。这种融资租赁形式，由于租赁收益一般大于借款成本支出，出租人借款购买设备出租可获得利息差额收益，故称为杠杆租赁。

二、融资租赁的程序

（一）选择租赁公司，提出委托申请

当企业决定采用融资租赁方式以获取某项设备时，需要了解各个租赁公司的资信情况、融资条件和租赁费率等，分析比较选定一家作为出租单位。然后，向租赁公司申请办理融资租赁。

（二）签订购货协议

由承租企业和租赁公司中的一方或双方，与选定的设备供应厂商进行购买设备的技术谈判和商务谈判，在此基础上与设备供应厂商签订购货协议。

（三）签订租赁合同

承租企业与租赁公司签订租赁设备的合同，如需要进口设备，还应办理设备进口手续。租赁合同是租赁业务的重要文件，具有法律效力。融资租赁合同的内容可分为一般条款和特殊条款两部分。

（四）交货验收

设备供应厂商将设备发运到指定地点，承租企业要办理验收手续。验收合格后签发交货及验收证书交给租赁公司，作为其支付货款的依据。

（五）定期交付租金

承租企业按租赁合同规定，分期交纳租金，这也就是承租企业对所筹资金的分期还款。

（六）合同期满处置设备

融资租赁期满，承租企业根据合同约定，对设备续租、退租或留购。

三、融资租赁租金的确定

（一）影响租金的因素

融资租赁每期租金的多少，取决于以下几项因素：

1. 设备价款及预计残值。设备价款及预计残值包括设备买价、运输费、安装调试费、保险费等，以及设备租赁期满后，出售可得的市价。
2. 利息。利息是指租赁公司为承租企业购置设备垫付资金所应支付的利息。
3. 租赁手续费。租赁手续费指租赁公司承办租赁设备所发生的业务费用和必要的利润。

（二）租金的支付方式

融资租赁的租金按支付间隔期长短，分为年付、半年付、季付和月付等方式。按期初和期末支付，分为先付和后付。按每次支付额，分为等额支付和不等额支付。实务中，承租企业与租赁公司商定的租金支付方式，大多为后付等额年金。

（三）租金的确定方法

我国融资租赁实务中，租金的计算大多采用等额年金法。等额年金法是指运用年金现值的计算原理计算每期应付租金的方法。这种方法下，通常要先根据利率和租赁手续费率确定一个租费率作为折现率。

按照租金支付时间的不同，我们可以分别计算后付租金和先付租金，计算公式如下：

$$后付租金\ A = \frac{P}{(P/A,\ i,\ n)} \quad (式6-2)$$

$$先付租金\ A = \frac{P}{[P/A,\ i,\ (n-1)] + 1} \quad (式6-3)$$

其中，A 代表每年支付租金；P 代表等额租金现值；$(P/A, i, n)$ 代表等额租金现值系数；n 代表支付租金期数；i 代表租费率。

【例 6-4】 中泰公司于 2×21 年 1 月 1 日从租赁公司租入 1 套设备，价值 500 万元，租期 5 年，租赁期满时预计残值 20 万元，归租赁公司。年利率 9%，租赁手续费率每年 1%。租金每年年末支付 1 次，则：

$$A = \frac{500 - 20 \times (P/F,\ 10\%,\ 5)}{P/A,\ 10\%,\ 5} = \frac{500 - 20 \times 0.6209}{3.7908} = 128.62\ (万元)$$

四、融资租赁筹资的优缺点

（一）融资租赁筹资的优点

1. 筹资速度快。融资租赁集"融资"和"融物"于一身，使企业在资金短缺的情况下引进设备成为可能。特别是针对中小企业、新创企业而言，融资租赁是一条重要的融资途径。有时，大型企业对于大型设备、工具等固定资产，也需要融资租赁解决巨额资金的需要，如商业航空公司的飞机，大多是通过融资租赁取得的。

2. 财务风险小。融资租赁与购买的一次性支出相比，能够避免一次性支付的负担，而且租金支出是未来的、分期的，企业无须一次筹集大量资金。还款时，租金可以通过项目本身产生的收益来支付，是一种基于未来的"借鸡生蛋、卖蛋还钱"的筹资方式。

3. 限制条件较少。企业运用股票、债券、长期借款等筹资方式，都受到相当多的资格条件的限制，如足够的抵押品，或银行贷款的信用标准、发行债券的政府管制等。相比之下，租赁筹资的限制条件很少。

4. 能延长资金融通的期限。通常为设备而贷款的借款期限比该资产的物理寿命要短得多，而租赁的融资期限却可接近其全部使用寿命期限，并且其金额随设备价款金额而定，无融资额度的限制。

5. 免遭设备陈旧过时的风险。随着科学技术的不断进步，设备陈旧过时的风险很高，而多数租赁协议规定此种风险由出租人承担，承租企业可避免这种风险。

（二）融资租赁筹资的缺点

1. 资本成本高。融资租赁租金通常比银行借款或发行债券所负担的利息高得多，租金总额通常要高于设备价值的 30% 左右。尽管与借款方式比，融资租赁能够避免到期一次性集中偿还的财务压力，但高额的固定租金也给各期的经营带来了沉重的负担。

2. 难于改良资产。承租企业未经出租人同意，不得擅自对租赁资产加以改良。

第四节　短期融资

短期融资所筹集资金的可使用时间较短，一般不超过 1 年。当企业因季节性或周期性的经营活动而出现资金需求时，短期融资方式是较为恰当的途径。其具体形式主要有商业信用、短期借款、发行短期融资券及应收账款保理等，下面主要介绍短期借款和商业信用。

一、短期借款

（一）短期借款的概念

短期借款是指企业为维持正常的生产经营所需的资金或为抵偿某项债务而向银行或其他金融机构等外单位借入的、还款期限在一年以内（含一年）的各种借款。在短期负债融资中，短期借款的重要性仅次于商业性用。短期借款可以随企业的需要安排，便于灵活使用，且取得简便。但其突出的缺点是短期内要归还，特别是带有诸多附加条件更使风险加剧。

（二）短期借款的种类

1. 短期借款按照目的和用途划分。

（1）生产周转借款。生产周转借款是指企业因流动资金不能满足正常生产经营需要，而向银行或其他金融机构取得的借款。办理该项借款时，企业应按有关规定向银行提出年度、季度借款计划，经银行核定后，在借款计划中根据借款借据办理借款。

（2）临时借款。临时借款是指企业因季节性和临时性客观原因，正常周转的资金不能满足需要，超过生产周转或商品周转款额而借入的短期借款。临时借款实行"逐笔核贷"

的办法，借款期限一般为3至6个月，按规定用途使用，并按核算期限归还。

（3）结算借款。结算借款是指企业在异地销售产品时，为抵补结算过程中占用的资金，向银行取得的借款。企业发出商品办理托收手续后，要经过一段时间才能收到贷款。在这段时间内所占用的资金，可向银行申请结算借款，来抵补定额流动资金的不足。结算借款的金额以销售商品的进价及代垫的运杂费为限，超过部分银行不予借款。结算借款的期限以发出结算凭证到预定收回货款的时期为限，货款按期由对方承付后，银行即将该项借款收回。

2. 短期借款按照偿还方式的不同划分。

（1）一次性偿还借款。一次性偿还借款是指借款人在借款到期时一次性还清借款的本息，一般适用于借款金额较小、借款期限较短的借款。

（2）分期偿还借款。分期偿还借款是银行同意借款人在一定时期分期偿还的借款。银行发放这种借款，必须对借款人的财务状况和还款能力进行调查，同时，在借款合同中必须确定分期偿还的时间、每期偿还的金额及利息的计算等内容。这种方式对借款者来说，既满足了一次大额资金需要，又从分期偿还中减少了利息的负担。对银行来说，既提供了贷款，增加了收益，又从分期偿还中加速了贷款的周转，减少了风险。随着信贷制度的改革，这种借款方式在适合的范围内将会推广。

企业在申请借款时，应根据各种借款的条件和需要加以选择。

（三）短期借款的利息支付方法

一般情况下，借款企业可以用以下三种付息方式支付银行借款利息。

1. 收款法。收款法又称利随本清法，是指在借款到期时向银行支付利息的一种计算方法。银行向工商企业发放的贷款大都采用这种方法收息。采用收款法，借款的实际利率等于借款的名义利率。

2. 贴现法（折现法）。贴现法是银行向企业发放借款时，先从本金中扣除利息部分，而到期时借款企业则要偿还借款全部本金的一种计息方法。采用这种方法，企业可利用的借款额只有本金减去利息部分后的差额，因此借款的实际利率高于名义利率。

$$实际利率 = \frac{利息支出}{借款总额 - 利息支出} \times 100\%$$

$$= \frac{名义利率}{1 - 名义利率} \times 100\% \quad \text{（式6-4）}$$

【例6-5】中庆公司从银行取得借款100万元，期限1年，年利率（即名义利率）为12%，利息额12万元（100万元×12%）；按照贴现法付息，企业实际可利用的借款仅为88万元（100-12），该项借款的实际利率为：

$$实际利率 = \frac{利息支出}{借款总额 - 利息支出} \times 100\%$$

$$= \frac{12}{100 - 12} \times 100\%$$

$$= 13.64\%$$

3. 加息法。加息法是银行发放分期等额偿还借款时采用的利息收取方法。在分期等额偿还借款的情况下，银行要将根据名义利率计算的利息加到借款本金上，计算出借款的本息和，要求企业在借款期内分期偿还本息之和的金额。由于借款分期均衡偿还，借款企业实际上只平均使用了借款本金的半数，却支付全额利息。这样，企业所负担的实际利率便高于名义利率大约 1 倍。

【例 6-6】 中能公司借入（名义）年利率为 9% 的借款 800 万元，分 12 个月等额偿还本息。该项借款的实际利率为：

$$实际利率 = \frac{800 \times 9\%}{800 \div 2} \times 100\%$$
$$= 18\%$$

（四）短期借款筹资的优缺点

1. 短期借款筹资的优点。

（1）筹资速度快，容易取得。银行资金充足，实力雄厚，能随时为企业提供比较多的短期借款。对于季节性和临时性的资金需求，采用银行短期借款尤为方便。而那些规模大、信誉好的企业，则可以比较低的利率借入资金。

（2）银行短期借款具有较好的弹性。举借长期负债，债权人或有关方面经常会向债务人提出很多限制性条件或管理规定；而短期借款的限制则相对宽松一些，筹资企业可在资金需要增加时借入，在资金需要减少时还款，资金使用相对较为灵活、富有弹性。

（3）资金成本较低。一般来讲，短期借款的利率低于长期负债，短期借款筹资的成本也就较低。

2. 短期借款筹资的缺点。

（1）筹资风险大。短期借款的偿还期在 1 年以内，这就要求借款企业在短期内拿出足够的资金偿还债务，若企业届时财务状况不好，发生支付困难，就有可能陷入财务危机。另外，短期借款的利率波动可能较大，也有可能高于长期借款的利率水平。

（2）限制较多。向银行借款，银行要对企业的经营和财务状况进行调查以后才能决定是否贷款，有些银行还要对企业有一定的控制权，要企业把流动比率、负债比率维持在一定的范围之内，这些都会构成对企业的限制。

二、商业信用

（一）商业信用的概念

商业信用是指在商品交易或劳务供应中由于延期付款或预收货款所形成的企业间的借贷关系，是企业之间的直接信用行为。商业信用产生于商品交换之中，是所谓的"自发性筹资"。虽然按照惯例，经常把它们归入自发性负债，但严格来说，它是企业主动选择的一种筹资行为，并非完全不可控的自发行为。商业信用运用广泛，在短期负债筹资中占有相当大的比重。

（二）商业信用形式

商业信用的具体形式有应付账款、应付票据、预收账款等。

1. 应付账款。应付账款是企业购买货物暂时未付款而欠对方的账项，即卖方允许买方在购货后一定时期内支付货款的一种形式。卖方利用这种方式促销，而对买方来说，延期付款则等于向卖方借用资金购进商品，可以满足短期的资金需要。

2. 应付票据。应付票据是企业进行延期付款商品交易时开具的反映债权债务关系的票据。根据承兑人不同，应付票据分为商业承兑汇票和银行承兑汇票两种。支付期最长不超过

6个月。应付票据可以带息，也可以不带息。应付票据的利率一般比银行借款的利率低，且不用保持相应的补偿余额和支付协议费；所以应付票据的筹资成本低于银行借款成本。但是，应付票据到期必须归还，如若延期便要交付罚金，因而风险较大。

3. 预收账款。预收账款是卖方企业在交付货物之前向买方预先收取部分或全部货款的信用形式。对于卖方来讲，预收账款相当于向买方借用资金后用货物抵偿。预收账款一般用于生产周期长、资金需要量大的货物销售。此外，企业往往还存在一些在非商品交易中产生、但亦为自发性筹资的应付费用，如应付职工薪酬、应交税费、其他应付款等。应付费用使企业收益在前，费用支付在后，相当于享用了收款方的借款，一定程度上缓解了企业的资金需要。应付费用的期限具有强制性，不能由企业自有斟酌使用，但通常不需花费代价。

（三）商业信用的信用条件

企业赊购商品时，销货方会在付款时间和现金折扣上对购货方作出具体规定，此规定即为信用条件，包括现金折扣百分比、折扣期限和信用期限。具体有以下几种形式。

1. 延期付款，但不提供现金折扣。在这种信用条件下，卖方允许买方在交易发生后一定时期内按发票面额支付货款。例如，"n/20" 是指在20天内按发票金额付款。

2. 延期付款，但早付款有现金折扣。在这种条件下，买方若提前付款，卖方可给予一定的现金折扣，如买方不享受现金折扣，则必须在一定时期内付清账款。例如，"1/10，n/20" 便属于此种信用条件，具体含义为：若买方于购货发票日算起10日内付款，可享受发票金额1%的折扣，若于10天后至20天付款则无折扣。

因此，购货方应选择对自己最有利的信用条件、付款时间和付款金额，为此需要进行决策，决策时需考虑应付账款的成本。

（四）商业信用的成本

按照信用和折扣取得与否，可将应付账款这种信用形式分为免费信用、有代价信用和展期信用三种。

1. 免费信用。免费信用是指购货方在规定的折扣期内付款享受折扣而获得的信用，此时企业利用应付账款筹资无成本。

【例6-7】中海公司按"2/10，n/30"的条件赊购货物200万元。如果该公司享受折扣，则应该最迟于第10天付款196万元，相当于该企业向销货方借了196万元，使用了10天，没有向销货方支付利息及手续费，那么该企业利用应付账款筹资无成本。因此，也可将196万元作为"免费信用"。

2. 有代价信用。若购货方放弃折扣，则企业利用应付账款筹资有成本（机会成本）。

【例6-8】沿【例6-7】，倘若购货方（中海公司）放弃折扣，则应该最迟于第30天付款200万元。理论上讲，销货方给购货方折扣，购货方就应享受折扣（或免费信用），但购货方放弃了折扣，相当于购货方在第10天向销货方借了196万元，使用了20天向销货方支付利息4万元，那么购货方利用应付账款筹资有成本（机会成本）。中海公司放弃折扣所负担的（年）机会成本率计算如下：

$$机会成本率 = \frac{200 \times 2\%}{200 \times (1-2\%)} \times \frac{360}{30-10} \times 100\%$$

$$= \frac{2\%}{1-2\%} \times \frac{360}{20} \times 100\%$$

= 36.7%

由此可知，放弃现金折扣的机会成本率可由下式求得：

$$放弃现金折扣成本的机会成本率 = \frac{折扣百分比}{1-折扣百分比} \times \frac{360}{信用期-折扣期} \times 100\% \quad （式6-5）$$

公式表明，放弃现金折扣的机会成本率与折扣百分比的大小、折扣期的长短同方向变化，与信用期（或付款期）的长短反方向变化。

3. 展期信用。展期信用是买方公司超过规定的信用期推迟付款而强制获得的信用。

【例6-9】沿【例6-7】，如果中海公司因资金短缺而推迟至第60天付款，则其商业信用成本为：

$$放弃折扣的信用成本率 = \frac{2\%}{1-2\%} \times \frac{360}{60-10} = 14.69\%$$

可见，在企业放弃现金折扣的情况下，推迟付款的时间越长，其放弃现金折扣的成本越小。但要考虑到这种成本降低是以企业的信用丧失为代价的，会降低企业的信用等级，可能会使企业在以后的经营活动中遭遇较为苛刻的信用条件。

（五）利用应付账款成本的决策

在附有信用条件的情况下，因为获得不同信用要付出不同的代价，那么买方企业究竟是否应该享受现金折扣，应结合实际情况来考虑，一般来说，有以下几种情况：

1. 享受现金折扣。如果能以低于放弃折扣的机会成本的利率借入资金，便应在现金折扣期内用借入的资金支付货款，享受现金折扣。例如，【例6-8】中，如果同期的银行短期借款年利率为12%，则购货方应利用更便宜的银行借款在折扣期内偿还应付账款；反之，企业应放弃折扣。

2. 放弃现金折扣。如果在折扣期内将应付账款用于短期投资，所得的投资收益率高于放弃折扣的机会成本率，则应放弃折扣而去追求更高的收益。例如，【例6-8】中，如果投资短期有价证券，预期可获得超过40%的收益率，则购货方应选择放弃现金折扣，投资有价证券，但也应在信用期内的最后一天，即第30天支付款项，以降低放弃折扣的成本。

如果企业因缺乏资金而欲展延付款期，即在信用期之后付款，则需在降低了放弃折扣成本与展延付款带来的损失之间作出选择。展延付款带来的损失主要是指因企业信誉恶化而丧失供应商乃至其他贷款人的信用，或日后招致苛刻的信用条件。

3. 面对两家以上提供不同信用条件。如果面对两家以上提供不同信用条件的卖方，应通过衡量放弃折扣机会成本率的大小，选择机会成本率最小（或所获利益最大）的一家。例如，【例6-8】中另有一家供应商提出"1/20，n/50"的信用条件，则其放弃折扣的机会成本率为12.12%，具体计算过程如下：

$$机会成本率 = \frac{1\%}{1-1\%} \times \frac{360}{50-20} \times 100\% = 12.12\%$$

如果决定放弃折扣，应选择第二家供应商，如果决定享受折扣，应选择第一家供应商。

（六）商业信用的优缺点

1. 商业信用筹资的优点。

（1）商业信用容易获得。商业信用的提供方一般不会对企业的经营状况和风险作严格的考量，企业无须办理像银行借款那样复杂的手续便可取得商业信用，有利于应对企业生产经营之急需。

（2）企业有较大的机动权（灵活性）。企业能够根据需要，选择决定筹资的金额大小和期限长短，要比银行借款等其他方式灵活得多，甚至如果在期限内不能付款或交货时，还可以通过与客户的协商，请求延长时限。

（3）企业一般不用提供担保。通常，商业信用筹资不需要第三方担保，也不会要求筹资企业用资产进行担保。这样，在出现逾期付款或交货的情况时，可以避免像银行借款那样面临的抵押资产被处置的风险，企业的生产经营能力在相当长的一段时间内不会受到限制。

2. 商业信用筹资的缺点。

（1）商业信用筹资成本高。尽管商业信用的筹资成本是一种机会成本，但由于商业信用筹资属于临时性筹资，如果企业放弃现金折扣，其筹资成本（放弃现金折扣成本）比银行信用高。

（2）容易恶化企业的信用水平。商业信用的期限短，还款压力大，对企业现金流量管理的要求很高。如果长期和经常性地拖欠账款，会造成企业的信誉恶化。

（3）受外部环境影响较大。商业信用筹资受外部环境影响较大，稳定性较差，即使不考虑机会成本，也是不能无限利用的。其主要原因在于：一是受商品市场的影响，如当需求大于供应时，卖方可能停止提供信用；二是受资金市场的影响，当市场资金供应紧张或有更好的投资方向时，商业信用筹资就可能遇到障碍。

本章小结

负债融资是企业在经营活动中以提高获利能力、改善资本结构、实现财务杠杆效应等为目的而进行的资金筹集活动。具体的负债融资方式很多，包括发行债券、长期借款、融资租赁、短期借款、商业信用等。

发行债券是企业融通长期资金的重要方式之一。本章首先介绍了债券的概念、特征、种类、债券发行的条件和程序，债券发行价格的确定，债券融资的优缺点。

接着介绍长期借款。申请长期借款是企业筹集长期资金的一大法宝，也是目前我国企业普遍采用的融资方式。实际采用时要考虑各种保护性条款对企业经营活动可能产生的影响。

其次介绍了融资租赁的概念、种类，租金的构成及确定方法，融资租赁的程序以及融资租赁融资的优缺点。租赁融资是一种新兴的企业融资方式，它所具有的一系列优势会赢得越来越多企业的青睐。

最后介绍了短期融资，包括短期借款和商业信用。短期借款是企业向银行或其他金融机构借入的期限在一年以内的借款，它也是企业较为常用的短期资金筹集手段。在利用短期借款筹资时要结合借款种类、信用条件，特别是还本付息方式等因素来衡量其实际利率情况，在准确衡量借款成本的前提下合理决策。商业信用是企业在日常经营活动中自发产生的，也为企业提供了短期的资金来源。

一、本章关键词

负债融资（debt financing）

债券融资（bond financing）
长期借款（long term loan）
融资租赁（finance lease）
短期借款（short term loan）
商业信用（commercial credit）
现金折扣（cash discount）

二、思考题

1. 影响债券发行价格的因素有哪些？
2. 简述债券筹资的优缺点。
3. 简述长期借款筹资的优缺点。
4. 简述融资租赁筹资的种类及各自特点。
5. 短期借款的利息支付方法有哪几种？
6. 简述商业信用筹资的优缺点。

三、基础训练测试

（一）单项选择题

1. 下列描述中，不属于零息债券特征的是（　　）。
   A. 票面利率为零　　　　　　　　B. 不必支付利息
   C. 按高于面值的价格出售　　　　D. 到期按面值归还本金
2. 债券面值、（　　）、债券期限是确定债券发行价格的主要因素。
   A. 市场利率、贴现率　　　　　　B. 票面利息率
   C. 票面利率、市场利率　　　　　D. 票面利息额
3. 某债券面值为1 000元，票面年利率为12%，期限3年，每半年支付一次利息。若市场实际利率为12%，则其发行时的价值（　　）。
   A. 大于1 000元　　　　　　　　B. 小于1 000元
   C. 等于1 000元　　　　　　　　D. 无法计算
4. 下列各项中，不属于融资租赁租金构成项目的是（　　）。
   A. 租赁设备的价款　　　　　　　B. 租赁期间利息
   C. 租赁手续费　　　　　　　　　D. 租赁设备维护费
5. 下面关于商业信用说法错误的是（　　）。
   A. 商业信用是指在商品交易中以延期付款或预收货款的方式进行购销活动所形成的借贷关系
   B. 商业信用是企业之间的一种间接信用关系
   C. 商业信用的形式主要包括应付账款、预收账款、应付票据
   D. 应付账款即赊购商品，是一种最典型、最常见的商业信用形式
6. 商业信用筹资最大优越性在于（　　）。
   A. 不负担成本　　　　　　　　　B. 期限较短
   C. 容易取得　　　　　　　　　　D. 是一种短期筹资形式

7. 某企业按"2/10，n/30"的条件购进一批商品，并假定商品价款为100万元。若企业放弃现金折扣，在信用期内付款，则其放弃现金折扣的机会成本为（   ）。
   A. 35%   B. 33%
   C. 34%   D. 36.7%
8. 下列各项中，不属于商业信用的是（   ）。
   A. 应付工资   B. 应付票据
   C. 应付账款   D. 预收货款
9. 下列各项中，可用来筹集短期资金的筹资方式是（   ）。
   A. 吸收直接投资   B. 发行股票
   C. 发行长期债券   D. 利用商业信用
10. 企业从银行借入短期借款，不会导致实际利率高于名义利率的利息支付方式是（   ）。
    A. 收款法   B. 贴现法
    C. 加息法   D. 分期等额偿还本利和的方法
11. 某企业按年利率10%向银行借款20万元，银行要求维持贷款限额15%的补偿性余额，那么企业实际承担的利率为（   ）。
    A. 10%   B. 12.76%
    C. 11.76%   D. 9%
12. 某企业需借入资金300 000元。由于贷款银行要求将贷款数额的20%作为补偿性余额，故企业需向银行申请的贷款数额为（   ）。
    A. 300 000元   B. 360 000元
    C. 375 000元   D. 336 000元
13. 某周转信贷协议额度为200万元，承诺费率为0.2%，借款企业年度内使用了180万元，尚未使用的余额为20万元，则企业向银行支付的承诺费用为（   ）。
    A. 600元   B. 500元
    C. 420元   D. 400元
14. 某企业按8%利率取得为期一年的借款36 000元，如果分12个月均衡偿还，则该借款的实际利率为（   ）。
    A. 10%   B. 16%
    C. 12%   D. 15%
15. 负债筹资方式中成本最低的是（   ）。
    A. 发行债券   B. 申请短期借款
    C. 商业信用   D. 发行短期融资券

（二）多项选择题

1. 公司债券筹资与普通股筹资相比较，（   ）。
   A. 普通股筹资的风险相对较低
   B. 公司债券筹资的资金成本相对较高
   C. 公司债券利息可以税前列支，普通股股利必须是税后列支
   D. 公司债券可以利用财务杠杆的作用

2. 下列各项中，能够影响债券内在价值的因素有（   ）。
   A. 债券的计息方式 B. 当前的市场利率
   C. 票面利率 D. 债券的付息方式
3. 关于债券的特征，下列说法中正确的有（   ）。
   A. 债券具有分配上的优先权 B. 债券代表着一种债权债务关系
   C. 债券不能折价发行 D. 债券持有人无权参与企业决策
4. 长期借款筹资的缺点表现在（   ）。
   A. 筹资风险较高 B. 借款成本较高
   C. 限制条件较多 D. 筹资数量有限
5. 融资租赁筹资的优点体现在（   ）。
   A. 筹资速度快 B. 可避免资产无形损耗的损失
   C. 限制条款少 D. 税收负担轻
6. 下列有关抵押借款和无抵押借款的说法正确的有（   ）。
   A. 抵押借款的资金成本通常高于无抵押借款
   B. 银行主要向信誉好的客户提供无抵押贷款
   C. 银行对于抵押贷款一般还要收取手续费，抵押借款还会限制借款企业抵押资产的使用和将来的借款能力
   D. 对银行来说，抵押借款是一种风险贷款
7. 企业在持续经营过程中，会自发地、直接地产生一些资金来源，部分地满足企业的经营需要，如（   ）。
   A. 预收账款 B. 应付债券
   C. 应付票据 D. 根据周转信贷协定取得的限额内借款
8. 按信用条件不同，应付账款有以下分类（   ）。
   A. 折扣信用 B. 免费信用
   C. 有代价信用 D. 展期信用
9. 放弃现金折扣的成本（   ）。
   A. 与折扣百分比的大小、折扣期的长短反方向变化
   B. 与折扣百分比的大小同方向变化
   C. 与信用期长短呈反方向变化
   D. 与折扣期的长短同方向变化

（三）综合分析题

1. 某公司拟发行面值10万元，票面利率8%，期限10年的债券，每年1月1日与7月1日付息，当时市场利率为10%，试计算债券的发行价格。
2. 某年某公司发行面值为1 000元，期限为5年，票面年利率8%的定期付息公司债券20 000张。
   要求：
   （1）试计算若发行时市场利率为10%，债券的发行价格应定为多少？
   （2）试计算若公司以1 041元价格发行时，市场利率是多少？
3. 某公司于2×21年1月1日从租赁公司租入一套设备，价值50万元，租期为5年，

预计租赁期满时残值为 1.5 万元，归属租赁公司，年利率按 9% 计算，租赁手续费为设备价格的 2%。租金每年年末支付一次。

要求：计算每年应付的租金。

第七章 资本结构决策

知识目标: 资本结构决策是企业筹资管理的重要组成部分。通过本章的学习,要求学生不仅要定性理解有关资本结构的各种理论,了解经营风险、经营杠杆、财务风险、财务杠杆、企业风险、总杠杆、资本结构的概念;掌握各种资本成本、边际贡献、息税前利润和各种杠杆的计算以及最佳资本结构的决策方法。

能力目标: 能够灵活计算各种筹资方式的资本成本,能深入理解企业资本结构的作用与意义;能学会应用经营杠杆和财务杠杆来衡量企业内部的经营风险和财务风险;明确企业应如何选择合理的资本结构;并加强与前面章节的结合,通过掌握本章内容能为之后的实际操作奠定基础。

 本章教学建议

综合运用启发式、提问式、互动式教学方法及案例讨论等方式,结合PPT多媒体课件等教学手段,使学生尽快进入课程学习角色,提升学生的专业应用技巧与能力,扩展学生的知识面与思维方式。

"黄山旅游"的筹资结构

黄山旅游发展股份有限公司(以下简称"黄山旅游")根据公司董事会决议,拟投资2 870万元把原公司下属的莲花宾馆改建并命名为"徽商故里大酒店"。根据2006年3月31日公告的财务指标,"黄山旅游"的资本结构如下:负债总额23 897.27万元。其中,长期负债2 935.08万元,流动负债20 962.18万元;股东权益71 226.20万元;资产总额95 428.48万元。股东权益比率为75%,资产负债率为25%。

"黄山旅游"的莲花宾馆改建工程所需要的2 870万元资金应该如何筹集,是采用长期负债,还是权益筹资,是用长期借款筹资,还是发行长期债券,是发行股票,还是利用留存收益;采用不同的筹资方式对公司的资本结构会产生什么样的影响?从"黄山旅游"的资本结构可以看出,公司在以前的筹资活动中有明显的"强股权"偏好,这几乎是我国上市

公司共同的筹资偏好。根据相关的研究结果显示，我国上市公司的外部筹资比例远高于内部筹资，那些"未分配利润为负"的上市公司几乎是完全依赖于外部筹资，在外部筹资中，长期债务筹资规模呈逐年下降趋势，相反，股权筹资规模却大幅度攀升，在资本总额中的平均比重早已大大超过50%。

梅耶斯和麦杰拉夫于1984年提出了"融资优序理论"，其主要观点为：①公司偏好内部筹资；②如果需要外部筹资，公司首先选择最安全的证券。即先考虑债务筹资，然后考虑混合性证券筹资，最后才是股权筹资。

另一方面，实证结果显示：从美、英、德、法、加、日、意等西方七国的平均水平来看，内部筹资比例高达55.71%，外部筹资比例为44.29%；在外部筹资中，来自资本市场的股权筹资仅占筹资总额的10.86%，来自金融机构的债务筹资占32%。这种财务安排正好印证了"融资优序理论"，但却与我国上市公司的筹资结构截然不同，是什么原因造成了这个差异呢？

资料来源：新浪财经。

第一节 资本成本

一、资本成本概述

（一）资本成本的含义

资本成本是指企业为筹集和使用资金而付出的代价。

广义上讲，在市场经济条件下，企业筹集和使用任何资金，不论是短期的还是长期的，必须向资金的提供者支付一定数量的费用作为补偿，作为使用其资金的代价。对一个企业来说，能否获得长期的、稳定的资金来源，不仅关系到企业经营的稳定性，而且还关系到企业能否获得长期的经济利益。由于长期资金包括权益资本和长期负债，企业的长期资金又称为资本，其成本就称为资本成本。对资本成本的测算，主要是用于企业长期投资决策的制定过程。

资本成本包括资本筹集费和资本使用费两部分。资本筹集费是指企业在资本筹集过程中为获取资本而支付的各项费用，如向银行支付的借款手续费，因发行股票、债券支付的印刷费、发行手续费、律师费、资信评估费、公证费、担保费、广告费等。资本使用费是指因生产经营、投资过程中使用资本支付的费用，如股票的股息、银行借款和债券利息等。相比之下，资本使用费是筹资企业经常发生的，而资本筹集费通常是在筹集资本时一次性发生，因此在计算资本成本时可作为筹资金额的一项扣除。

资本成本可以用绝对数表示，也可以用相对数表示。资本成本用绝对数表示，是指企业为筹集和使用一定量的资本而付出资本筹集费和资本使用费的总和。在财务管理中，资本成本通常用相对数表示，是指企业为筹集和使用一定量的资本而付出的资本使用费与筹集资本的净额之间的比率，即资本成本率。用公式表示如下：

$$资本成本 = \frac{每年的资本使用费}{筹资总额 - 资本筹集费}$$

$$K = \frac{D}{P-F} \quad \text{或} \quad K = \frac{D}{P(1-f)} \quad \quad \text{(式 7-1)}$$

式中，K 代表资本成本；D 代表资本使用费；P 代表筹资总额；F 代表资本筹集费；f 代表筹资费用率，即资本筹集费与筹资总额的比率。

资本成本是财务管理中的重要概念。首先，资本成本是企业的投资者（包括股东和债权人）对投入企业的资本所要求的收益率；其次，资本成本是投资本项目（或本企业）的机会成本。

（二）资本成本的作用

1. 资本成本是比较筹资方式、选择追加筹资方案的依据。

（1）个别资本成本是比较各种筹资方式优劣的一个尺度。企业筹集长期资本一般有多种方式可供选择，如长期借款、发行债券、发行股票等。这些长期筹资方式的个别资本成本（包括普通股成本、留存收益成本、长期借款成本、债券成本）是不同的。资本成本的高低可作为比较各种筹资方式优缺点的一个依据。当然，资本成本并不是选择筹资方式的唯一依据。

（2）加权平均资本成本是企业进行资本结构决策的基本依据。企业的全部长期资本通常是采用多种方式筹资组合构成的，这种筹资组合可有多个方案可供选择。加权平均资本成本的高低就是比较各个筹资组合方案、作出资本结构决策的基本依据。

（3）边际资本成本是比较选择追加筹资方案的重要依据。企业为了扩大生产经营规模，增加经营所需资产或追加对外投资，往往需要追加筹集资本。在这种情况下，边际资本成本是比较选择各个追加筹资方案的重要依据。

2. 资本成本是评价投资项目、投资方案和追加投资决策的主要经济标准。一般而言，一个投资项目只有其投资利润率高于其资本成本，经济上才是合理的。否则，该投资项目不可行。国际上通常将资本成本视为投资项目的"最低利润率"，作为比较选择投资方案的主要标准。

3. 资本成本还可作为衡量企业整个经营业绩的重要标准。从投资者角度看，资本成本是企业的投资者（包括股东和债权人）的收益。如果企业的经营不能产生收益，投资者将不会把资本再投资于企业，企业的生产经营活动也就无从正常展开。因此，资本成本在一定程度上成为衡量企业经营业绩的重要标准。将企业实际的资本成本与相应的利润率比较，如果利润率高于资本成本，可以认为经营有利；反之，如果利润率低于资本成本，则可认为企业经营不利，业绩不佳，需要改善经营管理。

二、个别资本成本

个别资本成本是指各种筹资方式的资本成本。其中主要包括银行借款资本成本、债券资本成本、优先股资本成本、普通股资本成本、留存收益资本成本。前两者统称债务资本成本，后三者统称权益资本成本。

（一）银行借款的资本成本率

银行长期借款的成本一般由借款利息和银行手续费两部分组成。利息费用一般允许在企业所得税前支付，可以起到抵税作用。其资本成本率可按下列公式计算：

$$K_L = \frac{I(1-T)}{P_L - F}$$ （式7-2）

式中，K_L代表长期借款资本成本，I代表年利息费用，T代表企业所得税税率，P_L代表长期借款本金，F代表长期借款的资本筹集费。

上列公式还可写成如下形式：

$$K_L = \frac{i(1-T)}{1-f}$$ （式7-3）

式中，I代表借款年利率，f代表筹资费用率。

【例7-1】大华公司取得长期借款150万元，年利率为10%，期限5年，每年付息一次，到期一次还本。借款的筹资费用率为0.2%，企业所得税税率为25%。这笔长期借款的资本成本计算如下：

$$K_L = \frac{10\% \times (1-25\%)}{1-0.2\%} = 7.5\%$$

长期借款的资金筹集费主要是借款手续费，一般数额很小，也可忽略不计。这时，长期借款资本成本可按下列公式计算：

$K_L = i(1-T)$

仍用【例7-1】资料，长期借款的资本成本为：

$K_L = 10\% \times (1-25\%) = 7.5\%$

上述计算长期借款的资本成本的计算方法比较简单，但缺点在于没有考虑资金的时间价值，因而这种方法的计算结果不是十分精确。如果对资本成本计算结果的精确度要求较高，可用计算借款现金流量的办法确定长期借款的税前成本，再计算长期借款的税后资本成本。公式为：

$$P_L(1-f) = \sum_{t=1}^{n} \frac{I}{(1+K_L)^t} + \frac{P_L}{(1+K_L)^n}$$ （式7-4）

仍用【例7-1】资料，长期借款的资本成本为：

$$150 \times (1-0.2\%) = \sum_{t=1}^{5} \frac{150 \times 10\%}{(1+K_L)^t} + \frac{150}{(1+K_L)^n}$$

运用逐步测试法和内插法计算：

$K_L = 10.055\%$

计算税后的长期借款成本为：

$K_L = 10.055\% \times (1-25\%) = 7.54\%$

（二）公司债券的资本成本率

债券成本中的利息也在所得税前列支，但发行债券的资本筹集费用一般较高，应予以考虑。债券的资金筹集费一般包括发行债券的手续费、债券注册费、印刷费以及上市推销费用等。

债券的发行价格有面值发行、溢价发行、折价发行三种，这些价格的区别体现了债券的票面利率与市场利率之间的关系。无论债券以什么价格发行，债券利息都应按面值（即本金）和票面利率确定，但债券的筹资额应按具体发行价格计算，以便正确计算债券的资本成本。债券资本成本的计算公式如下：

$$K_d = \frac{I(1-T)}{P_d(1-f)} \qquad \text{(式7-5)}$$

式中，K_d代表债券资本成本，I代表债券的年利息，T代表企业所得税税率，P_d代表按发行价格计算的筹资额，f代表债券筹资费用率。

【例7-2】大华公司发行面额为400万元的5年期长期债券，发行价格350万元（折价发行），票面利率10%，发行费用占发行价格的6%。公司所得税税率为25%。则该债券的资本成本可计算如下：

$$K_d = \frac{400 \times 10\% \times (1-25\%)}{350 \times (1-6\%)} = 9.12\%$$

若考虑资本的时间价值，债券资本成本是指债券发行时收到的现金净流量的现值与债券期限内发生的现金流出量的现值相等时的折现率。其计算公式为：

$$P_d(1-f) = \sum_{t=1}^{n} \frac{I}{(1+K_d)^t} + \frac{P_d}{(1+K_d)^n} \qquad \text{(式7-6)}$$

仍用【例7-2】资料，债券的资本成本为：

$$350 \times (1-6\%) = \sum_{t=1}^{5} \frac{400 \times 10\%}{(1+K_d)^t} + \frac{400}{(1+K_d)^5}$$

运用逐步测试法和内插法计算：

$K_d = 15.36\%$

计算税后的债券资本成本为：

$K_d = 15.36\% \times (1-25\%) = 11.52\%$

在实际中，由于债券利率水平通常高于长期借款，同时债券发行费用较高。因此，债券资本成本一般高于长期借款资本成本。

（三）优先股的资本成本率

公司发行优先股筹资需支付发行费用。优先股股利通常是固定的，其支付须在缴纳所得税后进行，不具有所得税的抵减作用。因此，可以把优先股股利视为一种永续年金，无论考虑资本的时间价值与否，优先股资本成本都可按下列公式计算：

$$K_p = \frac{D}{P(1-f)} \qquad \text{(式7-7)}$$

式中，K_p代表优先股资本成本，D代表优先股年股利，P_p代表优先股筹资额，F代表优先股筹资费用率。

其中，优先股筹资额应按优先股的发行价格确定。

【例7-3】大华公司发行优先股总面额为100万元，其实际发行所得为150万元，筹资费用率为实际发行所得资本的6%，合约规定年股利率为15%。则优先股的资本成本率计算如下：

$$K_p = \frac{100 \times 15\%}{150 \times (1-6\%)} = 10.64\%$$

由于优先股股利在税后支付，而债券利息在税前支付，并且当公司破产清算时，优先股持有人的求偿权在债券持有人之后，故其风险大于债券。因此，优先股资本成本明显高于债券资本成本。

(四) 普通股的资本成本率

普通股资本成本的确定方法与优先股成本基本相同。但是，普通股的股利一般不是固定的，它将随公司经营状况的变动而变动。普通股筹资风险最大，其资本成本也最高。鉴于普通股的特点，其成本很难确定。实务中，普通股资本成本的确定方法有以下三种：

1. 折现现金流量法。这种方法是以普通股股票投资报酬率不断提高为假设前提来计算普通股资本成本。公司发行普通股时，所筹集的资本额是按股票发行价格扣除筹资费用后确定的。如果普通股股利以固定的增长率 g 递增，则发行普通股的资本成本为：

$$K_c = \frac{D_1}{P_c(1-f)} + g \qquad (\text{式}7-8)$$

式中，K_c 代表普通股资本成本，D_1 代表普通股第一年股利，P_c 代表普通股筹资额，f 代表普通股筹资费用率，g 代表普通股股利的预计年增长率。

【例 7-4】大华公司发行面值为 1 元的普通股 500 万股，每股发行价格 1.5 元，筹资费用率为全部发行所得资本的 5%，第 1 年股利率为 10%，以后每年增长 6%。普通股资本成本率为：

$$K_c = \frac{500 \times 1 \times 10\%}{500 \times 1.5 \times (1-5\%)} + 6\% = 13.02\%$$

2. 资本资产定价模式。采用现金流量法是假定普通股年股利增长率是固定不变的。事实上，许多公司未来股利增长率是不确定的。因此，可采用资本资产定价模式，通过风险因素加以调整，确定普通股资本成本。

资本资产定价模式计算公式是：

$$K_c = R_f + (R_m + R_f)\beta \qquad (\text{式}7-9)$$

式中，R_f 代表无风险投资报酬率，R_m 代表证券市场上组合证券的平均期望报酬率，β 代表发行股票公司所在行业的风险系数。

这个计算公式表明的内容是普通股资本成本等于无风险投资报酬率加上风险系数调整后的风险报酬。风险系数越大，资本成本越高。公式中贝塔系数较难确定，一般以公司历史的风险收益为基础或以预期的风险收益为基础加以确定。

【例 7-5】友邦公司普通股股票的贝塔系数为 1.2，政府发行的国库券年利息率为 8%，证券市场上普通股平均报酬率为 12%，则普通股资本成本为：

$$K_c = 8\% + (12\% - 8\%) \times 1.2 = 12.8\%$$

3. 债券收益加风险收益率法。此方法是根据"风险和收益相配合"的原理来确定普通股资本成本的。由于普通股股东的投资风险大于债券投资者的投资风险，所以，可在债券投资收益率的基础上加上一定的风险报酬来确定普通股的资本成本。具体计算公式为：

$$K_c = K_d + RP_c \qquad (\text{式}7-10)$$

式中，RP_c 代表普通股股东承担更大风险所要求的风险报酬率，K_d 代表债券成本。

该公式的难点在于风险报酬率的计算。通常风险报酬率可凭经验估计，一般认为，大华公司普通股的风险报酬率要高于本公司发行债券利息率的 4%~6%。风险报酬率受资本市场利率的影响，市场利率较高时，风险报酬率较低；反之，则较高。

(五) 留存收益的资本成本率

一般企业都不会把全部收益以股利的形式分给股东，所以留存收益是企业资本的一种重要来源。公司的留存收益是由公司税后净利润形成的,从性质上来讲它属于普通股股东。对企业而言,可以选择将税后利润作为现金股利发放,也可以用作本企业或其他企业的投资,但无论是哪一种选择都会使股东付出代价。一般而言,人们将留存收益视同普通股股东对企业的再投资,股东对这部分投资与以前缴给企业的股本一样,也要求有一定的报酬。因此,留存收益也要计算资本成本。留存收益资本成本的计算与普通股基本相同,只是不考虑筹资费用。其计算公式如下:

$$K_r = \frac{D_1}{P_r} + g \qquad (式7-11)$$

式中,K_r 代表留存收益资本成本,D_1 代表普通股第一年股利,P_r 代表留存收益筹资额,g 代表普通股股利的预计年增长率。

【例7-6】大华公司现有普通股500万元,当年预计股利率是10%,估计未来股利每年递增6%,为了扩大生产规模,公司准备再筹资50万元。公司现有可分配的利润50万元。该公司可有以下两种选择:

(1) 50万元全部作为现金股利发放,另外增发50万元普通股(假设普通股按面值发行),发行费率为5%。

(2) 50万元作为留存收益资本化。

第一种情况下,可计算大华公司增发普通股的资本成本为:

$$K_c = \frac{50 \times 10\%}{50 \times (1 - 5\%)} + 6\% = 16.53\%$$

第二种情况下,可计算大华公司留存收益的资本成本为:

$$K_r = \frac{50 \times 10\%}{50} + 6\% = 16\%$$

可以看出,两种方式仅仅表现为筹资费用的差别。

在公司全部资本中,普通股以及留存收益的风险最大,要求报酬相应最高,因此,其资本成本也最高。

三、平均资本成本

公司资本可以通过单一方式筹集,也可以通过多种方式筹集。就多数公司而言,应属于后一种情况。当公司采用多种方式筹集资本时,其个别资本成本有高低差异,为了进行筹资和投资决策,公司需计算加权平均资本成本(也称综合资本成本)。加权平均资本成本是公司以个别资本成本为基数,以各种来源资本占全部资本的比重为权数计算的以各种方式筹集的全部资本的总成本。其计算公式如下:

$$K_w = \sum_{j=1}^{n} W_j \cdot K_j \qquad (式7-12)$$

式中,K_w 代表加权平均资本成本,K_j 代表第 j 种个别资本成本,W_j 代表第 j 种个别资本占全部资本的比重(权数)。

从公式中我们可以看出,计算加权平均资本成本除了要计算个别资本成本外,还需要确定各种筹资方式的资本占全部资本的比重,即权数。权数的具体确定方法有以下三种。

(一) 账面价值权数

此法依据公司的账面价值来确定权数。公司账面价值来自账簿和资产负债表。

【例 7 - 7】 大华公司 2×21 年 12 月 31 日资产负债表中银行借款 200 万元，公司债券 400 万元，普通股 800 万元，留存收益 200 万元，银行借款年利息率为 10%，借款的手续费忽略不计。公司债券年债息率为 12.8%，筹资费率为 4%；普通股预计下年每股股利 0.2 元，每股面值 8 元，筹资费率为 5%，股利年增长率为 7.87%。公司所得税税率为 25%。则该公司加权平均资本成本计算如下：

各种资本来源的个别资本成本分别为：

银行借款资本成本 $K_l = 10\% \times (1 - 25\%) = 7.5\%$

公司债券资本成本 $K_d = \dfrac{12.8\% \times (1 - 25\%)}{1 - 4\%} = 10\%$

普通股资本成本 $K_c = \dfrac{0.2}{8 \times (1 - 5\%)} + 7.87\% = 10.5\%$

留存收益资本成本 $K_r = \dfrac{0.2}{8} + 7.87\% = 10.37\%$

$$K_w = \dfrac{200}{1\,600} \times 7.5\% + \dfrac{400}{1\,600} \times 10\% + \dfrac{800}{1\,600} \times 10.5\% + \dfrac{200}{1\,600} \times 10.37\% = 6.833\%$$

此方法确定权数的优点是数据取得较容易，且计算结果相对稳定，适合分析过去的筹资成本。缺点是如果债券和股票的市场价格脱离其账面价值，计算出的加权平均资本成本就会脱离实际，不利于企业进行正确的筹资决策。

(二) 市场价值权数

这种方法以债券、股票的现行市场价值为依据来确定权数。其计算数据来自证券市场中债券和股票的交易价格。

【例 7 - 8】 仍按【例 7 - 7】，若该公司债券市场价格比账面价格上涨 5%，普通股市场价格比账面价格上涨了 10%，其他条件不变，则该公司加权平均资本成本计算如下：

资本总额 = 200 + 400×(1 + 5%) + 800×(1 + 10%) + 200 = 1 700（万元）

银行借款资本成本 $K_l = 7.5\%$

公司债券资本成本 $K_d = \dfrac{400 \times 12.8\% \times (1 - 25\%)}{400 \times (1 + 5\%) \times (1 - 4\%)} = 9.52\%$

普通股资本成本 $K_c = \dfrac{0.2}{8 \times (1 + 10\%) \times (1 - 5\%)} + 7.87\% = 10.26\%$

留存收益资本成本 $K_r = \dfrac{0.2}{8 \times (1 + 10\%)} + 7.87\% = 10.14\%$

$$K_w = \dfrac{200}{1\,700} \times 7.5\% + \dfrac{400 \times (1 + 5\%)}{1\,700} \times 9.52\% + \dfrac{800 \times (1 + 10\%)}{1\,700} \times 10.26\% + \dfrac{200}{1\,700} \times 10.14\%$$
$$= 9.74\%$$

此方法计算的加权平均资本成本反映了当前实际的资本成本水平，有利于公司现实的筹资决策。但如果证券市价受公司外部环境影响而发生较大变动时，计算所需数据不易取得，对今后指导意义不大。

(三) 目标价值权数

这种方法是以债券、股票的预计目标市场价值为权数来计算加权平均资本成本。其数据是由有关财务人员根据公司未来筹资的要求和公司债券、股票在证券市场上的变动趋势预测得出的。

【例7-9】仍用【例7-7】的资料，大华公司预计在现有1 600万元的资本的基础上将资本增至2 000万元，新增资本通过发行长期债券方式筹集400万元，筹资费率为2%，预计增发债券的年债息率将达到14%。追加筹资后，原债券的市场价值将跌至面值的80%，股票市场价值将升至面值的110%，其他条件预计不变，则该公司加权平均资本成本计算如下：

银行借款资本成本 $K_l = 10\% \times (1-25\%) = 7.5\%$

旧公司债券资本成本 $K_{d1} = \dfrac{400 \times 12.8\% \times (1-25\%)}{400 \times (1-20\%) \times (1-4\%)} = 12.5\%$

新公司债券资本成本 $K_{d2} = \dfrac{400 \times 14\% \times (1-25\%)}{400 \times (1-2\%)} = 10.71\%$

普通股资本成本 $K_c = \dfrac{0.2}{8 \times (1+10\%) \times (1-5\%)} + 7.87\% = 10.26\%$

留存收益资本成本 $K_r = \dfrac{0.2}{8 \times (1+10\%)} + 7.87\% = 10.14\%$

$K_w = \dfrac{200}{2\,000} \times 7.5\% + \dfrac{400 \times 0.8}{2\,000} \times 12.5\% + \dfrac{400}{2\,000} \times 10.71\% + \dfrac{800 \times 1.1}{2\,000} \times 10.26\% + \dfrac{200}{2\,000} \times 10.14\%$

$= 10.42\%$

此方法计算的加权平均资本成本适用于公司今后筹集新资本的需要，它能按公司期望的资本结构反映资本成本，有利于公司决策者对筹资方案作出决策。但用以确定证券目标价值的证券市价变动趋势较难预测，尤其是在证券市场不成熟、不规范的条件下，其市价的走势更加难以预测。

四、边际资本成本

边际资本成本（MCC）是指企业每增加一单位资本而增加的成本。前述企业的个别资本成本和加权平均资本成本，是企业过去筹集的或目前使用的资本成本。然而，随着时间的推移或筹资条件的变化，个别资本成本和加权平均资本成本会发生变动。因此，企业在未来追加筹资时，不能仅仅考虑目前所使用的资本成本，还要考虑新筹集资本的成本，即边际资本成本。

企业追加筹资，可能只采取某一种筹资方式，也可能通过筹资组合来实现。这时，边际资本成本需要按加权平均法来计算。所以，边际资本成本就是新增资本的加权平均成本。如前所述，加权平均资本成本的高低主要取决于个别资本成本和资本结构两个因素。因此，下面分三种不同情况对新增资本的加权平均成本即边际资本成本的计算进行讨论。

1. 追加筹资时资本结构和个别资本成本保持不变。如果公司追加筹资时的资本结构与原资本结构保持一致，且追加筹资的个别资本成本也不发生变化，则边际资本成本与公司原来的加权平均资本成本相同。

【例7-10】大华公司现今资本结构和资本成本，如表7-1所示。

表 7-1	资本结构和资本成本表		(单位:%)
筹资方式	比重		资本成本
银行借款	10		5
公司债券	30		6
普 通 股	40		10
留存收益	20		8
合　　计	100		—

该公司当前的加权平均资本成本计算如下:

加权平均资本成本 = 10% × 5% + 30% × 6% + 40% × 10% + 20% × 8% = 7.9%

若公司追加筹资 500 万元,其筹资方式分别是长期借款 50 万元,发行债券 150 万元,增发普通股 200 万元,公司留存收益 100 万元,增资后各筹资方式的资本成本仍保持原有水平,则追加筹资的边际资本成本为:

$$\frac{50}{500} \times 5\% + \frac{150}{500} \times 6\% + \frac{200}{500} \times 10\% + \frac{100}{500} \times 8\% = 7.9\%$$

2. 追加筹资时资本结构改变,而个别资本成本保持不变。如果公司追加筹资时,客观条件不允许公司按原有的资本结构进行筹资,公司则必须调整资本结构,以符合客观要求,此时尽管个别资本成本不发生改变,但边际资本成本也要发生变化。

【例 7-11】承【例 7-10】的有关资料,若公司追加筹资 500 万元,但公司的留存收益已作它用,所以公司调整了资本结构,具体情况为:增加长期借款 100 万元,增发长期债券 175 万元,增发普通股 225 万元,各种筹资方式的个别资本成本保持原有水平,则追加筹资的边际资本成本为:

$$MCC = \frac{100}{500} \times 5\% + \frac{175}{500} \times 6\% + \frac{225}{500} \times 10\% = 7.6\%$$

3. 追加筹资时资本结构保持不变,但个别资本成本发生改变。如果公司在追加筹资时,保持原有的资本结构不变,会出现两种情况:一是个别资本成本不变,二是个别资本成本发生改变。究竟会出现哪种情况,取决于增资后投资人的期望。事实上,随着筹资规模的扩大,追加筹资的个别资本成本是不断增加的,因为公司的筹资总额越大,资本供应者的要求就越高(公司加大债务的绝对额会使债权人感到风险增大,因此要求增加债权的收益),这就会使边际资本成本不断上升。所以公司应通过边际资本成本的规划,计算不同筹资规模下的边际资本成本,结合投资项目的投资报酬率,作出恰当的投资和筹资决策。

边际资本成本规划可通过以下几个步骤进行:

(1) 确定追加筹资的目标资本结构。公司追加筹资既可保持原有的资本结构,也可改变原有的资本结构。是否改变资本结构取决于它是否符合公司筹资的要求,目标资本结构是决定边际资本成本的要素之一。不同的资本结构对边际资本成本有不同的影响。在此,假设资本结构保持不变。

(2) 确定各种筹资方式的个别资本成本的临界点。根据金融市场的实际情况我们知道,公司筹资数额的变化,会带动个别资本成本的变化。在某一确定的资本成本下,公司不可能筹集到无限的资本,所以有必要找出各种筹资方式的个别资本成本的临界点。此临界点是指个别资本成本发生变化前的最高筹资限额。

(3) 根据个别资本成本确定筹资总额的分界点,并确定相应的筹资范围。

$$BP_i = \frac{TF_j}{W_j}$$ （式 7 - 13）

式中,BP_i 代表筹资总额成本分界点,TF_j 代表第 j 种资本的成本分界点,W_j 代表目标资本结构中第 j 种资本的比重。

公司筹资方式的多样性和个别资本成本随筹资数额的变动性,使得公司最终确定的筹资总额分界点有若干个。公司有关人员应综合考虑各种筹资方式,确定总筹资规模的范围。

(4) 计算不同筹资范围的边际资本成本。在不同的筹资范围内,边际资本成本是不同的,并且呈现出边际资本成本随筹资总额增长而增加的特点。公司应根据自身的需要,考虑边际资本成本,作出追加筹资的决策。

边际资本成本规划举例如下:

【例 7 - 12】大华公司正处在正常经营期内,目前的资本结构为:银行借款占 20%,长期债券占 30%,普通股占 50%。公司根据经营需要,计划追加筹资,并以原资本结构为目标资本结构。根据对金融市场的分析,不同筹资数额的有关资本成本数据,如表 7 - 2 所示。

表 7 - 2　　　　　　　　　筹资数额及资本成本表

筹资方式	筹资数额（万元）	资本成本（%）
银行借款	<20 20~50 >50	5 6 8
长期借款	<30 30~90 >90	6 8 10
普通股	<20 20~100 >100	12 14 16

该公司追加筹资的边际资本成本计算如下:

该公司追加筹资的目标资本结构为:银行借款 20%,债券 30%,普通股 50%。

各筹资方式个别资本的临界点已测算完毕,如表 7 - 3 所示。

(5) 筹资总额分界点和总筹资规模计算,如表 7 - 3 所示。

表 7 - 3　　　　　　　　　筹资总额成本分界点计算表

筹资方式	资本结构（%）	资本成本（%）	筹资范围（万元）	筹资总额成本分界点（万元）	筹资总额的范围（万元）
银行借款	20	5 6 8	<20 20~50 >50	20÷20%=100 50÷20%=250	<100 100~250 >250
公司债券	30	6 8 10	<30 30~90 >90	30÷30%=100 90÷30%=300	<100 100~300 >300

续表

筹资方式	资本结构（%）	资本成本（%）	筹资范围（万元）	筹资总额成本分界点（万元）	筹资总额的范围（万元）
普通股	50	12 14 16	<20 20~100 >100	20÷50% = 40 100÷50% = 200	<40 40~200 >200

表7-3显示了在目标资本结构下，每一种资本成本变化的分界点及其相应的筹资范围。据此，我们可以整理出六组筹资范围，即：0~40万元，40万~100万元，100万~200万元，200万~250万元，250万~300万元，300万元以上。

（6）各筹资范围的边际资本成本计算，如表7-4所示。

表7-4 　　　　　　　　　　边际资本成本计算表

筹资总额范围（万元）	资本种类	资本结构（%）	资本成本（%）	边际资本成本（%）
0~40	银行借款 公司债券 普通股	20 30 50	5 6 12	1 1.8 $\frac{6}{8.8}$
40~100	银行借款 公司债券 普通股	20 30 50	5 6 14	1 1.8 $\frac{7}{9.8}$
100~200	银行借款 公司债券 普通股	20 30 50	6 8 14	1.2 2.4 $\frac{7}{10.6}$
200~250	银行借款 公司债券 普通股	20 30 50	6 8 16	1.2 2.4 $\frac{8}{11.6}$
250~300	银行借款 公司债券 普通股	20 30 50	8 8 16	1.6 2.4 $\frac{8}{12}$
>300	银行借款 公司债券 普通股	20 30 50	8 10 16	1.6 3 $\frac{8}{12.6}$

公司在计算出不同筹资范围的边际资本成本后，应结合拟追加筹资数额、追加筹资的期望收益水平选择适当的筹资规模。

4. 追加筹资时，资本结构和个别资本成本都发生改变。公司在追加筹资时发现原有的资本结构并非最优，现拟改变资本结构，同时个别资本成本也发生一些变化。这种情况下的边际资本成本应按新的资本结构和变化后的个别资本成本来计算。

如公司原资本结构和个别资本成本如表 7-1 所示，追加筹资的资本结构和个别资本成本，如表 7-5 所示。

表 7-5　　　　　　　　　　　个别资本成本表　　　　　　　　　　　单位:%

筹资方式	比重	资本成本
银行借款	20	7
公司债券	30	9
普通股	35	12
留存收益	15	10
合　　计	100	—

则该公司边际资本成本为：
20%×7%+30%×9%+35%×12%+15%×10%=9.8%

第二节　杠杆效应

自然界中的杠杆利益是指人们通过利用杠杆，可以用较小的力量移动较重物体的现象。财务管理中也存在着类似的杠杆效应，表现为：由于特定费用（如固定生产经营成本或固定的财务费用）的存在而导致的，当某一财务变量以较小幅度变动时，另一相关变量——利润会以较大幅度变动。企业在取得杠杆效应的同时，也加大了收益波动的风险性。因此，企业在进行资本结构决策时，必须权衡杠杆效应及其相关的风险，进行合理规划。

财务管理中的杠杆效应有三种形式，即经营杠杆、财务杠杆和总杠杆。要说明这些杠杆的原理，需要首先了解成本习性、边际贡献和息税前利润等相关术语的含义。

一、经营杠杆效应

（一）经营杠杆

在其他条件不变的情况下，销售量的增加虽然不会改变固定成本总额，但会降低单位固定成本，从而提高单位利润，使息税前利润的增长率大于销售量的增长率。反之，销售量的减少会提高单位固定成本，降低单位利润，使息税前利润下降率大于销售量下降率。如果不存在固定成本，所有成本都是变动的，那么边际贡献就是息税前利润，这时息税前利润变动率就同销售量变动率完全一致。这种由于固定成本的存在而导致息税前利润变动大于销售量变动的杠杆效应，称为经营杠杆。

（二）经营杠杆系数

只要企业存在固定成本，就存在经营杠杆效应。但不同企业或同一企业不同销售量基础上的经营杠杆效应的大小是不完全一致的,为此,需要对经营杠杆进行计量。对经营杠杆进行计量最常用的指标是经营杠杆系数(或经营杠杆度)。所谓经营杠杆系数,是指息税前利润变动率相当于销售量(或销售收入)变动率的倍数(假设产销量平衡)。其计算公式为:

$$经营杠杆系数 = \frac{息税前利润变动率}{销售量(额)变动率} \quad (式7-14)$$

$$DOL = \frac{\Delta EBIT/EBIT}{\Delta x/x} 或 \frac{\Delta EBIT/EBIT}{\Delta S/S}$$

式中,DOL 代表经营杠杆系数,$EBIT$ 代表基期的息税前利润,x 代表基期的销售量,S 代表基期的销售收入,$\Delta EBIT$ 代表息税前利润的变动额,Δx 代表销售量的变动数,ΔS 代表销售收入的变动额。

上述公式可以推导如下:

$$DOL = \frac{\Delta EBIT/EBIT}{\Delta x/x} = \frac{\Delta x(P-b)}{x(P-b)-a} \times \frac{x}{\Delta x} = \frac{x(P-b)}{x(P-b)-a} = \frac{S-bx}{S-bx-a} \quad (式7-15)$$

式中,P 代表销售单价,b 代表单位变动成本,a 代表固定成本总额,bx 代表基期的变动成本总额。

【例7-13】大华、华盛两个企业有关资料,如表7-6所示。

表7-6 单位:元

项目	大华公司		华盛公司	
	2×21年	2×22年	2×21年	2×22年
销售收入	320 000	400 000	320 000	400 000
固定成本总额	40 000	40 000	100 000	100 000
变动成本总额	240 000	300 000	180 000	225 000
经营成本	280 000	340 000	280 000	325 000
息税前利润	40 000	60 000	40 000	75 000

要求计算大华、华盛两个企业的经营杠杆系数。

大华公司:

$$息税前利润变动率 = \frac{60\ 000 - 40\ 000}{40\ 000} \times 100\% = 50\%$$

$$销售额变动率 = \frac{400\ 000 - 320\ 000}{320\ 000} \times 100\% = 25\%$$

$DOL = 50\% \div 25\% = 2$

华盛公司:

$$息税前利润变动率 = \frac{75\ 000 - 40\ 000}{40\ 000} \times 100\% = 87.50\%$$

$$销售额变动率 = \frac{400\ 000 - 320\ 000}{320\ 000} \times 100\% = 25\%$$

$DOL = 87.5\% \div 25\% = 3.5$

(三)经营杠杆与经营风险

经营风险是指因生产经营的原因而导致销售收入减少、利润下降,进而影响企业按时支付利息、股息以及到期支付本金能力的风险,尤其是指利用经营杠杆而导致息税前利润变动的风险。

引起企业经营风险的原因很多,除经营杠杆外,还包括产品需求的变化、产品售价的变化、投入要素价格的变化以及企业经营管理能力的高低等。经营杠杆本身并不是利润不稳定的根源。但是,为产品的销售量增加时,息税前利润将以 DOL 倍数的幅度增加;而当销售量减少时,息税前利润又将以 DOL 倍数的幅度减少。可见,经营杠杆扩大了市场和生产等不确定因素对利润变动的影响。而且经营杠杆系数越高,利润变动越激烈,企业的经营风险就越大。于是,企业经营风险的大小和经营杠杆有重要关系。一般来说,在其他因素不变的情况下,固定成本越高,经营杠杆系数越大,经营风险越大。由经营杠杆系数的计算公式可知:

$$DOL = \frac{M}{EBIT} \qquad (式7-16)$$

∵ $EBIT = M - a$

∴ $DOL = \frac{M}{M-a}$

上式表明,DOL 将随 a 的变化呈同方向变化,即在其他因素一定的情况下,固定成本越高,DOL 越大。同理,固定成本越高,企业经营风险也越大;如果固定成本为零,则 DOL 等于 1。

通过【例 7-13】的计算可以看出在同等销售额条件下,固定成本比重越大的企业,其经营杠杆系数越高。因为,在其他条件一定的情况下,固定成本高的企业,其销售额较小的变化,就会导致企业经营收益较大的变化。所以,经营杠杆越高的企业,其经营风险也越高。

经营风险影响着企业的筹资能力,是决定企业资本结构的重要因素。不同行业的企业,其经营风险不同,即使是同一行业有时也差别很大。

二、财务杠杆效应

(一) 财务杠杆

不论企业营业利润多少,债务的利息和优先股的股利通常都是固定不变的。当息税前利润增大时,每 1 元收益所负担的固定财务费用就会相对减少,这能给普通股股东带来更多的收益;反之,当息税前利润减少时,每 1 元收益所负担的固定财务费用就会相对增加,这就会大幅度减少普通股的收益。这种由于债务的存在而导致普通股股东的收益变动大于息税前利润变动的杠杆效应,称作财务杠杆。

【例 7-14】大华公司准备筹集资本 400 000 元,有两个方案可供选择:全部通过发行普通股筹集;发行普通股筹集资本 240 000 元,发行债券筹集资本 160 000 元,债券的票面利率为 10%。企业的所得税税率为 25%。当投资报酬率分别为 8% 和 12% 时,普通股收益率是多少?

计算过程如表 7-7 所示。

通过表 7-7 可以看出,投资报酬率的变化会带来息税前利润的变化。在其他条件不变的情况下,当投资报酬率由 8% 上升至 12%,息税前利润由 32 000 元上升至 48 000 元时,

表7-7

项目	方案Ⅰ		方案Ⅱ	
投资利润率（％）	8	12	8	12
普通股股本（元）	400 000	400 000	240 000	240 000
长期负债（元）	—	—	160 000	160 000
利率（％）	—	—	10	10
息税前利润（元）	32 000	48 000	32 000	48 000
利息（元）	—	—	16 000	16 000
税前利润（元）	32 000	48 000	16 000	32 000
所得税（元）	8 000	12 000	4 000	8 000
税后利润（元）	24 000	36 000	12 000	24 000
普通股收益率（％）	5.36	8.04	4.47	8.93

财务杠杆的运用即采用方案Ⅱ筹集资本使企业普通股收益率（8.93％）超过未运用财务杠杆的方案Ⅰ（8.04％）；但当投资利润率（8％）小于债务利息率（10％）时，运用财务杠杆则会降低企业的普通股利润率，低于未运用财务杠杆的情况。

（二）财务杠杆系数

从上述分析可知，只要在企业的筹资方式中有固定财务支出的债务和优先股，就会存在财务杠杆效应。但不同企业财务杠杆的作用程度是不完全一致的，为此，需要对财务杠杆进行计量。对财务杠杆进行计量的最常用指标是财务杠杆系数（或财务杠杆度）。所谓财务杠杆系数是普通股每股收益的变动率相当于息税前利润变动率的倍数。其计算公式为：

$$财务杠杆系数 = \frac{普通股每股收益变动率}{息税前利润变动率} \quad （式7-17）$$

$$DFL = \frac{\Delta EPS/EPS}{\Delta EBIT/EBIT}$$

式中，DFL 代表财务杠杆系数，ΔEPS 代表普通股每股收益变动额，$\Delta EBIT$ 代表息税前利润变动额。

上述公式可推导如下：

$$DFL = \frac{\Delta EPS/EPS}{\Delta EBIT/EBIT} = \frac{\Delta EBIT(1-T)/N}{[(EBIT-I)(1-T)-D]/N} \times \frac{EBIT}{\Delta EBIT} = \frac{EBIT}{EBIT-I-D/(1-T)}$$

式中，I 代表基期利息，T 代表所得税税率，N 代表流通在外普通股的股份数，D 代表基期的年优先股股利，$EBIT$ 代表基期的息税前利润，$\Delta EBIT$ 代表息税前利润变动额，EPS 代表基期的普通股每股收益，ΔEPS 代表普通股每股收益变动额。

【例7-15】大华、华盛两个企业经营业务相同，长期资本总额相等，都是1 000万元。资本结构不同，其中大华公司负债比例为20％，债务利率5％，发行在外普通股的股份数为80万股，每股面值10元；华盛公司负债比例为60％，债务利率10％，发行在外普通股的股份数为40万股，每股面值10元。两个企业的所得税税率都是25％。假设2020年大华、华盛两个企业的息税前利润均为100万元，2021年两个企业的息税前利润均预计增长20％，试分析大华、华盛公司的每股收益的变动情况。

大华公司：

$$DFL = \frac{100}{100 - 1\,000 \times 20\% \times 5\%} = 1.11$$

每股收益变动率 = 息税前利润变动率 × 财务杠杆系数 = 20% × 1.11 = 22.2%

华盛公司：

$$DFL = \frac{100}{100 - 1\,000 \times 60\% \times 10\%} = 2.5$$

每股收益变动率 = 息税前利润变动率 × 财务杠杆程度 = 20% × 2.5 = 50%

也可以通过列表计算，如表 7-8 所示。

表 7-8

项目	大华公司		华盛公司	
	2×21	2×22	2×21	2×22
息税前利润（万元）	100	120	100	120
普通股股本（万元）	800	800	400	400
长期债务（万元）	200	200	600	600
利息（万元）	10	10	60	60
税前利润（万元）	90	110	40	60
所得税（万元）	22.5	27.5	10	15
税后利润（万元）	67.5	82.5	30	45
普通股股数（万股）	80	80	40	40
每股净收益（元）	0.84375	1.03125	0.75	1.125
息税前利润变动率（%）	20		20	
每股收益变动率（%）	22.22		50	
财务杠杆系数	1.11		2.5	

（三）财务杠杆与财务风险

财务风险是指企业为取得财务杠杆效应而利用负债资本时，增加了破产或普通股利润大幅度变动所带来的风险。企业为实现财务杠杆效应，就要增加负债，一旦企业息税前利润下降，不足以补偿固定利息支出，企业的每股收益就会下降得更快。

通过【例 7-15】计算结果表明，在资本总额、息税前利润相同的情况下，负债比例越高，财务杠杆程度越高，财务风险也越大。

三、总杠杆效应

（一）总杠杆

从前述分析可知，由于存在固定的生产经营成本，产生经营杠杆效应，使息税前利润的变动率大于销售量的变动率；同样，由于存在固定财务费用（如固定利息、优先股股利），产生财务杠杆效应，使企业每股收益的变动率大于息税前利润的变动率。如果两种杠杆共同起作用,那么销售量(额)稍有变动就会使每股收益产生更大的变动,这种由于固定生产经营成本和固定财务费用的共同存在而导致的每股收益变动大于销售量变动的杠杆效应,称为总杠杆(又称复合杠杆)。

(二) 总杠杆系数

只要企业同时存在固定的生产经营成本和固定的利息费用等财务支出,就会存在总杠杆的作用。但不同企业,总杠杆作用的程度是不完全一致的。为此,需要对总杠杆作用的程度进行计量。对总杠杆进行计量的最常用指标是总杠杆系数(或总杠杆度,英文缩写为 DCL)。所谓总杠杆系数,是指普通股每股收益变动率相当于销售量(或者销售额)变动率的倍数,是经营杠杆系数与财务杠杆系数的乘积。其计算公式如下:

$$DCL = DOL \times DFL = \frac{\Delta EBIT/EBIT}{\Delta x/x} \times \frac{\Delta EPS/EPS}{\Delta EBIT/EBIT} = \frac{\Delta EPS/EPS}{\Delta x/x} \quad (式7-18)$$

$$DCL = \frac{M}{EBIT - I - D/(1-T)}$$

式中,DCL 表示总杠杆系数。

【例 7-16】 大华公司 2×21 年产品销售量为 100 000 只,单位产品售价为 100 元,单位产品变动成本为 60 元。固定成本总额为 3 500 000 元,利息费用为 300 000 元。如果 2006 年销售量增加 1%,普通股每股收益将怎样变动?

$$DOL = \frac{100\ 000 \times (100-60)}{100\ 000 \times (100-60) - 3500\ 000} = 8$$

$$DFL = \frac{100\ 000 \times (100-60) - 3\ 500\ 000}{100\ 000 \times (100-60) - 3\ 500\ 000 - 300\ 000} = 2.5$$

$$DCL = 8 \times 2.5 = 20$$

每股收益变动率 = 1% × 20 = 20%

(三) 总杠杆与公司风险

从以上分析看到,在总杠杆的作用下,当企业经济效益好时,每股收益会大幅度上升;当企业经济效益差时,每股收益会大幅度下降。企业总杠杆系数越大,每股收益的波动幅度越大。由于总杠杆效应使每股收益大幅度波动而造成的风险,称为总风险。公司风险由经营风险和财务风险组成,总风险也就是公司风险。在其他因素不变的情况下,总杠杆系数越大,公司风险越大,总杠杆系数越小,公司风险越小。

通过【例 7-16】可以看出,企业的销售量每增减 1%,每股收益就会相应增减 20%。因此,系数量有一个比较小的增长,每股收益便会大幅度增长;反之,销售量有比较小的下降,每股收益便会大幅度下降,这就是该企业的风险。

需要注意的是,财务杠杆反映财务风险的大小,经营杠杆反映经营风险的大小,总杠杆反映企业总风险的大小。但各类杠杆并不是产生风险的根本原因,财务风险产生的原因是因为有负债,经营风险产生的原因是由于企业内外经营环境的变化而导致的收益不确定性,杠杆作用只是加大了风险而已。

第三节 资本结构

一、资本结构理论

(一) 资本结构的含义

资本结构是指企业各种资本的构成及其比例关系。资本结构是企业筹资决策的核心问题。企业应综合考虑有关影响因素，运用适当的方法确定最佳资本结构，并在以后追加筹资中继续保持。企业现有资本结构不合理，应通过筹资活动进行调整，使其趋于合理化。

在实务中，资本结构有广义和狭义之分。广义的资本结构是指全部资本的构成及其比例关系，不仅包括权益资本和长期债务资本，还包括短期债务资本；狭义的资本结构是指企业长期资本的构成及其比例关系，包括权益资本和长期债务资本，而不包括短期债务资本。

企业资本结构是由企业采用的各种筹资方式筹集资本而形成的，各种筹资方式不同的组合类型决定着企业资本结构及其变化。企业筹资方式虽然很多，但总的来看分为负债资本和权益资本两类，因此，资本结构问题总的来说是负债资本的比例问题，即负债在企业全部资本中所占的比重。

(二) 资本结构理论

资本结构理论是现代企业财务领域的核心部分，美国学者莫迪格莱尼（Franco Modigliani）与米勒（Mertor Miller）提出了著名的 MM 理论，标志着现代资本结构理论的建立。

1. MM 理论。最初的 MM 理论是建立在以下基本假设基础上的：①企业只有长期债券和普通股票，债券和股票均在完善的资本市场上交易，不存在交易成本；②个人投资者与机构投资者的借款利率与企业的借款利率相同且无借债风险；③具有相同经营风险的企业称为风险同类，经营风险可以用息税前利润的方差衡量；④每一个投资者对企业未来的收益、风险的预期都相同；⑤所有的现金流量都是永续的，债券也是。

该理论认为，不考虑企业所得税，有无负债不改变企业的价值。因此企业价值不受资本结构的影响。而且，有负债企业的股权成本随着负债程度的增大而增大。

在考虑企业所得税带来的影响后，提出了修正的 MM 理论。该理论认为企业可以利用财务杠杆增加企业价值，因为负债利息可带来避税利益，企业价值会随着资产负债率的增加而增加。具体而言，有负债企业的价值等于同一风险等级中某一无负债企业的价值加上赋税节余的价值；有负债企业的股权成本等于相同风险等级的无负债企业的股权成本加上与以市值计算的债务与股权比例成比例的风险报酬，且风险报酬取决于企业的债务比例以及企业所得税税率。

之后，米勒进一步将个人所得税因素引入修正的 MM 理论，并建立了同时考虑企业所得税和个人所得税的 MM 资本结构理论模型。

2. 权衡理论。修正了的 MM 理论只是接近了现实，在现实经济实践中，各种负债成本随负债比率的增大而上升，当负债比率达到某一程度时，企业负担破产成本的概率会增加。经营良好的企业，通常会维持其债务不超过某一限度。为解释这一现象，权衡理论应运而生。

权衡理论通过放宽 MM 理论完全信息以外的各种假定，考虑在税收、财务困境成本存在的条件下，资本结构如何影响企业市场价值。权衡理论认为，有负债企业的价值等于无负债企业价值加上税赋节约现值，再减去财务困境成本的现值。

3. 代理理论。代理理论认为企业资本结构会影响经理人员的工作水平和其他行为选择，从而影响企业未来现金收入和企业市场价值。该理论认为，债务筹资有很强的激励作用，并将债务视为一种担保机制。这种机制能够促使经理多努力工作，少个人享受，并且作出更好的投资决策，从而降低由于两权分离而产生的代理成本；但是，债务筹资可能导致另一种代理成本，即企业接受债权人监督而产生的成本。均衡的企业所有权结构是由股权代理成本和债务代理成本之间的平衡关系来决定的。

4. 优序融资理论。优序融资理论以非对称信息条件以及交易成本的存在为前提，认为企业外部融资要多支付各种成本，使得投资者可以从企业资本结构的选择来判断企业市场价值。企业偏好内部融资，当需要进行外部融资时，债务筹资优于股权筹资。从成熟的证券市场来看，企业的筹资优序模式首先是内部筹资，其次是借款、发行债券、可转换债券，最后是发行新股筹资。但是，该理论显然难以解释现实生活中所有的资本结构规律。

值得一提的是，积极主动地改变企业的资本结构（如通过出售或者回购股票或债券）牵涉到交易成本，企业很可能不愿意改变资本结构，除非资本结构严重偏离了最优水平。由于公司股权的市值随股价的变化而波动，所以大多数企业的资本结构变动很可能是被动发生的。

二、资本结构优化

（一）每股收益分析法

每股收益分析法是通过每股收益的变化来分析资本结构是否合理的方法。一般认为，凡是能够提高每股收益的资本结构就是合理的，反之则不够合理。每股收益的变化受到包括资本结构在内的很多因素的影响，因此，要通过计算每股收益无差别点来分析和判断采用何种筹资方式安排和调整资本结构最为合理。

每股收益无差别点，是指普通股每股收益不受筹资方式影响，即无论采用何种筹资方式，普通股每股收益都保持不变的息税前利润水平。其计算公式如下：

$$\frac{(EBIT - I_1)(1 - T) - D_1}{N_1} = \frac{(EBIT - I_2)(1 - T) - D_2}{N_2} \qquad (式7-19)$$

式中，$EBIT$ 代表每股收益无差别点的息税前利润；T 代表企业所得税税率；I_1、I_2 代表两种筹资方案下企业负担的利息费用；D_1、D_2 代表两种筹资方案下企业的优先股股利；N_1、N_2 代表两种筹资方案下企业流通在外的普通股股数。

【例 7-17】大华公司准备通过筹资来扩大其经营能力，拟追加筹资 1 000 万元。现有两种备选方案：其一发行年利率为 8% 的债券；其二发行 50 万股普通股，每股面值 20 元。所得税税率为 25%。公司有关资料如表 7-9 所示。

根据表 7-9 计算每股收益无差别点：

$I_1 = 500 \times 5\% + 1\,200 \times 6\% + 1\,000 \times 8\% = 177$（万元）

$I_2 = 500 \times 5\% + 1\,200 \times 6\% = 9$（万元）

表 7-9

筹资方式	原资本结构	筹资方案 1	筹资方案 2
长期借款（利率5%）（万元）	500	500	500
发行债券（万元）			
已发行债券（利率6%）（万元）	1 200	1 200	1 200
方案1要发行债券（利率8%）（万元）	—	1 000	—
优先股（股利率5%）（万元）	400	400	400
普通股（万元）			
已发行普通股（面值20元）（万元）	1 900	1 900	1 900
方案2要发行普通股（面值20元）（万元）	—	—	1 000
普通股股数（万股）	95	95	145
合　　计	4 000	5 000	5 000

$D_1 = D_2 = 400 \times 5\% = 20$（万元）

$N_1 = 95$（万股）　　　$N_2 = 145$（万股）

$$\frac{(EBIT - 177)(1 - 25\%) - 20}{95} = \frac{(EBIT - 97)(1 - 25\%) - 20}{145}$$

$\therefore EBIT = 355.67$（万元）

当息税前利润为355.67万元时，公司无论是采用筹资方案1，还是采用筹资方案2，其普通股每股收益是相等的。每股收益计算如表7-10所示。

表 7-10

项　　目	筹资方案 1	筹资方案 2
息税前利润（万元）	355.67	355.67
减：利息费用（万元）		
长期借款利息（万元）	25	25
已发行债券利息（万元）	72	72
方案1发行债券利息（万元）	80	—
税前利润（万元）	178.67	258.67
减：所得税（万元）	44.67	64.67
税后利润（万元）	134.00	194.00
减：优先股股利（万元）	20	20
可供普通股分配的利润（万元）	114.00	174.00
流通在外普通股股数（万股）	95	145
每股收益（元）	1.2	1.2

上述每股收益无差别分析，可以用图7-1表示。

图7-1中横轴表示息税前利润数额，即 EBIT，纵轴表示普通股每股收益，即 EPS。从图7-1中可以看出，当企业预期 EBIT 高于355.67万元时，由于采用债券筹资的 EPS 大于股票筹资的 EPS，所以应选择债券筹资。当企业预期 EBIT 低于355.67万元时，采用股票筹资 EPS 大于债券筹资的 EPS，这时应采用股票筹资。这样才能使企业在追加筹资后仍能保持最合理的资本结构。

（二）平均资本成本比较法

平均资本成本比较法是计算不同资本结构下的加权平均资本成本，并以此为标准进行比

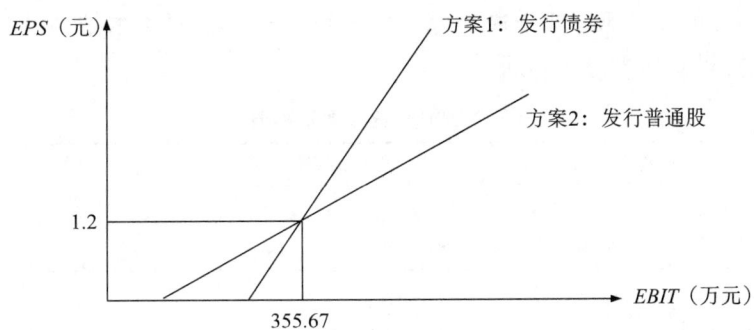

图 7-1 每股收益分析图

较作出资本结构决策的方法。

1. 初始资本结构决策。初始资本结构决策是指初次利用债务资本筹资时的资本结构决策。进行初始资本结构决策，可先计算各种筹资方案的加权平均资本成本，其加权平均资本成本最低的资本结构就是最佳资本结构。

【例 7-18】大华公司初创时有 3 个筹资方案可供选择，有关资料如表 7-11 所示。

表 7-11 3 个筹资方案资料表

筹资方式	方案 1		方案 2		方案 3	
	筹资额（万元）	个别资本成本（%）	筹资额（万元）	个别资本成本（%）	筹资额（万元）	个别资本成本（%）
长期借款	400	5	500	5	600	6
债　券	1 000	8	1 200	8	1 400	10
优先股	600	12	400	12	400	12
普通股	2 000	14	1 900	14	1 600	14
合　计	4 000	—	4 000	—	4 000	—

方案 1 的加权平均资本成本为：

$$K_{W1} = \frac{400}{4\ 000} \times 5\% + \frac{1\ 000}{4\ 000} \times 8\% + \frac{600}{4\ 000} \times 12\% + \frac{2\ 000}{4\ 000} \times 14\% = 11.3\%$$

方案 2 的加权平均资本成本为：

$$K_{W2} = \frac{500}{4\ 000} \times 5\% + \frac{1\ 200}{4\ 000} \times 8\% + \frac{400}{4\ 000} \times 12\% + \frac{1\ 900}{4\ 000} \times 14\% = 10.875\%$$

方案 3 的加权平均资本成本为：

$$K_{W3} = \frac{600}{4\ 000} \times 6\% + \frac{1\ 400}{4\ 000} \times 10\% + \frac{400}{4\ 000} \times 12\% + \frac{1\ 600}{4\ 000} \times 14\% = 11.2\%$$

比较 3 个筹资方案的加权平均资本成本，方案 2 的加权平均资本成本最低。在其他因素大体相同的条件下，方案 2 是最好的筹资方案，其形成的资本结构可确定为该公司的最佳资本结构。

2. 追加资本结构决策。追加资本结构决策是指企业追加筹集资本时的资本结构决策。进行追加资本结构决策，可以直接比较各备选追加筹资方案的边际资本成本，从中选择最优筹资方案；也可以将各备选筹资方案与原资本结构汇总，比较各追加筹资条件下汇总资本结构的加权平均资本成本，以确定最优筹资方案。

【例 7-19】大华公司现有两个追加筹资方案可供选择，原资本结构及追加筹资的两个备选方案的有关资料，如表 7-12 所示。

表 7-12　　　　　　　　　　　两个追加筹资方案资料表

筹资方式	原资本结构		追加筹资方案 1		追加筹资方案 2	
	资本额（万元）	个别资本成本（%）	资本额（万元）	个别资本成本（%）	资本额（万元）	个别资本成本（%）
长期借款	500	5	150	6	200	6
债　　券	1 200	8	150	8	300	10
优 先 股	400	12	100	12	100	12
普 通 股	1 900	14	400	15	200	15
合　　计	4 000	—	800	—	800	—

方法一：直接比较各备选追加筹资方案的边际资本成本。

追加筹资方案 1 的边际资本成本为：

$$MCC_1 = \frac{150}{800} \times 6\% + \frac{150}{800} \times 8\% + \frac{100}{800} \times 12\% + \frac{400}{800} \times 15\% = 11.63\%$$

追加筹资方案 2 的边际资本成本为：

$$MCC_2 = \frac{200}{800} \times 6\% + \frac{300}{800} \times 10\% + \frac{100}{800} \times 12\% + \frac{200}{800} \times 15\% = 10.5\%$$

两个追加方案相比，方案 2 的边际资本成本低于方案 1，因此，追加筹资方案 2 优于方案 1。

方法二：比较各追加筹资条件下汇总资本结构的加权平均资本成本。

若采用追加筹资方案 1，追加筹资后的加权平均资本成本为：

$$\frac{500}{4\ 800} \times 5\% + \frac{150}{4\ 800} \times 6\% + \frac{1350}{4\ 800} \times 8\% + \frac{500}{4\ 800} \times 12\% + \frac{2\ 300}{4\ 800} \times 15\% = 11.40\%$$

若采用追加筹资方案 2，追加筹资后的加权平均资本成本为：

$$\frac{500}{4\ 800} \times 5\% + \frac{200}{4\ 800} \times 6\% + \frac{1\ 200}{4\ 800} \times 8\% + \frac{300}{4\ 800} \times 10\% + \frac{500}{4\ 800} \times 12\% + \frac{2\ 100}{4\ 800} \times 15\%$$
$$= 11.21\%$$

比较两个方案追加筹资后两个新的资本结构下的加权平均资本成本，采用方案 2 追加筹资后的加权平均资本成本低于采用方案 1 追加筹资后的加权平均资本成本，因此，追加筹资方案 2 优先于方案 1。

（三）公司价值分析法

应当说明的是，比较资本成本法以加权平均资本成本的高低为依据进行资本结构决策，每股收益分析法以普通股每股收益的大小为依据进行资本结构决策，虽然集中考虑了资本成本和财务杠杆效应，但还是不全面的，比如每股收益法（无差别点分析法）就没有考虑风险因素。从根本上讲，财务管理的目标在于追求公司价值的最大化或股价的最大化。然而只有在风险不变的情况下，每股收益的增长才会直接导致股价的上升，实际上经常是随着每股收益的增长，风险也加大。如果每股收益的增长不足以补偿风险增加所需要的报酬，尽管每股收益增加，股价仍然会下降。所以公司的最佳资本结构应当是可使公司的总价值最高，而不一定是每股收益最大的资本结构。同时，在公司总价值最大的资本结构下，公司的资本成本也是最低的。

公司的市场总价值 V 应该等于其股票的总价值 S 加上债券的价值 B，即：

$$V = S + B \qquad (式7-20)$$

为简化起见，假设债券的市场价值等于它的面值。假设净投资为零，净利润全部作为股利发放，股票的市场价值则可通过下式计算：

$$S = \frac{(EBIT - I)(1 - T)}{k_c} \qquad (式7-21)$$

式中，$EBIT$ 代表息税前利润，I 代表年利息额，T 代表公司所得税税率，K_c 代表权益资本成本。

采用资本成本定价模型计算股票的资本成本 K_c：

$$K_c = k_f + (K_m - K_f) \cdot \beta \qquad (式7-22)$$

式中，k_f 代表无风险报酬率，β 代表股票的贝塔系数，K_m 代表平均风险股票必要报酬率。

而公司的资本成本，则应用加权平均资本成本（K_w）来表示。其公式为：

加权平均资本成本 = 税前债务资本成本 × 债务总额在资本总额中的比重 × (1 - 所得税率) + 权益资本成本 × 权益在资本总额中的比重

$$K_c = K_d \times \left(\frac{B}{V}\right) \times (1 - T) + K_c \left(\frac{S}{V}\right) \qquad (式7-23)$$

式中，K_d 代表税前的债务资本成本。

【例 7-20】大华公司息税前利润为 500 万元，资本全部由普通股资本组成，股票账面价值 2 000 万元，所得税税率 25%。该公司认为目前的资本结构不够合理，准备发行债券购回部分股票的办法予以调整。经咨询调查，目前的债务利率和权益资本的成本情况如表 7-13 所示。

表 7-13　不同债务水平对公司债务资本成本和权益资本成本的影响

债务的市场价值 B/百万元	税前债务资本成本 K_d（%）	股票 β 值	无风险报酬率 k_f（%）	平均风险股票必要报酬率 K_m（%）	权益资本成本 K_c（%）
0	—	1.20	10	14	14.8
2	10	1.25	10	14	15
4	10	1.30	10	14	15.2
6	12	1.40	10	14	15.6
8	14	1.55	10	14	16.2
10	16	2.10	10	14	18.4

根据表 7-13 的资料，运用式（7-21）、式（7-22）、式（7-23）即可计算出筹措不同金额的债务时公司的价值和资本成本，如表 7-14 所示。

从表 7-14 可以看到，在没有债务的情况下，公司的总价值就是其原有股票的市场价值。当公司用债务资本部分地替换权益资本时，一开始公司总价值上升，加权平均资本成本下降；在债务达到 600 万元时，公司总价值最高，加权平均资本成本最低；债务超过 600 万元后，公司总价值下降，加权平均资本成本上升。因此，债务为 600 万元时的资本结构是该公司的最佳资本结构。

表 7-14　　公司市场价值和资本成本

债务的市场价值 B（百万元）	股票的市场价值 S（百万元）	公司的市场价值 V（百万元）	税前债务资本成本 K_d（%）	权益资本成本 K_c（%）	加权平均资本成本 K_W（%）
0	20.27	20.27	—	14.8	14.80
2	19.20	21.20	10	15	14.15
4	18.16	22.16	10	15.2	13.54
6	16.46	22.46	12	15.6	13.36
8	14.37	22.37	14	16.2	13.41
10	11.09	21.09	16	18.4	14.23

本章小结

在确定了筹资规模后，企业需要通过筹资渠道，采用合适的筹资方式筹集到企业所需要的资本，这时资本成本是需要特别加以关注的，所以资本成本是筹资决策中的一项重要内容。企业使用从外部筹集来的各种资本，除了支付筹集费用外，还必须向资本所有者——股东和债权人回报相应的收益。资本成本有多种计量形式，每一种形式有着不同的用途，这是企业在投资决策和融资决策中应该认真考虑的一项成本。由于固定费用的存在，使企业可以获得杠杆利益。其中，由于固定的生产经营成本的存在，使企业息税前利润的变动幅度大于销售量（或销售额）的变动幅度，就是经营杠杆；而由于固定的利息费用等财务支出的存在，会使企业股东在每股收益上的变动幅度大于企业息税前收益的变动幅度，就是财务杠杆。只要企业举债，企业的财务杠杆系数就会大于1。因而，股东收益随企业收益变化波动的幅度更大，借债使股东在获得更多收益的同时也承受了更大的风险。在企业同时存在经营杠杆和财务杠杆的情况下，企业的销售稍有变动，就会使股东的每股收益产生更大的变动，这种两种杠杆的连锁作用，就是总杠杆。

影响企业资本结构的因素是多方面的，企业应综合考虑有关影响因素，运用适当的方法确定最佳资本结构，并在以后追加筹资中继续保持。每股收益分析法、比较加权资本成本方法、比较公司价值方法等向我们提供了有关确定资本结构的方法，可以有效地帮助财务管理人员确定合理的资本结构。但这些方法并不能当作绝对的判别标准，在应用这些方法时，还应考虑其他因素，以便使资本结构趋于最优。

一、本章关键词

资本成本（the cost of capital）

个别资本成本（individual cost of capital）

加权平均资本成本（weighted average cost of capital）

边际资本成本（marginal cost of capital）

息税前利润（earnings before interest and tax）

杠杆效应（financial leverage effect）
经营杠杆（operating leverage）
财务杠杆（financial leverage）
总杠杆（compound leverage）
资本结构（the capital structure）

二、思考题

1. 资本结构的含义。
2. 资本成本的构成。
3. 资本成本的概念及作用。
4. 阐述每股收益分析法的含义、作用原理及适用范围。
5. 公司价值比较法的原理及其优势。

三、基础训练测试

（一）单项选择题

1. 根据有税MM理论，当企业负债比例提高时，下列说法错误的是（　　）。
   A. 股权资本成本上升　　　　　　B. 债务资本成本不变
   C. 加权平均资本成本上升　　　　D. 企业价值上升
2. 以下各种资本结构理论中，认为筹资决策无关紧要的是（　　）。
   A. 代理理论　　　　　　　　　　B. 无税MM理论
   C. 融资优序理论　　　　　　　　D. 权衡理论
3. 某企业借入资本和权益资本的比例为1:1，则该企业（　　）。
   A. 既有经营风险又有财务风险
   B. 只有经营风险
   C. 只有财务风险
   D. 没有风险，因为经营风险和财务风险可以相互抵消
4. 下列各项中，不属于影响资本结构的内部因素的是（　　）。
   A. 税率　　　　　　　　　　　　B. 资产结构
   C. 盈利能力　　　　　　　　　　D. 财务灵活性

（二）多项选择题

1. 降低经营杠杆系数，进而降低企业经营风险的途径有（　　）。
   A. 提高产品单价　　　　　　　　B. 提高产品销售量
   C. 节约固定成本开支　　　　　　D. 提高资产负债率
2. 下列各项中，影响财务杠杆系数的有（　　）。
   A. 销售量　　　　　　　　　　　B. 企业所得税税率
   C. 优先股股息　　　　　　　　　D. 利息费用
3. 下列有关资本结构理论的说法中，不正确的有（　　）。
   A. 权衡理论认为，负债在为企业带来抵税收益的同时也给企业带来了陷入财务困境的

成本

  B. 代理理论强调平衡债务利息抵税收益与财务困境成本，从而实现企业价值最大化

  C. 不动产密集性高的企业财务困境成本可能很高

  D. 优序融资理论强调先内源融资后外源融资

（三）计算题

  1. 大华公司拟发行 5 年期、利率 6%、面额 1 000 元的债券；预计发行价格为 550 元，发行费率为 2%；公司所得税税率为 25%。

  要求：试测算大华公司该债券的资本成本率。

  2. 大华公司拟发行优先股 50 万股，发行总价 150 万元，预计年股利率 8%，发行费用 6 万元。

  要求：试测算大华公司该优先股的资本成本率。

  3. 大华公司普通股现行市价为每股 20 元，现准备增发 8 万股新股，预计发行费用率为 5%，第 1 年每股股利 1 元，以后每年股利增长率为 5%。

  要求：试测算大华公司本次增发普通股的资本成本率。

  4. 大华公司年度销售净额为 28 000 万元，息税前利润为 8 000 万元，固定成本为 3 200 万元，变动成本率为 60%；资本总额为 20 000 万元，其中债务资本比例占 40%，平均年利率为 8%。

  要求：试分别计算该公司的经营杠杆系数、财务杠杆系数和总杠杆系数。

  5. 大华公司在初创时准备筹集长期资本 5 000 万元，现有甲、乙两个备选筹资方案，有关资料如表 7-15 所示。

表 7-15   备选筹资方案资料表

筹资方式	筹资方案甲		筹资方案乙	
	筹资额（万元）	个别资本成本率（%）	筹资额（万元）	个别资本成本率（%）
长期借款	800	7.0	1 100	7.5
公司债券	1 200	8.5	400	8.0
普通股	3 000	14.0	3 500	14.0
合计	5 000	—	5 000	—

  要求：试分别测算该公司甲、乙两个筹资方案的综合成本率，并据以比较选择筹资方案。

第八章 营运资金管理

知识目标：营运资金管理是企业财务管理的重要组成部分，通过对本章的学习，要求学生不仅要系统地理解有关营运资本管理的各种理论，了解现金管理、应收款项管理、存货管理以及短期债务管理的相关概念；掌握最佳现金持有量分析、信用政策分析、存货经济批量分析和各种短期债务筹资的计算和决策方法。

能力目标：通过本章的学习使学生掌握营运资金管理的评价方法，理解现金、应收账款、存货等各项流动资产管理的目标。掌握现金、应收账款、存货等各项流动资产的控制方法，掌握并能熟练运用现金、应收账款、存货等各项流动资产的决策方法。

要求学生课前进行阅读预习，带着问题进课堂，让学生动脑、动口、动手。在比较晦涩难懂的部分采用案例分析的教学方式，将比较难理解的知识通过具体的案例展开介绍，有助于同学们的理解。适时进行提问和解惑，及时了解同学们对于知识点的掌握程度。

1995年4月，金融家科克瑞恩和克莱斯勒的前主席艾可卡提出要以55美元/股的价格收购克莱斯勒的普通股，这一举动使得整个金融界为之震惊。该收购的主要资金来源是负债，但这个出价颇有蹊跷之处。他们还计划使用克莱斯勒自有的55亿美元现金来为该收购融资。他们的出价使得什么是公司合适的现金流量，以及公司的财务经理应如何使得股东财富最大化方面的争论愈加激化。

在出价之时，克莱斯勒已积聚了超过70亿美元的现金余额。克莱斯勒的董事会认为，公司需要75亿美元左右的现金来渡过下一个经济衰退期，该目标显然符合股东的最大利益。然而克莱斯勒最大的股东科克瑞恩不同意这一点，他在当时拥有公司不足10%的发行在外股份（价值15亿美元）。他认为公司的现金余额过大，应当通过向股东返还现金的方式来加以削减。

为了了解科克瑞恩的思维角度，确定公司现金归谁所有非常关键。公司的董事会每个季度都会决定如何处置来自经营的多余现金。这些现金可以通过股利的方式发放给股东，也可以留存在企业。如果支付股利,便是流向股东的现金流量,如果将现金留在公司,这些钱仍然归属于股东,但事实上董事们通过增加净营运资本的方法使股东的资金再投资于公司。

争论的焦点是净营运资金的增加是否为股东提供了适当的回报。克莱斯勒的董事们认为现金能降低出现财务危机的概率,对于股东来说是有利的,然而,从科克瑞恩的角度来说,在克莱斯勒的现金余额增加的同时,它的股价并没有上升。在1994年晚些时候,科克瑞恩说服了克莱斯乐的董事会,用公司的一些多余现金将公司的股利提高了60%,并且进行了一项10亿美元的股票回购活动,这两项措施均给股东带来了现金流入。尽管如此,克莱斯勒的现金余额在1995年早些时候依然上升。股票价格却在继续下跌。科克瑞恩认为,积聚现金并不能增加股东的财富,更好的方法是让股东自行将现金进行再投资。

科克瑞恩与克莱斯勒之间争夺控制权的斗争最终如何结束,并不能解决这一公司究竟应该持有多少现金这个更为普遍的论题,而且克莱斯勒并不是唯一拥有大量现金的公司。1995年4月,《华尔街日报》报道说克莱斯勒的现金持有量约等于其股票市场价值的30%,福特为22%,英特尔为9%,这些公司已经为它们的股东们再投资了大量的资金。这些积聚了大量现金余额的公司可能最终需要向一个重要的、有时会发表意见的群体——它们的股东——辩护自己的行为。

资料来源:中国知网。

第一节 营运资金管理概述

一、营运资金的概念及特点

(一) 营运资金的概念

营运资金是指在企业生产经营活动中占用在流动资产上的资金。营运资金有广义和狭义之分:广义的营运资金是指一个企业流动资产的总额,狭义的营运资金是指流动资产减去流动负债后的余额。这里指的是狭义的营运资金概念。营运资金的管理既包括流动资产的管理,也包括流动负债的管理。

1. 流动资产。流动资产是指可以在1年以内或超过1年的一个营业周期内变现或运用的资产。流动资产具有占用时间短、周转快、易变现等特点。企业拥有较多的流动资产,可在一定程度上降低财务风险。流动资产按不同的标准可进行不同的分类,常见分类方式如下:

(1) 按占用形态不同,分为现金、以公允价值计量且其变动计入当期损益的金融资产、应收及预付项和存货等。

(2) 按在生产经营过程中所处的环节不同,分为生产领域中的流动资产、流通领域中的流动资产以及其他领域中的流动资产。

2. 流动负债。流动负债是指需要在1年或者超过1年的一个营业周期内偿还的债务。流动负债又称短期负债,具有成本低、偿还期短的特点,必须加强管理。流动负债按不同标准可作不同分类,最常见的分类方式如下:

(1) 以应付金额是否确定为标准,可以分成应付金额确定的流动负债和应付金额不确定的流动负债。应付金额确定的流动负债是指那些根据合同或法律规定到期必须偿付、并有确定金额的流动负债,如短期借款、应付票据、应付短期融资券等;应付金额不确定的流动负债是指那些要根据企业生产经营状况,到一定时期或具备一定条件时才能确定的流动负债,或应付金额需要估计的流动负债,如应交税费、应付产品质量担保债务等。

(2) 以流动负债的形成情况为标准,可以分成自然性流动负债和人为性流动负债。自然性流动负债是指不需要正式安排,由于结算程序或有关法律法规的规定等原因而自然形成的流动负债;人为性流动负债是指由财务人员根据企业对短期资金的需求情况,通过人为安排所形成的流动负债,如短期银行借款等。

(3) 以是否支付利息为标准,可以分为有息流动负债和无息流动负债。

(二) 营运资金的特点

为了有效地管理企业的营运资金,必须研究营运资金的特点,以便有针对性地进行管理。

营运资金一般具有以下特点:

(1) 营运资金的来源具有多样性。企业筹集长期资金的方式一般较少,只有吸收直接投资、发行股票、发行债券等方式。与筹集长期资金的方式相比,企业筹集营运资金的方式较为灵活多样,通常有银行短期借款、短期融资券、商业信用、应交税费、应付股利、应付职工薪酬等多种内外部融资方式。

(2) 营运资金的数量具有波动性。流动资产的数量会随企业内外条件的变化而变化,时高时低,波动很大。季节性企业如此,非季节性企业也如此。随着流动资产数量的变动,流动负债的数量也会相应发生变动。

(3) 营运资金的周转具有短期性。企业占用在流动资产上的资金,通常会在1年或不超过1年的一个营业周期内收回,对企业影响的时间比较短。根据这一特点,营运资金可以用商业信用、银行短期借款等短期筹资方式来加以解决。

(4) 营运资金的实物形态具有变动性和易变现性。企业营运资金的占用形态是经常变化的,营运资金的每次循环都要经过采购、生产、销售等过程,一般按照现金、材料、在产品、产成品、应收账款、现金的顺序转化。为此,在进行流动资产管理时,必须在各项流动资产上合理配置资金数额,做到结构合理,以促进资金周转顺利进行。同时,以公允价值计量且其变动计入当期损益的金融资产、应收账款、存货等流动资产一般具有较强的变现能力,如果遇到意外情况,企业出现资金周转不灵、现金短缺时,便可迅速变卖这些资产,以获取现金,这对财务上应付临时性资金需求具有重要意义。

二、营运资金的管理原则

企业的营运资金在全部资金中占有相当大的比重,而且周转期短,形态易变,因此,营运资金管理是企业财务管理工作的一项重要内容。企业进行营运资金管理,应遵循以下原则。

(一) 满足合理的资金需求

企业应认真分析生产经营状况,合理确定营运资金的需要数量。企业营运资金的需求数量与企业生产经营活动有直接关系。一般情况下,当企业产销两旺时,流动资产会不断增加,流动负债也会相应增加;而当企业产销量不断减少时,流动资产和流动负债也会相应减少。因此,营运资金的管理必须把满足正常合理的资金需求作为首要任务。

(二) 提高资金使用效率

营运资金的周转是指企业的营运资金从现金投入生产经营开始,到最终转化为现金的过程。加速资金周转是提高资金使用效率的主要手段之一。提高营运资金使用效率的关键是采取得力措施,缩短营业周期,加速变现过程,加快营运资金周转。因此,企业要千方百计地加速存货、应收账款等流动资产的周转,以便用有限的资金服务于更大的产业规模,为企业取得更优的经济效益提供条件。

(三) 节约资金使用成本

在营运资金管理中,必须正确处理保证生产经营需要和节约资金使用成本两者之间的关系。要在保证生产经营需要的前提下,尽力降低资金使用成本。一方面,要挖掘资金潜力,加速资金周转,精打细算地使用资金;另一方面,积极拓展融资渠道,合理配置资源,筹措低成本资金,服务于生产经营。

(四) 保持足够的短期偿债能力

偿债能力是判断企业财务风险高低的依据之一。合理安排流动资产与流动负债的比例关系,保持流动资产结构与流动负债结构的适配性,保证企业有足够的短期偿债能力是营运资金管理的重要原则之一。流动资产、流动负债以及两者之间的关系能较好地反映企业的短期偿债能力。流动负债是在短期内需要偿还的债务,而流动资产则是在短期内可以转化为现金的资产。因此,如果一个企业的流动资产比较多,流动负债比较少,说明企业的短期偿债能力较强;反之,则说明短期偿债能力较弱。但如果企业的流动资产太多,流动负债太少,也不是正常现象,这可能是因流动资产闲置或流动负债利用不足所致。

三、营运资金管理策略

企业需要评估营运资金管理中的风险与收益,制定流动资产的投资策略和融资策略。实际上,财务管理人员在营运资金管理方面必须做两项决策;一是需要拥有多少流动资产;二是如何为需要的流动资产融资。在实践中,这两项决策一般同时进行,且相互影响。

(一) 流动资产的投资策略

由于销售水平、成本、生产时间、存货补给,从订货到交货的时间、顾客服务水平、收款和支付期限等方面存在不确定性,流动资产的投资决策至关重要。企业经营的不确定性和风险忍受程度决定了流动资产的存量水平,表现为在流动资产账户上的投资水平。流动资产账户通常随着销售额的变化而立即变化。销售的稳定性和可预测性反映了流动资产投资的风险程度。销售额越不稳定,越不可预测,则投资于流动资产上的资金就应越多,以保证有足够的存货和应收账款占用来满足生产经营和顾客的需要。

稳定性和可预测性的相互作用非常重要。即使销售额是不稳定的,但可以预测,如属于季节性变化,那么将没有显著的风险。然而,如果销售额不稳定而且难以预测(如石油和天然气的开采以及许多建筑企业,就会存在显著的风险),从而必须维持一个较高的流动资产存量水平,保持较高的流动资产与销售收入比率。如果销售既稳定又可预测,则只需维持较低的流动资产投资水平。

一个企业必须选择与其业务需要和管理风格相符合的流动资产投资策略。如果企业管理政策趋于保守，就会保持较高的流动资产与销售收入比率，保证更高的流动性（安全性），但盈利能力也更低；如果管理者偏向于为了更高的盈利能力而愿意承担风险，那么将保持一个低水平的流动资产与销售收入比率。

流动资产的投资策略有两种基本类型：

1. 紧缩的流动资产投资策略。在紧缩的流动资产投资策略下，企业维持低水平的流动资产与销售收入比率。需要说明的是，这里的流动资产通常只包括生产经营过程中产生的存货、应收款项以及现金等生产性流动资产，而不包括股票、债券等金融性流动资产。

紧缩的流动资产投资策略可以节约流动资产的持有成本，如节约持有资金的机会成本。但与此同时可能伴随着更高风险，这些风险表现为更紧的应收账款信用政策和较低的存货占用水平，以及缺乏现金用于偿还应付账款等。但是，只要不可预见的事件没有损坏企业的流动性而导致严重的问题发生，紧缩的流动资产投资策略就会提高企业效益。

采用紧缩的流动资产投资策略，无疑对企业的管理水平有较高的要求。因为一旦失控，由于流动资产的短缺，会对企业的经营活动产生重大影响。根据最近几年的研究，美国、日本等一些发达国家的流动资产与销售收入比率呈现越来越小的趋势。这并不意味着企业对流动性的要求越来越低，而主要是因为在流动资产管理方面，尤其是应收账款与存货管理方面，取得了一些重大进展。存货控制的适时管理系统（Justin Time，缩写为 JIT），便是其中一个突出代表。

2. 宽松的流动资产投资策略。在宽松的流动资产投资策略下，企业通常会维持高水平的流动资产与销售收入比率。也就是说，企业将保持高水平的现金和有价证券、高水平的应收账款（通常给予客户宽松的付款条件）和高水平的存货（通常源于补给原材料或不愿意因为产成品存货不足而失去销售）。在这种策略下，由于较高的流动性，企业的财务与经营风险较小。但是，过多的流动资产投资，无疑会承担较大的流动资产持有成本，提高企业的资金成本，降低企业的收益水平。

制定流动资产投资策略时，首先，需要权衡的是资产的收益性与风险性。增加流动资产投资会增加流动资产的持有成本，降低资产的收益性，但会提高资产的流动性。反之，减少流动资产投资会降低流动资产的持有成本，增加资产的收益性，但资产的流动性会降低，短缺成本会增加。因此，从理论上来说，最优的流动资产投资应该是使流动资产的持有成本与短缺成本之和最低。

其次，制定流动资产投资策略时还应充分考虑企业经营的内外部环境。通常，银行和其他借款人对企业流动性水平非常重视，因为流动性是这些债权人确定信用额度和借款利率的主要依据之一。他们还会考虑应收账款和存货的质量，尤其是当这些资产被用来当作一项贷款的抵押品时。有些企业因为融资困难，通常采用紧缩的流动资产投资策略。

此外，一个企业的流动资产投资策略可能还受产业因素的影响。在销售边际毛利较高的产业，如果从额外销售中获得的利润超过额外应收账款所增加的成本，宽松的信用政策可能为企业带来更为可观的收益。流动资产占用具有明显的行业特征。在机械行业，存货居于流动资产项目中的主要位置，通常占用全部流动资产的 50% 左右。其他行业的流动资产占用往往与机械行业会有很大不同。例如，在商业零售行业，其流动资产占用要超过机械行业。

流动资产投资策略的另一个影响因素是那些影响企业政策的决策者。保守的决策者更倾向于宽松的流动资产投资策略,而风险承受能力较强的决策者则倾向于紧缩的流动资产投资策略。生产经理通常喜欢高水平的原材料持有量,以便满足生产所需。销售经理喜欢高水平的产成品存货以便满足顾客的需要,而且喜欢宽松的信用政策以便刺激销售。相反,财务管理人员喜欢使存货和应收账款最小化,以便使流动资产融资的成本最低。

(二) 流动资产的融资策略

一个企业对流动资产的需求数量,一般会随着产品销售的变化而变化。例如,产品销售季节性很强的企业,当销售处于旺季时,流动资产的需求一般会更旺盛,可能是平时的几倍;当销售处于淡季时,流动资产需求一般会减弱,可能是平时的几分之一;即使当销售处于最低水平时,也存在对流动资产最基本的需求。在企业经营状况不发生大的变化的情况下,流动资产最基本的需求具有一定的刚性和相对稳定性,我们可以将其界定为流动资产的永久性水平。当销售发生季节性变化时,流动资产将会在永久性水平的基础上增加。因此,流动资产可以被分解为两部分:永久性部分和波动性部分。永久性流动资产是指满足企业长期最低需求的流动资产,其占有量通常相对稳定;波动性流动资产或称临时性流动资产,是指那些由于季节性或临时性的原因而形成的流动资产,其占用量随当时的需求而波动。与流动资产的分类相对应,流动负债也可以分为临时性负债和自发性负债。一般来说,临时性负债,又称为筹资性流动负债,是指为了满足临时性流动资金需要所发生的负债,如商业零售企业在春节前为满足节日销售需要,超量购入货物而举债的短期银行借款。临时性负债一般只能供企业短期使用。自发性负债,又称为经营性流动负债,是指直接产生于企业持续经营中的负债,如商业信用筹资和日常运营中产生的其他应付款,以及应付职工薪酬、应付利息、应交税费等,自发性负债可供企业长期使用。

一般来说,永久性流动资产的水平具有相对稳定性,需要通过长期来源解决;而波动性部分的融资则相对灵活,最经济的办法是通过低成本的短期融资解决,如采用1年期以内的短期借款或发行短期融资券等融资方式。

融资决策主要取决于管理者的风险导向,此外它还受短期、中期、长期负债的利率差异的影响。根据资产的期限结构与资金来源的期限结构的匹配程度差异,流动资产的融资策略可以划分为期限匹配融资策略、保守融资策略和激进融资策略三种基本类型。这些分析方法如图8-1所示。图中的顶端方框将流动资产分为永久性和波动性两类,剩下的方框描述了短期融资和长期融资的这三种策略的混合。任何一种方法在特定的时间都可能是合适的,这取决于收益曲线的形状、利率的变化、未来利率的预测等,尤其是管理者的风险承受力。图8-1中融资的长期来源包括自发性流动负债、长期负债以及股东权益资本。自发性流动负债指的是在经营活动中自发形成的流动负债,主要包括应付账款、应付票据等,自发性流动负债虽然属于流动负债,但是旧的自发性流动负债消失之后,随着经营活动的进行,又会产生新的自发性流动负债,所以属于长期来源;短期来源主要是指临时性流动负债,如短期银行借款。

1. 期限匹配融资策略。在期限匹配融资策略中,永久性流动资产和非流动资产以长期融资方式(负债或股东权益)融通,波动性流动资产用短期来源融通。这意味着在给定的时间内,企业的短期融资数量反映了当时的波动性流动资产的数量。当波动性流动资产扩张时,信贷额度也会增加,以便支持企业的扩张;当波动性流动资产收缩时,就会释放出资金,以偿付短期借款。

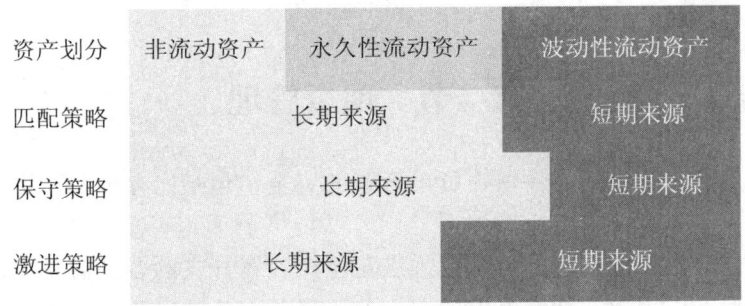

图 8-1　可供选择的流动资产融资策略

资金来源的有效期与资产的有效期的匹配，只是一种战略性的观念匹配，而不要求实际金额完全匹配。实际上，企业也做不到完全匹配。其原因是：①企业不可能为每一项资产按其有效期配置单独的资金来源，只能分为短期来源和长期来源两大类来统筹安排筹资；②企业必须有所有者权益筹资，它是无限期的资本来源，而资产总是有期限的，不可能完全匹配；③资产的实际有效期是不确定的，而还款期是确定的，必然会出现不匹配。

2. 保守融资策略。在保守融资策略中，长期融资支持非流动资产、永久性流动资产和部分波动性流动资产。企业通常以长期融资来源为波动性流动资产的平均水平融资，短期融资仅用于融通剩余的波动性流动资产，融资风险较低。这种策略通常最小限度地使用短期融资，但由于长期负债成本高于短期负债成本，就会导致融资成本较高，收益较低。

如果长期负债以固定利率为基础，而短期融资方式以浮动或可变利率为基础，则利率风险可能降低。因此，这是一种风险低、成本高的融资策略。

3. 激进融资策略。在激进融资策略中，企业以长期负债、自发性负债和股东权益资本为所有的非流动资产融资，仅对一部分永久性流动资产使用长期融资方式融资。短期融资方式支持剩下的永久性流动资产和所有的临时性流动资产。这种策略观念下，通常使用更多的短期融资。

短期融资方式通常比长期融资方式具有更低的成本。然而，过多地使用短期融资会导致较低的流动比率和较高的流动性风险。

由于经济衰退、企业竞争环境的变化以及其他因素，企业必须面对业绩惨淡的经营年度。当销售下跌时，存货将不会那么快就能转换成现金，这将导致现金短缺。曾经及时支付的顾客可能会延迟支付，这进一步加剧了现金短缺。企业可能会发现它对应付账款的支付已经超过信用期限。由于销售下降，会计利润将降低。

在这种环境下，企业需要与银行重新签订短期融资协议，但此时企业对于银行来说似乎很危险。银行可能会向企业索要更高的利率，从而导致企业在关键时刻筹集不到急需的资金。

企业依靠大量的短期负债来解决目前的困境，这会导致企业每年都必须更新短期负债协议进而产生更多的风险。有些协议可以弱化这种风险。例如，多年期（通常 3—5 年）滚动信贷协议，这种协议允许企业以短期为基础进行借款。这种类型的借款协议不像传统的短期借款那样会降低流动比率。另外，企业还可以利用衍生融资产品来对紧缩投资政策的风险进行套期保值。

第二节 现金管理

现金是指在生产过程中暂时停留在货币形态的资金,包括库存现金、银行存款、银行本票和银行汇票等。

现金是变现能力最强的资产,可以用来满足生产经营开支的各种需要,也是还本付息和履行纳税义务的保证。因此,拥有足够的现金对于降低企业的风险,增强企业资产的流动性债务的可清偿性有着重要的意义。但是,现金属于非盈利资产,即使是银行存款,其利率也非常低。现金持有量过多,它所提供的流动性边际效益便会随之下降,进而导致企业的收益水平降低。因此,企业必须合理确定现金持有量,使现金收支不但在数量上,而且在时间上相互衔接,以便在保证企业经营活动所需现金的同时,尽量减少企业闲置的现金数量,提高资金收益率。

一、持有现金的动机

(一)交易性需求

交易性需求即企业在正常生产经营秩序下应当保持一定的现金支付能力。企业为了组织日常生产经营活动,必须保持一定数额的现金余额,用于购买原材料、支付工资、缴纳税款、偿付到期债务、派发现金股利等。一般来说,企业为满足交易动机所持有的现金余额主要取决于企业销售水平。企业销售扩大,销售额增加,所需现金余额也随之增加。

(二)预防性需求

预防性需求即企业为应付紧急情况而需要保持的现金支付能力。由于市场行情的瞬息万变和其他各种不测因素的存在,企业通常难以对未来现金流入量与流出量作出准确的估计和预期。一旦企业对未来现金流量的预期与实际情况发生偏离,必会对企业的正常经营秩序产生极为不利的影响。因此,在正常业务活动现金需要量的基础上,追加一定数量的现金余额以应付未来现金流入和流出的随机波动,是企业在确定必要现金持有量时应当考虑的因素。企业为应付紧急情况所持有的现金余额主要取决于以下三个方面:一是企业愿意承担风险的程度;二是企业临时举债能力的强弱;三是企业对现金流量预测的可靠程度。

(三)投机性需求

投机性需求即企业为了抓住各种瞬息即逝的市场机会,为获取较大的利益而准备的现金额。例如,利用证券市价大幅度跌落购入有价证券,以期在价格反弹时卖出证券获取高额资本利得(价差收入)等。投机动机只是企业确定现金余额时所需考虑的次要因素之一,其持有量的大小往往与企业在金额市场的投资机会及企业对待风险的态度有关。

企业除以上三种原因持有现金外,也会基于满足将来某一特定要求或者为在银行维持补偿性余额等其他原因而持有现金。企业在确定现金余额时,一般应综合考虑各方面的持有动机。但要注意的是,由于各种动机所需的现金可以调节使用,企业持有的现金总额并不等于各种动机所需现金余额的简单相加,前者通常小于后者。另外,上述各种动机所需保持的现金,并不要求必须是货币形态,也可以是能够随时变现的有价证券以及能够随时转换成现金的其他各种存在形态，如可随时借入的银行信贷资金等。

二、目标现金余额的确定

（一）成本模型

成本模型是根据现金有关成本，分析预测其总成本最低时现金持有量的一种方法。运用成本模型确定现金最佳持有量，只考虑因持有一定量的现金而产生的机会成本及短缺成本，而不考虑管理费用和转换成本。

机会成本即因持有现金而丧失的再投资收益，是与现金持有量成正比例变动关系，用公式表示即：

$$机会成本 = 现金持有量 \times 有价证券利率（或报酬率） \qquad （式8-1）$$

短缺成本与现金持有量呈反方向变动关系。

成本模型的最佳现金持有量是持有现金而产生的机会成本与短缺成本之和最小时的现金持有量。

实际工作中运用该模式确定最佳现金持有量的具体步骤为：①根据不同现金持有量测算并确定有关成本数值；②按照不同现金持有量及其有关成本资料编制最佳现金持有量测算表；③在测算表中找出总成本最低时的现金持有量，即最佳现金持有量。

【例8-1】大华公司现有ABCD四种现金持有方案，有关成本资料如表8-1所示。

表8-1　　　　　　　　　　现金持有量备选方案表

项　目	A	B	C	D
现金持有量（元）	100 000	200 000	300 000	400 000
机会成本率（%）	10	10	10	10
短缺成本（元）	48 000	25 000	10 000	5 000

根据表8-1，可采用成本模型编制该企业最佳现金持有量测算表，如表8-2所示。

表8-2　　　　　　　　　最佳现金持有量测算表　　　　　　　　　　单位：元

方案及现金持有量	机会成本	短缺成本	总成本
A（100 000）	10 000	48 000	58 000
B（200 000）	20 000	25 000	45 000
C（300 000）	30 000	10 000	40 000
D（400 000）	40 000	5 000	45 000

通过分析比较上表中各方案的总成本可知，C方案的相关总成本最低，因此为企业持有300 000元的现金时，各方面的总代价最低，300 000元为现金最佳持有量。

（二）存货模型

确定现金最佳余额的存货模式来源于存货的经济批量模型。在存货模式中，假设收入是每隔一段时间发生的，而支出则是在一定时期内均衡发生的。在此时期内，企业可通过转换有价证券获得现金。现以图8-2加以说明。

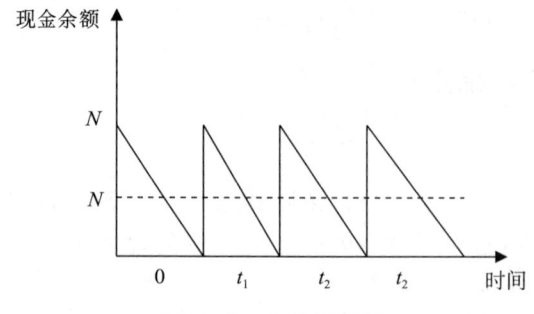

图 8-2 存货模型图

在图 8-2 中，假定公司的现金支出需要在一定期间内是稳定的。公司原有 N 元现金。当这笔现金在 t_1 时用掉之后，出售 N 元有价证券补充现金；随后当这笔现金用到 t_2 时，没有现金了，再出售 N 元有价证券补充现金。如此不断重复。

存货模式的目的是要求出使总成本最小的 N 值。在这些成本中因管理费用相对稳定，同现金持有量的多少关系不大，因此在存货模式中将其视为决策无关成本而不予考虑。由于现金是否会发生短缺、短缺多少、概率多大以及各种短缺情形发生时可能的损失如何，都存在很大的不确定性和无法计量性。因而，在利用存货模式计算现金最佳持有量时，对短缺成本也不予以考虑。在存货模式中，只对机会成本和转换成本予以考虑。前已述及，如果现金余额大，则持有现金的机会成本高，但转换成本可减少。如要现金余额小，则持有现金的机会成本低，但转换成本要上升。两种成本合计最低条件下的现金余额即为最佳现金余额。

假设：TC 代表总成本，b 代表现金与有价证券的转换成本，T 代表特定时间内的现金需求总额，N 代表理想的现金转换数量（最佳现金余额），i 代表短期有价证券利息率。则：

$$TC = \frac{N}{2}i + \frac{T}{N}b \quad (式 8-2)$$

年总成本、持有成本和转换成本的关系，如图 8-3 所示。

$$TC' = \left[\frac{N}{2}i + \frac{T}{N}b\right]' = \frac{i}{2} - \frac{Tb}{N^2}$$

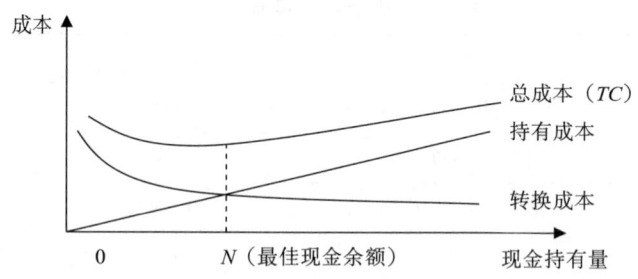

图 8-3 年总成本、持有成本和转换成本关系图

图 8-3 中，TC 是一条凹形曲线，可用导数方法求出其最小值。

令：$TC' = 0$，可能得出：

$$N^* = \sqrt{\frac{2Tb}{i}} \quad (式 8-3)$$

其中，N^* 代表最佳现金余额。

【例8-2】大华公司预计全年需要现金600 000元,现金与有价证券的转换成本为每次100元,有价证券的利率为30%。则最佳现金余额为:

$$N^* = \sqrt{\frac{2 \times 6\,000\,000 \times 100}{30\%}} = 20\,000（元）$$

最佳现金余额为20 000元,这就意味着公司从有价证券转换为现金的次数为30次(即600 000/20 000)。

存货模式可以精确地测算出最佳现金余额和变现次数,表述了现金管理中基本的成本结构,它对加强企业的现金管理体制有一定作用。但是这种模式以货币支出均匀发生、现金持有成本和转换成本易于预测,以及不存在现金短缺为前提条件,因此,只有在上述因素比较确定的情况下才能使用此种方法。

(三) 随机模型

随机模型是根据上年现金占用额和有关因素的变动,来确定最佳现金余额的一种方法。其计算公式如下:

$$最佳现金余额 = \left[\frac{上年现金}{平均占用额} - \frac{不合理}{占用额}\right] \times \left[1 + \frac{预计销售收入}{增长的比率}\right] \quad (式8-4)$$

【例8-3】大华公司2×21年平均占用现金为1 000万元,经分析其中有100万元的不合理占用额,2020年销售收入预计较1998年增长10%。则2020年最佳现金余额为:

(1 000 – 10) × (1 + 10%) = 990元(万元)

随机模型考虑了影响现金余额高低的最基本因素,计算也比较简单。但是这种模式假设现金需求量与营业量呈同比例增长,但有时情况非完全如此。

三、现金管理模式

(一) "收支两条线"的管理模式

"收支两条线"原本是政府为了加强财政管理和整顿财政秩序对财政资金采取的一种管理模式。当前,企业,特别是大型集团企业,也纷纷采用"收支两条线"资金管理模式。

1. 企业实行"收支两条线"管理模式的目的。企业作为追求价值最大化的营利组织,实施"收支两条线"主要出于两个目的:第一,对企业范围内的现金进行集中管理,减少现金持有成本,加速资金周转,提高资金使用效率;第二,以实施"收支两条线"为切入点,通过高效的价值化管理来提高企业效益。

2. "收支两条线"资金管理模式的构建。构建企业"收支两条线"资金管理模式,可从规范资金的流向、流量和流程三个方面入手。

(1) 资金的流向方面。企业"收支两条线"要求各部门或分支机构在内部银行或当地银行设立两个账户(收入户和支出户),并规定所有收入的现金都必须进入收入户(外地分支机构的收入户资金还必须及时、足额地回笼到总部),收入户资金由企业资金管理部门(内部银行或财务结算中心)统一管理,而所有的货币性支出都必须在支出户中支付,支出户里的资金只能根据一定的程序由收入户划拨而来,严禁现金收支。

(2) 资金的流量方面。在收入环节上要确保所有收入的资金都进入收入户,不允许有私设的"账外小金库"。另外,还要加快资金的结算速度,尽量压缩资金在结算环节的沉淀量；在调度环节上通过动态的现金流量预算和资金收支计划实现对资金的精确调度；在支出环节上，根据"以收定支"和"最低限额资金占用"的原则从收入户按照支出预算安排将资金定期划拨到支出户，支出户平均资金占用额应压缩到最低限度。有效的资金流量管理将有助于确保及时、足额地收入资金，合理控制各项费用支出和有效调剂内部资金。

（3）资金的流程方面。资金流程是指与资金流动有关的程序和规定，是"收支两条线"内部控制体系的重要组成部分。资金流程主要包括以下几个部分：①关于账户管理、货币资金安全性等规定；②收入资金管理与控制；③支出资金管理与控制；④资金内部结算与信贷管理与控制；⑤"收支两条线"的组织保障等。

需要说明的是，"收支两条线"作为一种企业的内部资金管理模式，与企业的性质、战略、管理文化和组织架构都有很大的关系。因此，企业在构建"收支两条线"管理模式时，一定要注意与自己的实际相结合，以管理有效性为导向。

（二）集团企业资金集中管理模式

企业集团下属机构多，地域分布广，如果子分公司多头开户，资金存放分散，会大大降低资金的使用效率。通过资金的集中管理，统一筹集、合理分配、有序调度，能够降低融资成本，提高资金使用效率，确保集团战略目标的实现，实现整体利益的最大化。

资金集中管理，也称司库制度，是指集团企业借助商业银行网上银行功能及其他信息技术手段，将分散在集团各所属企业的资金集中到总部，由总部统一调度、统一管理和统一运用。资金集中管理在各个集团的具体运用可能会有所差异，但一般包括以下主要内容：资金集中、内部结算、融资管理、外汇管理、支付管理等。其中资金集中是基础，其他各方面均建立在此基础之上。目前，资金集中管理模式逐渐被我国企业集团所采用。

资金集中管理模式的选择，实质上是集团管理是集权还是分权管理体制的体现，也就是说，在企业集团内部所属各子企业或分部是否有货币资金使用的决策权、经营权，这是由行业特点和本集团资金运行规律决定的。现行的资金集中管理模式大致可以分为以下几种：

1. 统收统支模式。在该模式下，企业的一切现金收入都集中在集团总部的财务部门，各分支机构或子企业不单独设立账号，一切现金支出都通过集团总部财务部门付出，现金收支的批准权高度集中。统收统支模式有利于企业集团实现全面收支平衡，提高资金的周转效率，减少资金沉淀，监控现金收支，降低资金成本。但是该模式不利于调动成员企业开源节流的积极性，影响成员企业经营的灵活性，以致降低整个集团经营活动和财务活动的效率，而且在制度的管理上欠缺一定的合理性，如果每笔收支都要经过总部财务部门之手，那么总部财务部门的工作量就大了很多。因此，这种模式通常适用于企业规模比较小的企业。

2. 拨付备用金模式。拨付备用金模式是指集团按照一定的期限统一拨给所有所属分支机构或子企业以备其使用的一定数额的现金。各分支机构或子企业发生现金支出后，持有关凭证到集团财务部门报销以补足备用金。拨付备用金模式相比统收统支模式具有一定的灵活性，但这种模式也通常适用于那些经营规模比较小的企业。

3. 结算中心模式。结算中心通常是企业集团内部设立的、办理内部各成员现金收付和往来结算业务的专门机构。结算中心通常设于财务部门内，是一个独立运行的职能机构。结算中心是企业集团发展到一定阶段，应企业内部资金管理需求而生的一个内部资金管理机构，是根据集团财务管理和控制的需要在集团内部设立的，为成员企业办理资金融通和结算，以降低企业成本、提高资金使用效率的服务机构。结算中心帮助企业集中管理各分子公司的现金收入和支出。各分子公司收到现金后就直接转账存入结算中心在银行开立的账户。当需要资金的时候,再进行统一的拨付,有助于企业监控资金的流向。

4. 内部银行模式。内部银行是将社会银行的基本职能与管理方式引入企业内部管理机制而建立起来的一种内部资金管理机构,它将"企业管理""金融信贷""财务管理"三者融为一体,一般是将企业的自有资金和商业银行的信贷资金统筹运作,在内部银行统一调剂、融通运用。通过吸纳企业下属各单位闲散资金,调剂余缺,减少资金占用,活化与加速资金周转速度,提高资金使用效率、效益。内部银行通常具有三大职能:结算、融资信贷和监督控制。内部银行一般适用于具有较多责任中心的企事业单位。

5. 财务公司模式。财务公司是一种经营部分银行业务的非银行金融机构,它一般是集团公司发展到一定水平后,需要经过中国人民银行审核批准才能设立的。其主要职责是开展集团内部资金集中结算,同时为集团成员企业提供包括存贷款、融资租赁、担保、信用鉴证、债券承销、财务顾问等在内的全方位金融服务。集团设立财务公司是把一种市场化的企业关系或银企关系引入集团资金管理中,使得集团各子公司具有完全独立的财权,可以自行经营自身的现金,对现金的使用行使决策权。另外集团对各子公司的现金控制是通过财务公司进行的,财务公司对集团各子公司进行专门约束,而且这种约束是建立在各自具有独立的经济利益基础上的。集团公司经营者(或最高决策机构)不再直接干预子公司的现金使用和取得。

四、现金收支日常管理

(一) 现金周转期

企业的经营周期是指从取得存货开始到销售存货并收回现金为止的时期。其中,从收到原材料,加工原材料,形成产成品,到将产成品卖出的这一时期,称为存货周转期;产品卖出后到收到顾客支付的货款的这一时期,称为应收账款周转期或收账期。

但是企业购买原材料并不用立即付款,这一延迟的付款时间段就是应付账款周转期或收账期。现金周转期,是指介于企业支付现金与收到现金之间的时间段,它等于经营周期减去应付账款周转期。具体循环过程如图8-4所示。

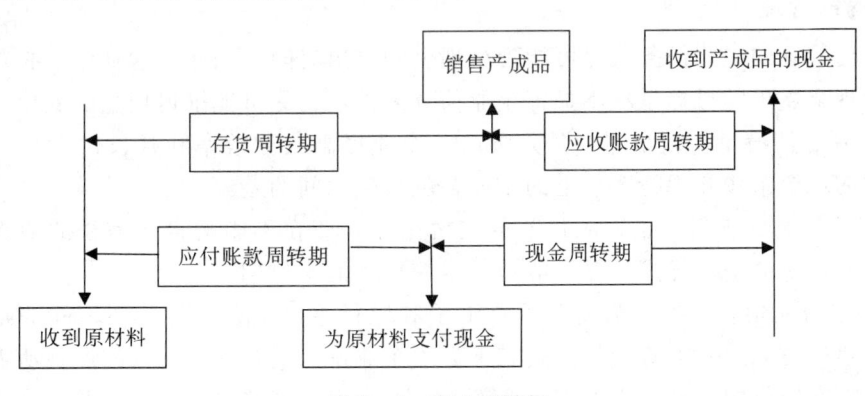

图8-4 现金周转期

上述周转过程用公式来表示如下:

$$经营周期 = 存货周转期 + 应收账款周转期$$ （式8-5）

$$\text{现金周转期} = \text{经营周期} - \text{应付账款周转期} \qquad (\text{式}8-6)$$

其中:

存货周转期 = 存货平均余额/每天的销货成本

应收账款周转期 = 应收账款平均余额/每天的销货收入

应付账款周转期 = 应付账款平均余额/每天的购货成本

所以,如果要减少现金周转期,可以从以下方面着手:加快制造与销售产成品来减少存货周转期;加速应收账款的回收来减少应收账款周转期;减缓支付应付账款来延长应付账款周转期。

(二) 收款管理

1. 收款系统。一个高效率的收款系统能够使收款成本和收款浮动期达到最小,同时能够保证与客户汇款及其他现金流入来源相关的信息的质量。

(1) 收款成本。收款成本包括浮动期成本、管理收款系统的相关费用(如银行手续费)及第三方处理费用或清算相关费用。在获得资金之前,收款在途项目使企业无法利用这些资金,也会产生机会成本。信息的质量包括收款方得到的付款人的姓名,付款的内容和付款时间。信息要求及时、准确地到达收款人一方,以便收款人及时处理资金,作出发货的安排。

(2) 收款浮动期。收款浮动期是指从支付开始到企业收到资金的时间间隔。收款浮动期主要是由纸质支付工具导致的,有三种类型:①邮寄浮动期,是指从付款人寄出支票到收款人或收款人的处理系统收到支票的时间间隔。②处理浮动期,是指支票的接受方处理支票和将支票存入银行以收回现金所花的时间。③结算浮动期,是指通过银行系统进行支票结算所需的时间。

2. 收款方式的改善。电子支付方式对比纸基(或称纸质)支付方式是一种改进。电子支付方式有以下优点:①结算时间和资金可用性可以预计;②向任何一个账户或任何金融机构的支付具有灵活性,不受人工干扰;③客户的汇款信息可与支付同时传送,更容易更新应收账款;④客户的汇款从纸基方式转向电子方式,减少或消除了收款浮动期,降低了收款成本,收款过程更容易控制,并且提高了预测精度。

(三) 付款管理

现金支出管理的主要任务是尽可能延缓现金的支出时间。当然,这种延缓必须是合理合法的。控制现金支出的目标是在不损害企业信誉条件下,尽可能推迟现金的支出。

1. 使用现金浮游量。现金浮游量是指由于企业提高收款效率和延长付款时间所产生的企业账户上的现金余额和银行账户上的企业存款余额之间的差额。

2. 推迟应付款的支付。推迟应付款的支付是指企业在不影响自己信誉的前提下,充分运用供货方所提供的信用优惠,尽可能地推迟应付款的支付期。

3. 汇票代替支票。汇票分为商业承兑汇票和银行承兑汇票,与支票不同的是,承兑汇票并不是见票即付。这一方式的优点是它推迟了企业调入资金支付汇票的实际所需时间。这样企业就只需在银行中保持较少的现金余额。它的缺点是某些供应商可能并不喜欢用汇票付款,银行也不喜欢处理汇票,它们通常需要耗费更多的人力。同支票相比,银行会收取较高的手续费。

4. 改进员工工资支付模式。企业可以为支付工资专门设一个工资账户,通过银行向职工支付工资。为了最大限度地减少工资账户的存款余额,企业要合理预测开出支付工资的支票到职工去银行兑现的具体时间。

5. 透支。企业开出支票的金额大于活期存款余额,它实际上是银行向企业提供的信用。透支的限额由银行和企业共同商定。

6. 争取现金流出与现金流入同步。企业应尽量使现金流出与流入同步,这样,就可以降低交易性现金余额,同时可以减少有价证券转换为现金的次数,提高现金的利用效率,节约转换成本。

7. 使用零余额账户。即企业与银行合作,保持一个主账户和一系列子账户。企业只在主账户保持一定的安全储备,而在一系列子账户不需要保持安全储备。当从某个子账户签发的支票需要现金时,所需要的资金立即从主账户划拨过来,从而使更多的资金可以用作他用。

第三节 应收账款管理

一、应收账款的功能

应收账款的功能是指它在企业生产经营中所具有的作用。应收账款的主要功能如下。

1. 促进销售。企业销售产品时可以采取两种基本销售方式,即现销方式与赊销方式。现销方式最大的优点是应计现金流入量与实际现金流入量完全吻合,既能避免坏账损失,又能及时地将收回的款项投入再增值过程,因而是企业最期望的一种销售结算方式。然而,在竞争激烈的市场经济条件下,完全依赖现销方式往往是不现实的。由于在赊销方式下,企业在销售产品的同时,向买方提供了可以在一定期限内无偿使用的资金,即商业信用资金,其数额等同于商品的售价,这对于购买方而言具有极大的吸引力。因此,赊销是一种重要的促销手段,对于企业销售产品、开拓并占领市场具有重要意义。在企业产品销售不畅、市场萎缩、竞争不力的情况下,或者在企业销售新产品、开拓新市场时,为适应市场竞争的需要,适时地采取各种有效的赊销方式,就显得尤为必要。

2. 减少存货。赊销可以加速产品销售的实现,加快产成品向销售收入的转化速度,从而对降低存货中的产成品数额有着积极的影响。这有利于缩短产成品的库存时间,降低产成品存货的管理费用、仓储费用和保险费用等各方面的支出。因此,当产成品存货较多时,企业可以采用较为优惠的信用条件进行赊销,尽快地实现产成品存货向销售收入的转化,将持有产成品存货变为持有应收账款,以节约各项存货支出。

二、应收账款的成本

企业在采取赊销方式促进销售的同时,会因持有应收账款而付出一定的代价,这种代价即为应收账款式的成本。其内容包括以下几个方面:

1. 机会成本。应收账款的机会成本是指因资金投放在应收账款上而丧失的其他收入,如投资于有价证券便会有利息收入。这一成本的大小通常与企业维持赊销业务所需的资金量(即应收账款投资额)、资金成本率有关。其计算公式为:

$$应收账款机会成本 = 维持赊销业务所需要的资金 \times 资金成本率 \quad (式8-7)$$

式中，资金成本率一般可按有价证券利息率计算。

维持赊销业务所需要的资金数量可按下列步骤计算：

（1）计算应收账款平均余额：

$$应收账款平均余额 = \frac{年赊销额}{360} \times 平均收账天数$$

即：
$$应收账款平均余额 = 平均每日赊销额 \times 平均收账天数 \quad (式8-8)$$

（2）计算维持赊销业务所需要的资金：

$$\frac{维持赊销业务}{所需要的资金} = 应收账款平均余额 \times \frac{变动成本}{销售收入}$$

即：
$$维持赊销业务所需要的资金 = 应收账款平均余额 \times 变动成本率 \quad (式8-9)$$

在上述分析中，假设企业的成本水平保持不变（即单位变动成本不变，固定成本总额不变），因此随着赊销业务的扩大，只有变动成本随之上升。

【例8-4】假设大华公司预测的年度赊销额为3 000 000元，应收账款平均收账天数为60天，变动成本率为60%，资金成本率为10%，则应收账款机会成本可计算如下：

$$应收账款平均余额 = \frac{3\,000\,000}{360} \times 60 = 500\,000 \text{（元）}$$

维持赊销业务所需要的资金 = 500 000 × 60% = 300 000（元）

应收账款机会成本 = 300 000 × 10% = 30 000（元）

上述计算表明，企业投放300 000元的资金可维持3 000 000元的赊销业务，相当于垫支资金的10倍之多。这一较高的倍数在很大程度上取决于应收账款的收账速度。在正常情况下，应收账款收账天数越少，一定数量资金所维持的赊销额就越小；应收账款收账天数越多，维持相同赊销额所需要的资金数量就越大。而应收账款机会成本在很大程度上取决企业维持赊销业务所需要资金的多少。

2. 管理成本。应收账款的管理成本是指企业对应收账款进行管理而耗费的开支，主要包括对客户的资信调查费用、收账费用和其他费用。

3. 坏账成本。应收账款基于商业信用而产生，存在无法收回的可能性，由此而给应收账款持有企业带来的损失，即为坏账成本。这一成本一般与应收账款数量同方向变动，即应收账款越多，坏账成本也越多。基于此，为规避发生坏账成本给企业生产经营活动的稳定性带来不利影响，企业应合理提取坏账准备。

三、信用政策

应收账款政策也叫信用政策，是企业财务政策的一个重要组成部分。企业要管好应收账款，必须事先制定合理的信用政策。应收账款政策主要包括信用标准、信用条件和收账政策的内容。

（一）信用标准

信用标准是企业同意向顾客提供商业信用而提出的基本要求。通常以预期的坏账损失率作为判别标准。如果企业的信用标准较严，只对信誉好、坏账损失率低的顾客给予赊销，则会减少坏账损失和应收账款的机会成本，但这可能不利于扩大销售量，甚至会使销售量减少;反之,如果信用标准较宽,虽然会增加销售,但会相应增加坏账损失和应收账款的机会成本。企业应根据具体情况进行权衡。

【例 8-5】 大华公司现在的经营情况和信用政策,如表 8-3 所示。

表 8-3　　　　　　　　　　大华公司经营情况和信用政策表

项　目	数　据
现在信用政策情况的销售收入(元)(全部为赊销)	100 000
现在信用政策情况下的应收账款投资(元)	12 500
现在利润(元)	2 000
销售利润率(%)	20
信用标准[预期坏账损失率(%)的限制]	10
平均坏账损失率(%)	6
信用条件	30 天付清
平均收现期(天)	45
应收账款的机会成本(%)	15

假设大华公司要改变信用标准,提出 A、B 两个方案,信用标准变化情况详见表 8-4。

表 8-4　　　　　　　　　A、B 两个方案信用标准变化情况表

A 方案(较紧的信用标准)	B 方案(较松的信用标准)
信用标准:只对那些预计坏账损失率低于 5% 的企业提供商业信用	信用标准:只对那些预计坏账损失率低于 15% 的企业提供商业信用
由于标准变化减少销售额 10 000 元	由于标准变化而增加销售额 15 000 元
减少的销售平均收现期为 90 天,其余 90 000 元的平均收现期降为 40 天	增加销售额的平均收现期为 75 天,原 100 000 元的平均收现期仍为 45 天
减少的销售额平均的坏账损失率为 8.7%,其作 9 000 元的平均坏账损失率由 6% 降为 5%	新增加销售额平均的坏账损失率为 10%,原 100 000 元销售额的平均坏账损失率仍为 6%

为了评价两个可选择的信用标准孰优孰劣,必须计算两个方案各自带来的利润和成本,在这种情况下,应测算如下几个项目的变化:

1. 销售量变化对销售利润的影响。
2. 应收账款机会成本的变化。
3. 坏账成本的变化。
4. 管理成本的变化(在本例中这项成本变化略而不计)。

现分别对两个方案进行测算,详见表 8-5。

表 8-5　　　　　　　　　A、B 两个方案的利润和成本表　　　　　　　　　单位:元

项目	A 方案	B 方案
信用标准变化对销售利润的影响	$-10\,000 \times 20\% = -2\,000$	$15\,000 \times 20\% = 3\,000$
信用标准变化对应收账款机会成本的影响	$(90/360) \times (-10\,000) \times 15\% + [(40-45)/360] \times (1\,000\,000 - 10\,000) \times 15\% = -563$	$\dfrac{75}{360} \times 15\,000 \times 15\% = 469$

续表

项目	A 方案	B 方案
信用标准变化对坏账成本的影响	$-10\ 000 \times 8.7\% + (100\ 000 - 10\ 000) \times (5\% - 6\%) = -1\ 770$	$15\ 000 \times 10\% = 1\ 500$
信用政策变化带来的净利润	$(-2\ 000) - (-563) - (-1\ 770) = 330$	$3\ 000 - 469 - 1\ 500 = 1\ 031$

以上计算说明,采用较松的信用标准(B 方案),能使该企业增加较多利润,而较严的信用标准(A 方案)会使利润增加较少,故应采用 B 方案。

(二)信用条件

信用条件是指企业要求顾客支付赊销款项的条件,包括信用期限、折扣期限和现金折扣。信用期限是企业为顾客规定的最长付款时间,折扣期限是为顾客规定的可享受现金折扣的付款时间,现金折扣是在顾客提前付款时给予的优惠。例如,账单中的"2/10,n/30"就是一项信用条件,它规定如果在发票开出后 10 天内付款,可享受 2% 的现金折扣;如果不想取得折扣,这笔货款必须在 30 天内付清。提供比较优惠的信用条件能增加销售量,但也会带来额外的负担,如会增加应收账款的机会成本、坏账成本和现金折扣成本等。

【例 8-6】假设大华公司要改变信用条件,可供选择 A、B 两种方案详见表 8-6。

表 8-6 　　　　　　　A、B 两种信用条件方案

信用条件 A	信用条件 B
信用条件:45 天付清,无现金折扣	信用条件:"2/10,n/30"
增加销售额 40 000 元	增加销售额 60 000 元
全部销售额的平均坏账损失率为 8%	全部销售额的平均坏账损失率为 4%
需付现金折扣的销售额占总销售额的百分比为 0%	需付现金折扣的销售额占总销售额的百分比为 50%
平均收现期为 60 天	平均收现期为 30 天

根据表 8-4 和表 8-6 的有关资料,两种信用条件对销售利润和各种成本的影响,详见表 8-7。从表 8-7 可知,B 方案能带来更多的收益,应采用 B 方案。

表 8-7 　　　　　A、B 两个方案对销售利润和各成本的影响　　　　　单位:元

项目	A 方案	B 方案
信用条件变化对销售利润的影响	$40\ 000 \times 20\% = 8\ 000$	$60\ 000 \times 20\% = 12\ 000$
信用条件变化对应收账款机会成本的影响	$\{[(60-45) \div 360] \times 100\ 000 + (60 \div 360) \times 40\ 000\} \times 15\% = 1\ 625$	$\{[(30-45) \div 360] \times 100\ 000 + (30 \div 360) \times 60\ 000\} \times 15\% = 125$
现金折扣成本的变化情况	—	$(100\ 000 + 60\ 000) \times 50\% \times 2\% = 1\ 600$
信用条件变化对坏账损失的影响	$40\ 000 \times 8\% + (8\% - 6\%) \times 10\ 000 = 5\ 200$	$60\ 000 \times 4\% + (4\% - 6\%) \times 100\ 000 = 400$
信用政策变化带来的净利润	$8\ 000 - 1\ 625 - 0 - 5\ 200 = 1\ 175$	$12\ 000 - 125 - 1\ 600 - 400 = 9\ 875$

(三) 收账政策

收账政策是指在信用条件被违反时,企业采取的收账策略。企业如果采用较积极的收账政策,可减少应收账款投资和坏账损失,但将会增加收账成本。如果采用较消极的收账政策,可节约收账费用,但会增加应收账款投资和坏账损失。在实际工作中,可参照信用标准、信用条件的确定方法来制定收账政策。

一般来说,收账费用支出越多,坏账损失就越少,但这两者之间的变动并不是线性关系。通常情况是:①开始花费一些收账费用,应收账款占用和坏账损失有小部分减少;②收账费用继续增加,应收账款占用和坏账损失明显减少;③收账费用达到某一限度之后,应收账款占用和坏账损失的减少就不再明显了,在制定收账政策时,应权衡增加收账费用与减少应收账款的机会成本和坏账损失之间的得失,以便作出正确的选择。

【例8-7】大华公司现行收账政策的年收账费用、应收账款平均收现期和坏账损失率分别为10 000元、60天和4%。建议收账政策的年收账费用、应收账款平均收现期和坏账损失率分别为15 000元、30天和2%。该公司当年赊售额为1 800 000元,收账政策对销售收入的影响忽略不计。该公司应收账款的机会成本为10%。

根据以上资料计算的结果见表8-8。

表8-8　　　　　　大华公司现行收账政策和建议收账政策对比

项　目	现行收账政策	建议收账政策
(1) 年销售收入	1 800 000	1 800 000
(2) 应收账款周转率	6	12
(3) 应收账款平均占有额	300 000	150 000
(4) 建议收账政策节约的机会成本	—	15 000
(5) 坏账损失	72 000	36 000
(6) 建议收账政策减少坏账成本	—	36 000
(7) 建议收账政策增加收账费用	—	5 000
(8) 建议收账政策可获得收益 (8) = (4) + (6) - (7)		46 000

根据表8-8的计算可知:建议收账政策比现行收账政策多获收益46 000元,故应采用建议收账政策。

四、应收账款的监控

实施信用政策时,企业需监督和控制每一笔应收账款和应收账款总额。例如,可以运用应收账款周转天数衡量企业需要多长时间收回应收账款,可以通过账龄分析表追踪每一笔应收账款,可以采用ABC分析法来确定重点监控的对象等。监督每一笔应收账款的理由:第一,在开票或收款过程中可能会发生错误或延迟;第二,有些客户可能故意拖欠到企业采取追款行动才付款;第三,客户财务状况的变化可能会改变其按时付款的能力,并且需要缩减该客户未来的赊销额度。

企业也必须对应收账款的总体水平加以监督,因为应收账款的增加会影响企业的流动性,还可能导致额外融资的需要。此外,应收账款总体水平的显著变化可能表明业务方面发生了改变,这可能影响企业的融资需要和现金水平。企业管理部门需要分析这些变化以确定其起因并采取纠正措施。可能引起重大变化的事件包括销售量的变化、季节性、信用政策的修改、经济状况的波动以及竞争对手采取的促销等行动。最后,对应收账款总额进行分析还有助于预测未来现金流入的金额和时间。

(一) 应收账款周转天数

应收账款周转天数或平均收账期是衡量应收账款管理状况的一个指标。将企业当前的应收账款周转天数与规定的信用期限、历史趋势以及行业正常水平进行比较,可以反映企业整体的收款效率。然而,应收账款周转天数可能会被销售量的变动趋势和剧烈的销售季节性所破坏。

【例8-8】大华公司2×21年第一季度应收账款平均余额为285 000元,信用条件为在60天内按全额付清款项,3个月的赊销情况为:

1月份:90 000元

2月份:105 000元

3月份:115 000元

应收账款周转天数的计算:

$$平均日销售额 = \frac{90\ 000 + 105\ 000 + 115\ 000}{90} = 3\ 444.44\ (元)$$

$$应收账款周转天数 = \frac{应收账款平均余额}{平均日销售额} = \frac{285\ 000}{3\ 444.44} = 82.74\ (天)$$

平均逾期天数的计算:

平均逾期天数 = 应收账款周转天数 - 平均信用期天数 = 82.74 - 60 = 22.74(天)

(二) 账龄分析表

账龄分析表将应收账款划分为未到信用期的应收账款和以30天为间隔的逾期应收账款,这是衡量应收账款管理状况的另外一种方法。企业既可以按照应收账款总额进行账龄分析,也可以分顾客进行账龄分析。账龄分析法可以确定逾期应收账款,随着逾期时间的增加,应收账款收回的可能性变小。假定信用期限为30天,表8-9中的账龄分析反映出30%的应收账款为逾期账款。

表8-9   账龄分析表

账龄(天)	应收账款金额(元)	占应收账款总额的百分比(%)
0~30	1 750 000	70
31~60	375 000	15
61~90	250 000	10
≥91	125 000	5
合计	2 500 000	100

账龄分析表比计算应收账款周转天数更能揭示应收账款变化趋势,因为账龄分析表给出了应收账款分布的模式,而不仅仅是一个平均数。应收账款周转天数有可能与信用期限相一致,但是有一些账户可能拖欠很严重。因此,应收账款周转天数不能明确地表现出账款拖欠情况。当各个月之间的销售额变化很大时,账龄分析表和应收账款周转天数都可能发出类似

的错误信号。

(三) 应收账款账户余额的模式

账龄分析表可以用于进一步建立应收账款余额的模式，这是重要的现金流预测工具。应收账款账户余额的模式反映一定期间（如1个月）的赊销额，在发生赊销的当月月末及随后的各月仍未偿还的百分比。企业收款的历史决定了其正常的应收账款余额的模式，企业管理部门通过将当前的模式和过去的模式进行对比来评价应收账款余额模式的任何变化。企业还可以运用应收账款账户余额的模式来计划应收账款金额水平，衡量应收账款的收账效率以及预测未来的现金流。

【例 8-9】下面的例子说明 1 月份的销售在 3 月末的在外（未收回）应收账款为 50 000 元，如表 8-10 所示。

表 8-10　　　　　　　　　各月份销售及收款情况　　　　　　　　　单位：元

1 月份销售：		250 000
1 月份收款（销售额的 5%）	0.05 × 250 000	12 500
2 月份收款（销售额的 40%）	0.40 × 250 000	100 000
3 月份收款（销售额的 35%）	0.35 × 250 000	87 500
收款合计：		200 000
1 月份的销售仍未收回的应收账款	250 000 - 200 000	50 000

计算未收回应收账款的另外一个方法是将销售 3 个月后未收回销售额的百分比（20%）乘以销售额（250 000 元），即：

20% × 250 000 = 50 000（元）

上述例子假设能按时收回应收账款。然而，在现实中，有一定比例的应收账款会逾期或者会发生坏账，对应收账款账户余额的模式稍作调整可以反映这些项目。

【例 8-10】下面提供一个应收账款账户余额模式的例子，如表 8-11 所示。为了简便体现，该例假设没有坏账费用。假定收款模式如下：

(1) 销售的当月收回销售额的 5%；
(2) 销售后的第 1 个月收回销售额的 40%；
(3) 销售后的第 2 个月收回销售额的 35%；
(4) 销售后的第 3 个月收回销售额的 20%。

表 8-11　　　　　　　　　各月份应收账款账户余额模式

月份	销售额（元）	月销售中于3月底未收回的金额（元）	月销售中于3月底仍未收回的百分比（%）
1	250 000	50 000	20
2	300 000	165 000	55
3	400 000	380 000	95
4	500 000		

3 月底未收回应收账款余额合计为：50 000 + 165 000 + 380 000 = 595 000（元）

4 月份现金流入估计 = 4 月份销售额的 5% + 3 月份销售额的 40% + 2 月份销售额的 35%

+ 1 月份销售额的 20%

= (5% × 500 000) + (40% × 400 000) + (35% × 300 000) + (20% × 250 000)

= 340 000（元）

（四）ABC 分析法

ABC 分析法是现代经济管理中广泛应用的一种"抓重点、照顾一般"的管理方法，又称重点管理法。它是将企业的所有欠款客户按其金额的多少进行分类排队，然后分别采用不同的收账策略的一种方法。它一方面能加快应收账款收回，另一方面能将收账费用与预期收益联系起来。

例如，大华公司应收账款逾期金额为 260 万元，为了及时收回逾期货款，企业采用 ABC 分析法来加强应收账款回收的监控。具体数据如表 8-12 所示。

先按所有客户应收账款逾期金额的多少分类排队，并计算出逾期金额所占比重。从表 8-12 中可以看出，应收账款逾期金额在 25 万元以上的有 3 家，占客户总数的 6%，逾期总额为 165 万元，占应收账款逾期金额总额的 63.46%，我们将其划入 A 类，这类客户是催款的重点对象。应收账款逾期金额在 10 万元至 25 万元的客户有 5 家，占客户总数的 10%，其逾期金额占应收账款逾期金额总数的 30.77%，我们将其划入 B 类。欠款在 10 万元以下的客户有 42 家，占客户总数的 84%，但其逾期金额仅占应收账款逾期金额总额的 5.77%，我们将其划入 C 类。

表 8-12　　　　　　　　　欠款客户 ABC 分类法（共 50 家客户）

顾客	逾期金额（万元）	逾期期限	逾期金额所占比重（%）	类别
A	85	4 个月	32.69	A
B	46	6 个月	17.69	A
C	34	3 个月	13.08	A
小计	165		63.46	
D	24	2 个月	9.23	B
E	19	3 个月	7.31	B
F	15.5	2 个月	5.96	B
G	11.5	55 天	4.42	B
H	10	40 天	3.85	B
小计	80		30.77	
I	6	30 天	2.31	C
J	4	28 天	1.54	C
…	…	…	…	
小计	15		5.77	
合计	260		100	

对这三类不同的客户，应采取不同的收款策略。例如，对 A 类客户，可以发出措辞较为严厉的信件催收，或派专人催收，或委托收款代理机构处理，甚至可通过法律解决；对 B 类客户则可以多发几封信函催收，或打电话催收；对 C 类客户只需要发出通知其付款的信

函即可。

五、应收账款日常管理

应收账款的管理难度比较大，在确定合理的信用政策之后，还要做好应收账款的日常管理工作，包括对客户的信用调查和分析评价、应收账款的催收工作等。

（一）调查客户信用

信用调查是指收集和整理反映客户信用状况有关资料的工作。信用调查是企业应收账款日常管理的基础，是正确评价客户信用的前提条件。企业对顾客进行信用调查主要通过两种方法。

1. 直接调查。直接调查是指调查人员通过与被调查单位进行直接接触，通过当面采访、询问、观看等方式获取信用资料的一种方法。直接调查可以保证收集资料的准确性和及时性，但也有一定的局限，获得的往往是感性资料，同时若不能得到被调查单位的合作，则会使调查工作难以开展。

2. 间接调查。间接调查是以被调查单位以及其他单位保存的有关原始记录和核算资料为基础，通过加工整理获得被调查单位信用资料的一种方法。这些资料主要来自以下几个方面：

（1）财务报表。通过财务报表分析，可以基本掌握一个企业的财务状况和信用状况。

（2）信用评估机构。专门的信用评估部门，因为它们的评估方法先进，评估调查细致，评估程序合理，所以可信度较高。在我国，目前的信用评估机构有三种形式：第一种是独立的社会评级机构，它们只根据自身的业务吸收有关专家参加，不受行政干预和集团利益的牵制，独立自主地开办信用评估业务；第二种是政策性银行、政策性保险公司负责组织的评估机构，一般由银行、保险公司有关人员和各部门专家进行评估；第三种是由商业银行、商业性保险公司组织的评估机构，由商业性银行、商业性保险公司组织专家对其客户进行评估。

（3）银行。银行是信用资料的一个重要来源，许多银行设有信用部，为顾客服务，并负责对顾客信用状况进行记录、评估。但银行的资料一般仅愿意在内部及同行间进行交流，而不愿向其他单位提供。

（4）其他途径。如财税部门、工商管理部门、消费者协会等机构都可能提供相关的信用状况资料。

（二）评估客户信用

收集好信用资料以后，就需要对这些资料进行分析、评价。企业一般采用"5C"系统来评价，并对客户信用进行等级划分。在信用等级方面，目前主要有两种：一种是三类九等，即将企业的信用状况分为AAA、AA、A、BBB、BB、B、CCC、CC、C九个等级，其中AAA为信用最优等级，C为信用最低等级。另一种是三级制，即分为AAA、AA、A三个信用等级。

（三）收账的日常管理

应收账款发生后，企业应采取各种措施，尽量争取按期收回款项，否则会因拖欠时间过长而发生坏账，使企业蒙受损失。因此，企业必须在对收账的收益与成本进行比较分析的基础上，制定切实可行的收账政策。通常企业可以采取寄发账单、电话催收、派人上门催收、法律诉讼等方式进行催收应收账款,然而催收账款要发生费用,某些催款方式的费用还会很高。一般来说,收账的花费越大,收账措施越有力,可收回的账款应越多,坏账损失也就越小。因此制定收账政策,又要在收账费用和所减少坏账损失之间作出权衡。制定有效、得当的收账政策很大程度上是靠有关人员的经验。从财务管理的角度讲,也有一些数量化的方法可以参照。根据应收账款总成本最小化的原则,可以通过比较各收账方案成本的大小对其加以选择。

(四) 应收账款保理

保理是保付代理的简称,是指保理商与债权人签订协议,转让其对应收账款的部分或全部权利与义务,并收取一定费用的过程。

保理又称托收保付,是指卖方(供应商或出口商)与保理商间存在的一种契约关系。根据契约,卖方将其现在或将来的基于其与买方(债务人)订立的货物销售(服务)合同所产生的应收账款转让给保理商,由保理商提供下列服务中的至少两项:贸易融资、销售账户管理、应收账款的催收、信用风险控制与坏账担保。可见,保理是一项综合性的金融服务方式,其同单纯的融资或收账管理有本质区别。

应收账款保理是企业将赊销形成的未到期应收账款,在满足一定条件的情况下转让给保理商,以获得流动资金,加快资金的周转。保理可以分为有追索权保理(非买断型)和无追索权保理(买断型)、明保理和暗保理、折扣保理和到期保理。

有追索权保理指供应商将债权转让给保理商,供应商向保理商融通货币资金后,如果购货商拒绝付款或无力付款,保理商有权向供应商要求偿还预付的货币资金,如购货商破产或无力支付,只要有关款项到期未能收回,保理商都有权向供应商进行追索,因而保理商具有全部"追索权",这种保理方式在我国采用较多。无追索权保理是指保理商将销售合同完全买断,并承担全部的收款风险。

明保理是指保理商和供应商需要将销售合同被转让的情况通知购货商,并签订保理商、供应商、购货商之间的三方合同。暗保理是指供应商为了避免让客户知道自己因流动资金不足而转让应收账款,并不将债权转让情况通知客户,货款到期时仍由销售商出面催款,再向银行偿还借款。

折扣保理又称为融资保理,即在销售合同到期前,保理商将剩余未收款部分先预付给销售商,一般不超过全部合同额的70%~90%。到期保理是指保理商并不提供预付账款融资,而是在赊销到期时才支付,届时不管货款是否收到,保理商都必须向销售商支付货款。

应收账款保理对于企业而言,其财务管理作用主要体现在:

(1) 融资功能。应收账款保理,其实质也是一种利用未到期应收账款这种流动资产作为抵押从而获得银行短期借款的一种融资方式。对于那些规模小、销售业务少的企业来说,向银行贷款将会受到很大的限制,而自身的原始积累又不能支撑企业的高速发展,通过保理业务进行融资可能是企业较为明智的选择。

(2) 减轻企业应收账款的管理负担。推行保理业务是市场分工思想的运用,面对市场的激烈竞争,企业可以把应收账款让与专门的保理商进行管理,使企业从应收账款的管理之中解脱出来,由专业的保理企业对销售企业的应收账款进行管理,他们具备专业技术人员和业务运行机制,会详细地对销售客户的信用状况进行调查,建立一套有效的收款政策,及时收回账款,使企业减轻财务管理负担,提高财务管理效率。

（3）减少坏账损失、降低经营风险。企业只要有应收账款就有发生坏账的可能性，以往应收账款的风险都是由企业单独承担，而采用应收账款保理后，一方面可以提供信用风险控制与坏账担保，帮助企业降低其客户违约的风险；另一方面可以借助专业的保理商去催收账款，能够在很大程度上降低坏账发生的可能性，有效地控制坏账风险。

（4）改善企业的财务结构。应收账款保理业务是将企业的应收账款与货币资金进行置换。企业通过出售应收账款，将流动性稍弱的应收账款置换为具有高度流动性的货币资金，增强了企业资产的流动性，提高了企业的债务清偿能力。

【例8-11】大华公司主要生产和销售冰箱、中央空调和液晶电视。2×21年全年实现的销售收入为14.44亿元。公司2×21年有关应收账款具体情况，如表8-13所示。

表8-13　　　　　　　大华公司2×21年应收账款账龄分析表　　　　　单位：亿元

应收账款	冰箱	中央空调	液晶电视	合计
年初应收账款总额	2.93	2.09	3.52	8.54
年末应收账款：				
（1）6个月以内	1.46	0.80	0.58	2.84
（2）6~12个月	1.26	1.56	1.04	3.86
（3）1~2年	0.20	0.24	3.26	3.70
（4）2~3年	0.08	0.12	0.63	0.83
（5）3年以上	0.06	0.08	0.09	0.23
年末应收账款总额	3.06	2.80	5.60	11.46

上述应收账款中，冰箱的欠款单位主要是机关和大型事业单位的后勤部门，中央空调的欠款单位均是国内知名厂家，液晶电视的主要欠款单位是美国华盛公司。

2×21年大华公司销售收入预算为18亿元，有6亿元资金缺口。为了加快资金周转速度，决定对应收账款采取以下措施：

（1）较大幅度提高现金折扣率，在其他条件不变的情况下，预计可使应收账款周转率由2×21年的1.44次提高至2×22年的1.74次，从而加快回收应收账款。

（2）成立专门催收机构，加大应收账款催收力度，预计可提前收回资金0.4亿元。

（3）将6~12个月应收账款销售给有关银行，提前获得周转所需货币资金。据分析，大华公司销售冰箱和中央空调发生的6~12个月应收账款可平均以92折转售银行（且可无追索权）；销售液晶电视发生的6~12个月应收账款可平均以90折转售银行（但必须附追索权）。

（4）2×22年以前，大华公司给予华盛公司1年期的信用政策；2×22年，华盛公司要求将信用期限延长至两年。考虑到华盛公司信誉好，且大华公司资金紧张时应收账款可转售银行（但必须附追索权），为了扩大外销，大华公司接受了华盛公司的条件。

根据上述资料，可以计算分析如下：

首先，2×21年年末应收账款：(18+1.74)×2-11.46=9.23（亿元）

采取第（1）项措施2×21年收回的资金数额：11.46-9.23=2.23（亿元）

其次，采取第（3）项措施2×22年收回的资金数额：(1.26+1.56)×0.92+1.04×0.9=3.53（亿元）

再次,采取(1)~(3)项措施预计2×22年收回的资金总额:2.23+0.4+3.53=6.16(亿元)。

最后,对大华公司2×21年所采取的各项措施评价:①大幅度提高现金折扣,虽然可以提高公司货款回收速度,但也可能导致企业盈利水平降低甚至使企业陷入亏损。因此,公司应当在仔细分析计算后,适当提高现金折扣水平。②成立专门机构催款,必须充分考虑成本效益原则,防止得不偿失。③公司选择将收账期在1年以内、销售冰箱和中央空调的应收账款出售给有关银行,提前获得企业周转所需货币资金,应考虑折扣水平的高低,同时注意防范所附追索权带来的风险。④销售液晶电视的账款,虽可转售银行,但由于必须附追索权,风险仍然无法控制或转移,因此,应尽量避免以延长信用期限方式进行销售。

第四节 存货管理

一、存货管理的目标

存货是指企业在生产经营过程中为销售或者耗用而储备的物资,包括材料、燃料、低值易耗品、在产品、半成品、产成品、协作件、商品等。存货管理水平的高低直接影响着企业的生产经营能否顺利进行,并最终影响企业的收益、风险等状况。因此,存货管理是财务管理的一项重要内容。

企业持有存货的原因一方面是为了保证生产或销售的经营需要,另一方面是出自价格考虑,零购物资的价格往往较高,而整批购买在价格上有优惠。但是,过多的存货要占用较多资金,并且会增加包括仓储费、保险费、维护费、管理人员工资在内的各项开支,因此,存货管理的目标,就是在保证生产或销售经营需要的前提下,最大限度地降低存货成本。存货管理的目标具体包括以下几个方面。

(一)保证生产正常进行

生产过程中需要的原材料和在产品,是生产的物质保证。为保障生产的正常进行,必须储备一定量的原材料,否则可能会造成生产中断、停工待料现象。尽管当前部分企业的存货管理已经实现计算机自动化管理,但要实现存货为零的目标实属不易。

(二)有利于销售

一定数量的存货储备能够增加企业在生产和销售方面的机动性和适应市场变化的能力。当企业市场需求量增加时,若产品储备不足就有可能失去销售良机。同时,由于顾客为节约采购成本和其他费用,一般可能成批采购;企业为了达到运输上的最优批量也会组织成批发运。所以保持一定量的存货是有利于市场销售的。

(三)便于维持均衡生产,降低产品成本

有些企业产品属于季节性产品或者需求波动较大的产品,此时若根据需求状况组织生产,则可能有时生产能力得不到充分利用,有时又超负荷生产,造成产品成本的上升。为了降低生产成本,实现均衡生产,就要储备一定的产成品存货,并应相应地保持一定的原材料存货。

(四) 降低存货取得成本

一般情况下,当企业进行采购时,进货总成本与采购物资的单价和采购次数有密切关系。而许多供应商为鼓励客户多购买其产品,往往在客户采购量达到一定数量时,给予客户价格折扣,所以企业通过大批量集中进货,既可以享受价格折扣,降低购置成本,也因减少订货次数,降低了订货成本,使总的进货成本降低。

(五) 防止意外事件的发生

企业在采购、运输、生产和销售过程中,都可能发生意料之外的事故,保持必要的存货保险储备,可以避免和减少意外事件的损失。

二、存货的成本

(一) 取得成本

取得成本是指存货的进货成本,主要由存货进价和进货费用两个方面构成。其中,存货进价又称购置成本,是指存货本身价值,等于采购单价与采购数量的乘积。在一定时期进货总量既定的条件下,无论企业采购次数如何变动,存货的进价成本通常是保持相对稳定的(假设物价不变且无采购数量折扣),因而属于决策无关成本。进货费用又称订货成本,是指企业为组织进货而开支的费用,如与材料采购有关的办公费、差旅费、邮资、电话电报费、运输费、检验费、入库搬运费等。进货费用与进货次数成正比例变动,这类变动性进货费用属于决策的相关成本;另一部分与订货次数无关,如专设采购机构的基本开支等,这类固定性进货费用则属于决策的无关成本。

(二) 储存成本

企业为持有存货而发生的费用即为存货的储存成本,主要包括存货资金占用费(以贷款购买存货的利息成本)或机会成本(以现金购买存货而同时损失的证券投资收益等)、仓储费用、保险费用、存货残损霉变损失等。与进货费用一样,储存成本可以按照与储存数额的关系分为变动性储存成本和固定性储存成本两类。其中,固定性储存成本与存货储存数额的多少没有直接的联系,如仓库折旧费、仓库职工的固定月工资,这类成本属于决策的无关成本;而变动性储存成本则随着存货储存数额的增减成正比例变动关系,如存货资金的应计利息、存货残损和变质损失、存货的保险费用等,这类成本属于决策的相关成本。

(三) 缺货成本

缺货成本是因存货不足而给企业造成的损失,包括由于材料供应中断造成的停工损失、成品供应中断导致延误发货的信誉损失及丧失销售机会的损失等。如果生产企业能够以替代材料解决库存材料供应中断之急的话,缺货成本便表现为替代材料紧急采购的额外开支。缺货成本能否作为决策的相关成本,应视企业是否允许出现存货短缺的不同情形而定。若允许缺货,则缺货成本与存货数量反向相关,即属于决策相关成本,反之,若企业不允许发生缺货情形,此时缺货成本为零,也就无须考虑。

三、最优存货量的确定

经济批量是指一定时期储存成本和订货成本总和最低的采购批量。从前述存货成本构成中可知，这两种成本高低与订货批量多少的关系是相反的。订购的批量大，储存的存货就多，会使储存成本上升，但由于订货次数减少，则会使订货成本降低；反之，如果降低订货批量，可降低储存成本，但由于订货次数增加，会使订货成本上升。也就是说，随着订购批量大小的变化，这两种成本是互为消长的。存货控制，就是要寻找这两种成本合计数最低的订购批量，即经济订购批量。

（一）经济订货基本模型

经济批量基本模型以如下假设为前提：①企业一定时期的进货总量可以较为准确地予以预测；②存货的耗用或者销售比较均衡；③存货的价格稳定，且不存在数量折扣，进货日期完全由企业自行决定，并且每当存货量降为零时，下一批存货均能马上一次到位；④仓储条件及所需现金不受限制；⑤不允许出现缺货情形；⑥所需存货市场供应充足，不会因买不到存货而影响其他方面。

为了确定经济批量，可采用逐批测试法、图示法或公式法来进行计算。现举例说明如下：

【例 8－12】 大华公司全年需要零件 1 200 件，每订购 1 次的订货成本为 400 元，每件年储存成本为 6 元。问：最优经济订购批量是多少？

1. 逐批测试法。为了计算上的方便，现假设有关符号如下：A 代表全年需要量，Q 代表每批订货量，F 代表每批订货成本，C 代表每件年储存成本。

那么，

$$\text{订购批数} = \frac{A}{Q} \quad \text{（式 8－10）}$$

$$\text{平均库存量} = \frac{Q}{2} \quad \text{（式 8－11）}$$

$$\text{全年订货成本} = F \cdot \frac{A}{Q} \quad \text{（式 8－12）}$$

$$\text{全年储存总成本} = \frac{Q}{2} \cdot C \quad \text{（式 8－13）}$$

$$\text{全年总成本}(T) = \frac{Q}{2} \cdot C + \frac{A}{Q} \cdot F \quad \text{（式 8－14）}$$

为了确定经济批量，现分别采用不同的订货量逐批测试，详见表 8－14。

表 8－14　　　　　　　　　　经济批量逐批测试表

项　目	各　种　批　量					
订购批数 $\frac{A}{Q}$ *	1	2	3	4	5	6
订购批量（Q）（件）	1 200	600	400	300	240	200
年储存成本 $\left(\frac{Q}{2} \cdot C\right)$（元）	3 600	1 800	1 200	900	720	600
年订货成本 $\left(\frac{A}{Q} \cdot F\right)$（元）	400	800	1 200	1 600	2 000	2 400
年总成本合计（T）（元）	4 000	2 600	2 400	2 500	2 720	3 000

* 全年需要量 A = 1 200 件。

从表 8-14 中可见，每批订货为 400 件，1 年订货 3 次时，全年总成本最低（2 400 元），故 400 件为最优订货批量，即经济批量。

2. 图示法。现根据前例资料，把有关数据描绘在直角坐标系中，便形成图 8-5。

从图 8-5 中可以看出，经济批量也就是总成本曲线的最低点时的订货量，总成本最低点正好是订货成本线和储存成本线相交处，即经济批量应为 400 件，此时总成本最低为 2 400 元。

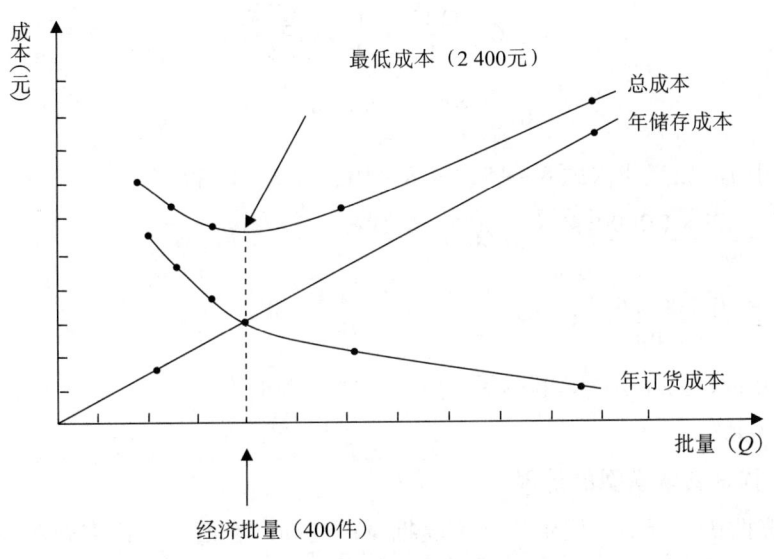

图 8-5　确定经济批量的图示法

3. 公式法。经济批量还可以用公式法来确定，下面就介绍利用导数来推导计算经济批量的公式：

因为：$T = \dfrac{CQ}{2} + \dfrac{AF}{Q}$

求 T 对 Q 的导数得：

$T' = \left(\dfrac{CQ}{2} + \dfrac{AF}{Q}\right)' = \dfrac{C}{2} - \dfrac{AF}{Q^2}$

令：$T' = 0$，则：

$\dfrac{C}{2} - \dfrac{AF}{Q^2} = 0$

$\dfrac{C}{2} = \dfrac{AF}{Q^2}$

$Q^2 = \dfrac{2AF}{C}$

$$经济批量（Q）= \sqrt{\dfrac{2AF}{C}} \qquad (式 8-15)$$

另外，由（式 8-15）得：

$\dfrac{A}{Q^2} = \dfrac{C}{2F} \qquad \dfrac{A^2}{Q^2} = \dfrac{AC}{2F}$

$$\text{经济批数}\left(\frac{A}{Q}\right)=\sqrt{\frac{AC}{2F}} \qquad (\text{式 } 8-16)$$

将（式 8-16）代入，得：

$$T=\frac{1}{2}C\sqrt{\frac{2AF}{C}}+\frac{AF}{\sqrt{\frac{2AF}{C}}}$$

$$=\frac{1}{2}C\sqrt{\frac{2AF}{C}}+\frac{1}{2}C\sqrt{\frac{2AF}{C}}$$

$$=C\sqrt{\frac{2AF}{C}}=\sqrt{2AFC} \qquad (\text{式 } 8-17)$$

把前面举例中的数字代入式 8-15、式 8-16、式 8-17 得：

$$Q=\sqrt{\frac{2AF}{C}}=\sqrt{\frac{2\times1\,200\times400}{6}}=400 \text{（件）}$$

$$\frac{A}{Q}=\sqrt{\frac{AC}{2F}}=\sqrt{\frac{1\,200\times6}{2\times400}}=3 \text{（批）}$$

$$T=\sqrt{2AFC}=\sqrt{2\times1\,200\times400\times6}$$

$$=2\,400 \text{（元）}$$

（二）经济订货基本模型的扩展

在上述经济批量分析中，假定价格不随批量而变动。在西方，许多企业在销售时都有批量折扣，即对大批量采购在价格上给予一定的优惠。在这种情况下，除了考虑订货成本和储存成本外，还应考虑采购（成本）。

【例 8-13】 假设前举的实例中每件价格为 10 元，但如果一次订购超过 600 件，可给予 2% 的批量折扣，问：应以多大批量订货？

此时如果确定最优订购批量，就要按以下两种情况分别计算三种成本的合计数。

（1）按经济批量采购，不取得数量折扣。在不取得数量折扣，按经济批量采购时的总成本合计应为：

总成本 = 年订货成本 + 年储存成本 + 年采购成本

$$=\frac{1\,200}{400}\times400+\frac{400}{2}\times6+1\,200\times10$$

$$=14\,400 \text{（元）}$$

（2）不按经济批量采购，取得数量折扣。如果想取得数量折扣，必须按 600 件来采购，此时三种成本的合计为：

总成本 = 年订货成本 + 年储存成本 + 年采购成本

$$=\frac{1\,200}{600}\times400+\frac{600}{2}\times6+1\,200\times10\times(1-2\%)$$

$$=14\,360 \text{（元）}$$

将以上两种情况进行对比可知，订购量为 600 件时成本最低。

（三）保险储备

为了保证生产和销售正常进行，工业企业必须在材料用完之前订货，商品流通企业必须在商品售完之前订货。那么，企业应在上一批购入的存货还有多少时，订购下一批货物呢？这就是订货点的控制问题。所谓订货点，就是订购下一批存货时本批存货的储存量。确定订货点，必须考虑如下因素：

1. 平均每天的正常耗用量，用 n 来表示。
2. 预计每天的最大耗用量，用 m 来表示。
3. 提前时间，指从发出订单到货物验收完毕所用的时间，用 t 来表示。
4. 预计最长提前时间，用 r 来表示。
5. 保险储备，是指为防止耗用量突然增加或交货误期等进行的储备，用 S 来表示。

保险储备 S 的可用下式计算：

$$S = \frac{1}{2}(mr - nt) \qquad (式 8-18)$$

订货点 R 可用下式计算：

$$R = nt + S$$
$$= nt + \frac{1}{2}(mr - nt) = \frac{1}{2}(mr + nt) \qquad (式 8-19)$$

【例 8-14】大华公司每天正常耗用某零件为 10 件，订货的提前期为 20 天，预计最大耗用量为每天 12 件，预计最长提前期为 25 天。

$$S = \frac{1}{2}(mr - nt)$$
$$= \frac{1}{2} \times (12 \times 25 - 10 \times 20)$$
$$= 50 \text{（件）}$$

$$R = nt + S = \frac{1}{2}(mr + nt)$$
$$= 10 \times 20 + 50 = \frac{1}{2} \times (12 \times 25 + 10 \times 20)$$
$$= 250 \text{（件）}$$

另外，假设订购批量为 500 件，那么，订货点和储存量变动情况可如图 8-6 所示。

四、存货控制系统

存货管理不仅需要各种模型帮助确定适当的存货水平，还需要建立相应的存货控制系统。传统的存货控制系统有定量控制系统和定时控制系统两种。定量控制系统是指当存货下降到一定水平时即发出订货单，订货数量是固定的和事先决定的。定时控制系统是每隔一固定时期，无论现有存货水平多少，即发出订货申请。这两种系统都较简单和易于理解，但不够精确。现在许多大型企业都已采用了计算机存货控制系统。当存货数据输入计算机后，计算机即对这批货物开始跟踪。此后，每当有该货物被取出时，计算机就及时作出记录并修正库存余额。当存货下降到订货点时，计算机自动发出订单，并在收到订货时记下所有的库存量。计算机系统能对大量种类的存货进行有效管理，这也是为什么大型企业愿意采用这种系统的原因之一。对于大型企业而言，其存货种类数以十万计，要使用人力及传统方法来对如此众多的库存进行有效管理，及时调整存货水平，避免出现缺货或浪费现象简直是不可能

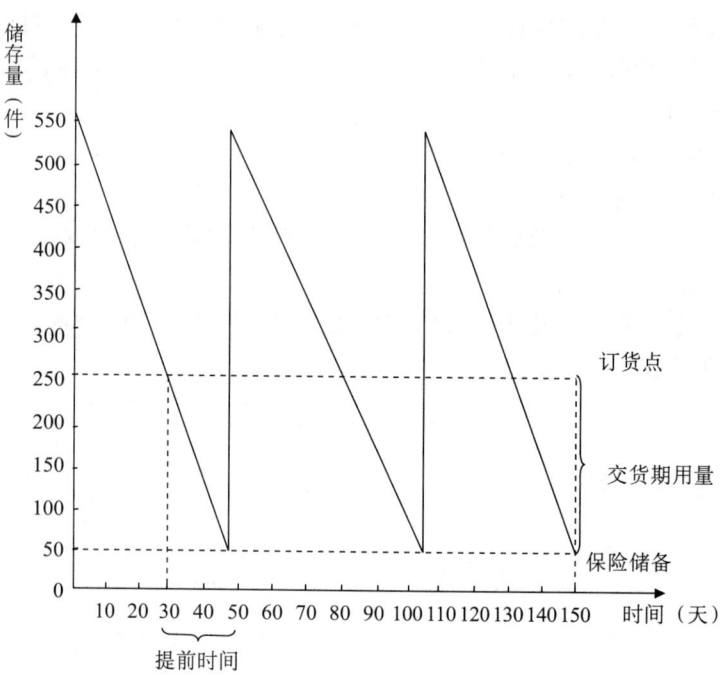

图 8-6 订货点和储存量变动情况表

的，但计算机系统对此却能作出迅速有效的反应。

伴随着业务流程重组的兴起以及计算机行业的发展，存货管理系统也得到了很大的发展。从 MRP（物料资源规划）发展到 MRP-Ⅱ（制造资源规划），再到 ERP（企业资源规划），以及后来的柔性制造和供应链管理，甚至是外包等管理方法的快速发展，都大大地提高了企业存货管理方法的发展。这些新的生产方式把信息技术革命和管理进一步融为一体，提高了企业的整体运作效率。以下将对两个典型的存货控制系统进行介绍。

（一）ABC 控制系统

ABC 控制系统是意大利经济学家巴雷特于 19 世纪首创的，经过不断发展和完善，现已广泛用于存货管理、成本管理和生产管理。一个大型企业都会有成千上万种存货，在这些存货中，有的价值昂贵，有的不值几文；有的数量很大，有的寥寥无几。如果不分主次，对每一种存货都进行周密的规划、严格的控制，就抓不住重点，难以有效地控制存货资金。ABC 控制系统正是针对这一问题而提出来的，是在分类基础上的重点管理方法。ABC 控制系统控制存货资金，一般有以下几个步骤：

1. 计算每一种存货在一定时间内（一般为一年）的资金占用额。
2. 计算每一种存货资金占用额占全部资金占用额的百分比，并按大小顺序排列，编成表格。
3. 根据事先测定好的标准，把最重要的存货归为 A 类，把一般存货归为 B 类，把不重要的存货归为 C 类。
4. 对 A 类存货进行重点规划和控制，对 B 类存货进行次重点管理，对 C 类存货只进行一般管理。

把存货分成 A、B、C 三大类，目的是对存货占用资金进行有效的管理。A 类存货品种虽然较少，但占用资金多，应集中主要力量管理，对其经济批量要进行认真的规划，对这类存货的收入、发出要进行严格控制；C 类存货虽然种类很多，但占用资金不多，这类存货的经济批量可凭经验确定，不必耗费大量的人力、物力和财力去管理；B 类存货介于 A 类和 C 类之间，也应予以相当的重视，但不必像 A 类那样进行非常严格的控制。

（二）适时制库存控制系统

适时制库存控制系统又称零库存管理、看板管理系统，它最早由丰田公司提出并将其应用于实践。适时制库存控制系统是指制造企业事先和供应商和客户协调好，只有当制造企业在生产过程中需要原料或零件时，供应商才会将原料或零件送来；每当产品生产出来就被客户拉走。这样，制造企业的存货持有水平就可以大大下降，企业的物资供应、生产和销售形成连续的同步运动过程。显然，适时制库存控制系统需要的是稳定而标准的生产程序以及诚信的供应商，否则，任何一环出现差错都将导致整个生产线的停止。目前，已有越来越多的企业利用适时制库存控制系统减少甚至消除对存货的需求，即实行零库存管理，如沃尔玛、丰田、海尔等。适时制库存控制系统进一步的发展被应用于企业整个生产管理的过程中——集开发、生产、库存和分销于一体，大大提高了企业运营管理效率。

第五节　流动负债管理

流动负债有三种主要来源：短期借款、短期融资券和商业信用，各种来源具有不同的获取速度、灵活性、成本和风险。

一、短期借款

企业的借款通常按其流动性或偿还时间的长短，划分为短期借款和长期借款。短期借款是指企业向银行或其他金融机构借入的期限在 1 年以内（含 1 年）的各种借款。

目前我国短期借款按照目的和用途分为生产周转借款、临时借款、结算借款、票据贴现借款等。按照国际惯例，短期借款往往按偿还方式不同分为一次性偿还借款和分期偿还借款；按利息支付方式不同分为收款法借款、贴现法借款和加息法借款；按有无担保分为抵押借款和信用借款。

短期借款可以随企业的需要安排，便于灵活使用，但其突出的缺点是短期内要归还，且可能会附带很多附加条件。

（一）短期借款的信用条件

银行等金融机构对企业贷款时，通常会附带一定的信用条件。短期借款所附带的一些信用条件主要如下。

1. 信贷额度。信贷额度亦即贷款限额，是借款企业与银行在协议中规定的借款最高限额，信贷额度的有限期限通常为 1 年。一般情况下，在信贷额度内，企业可以随时按需要支用借款。但是，银行并不承担必须支付全部信贷数额的义务。如果企业信誉恶化，即使在信贷限额内，企业也可能得不到借款。此时，银行不会承担法律责任。

2. 周转信贷协定。周转信贷协定是银行具有法律义务地承诺提供不超过某一最高限额的贷款协定。在协定的有效期内,只要企业借款总额未超过最高限额,银行必须满足企业任何时候提出的借款要求。企业要享用周转信贷协定,通常要对贷款限额的未使用部分付给银行一笔承诺费用。

【例8-15】大华公司与银行商定的周转信贷额度为5 000万元,年度内实际使用了2 800万元,承诺率为0.5%,企业应向银行支付的承诺费为:

信贷承诺费 = (5 000 - 2 800) × 0.5% = 11(万元)

周转信贷协定的有效期通常超过1年,但实际上贷款每几个月发放一次,所以这种信贷具有短期借款和长期借款的双重特点。

3. 补偿性余额。补偿性余额是银行要求借款企业在银行中保持按贷款限额或实际借用额一定比例(通常为10%~20%)计算的最低存款余额。对于银行来说,补偿性余额有助于降低贷款风险,补偿其可能遭受的风险;对借款企业来说,补偿性余额则提高了借款的实际利率,加重了企业负担。

【例8-16】大华公司向银行借款800万元,利率为6%,银行要求保留10%的补偿性余额,则企业实际可动用的贷款为720万元,该借款的实际利率为:

$$借款的实际利率 = \frac{800 \times 6\%}{720} = \frac{6\%}{1-10\%} = 6.67\%$$

4. 借款抵押。为了降低风险,银行发放贷款时往往需要有抵押品担保。短期借款的抵押品主要有应收账款、存货、应收票据、债券等。银行将根据抵押品面值的30%~90%发放贷款,具体比例取决于抵押品的变现能力和银行对风险的态度。

5. 偿还条件。贷款的偿还有到期一次偿还和在贷款期内定期(每月、季)等额偿还两种方式。一般来讲,企业不希望采用后一种偿还方式,因为这会提高借款的实际年利率;而银行不希望采用前一种偿还方式,是因为这会加重企业的财务负担,增加企业的拒付风险,同时会降低实际贷款利率。

6. 其他承诺。银行有时还会要求企业为取得贷款而作出其他承诺,如及时提供财务报表、保持适当的财务水平(如特定的流动比率)等。如企业违背所作出的承诺,银行可要求企业立即偿还全部贷款。

(二) 短期借款的成本

短期借款的成本主要包括利息、手续费等。短期借款成本的高低主要取决于贷款利率的高低和利息的支付方式。短期贷款利息的支付方式有收款法、贴现法和加息法三种,付息方式不同,短期借款成本计算也有所不同。

1. 收款法。收款法是在借款到期时向银行支付利息的方法。银行向企业贷款一般都是采用这种方法收取利息。采用收款法时,短期贷款的实际利率就是名义利率。

2. 贴现法。贴现法又称折价法,是指银行向企业发放贷款时,先从本金中扣除利息部分,到期时借款企业偿还全部贷款本金的一种利息支付方法。在这种利息支付方式下,企业可以利用的贷款只是本金减去利息部分后的差额,因此,贷款的实际利率要高于名义利率。

【例8-17】大华公司从银行取得借款200万元,期限1年,利率6%,利息12万元。按贴现法付息,企业实际可动用的贷款为188万元,该借款的实际利率为:

$$借款的实际利率 = \frac{200 \times 6\%}{188} = \frac{6\%}{1-6\%} = 6.38\%$$

3. 加息法。加息法是银行发放分期等额偿还贷款时采用的利息收取方法。在分期等额偿还贷款情况下，银行将根据名义利率计算的利息加到贷款本金上，计算出贷款的本息和，要求企业在贷款期内分期偿还本息之和。由于贷款本金分期均衡偿还，借款企业实际上只平均使用了贷款本金的一半，却支付了全额利息。这样企业所负担的实际利率要高于名义利率大约1倍。

【例8-18】大华公司借入（名义）年利率为12%的贷款20 000元，分12个月等额偿还本息。该项借款的实际年利率为：

$$实际年利率 = \frac{20\ 000 \times 12\%}{\frac{20\ 000}{2}} = 24\%$$

二、短期融资券

短期融资券是由企业依法发行的无担保短期本票。在我国，短期融资券是指企业依照《银行间债券市场非金融企业债务融资工具管理办法》的条件和程序，在银行间债券市场发行和交易并约定在一定期限内还本付息的有价证券，是企业筹措短期（1年以内）资金的直接融资方式。

（一）发行短期融资券的相关规定

1. 发行人为非金融企业，发行企业均应经过在中国境内工商注册且具备债券评级能力的评级机构的信用评级，并将评级结果向银行间债券市场公示。

2. 发行和交易的对象是银行间债券市场的机构投资者，不向社会公众发行和交易。

3. 融资券的发行由符合条件的金融机构承销，企业不得自行销售融资券，发行融资券募集的资金用于本企业的生产经营。

4. 融资券采用实名记账方式在中央国债登记结算有限责任公司（简称中央结算公司）登记托管，中央结算公司负责提供有关服务。

5. 债务融资工具发行利率、发行价格和所涉费率以市场化方式确定，任何商业机构不得以欺诈、操纵市场等行为获取不正当利益。

（二）短期融资券的种类

1. 按发行人分类，短期融资券分为金融企业的融资券和非金融企业的融资券。在我国，目前发行和交易的是非金融企业的融资券。

2. 按发行方式分类，短期融资券分为经纪人承销的融资券和直接销售的融资券。非金融企业发行融资券一般采用间接承销方式进行，金融企业发行融资券一般采用直接发行方式进行。

（三）短期融资券的筹资特点

1. 短期融资券的筹资成本较低。相对于发行企业债券筹资而言，发行短期融资券的筹资成本较低。

2. 短期融资券筹资数额比较大。相对于银行借款筹资而言，短期融资券一次性的筹资数额比较大。

3. 发行短期融资券的条件比较严格。只有具备一定的信用等级的实力强的企业，才能发行短期融资券筹资。

三、商业信用

商业信用是指企业在商品或劳务交易中,以延期付款或预收货款方式进行购销活动而形成的借贷关系,是企业之间的直接信用行为,也是企业短期资金的重要来源。商业信用产生于企业生产经营的商品、劳务交易之中,是一种"自动性筹资"。

(一) 商业信用的形式

1. 应付账款。应付账款是供应商给企业提供的一种商业信用。由于购买者往往在到货一段时间后才付款,商业信用就成为企业短期资金来源。如企业规定对所有账单均在见票后若干日付款,商业信用就成为随生产周转而变化的一项内在的资金来源;当企业扩大生产规模时,其进货和应付账款相应增长,商业信用就提供了增产需要的部分资金。

商业信用条件通常包括以下两种:第一,有信用期,但无现金折扣,如"n/30"表示30天内按发票金额全数支付。第二,有信用期和现金折扣,如"2/10,n/30"表示10天内付款享受现金折扣2%,若买方放弃折扣,30天内必须付清款项。供应商在信用条件中规定有现金折扣,目的主要在于加速资金回收。企业在决定是否享受现金折扣时,应仔细考虑。通常,放弃现金折扣的成本是很高的。

(1) 放弃现金折扣的信用成本。倘若买方企业购买货物后在卖方规定的折扣期内付款,可以获得免费信用,这种情况下企业没有因为取得延期付款信用而付出代价。例如,某公司的应付账款规定付款信用条件为"2/10,n/30",是指买方在10天内付款,可获得2%的付款折扣;若在10~30天内付款,则无折扣;允许买方付款期限最长为30天。

【例8-19】大华公司按"2/10,n/30"的付款条件购入60万元货物。如果企业在10天以后付款,便放弃了现金折扣1.2万元(60×2%),信用额为58.8万元(60-1.2)。放弃现金折扣的信用成本率为:

$$\text{放弃折扣的信用成本率} = \frac{\text{折扣\%}}{1-\text{折扣\%}} \times \frac{360\text{天}}{\text{付款期} - \text{折扣期}} = \frac{2\%}{1-2\%} \times \frac{360}{30-10} = 36.73\%$$

公式表明,放弃现金折扣的信用成本率与折扣百分比大小、折扣期长短和付款期长短有关系,与贷款额和折扣额没有关系。企业在放弃折扣的情况下,推迟付款的时间越长,其信用成本便会越小,但长期信用的结果是企业信誉恶化导致信用度的严重下降,日后可能招致更加苛刻的信用条件。

(2) 放弃现金折扣的信用决策。企业放弃应付账款现金折扣的原因,可能是企业资金暂时的缺乏,也可能是基于将应付的账款用于临时性短期投资,以获得更高的投资收益。如果企业将应付账款额用于短期投资,所获得的投资报酬率高于放弃折扣的信用成本率,则应当放弃现金折扣。

【例8-20】大华公司采购一批货物,供应商报价为10 000元,付款条件为3/10、2.5/30、1.8/50、n/90。目前企业用于支付账款的资金需要在90天时才能周转回来,在90天内付款,只能通过银行借款解决。如果银行利率为12%,确定企业材料采购款的付款时间和价格。

根据放弃折扣的信用成本率计算公式,10天付款方案,放弃折扣的信用成本率为13.92%;30天付款方案,放弃折扣的信用成本率为15.38%;50天付款方案,放弃折扣的信用成本率为16.50%。由于各种方案放弃折扣的信用成本率均高于借款利息率,因此初步结论是要取得现金折扣,借入银行借款以偿还货款。

10 天付款方案,享受折扣 300 元,实际支付资金 9 700 元,借款 80 天,利息 258.67 元,净收益 41.33 元;

30 天付款方案,享受折扣 250 元,实际支付资金 9 750 元,借款 60 天,利息 195 元,净收益 55 元;

50 天付款方案,享受折扣 180 元,实际支付资金 9 820 元,借款 40 天,利息 130.93 元,净收益 49.07 元。

结论:第 30 天付款是最佳方案,其净收益最大。

2. 应付票据。应付票据是指企业在商品购销活动和对工程价款进行结算中,因采用商业汇票结算方式而产生的商业信用。商业汇票是指由付款人或存款人(或承兑申请人)签发,由承兑人承兑,并于到期日向收款人或被背书人支付款项的一种票据,它包括商业承兑汇票和银行承兑汇票。应付票据按是否带息分为带息应付票据和不带息应付票据两种。

3. 预收货款。预收货款是指销货单位按照合同和协议规定,在发出货物之前向购货单位预先收取部分或全部货款的信用行为。购买单位对于紧俏商品往往乐于采用这种方式购货;销货方对于生产周期长、造价较高的商品,往往采用预收货款方式销货,以缓和本企业资金占用过多的矛盾。

4. 应计未付款。应计未付款是企业在生产经营和利润分配过程中已经计提但尚未以货币支付的款项,主要包括应付职工薪酬、应交税费、应付利润或应付股利等。以应付职工薪酬为例,企业通常以半个月或一个月为单位支付职工薪酬,在应付职工薪酬已计但未付的这段时间,就会形成应计未付款。它相当于职工给企业的一个信用。应交税费、应付利润或应付股利也有类似的性质。应计未付款随着企业规模扩大而增加,企业使用这些自然形成的资金无须付出任何代价。但企业不是总能控制这些款项,因为其支付是有一定时间的,企业不能总拖欠这些款项。所以,企业尽管可以充分利用应计未付款项,但并不能控制这些账目的水平。

(二) 商业信用筹资的优缺点

1. 商业信用筹资的优点。

(1) 商业信用容易获得。商业信用的载体是商品购销行为,企业总有一批既有供需关系又有相互信用基础的客户,所以对大多数企业而言,应付账款和预收账款是自然的、持续的信贷形式。商业信用的提供方一般不会对企业的经营状况和风险作严格的考量,企业无须办理像银行借款那样复杂的手续便可取得商业信用,有利于应对企业生产经营之急需。

(2) 企业有较大的主动权。企业能够根据需要,选择决定筹资的金额大小和期限长短,同样要比银行借款等其他方式灵活得多,甚至如果在期限内不能付款或交货时,一般还可以通过与客户的协商,请求延长时限。

(3) 企业一般不用提供担保。通常,商业信用筹资不需要第三方担保,也不会要求筹资企业用资产进行抵押。这样,在出现逾期付款或交货的情况时,可以避免像银行借款那样面临抵押资产被处置的风险,企业的生产经营能力在相当长的一段时间内不会受到限制。

2. 商业信用筹资的缺点。

(1) 商业信用筹资成本高。在附有现金折扣条件的应付账款融资方式下,其筹资成本与银行信用相比较高。

（2）容易恶化企业的信用水平。商业信用的期限短，还款压力大，对企业现金流量管理的要求很高。如果长期和经常性地拖欠账款，会造成企业的信誉恶化。

（3）受外部环境影响较大。商业信用筹资受外部环境影响较大，稳定性较差，即使不考虑机会成本，也不能无限利用。一是受商品市场的影响，如当求大于供时，卖方可能停止提供信用。二是受资金市场的影响，当市场资金供应紧张或有更好的投资方向时，商业信用筹资就可能遇到障碍。

本章小结

财务上的营运资金管理着重于投资，即企业在流动资产上的投资额。营运资金一般包括现金、银行存款等货币资金和短期投资、应收及预付款项以及原材料、低值易耗品、包装物、在产品和产成品等存货。不同的营运资金，其流动性不同，管理要求也不同，企业应根据营运资金的不同特点，采用相适应的管理方法，合理有效地利用营运资金，加速营运资金周转，努力以较少的资金占有，完成更多的生产经营活动。

企业现金管理的目标就是在保证企业正常生产经营的前提下，尽可能地降低现金占用，减少现金成本，快速收取和延迟付现金，并及时将剩余现金进行短期证券投资等。

企业对应收账款的管理，就是要对其在应收账款上的投资进行成本收益及风险的分析，制定出最佳的信用政策，并对信用政策的实施进行控制，实现企业股东财富最大化的经营目标。

存货管理的主要目的是要合理地控制存货水平，充分发挥存货在企业生产经营中的作用，就是既要保证生产经营活动的正常进行，又要尽可能地降低存货资金占用和各项开支，以最低的总成本提供维持企业正常生产经营活动所需的存货。

一、本章关键词

流动资产（current assets）
最佳现金余额（optimum cash balance）
信用标准（credit standard）
信用条件（credit condition）
存货成本（inventory cost）
经济批量（economic lot）
订货点（point of order）

二、思考题

1. 什么是营运资本？它与现金周转之间的关系是怎样的？
2. 企业为什么要持有现金？现金管理的内容包括哪些？
3. 现金预算的编制方法有哪些？
4. 持有短期金融资产的目的是什么？请说出几种常见的短期金融资产。
5. 应收账款的管理目标有哪些？应收账款政策包括哪些主要内容？

6. 说明存货规划需要考虑的主要问题。

三、基础测试训练

（一）单项选择题

1. 如果一个企业为了能够保证政策运转，不论在生产经营的旺季或淡季，都需要保持一定的临时性借款时，则有理由推测该企业所采用的营运资本筹资策略是（   ）。
   A. 激进型筹资策略   B. 适中型筹资策略
   C. 保守型筹资策略   D. 适中型或保守型筹资策略

2. 在依据"5G"系统原理确定信用标准时，应掌握客户"能力"方面的信息，下面各项指标中国最能反映客户"能力"的是（   ）。
   A. 净经营资产净利率   B. 杠杆贡献率
   C. 现金流量比率   D. 长期资本负债率

3. 甲公司按"2/10、n/40"的信用条件购入货物，该公司放弃现金折扣的年成本（一年按360天且按单利计算）是（   ）。
   A. 18%   B. 18.37%
   C. 24%   D. 24.49%

4. 某企业向银行取得一年期贷款4 000万元，按6%计算全年利息，银行要求贷款本息分12个月等额偿还，则该项借款的实际利率大约为（   ）。
   A. 6%   B. 10%
   C. 12%   D. 18%

（二）多项选择题

1. 与采用激进型营运资本筹资策略相比，企业采用保守型营运资本筹资策略时，（   ）。
   A. 资本成本较高   B. 易变现率较高
   C. 举债和还债的频率较高   D. 蒙受短期利率变动损失的风险较高

2. 下列各项因素中，对存货地经济订货量没有影响的有（   ）。
   A. 订货提前期   B. 每日送货量
   C. 每日耗用量   D. 保险储备量

3. 某公司拟使用短期借款进行筹资。下列借款条件中，会导致有效年利率（利息与可用贷款额的比率）高于报价利率（借款合同规定的利率）的有（   ）。
   A. 按贷款一定比例在银行保持补偿性余额
   B. 按贴现法支付银行利息
   C. 按收款法支付银行利息
   D. 按加息法支付银行利息

（三）综合分析题

甲公司是一家机械加工企业，产品生产需要某种材料，年需求量为720吨（一年按360天计算）。该公司材料采购实行供应商招标制度，年初选定供应商并确定材料价格，供应商依据甲公司指令发货，运输费由甲公司承担，目前有两个供应商方案可供选择，相关资料如下：

方案一：选择 A 供应商，材料价格为每吨 3 000 元，每吨运费 100 元，每次订货还需支付返空、路桥等固定运费 500 元。材料集中到货，正常情况下从订货至到货需要 10 天，正常到货的概率为 50%，延迟 1 天到货的概率为 30%，延迟 2 天到货的概率为 20%。当材料缺货时，每吨缺货成本为 50 元。如果设置保险储备，以一天的材料消耗量为最小单位。材料单位储存成本为 200 元/年。

方案二：选择当地 B 供应商，材料价格为每吨 3 300 元，每吨运费 20 元，每次订货还需支付固定运费 100 元。材料在甲公司指令发出当天即可送达，但每日最大送货量为 10 吨。材料单位储存成本为 200 元/年。

要求：

（1）计算方案一的经济订货量；分别计算不同保险储备量的相关总成本，并确定最合理的保险储备量；计算方案一的总成本。

（2）计算方案二的经济订货量和总成本。

（3）从成本角度分析，甲公司应选择哪个方案？

第九章 股利分配管理

知识目标：熟悉利润分配程序、股利分配形式、股利发放的程序；了解股利理论；理解利润分配政策的影响因素和股利政策的优缺点。

能力目标：明确利润分配方案的选择及应用；了解股票回购、股票分割对公司价值和投资者收益的影响。

综合运用启发式、提问式、互动式教学方法及案例讨论等方式，结合 PPT 多媒体课件等教学手段，使学生将抽象的理论知识具体化、简单化，提升学生的专业应用技巧与能力，扩展学生的知识面与思维方式。

2016 年 2 月 29 日，据外媒消息称，随着苹果股票告别成长期，苹果 CEO 蒂姆库克宣布将提高每年股利，以此"取悦"投资者。据了解，苹果在 2016 财年开年公开表示，预计该公司营业收入或出现 13 年来的首次下滑，并同时宣布 iPhone 出货量也进入停滞期。对此，苹果给出的解释是，中国市场表现出了疲软迹象。2016 年 2 月的最后一周，苹果股价收盘于每股 96.91 美元，较 10 个月前顶点下滑了近 25%。

事实上，从 1995 年至 2012 年之前，苹果从未支付过一分钱股利，而就在 2012 年 3 月，苹果重新推出了定期支付现金股利的政策。2015 年，苹果又选择向股东支付每股 1.98 美元的现金股利，为此，苹果共计向股东支付了 114 亿美元股利。

资料来源：搜狐科技/成长股的烦恼——苹果宣布提高年股息"取悦"投资者。http://it.sohu.com/20160229/n438811444.shtml。

思考：为何苹果公司在 2012 年前极少支付股利？而在 2012 年开始高额派发现金股利？

要回答该问题，我们必须要了解股利理论及股利政策的作用，下面让我们一起带着上述问题进入本章内容的学习。

第一节 股利分配的概念及原则

企业的收益分配有广义的收益分配和狭义的收益分配两种。广义的收益分配是指对企业收入的分配；狭义的收益分配是指对企业净利润的分配。本章所指的收益分配是指对企业净利润的分配。对于股份公司而言，对净利润的分配，通常也称为股利分配。

一、股利的概念

股利是企业分配给股东的一部分税后净利润。股利一般分为股息和红利，股息通常是指优先股股东所获得的股利；红利通常是指普通股股东所获得的现金股利。

公司税后盈利在弥补亏损和提取法定公积金、任意公积金后，如果有剩余就可在股东间进行分配。股利分配应按同股同利、股东平等的原则进行分配，即企业在分配股利时，必须平等地对待各股东，在分配日期、分配比率和分配方式上，各股东不得有差异。

二、股利分配的原则

企业股利分配本质上是社会产品的初次分配，即通过价值形式直接在生产领域进行社会产品分配。在社会主义市场经济体制下，企业的股利分配管理必须遵循如下原则。

（一）产权明晰，保证分之有据

产权指所有权及与所有权有关的财产权，具体包括占有权、使用权、收益权、处分权等单项权能，本质上具有排他性、独占性。在市场经济体制下，明晰而规范的产权关系是现代企业的基本特征，是保证企业正常运行的基础。产权明晰的核心是出资者的财产所有权和企业的法人财产权的划分。它既包括对出资者的财产拥有的责、权、利关系的确立，也包括对企业法人的财产拥有的责、权、利关系的确立。市场经济和生产社会化为出资者所有权和企业法人财产权的分离提供了可能。

在明晰了企业产权的前提下，我们才能根据产权中索取权的大小来确定分配参与者对企业收益的索取程度。索取权大小是制定分配标准的主要依据。

可见，只有做到了产权明晰，才能做到分之有据，企业收益分配制度才能稳定，企业收益分配才能顺利实现。

（二）遵守法纪，注重资本保全

企业的股利分配不仅是一个微观问题，也是一个宏观问题；不仅涉及与企业相关的各个利益集团的个体利益，也涉及社会的公众利益。因此，企业资金分配必须遵守国家制定的《税法》《公司法》《企业财务通则》及其他法律、制度的规定。其中，重要的是遵守国家规定的收益分配顺序、各种税收的计税依据和税率以及各种公积金、公益金的提取比例。

企业的股利分配，不仅要遵守国家有关法律、制度的规定，同时还要贯彻资本保全原则。因为，收益分配的核心是股利分配，收益和股利都是资本的增值部分。就此而言，股利分配是对资本增值部分的分配，而不是对资本金的返还。可见，在股利分配中贯彻资本保全原则，就是要求企业不能在利润为零或发生亏损的情况下向投资者分配收益。

(三) 兼顾各方利益，保护债权人权益

企业股利分配的合理与否，直接关系到投资者、经营者和劳动者各方面的经济利益。所以，在股利分配中既要注重与企业有关各方面的共同经济利益，又要注意各方面局部利益的调整；既要注意各方面的近期利益又要充分注意企业发展的长远利益。任何可能影响企业出资者、经营者和劳动者积极性的收益分配政策都是不可取的。

企业的股利分配应对债权人权益加以保护，不能以拖欠债务为代价进行分配；股利分配还应该保持一定的偿债能力，不能因分配而造成企业财源枯竭，而在日后产生财务危机，损害债权人利益。

(四) 效率第一，比例合理

效率就是如何实现资源的有效配置，最大限度地发挥企业潜能。效率第一原则体现在股利分配上，则为既定收益下的分配效益最大化。首先，表现在能充分调动出资者的积极性，其所投资本的贡献得到合理评价，并在企业收益分配中充分体现；其次，能充分调动经营者的积极性，其管理才能及风险价值得到合理评价，并在企业收益分配中充分体现；最后，企业的长远发展得到重视，企业法人财产权得到全面有效保护，并在企业收益分配中充分体现出来。

在企业股利分配中，必须理顺两个比例关系：一是积累和消费的比例关系；二是资本结构比例关系。企业收益不管如何分配，其最终可划分为积累和消费两个方面。积累和消费的比例就是保证生产发展的留存收益和分配参与者的用于消费的收益之间的比例。在既定收益的情况下，积累与消费此消彼长，既矛盾又统一，消费是收益分配参与者的当前利益，积累是收益分配参与者的长远利益。因此，必须正确处理好积累与消费的比例关系。资本结构比例主要指资产负债率。按照财务杠杆原理如果投资收益率高于借入资本利息率，则资产负债率越大，自有资本收益率也越大；反之亦然。企业对收益分配参与者支付的消费性收益越多，留存收益就越小，资产负债率就越大；反之亦然。因此，企业必须以最低的综合资金成本率为标准，决定企业的资产负债率，进而决定企业留存的比例，处理好两大比例的合理关系。

第二节 股利分配政策

一、股利分派的方式与程序

(一) 利润分配程序

公司向股东（投资者）分派股利（分配利润），应按一定的顺序进行。按照我国公司法的相关规定，利润分配应按下列顺序进行：

第一，计算可供分配的利润。将本年净利润（或亏损）与本年未分配利润（或亏损）合并，计算出可供分配的利润。如果可供分配的利润为负数（即亏损），则不能进行后续分配；如果可供分配利润为正数（即本年累计盈利），则进行后续分配。

第二，计提法定公积金。按抵减年初累计亏损后的本年净利润计提法定公积金。提取公

积金的基数，不一定是可供分配的利润，也不一定是本年的税后利润。只有不存在年初累计亏损时，才能按本年税后利润计算应提取数。这种"补亏"是按账面数字进行的，与企业所得税法的亏损后转回无关，关键在于不能用资本发放股利，也不能在没有累计盈余的情况下提取公积金。

第三，计提任意公积金。

第四，公司向股东（投资者）支付股利（分配利润）。

公司股东会或董事长会违反上述利润分配顺序，在抵补亏损和提取法定公积金之前向股东分配利润的，必须将违反规定发放的利润退还公司。

（二）股利的支付形式

股份有限公司派发股利的形式一般有现金股利、股票股利、财产股利和负债股利。

1. 现金股利。公司直接用现金来支付的股利是现金股利，现金股利是股利支付的主要形式。由于现金股利是从公司实现的净利润中支付给股东的，支付现金股利会减少公司的留存收益，因此发放现金股利并不会增加股东财富总额。公司支付现金股利除了要有累计盈余外，还要有足够的现金，因此公司在支付现金股利前需筹备充足的现金。一般来说，当公司想要派发现金给股东时，通常会直接派发现金股利。也有这样的公司，其通过回购自己公司的股票作为现金股利的替代方式。在完美的资本市场上，股票回购和现金股利是一样的。

2. 股票股利。公司用增发股票代替现金发放股利的形式是股票股利，通常被称为红股。企业发放股票股利，股东权益没有变化，股东的持股比例也没有变化，只是所有者权益各项目的结构发生了变化。股票股利对公司来说，没有现金流出，也不会导致公司资产的减少，只是将公司的留存收益转化为股本。但股票股利会增加流通在外的股票数量，同时降低每股股票的价值。

由于在实践中，发放股票股利和股票分割产生的效果非常相近，所以一般要根据证券管理部门的具体规定对二者加以区分。如有的国家证券交易所规定，发放25%以上的股票股利即属于股票分割。一般来说，只有当公司股价急剧上涨且预期难以下降时，才采用股票分割的办法；而在公司股价上涨幅度不大时，往往通过股票股利的发放将股价维持在一个理想的范围之内。

3. 财产股利。公司用现金以外的其他资产分配的股利是财产股利。实践中一般用公司所持有的其他公司的有价证券，如债券、股票作为股利支付给股东。

4. 负债股利。负债股利是公司以负债支付的股利，通常以公司的应付票据支付给股东，也可以发行公司债券抵付股利。

财产股利和负债股利实际上是现金股利的替代，这两种股利方式目前在我国公司实务中很少使用。

（三）股利的发放程序

公司选择了股利政策，确定了股利支付水平和方式后，应当进行股利的发放。公司股利的发放必须遵循相关要求，按照日程安排进行。

1. 股利宣告日。股利宣告日即公司董事会将股东大会通过本年度利润分配方案的情况以及股利支付情况予以公告的日期。公告中将宣布每股派发股利、股权登记日、除息日、股利支付日以及派发对象等事项。

2. 股权登记日。股权登记日即有权领取股利的股东登记截止日期。凡是在此指定日期收盘之前取得了公司股票，成为公司在册股东的投资者都可以作为股东享受公司分派的股利，在此之后取得股票的股东不能参与公司股利的分派。

3. 除息日。除息日即领取股利的权利和股票分开的日期。在除息日，股票的所有权和领取股息的权利分离，股利权利不再从属于股票。所以在这一天购入公司股票的投资者不能享有已宣布发放的股利。另外除息日的股票价格会下跌。

4. 股利发放日。股利发放日即向股东发放股利的日期。

二、股利分配理论

（一）股利理论研究的核心问题

股利理论是围绕着企业价值这一概念展开的，研究的核心问题是股利政策是否影响企业价值。具体来说，股利理论主要研究两个基本问题：①股利的支付是否会影响企业价值；②如果股利的支付会影响企业价值，股利的支付如何影响企业价值。对于这两个基本问题的回答，存在着不同的观点，形成了不同的股利理论流派。

（二）股利理论流派

股利理论可以分成两个不同的学术流派，即股利无关理论和股利相关理论。在这两个理论流派下又形成了多种不同的观点。

1. 股利无关论。股利无关论认为股利的支付与企业价值无关。该理论又可以分成完全市场论和股利剩余论两种，其中完全市场论是古典学派的观点，而股利剩余论是现代学派的观点。

（1）完全市场论。完全市场论，即 M 股利无关论。该理论的倡导者是米勒和莫迪里亚尼。他们于1961年发表了著名的《股利政策、增长和股票价值》一文，宣告了股利无关论的诞生。米勒和莫迪里亚尼认为公司市场价值的高低是由公司投资政策本身的获利所决定的。由于公司对股东的分红只是盈利减去投资之后的差额部分，且分红只能采取派现或股票回购等方式，因此，一旦投资政策已定，那么在完全资本市场上，股利政策的改变仅仅意味着收益在现金股利与资本利得之间分配上的变化。如果投资者按理性行事，这种改变就不会影响公司的市场价值及股东的财富。

需要特别指出的是，股利无关论是建立在完全资本市场这一严格假设前提基础上的。而所谓完全资本市场，必须具备以下四个条件：①不存在税赋；②信息是对称的；③合同是完全的；④不存在交易成本。倘若上述假设条件有所改变，那么情况就会发生很大变化。后来的股利政策理论，大多是沿着放松上述假设条件的路径而演绎的。

（2）股利剩余论。股利剩余论认为公司的股利支付应由投资计划的收益率来决定。如果一个公司有较多有利可图的投资机会，则不应发放现金股利，而采用保留盈余的形式以满足投资所需的资金；反之，则应将所有盈余分配给股东。如果公司的盈余满足了所有有利可图的投资机会后还有剩余，则把剩余的盈余以现金股利的形式分配给股东。股利剩余论者把股利支付当作是完全由投资计划所需资金的多少来决定的，他们认为投资者不会计较股利与资本利得的差别。如果公司投资机会的预期收益率高于投资者要求的必要收益率，投资者宁愿该公司保留收益；如果公司投资机会的预期收益率等于投资者要求的必要收益率，投资者将对盈余是公司留存还是作为股利分配的问题漠不关心;如果公司投资机会的预期收益率低于投资者要求的必要收益率,那么投资者宁愿要股利。

2. 股利相关论。股利相关论认为股利的支付与企业价值并不是无关的,而是具有较大的相关性。但对于股利的支付如何影响企业价值,该理论下又有不同的解释,形成了多种观点。

(1) "在手之鸟"理论。该理论的名称来源于谚语"一鸟在手,胜于双鸟在林",因此,又称"一鸟在手"理论。该理论的核心是认为在投资者眼里,股利收入要比留存收益带来的资本利得更为可靠。这种理论的论点是投资者对投资风险有天生的抵触情绪,宁愿现在收到较少的股利,也不愿意等待未来再收回风险较大的资本利得。因为股利的支付可以消除投资者心中对企业盈利能力的不确定性。在这种理论的指导下,需要公司定期向股东支付较高的股利。这种理论认为,未来现金支付期距离今天越远,投资者的不确定感越强烈。因此,这种理论也称为不确定感消除论。

(2) 股利税差理论。股利税差理论认为,在不存在税收因素的情况下,公司选择何种股利支付方式并不重要。但是,如果对现金红利和资本利得课以不同的税赋,那么在公司及投资者看来,支付现金股利就不再是最优的股利分配政策。在存在差别税赋的前提下,公司选择不同的股利支付方式,不仅会对企业价值产生不同的影响,而且也会使投资者的税收负担出现差异。即使是在税率相同的情况下,由于资本利得只有在实现之时才缴纳资本利得税,因此,仍然具有延迟纳税的好处。总之,在存在税收差异时,投资者希望税后收益最大化,对于税收延付的股票(低股利—高资本利得)会比需要税收即付的股票(高股利—低资本利得)价格高,也就是说高股利损害了投资者的利益,低股利则会抬高股价,为此公司应当采取低股利政策,以实现其资本成本最小化和企业价值最大化。

(3) 客户效应理论。这种理论是股利税差理论的拓展,研究处于不同税收等级的投资者对待股利分配态度的差异,认为投资者不仅仅是对资本利得和股利收益有偏好,即使是投资者本身,因其适用于不同等级的边际税率,对企业股利政策的偏好也是不同的。投资者的边际税率差异性导致其对待股利政策态度的差异性。收入高的投资者因其拥有较高的边际税率,表现出偏好低股利支付率的股票,希望少分现金股利,能留下收益在企业内部进行再投资,从而提高所持有股票的价格。而收入低的投资者以及享有税收优惠的养老基金投资者则表现出偏好高股利支付率股票的倾向,他们希望得到较高而且稳定的现金股利。这种投资者依据自身边际税率而显示出的对股利政策选择的偏好现象称为"客户效应"。客户效应理论认为,公司在制定或调整股利政策时,不应该忽视股东对股利政策的需求。公司应该根据投资者的不同需要分别制定股利政策。对于低收入阶层或养老基金等享受税收优惠的机构投资者,由于其税负低,并且偏好现金股利,应实施高现金分红比例的股利政策;对于高收入阶层,由于其税负高,并且偏好资本增长,应实施低现金分红比例,甚至不分红的股利政策。

(4) 信号传递理论。信号传递理论,又称股利传播消息论。股利分配的信号传递理论认为,在信息不对称的状态下,对于拥有优势信息的公司经理来说,他们通常把股利政策当作一种信号,向投资者传递企业当前与未来盈利的信息。一般来说,高质量的公司往往愿意通过相对较高的股利支付率把自己同低质量的公司区别开来,以吸引更多的投资者。对市场上的投资者来说,股利政策的差异或许是反映公司质量差异的较有价值的信号。如果公司连续保持较为稳定的股利支付率,那么,投资者就可能对公司未来的盈利能力与现金流量抱有较为乐观的预期。虽然股利分配的信号传递理论已为人们广泛接受，但也有一些学者对此持不同看法，他们的主要观点是公司目前的股利分配并不能帮助投资者预测公司未来的盈利能力，高派现的公司向市场传递的并不是公司具有较好前景的利好消息，相反是当前公司可能没有正净现值的投资项目，或者是公司缺乏较好投资机会的利空消息。

（5）代理理论。企业中的股东、债权人、经理人员等诸多利益相关者的目标并非完全一致，在追求自身利益最大化的过程中有可能会以牺牲另一方的利益为代价，这种利益冲突关系反映在公司股利分配政策选择过程中表现为不同形式的代理成本。代理理论认为公司管理者之所以发放股利，是为了减少代理成本。

在完全合约的情况下，公司经理们与股东之间并不存在代理问题，即使双方产生了利益冲突，股东也可以通过强制履约的方式来迫使经理们遵循股东财富最大化的原则。但是，在不完全合约的情况下，会产生公司经理们与股东之间的代理问题。代理理论认为，股利政策实际上体现的是公司经理们与外部股东之间的代理问题，适当的股利政策有助于保证经理们按照股东的利益行事。而所谓适当的股利政策，是指公司的利润应当更多地支付给股东。否则，这些利润就有可能被公司的经理人滥用。代理理论认为，较多地派发现金股利至少具有以下几点好处：一是公司管理者要将公司的很大一部分盈利返还给投资者，于是公司管理者自身可以支配的"自由现金流量"就相应地减少了，而这在一定程度上会抑制公司管理者过度地扩大投资或进行特权消费，从而保护了外部股东的利益；二是较多地派发现金股利，可能迫使公司重返资本市场进行新的融资，如再次发行股票，使得公司更容易受到市场参与者的广泛监督，而且再次发行股票不仅为外部投资者借股权结构的变化对经理人进行控制提供了可能，再次发行股票后，公司的每股收益被摊薄，公司要维持较高的股利支付率，则需要付出更大的努力。因此，为降低公司经理们与股东之间的代理成本，较多地派发现金股利，有助于缓解代理问题，并降低代理成本。

在股东和债权人之间存在代理冲突时，债权人为保护自身利益，希望企业采取低股利支付率政策，多留存少分配，以保证有较为充裕的现金留在企业以防发生债务支付困难。因此，债权人在与企业签订借款合同时，习惯于通过制定约束性条款对企业发放股利的水平进行制约。

较多地派发现金股利有利于降低股东和经理人之间的代理成本，但会引起股东和债权人之间的冲突，另外，控股股东为取得控制权会引发与中小股东之间的代理冲突，处于投资者保护程度较弱环境中的中小股东往往希望多分配。因此，基于代理理论对股利分配政策的选择将是以上多种因素权衡的结果。

三、股利政策

（一）认识股利政策

股利政策是企业对股利分配所采取的策略，它包括是否发放股利、以何种形式支付股利、股利支付率是多少以及何时支付股利等内容。股利政策主要权衡公司与股东之间、企业价值最大化与企业投资所需资金之间、企业股票在市场上的吸引力与企业财务负担之间的各种利弊，以寻求股利与留存收益之间最优的比例关系。

通常认为，股利政策选择是一种涉及盈余保留问题的筹资决策。发放较高的股利有助于提高企业股票的市场交易价格，然而较高的股利不仅意味着较重的财务负担，同时也意味着公司只能保留较少的资金用于再投资，这在一定程度上会限制公司的发展。因此，当公司有好的投资机会时，往往先要考虑利用留存收益筹资，公司通常会在满足了投资需要之后，如有剩余的资金才发放股利。但是，发放剩余股利会造成股利支付的不稳定，影响股东持股的信心，往往会压低股票市场价格。因此，公司在制定股利政策时，应兼顾公司的发展需要和股东对本期收益的要求，合理确定股利与留存收益之间的比例关系，才能实现企业价值最大化的目标。

（二）股利政策类型

在股利分配实务中，公司经常采用的现金股利政策有以下四种类型：剩余股利政策、稳定和稳定增长股利政策、低正常股利加额外股利政策、固定股利支付率政策。

1. 剩余股利政策。在这种政策下，公司的盈余首先用于营利性投资项目，在满足了营利性投资项目的资金需要之后若还有剩余，公司才将剩余部分作为股利发放给股东。

当公司采用剩余股利政策时，管理当局通常按下列步骤确定股利的支付水平：

（1）确定投资项目。

（2）确定投资项目所需筹集的资金数额。

（3）确定最佳资本结构，求得投资项目的权益资本需要量，尽可能地用留存收益为投资项目融资。

（4）只有当投资项目所需资金得到完全满足以后，所剩余的留存收益才能用来支付股利。

剩余股利政策的特点是把企业的股利分配政策完全作为一个筹资决策来考虑，只要公司有预期投资收益率超过资本成本率的投资方案，公司就会用留存收益来为这一方案融资。由于采取剩余股利政策的公司一般有良好的投资机会，投资者对公司未来的获利能力有较好的预期，有利于带动股票价格的上升。但是，剩余股利政策往往导致各期股利忽高忽低，会给投资者传递企业经营不稳定、财务状况不稳定的信息，会对股票的市场价格下滑产生一定的影响。

剩余股利政策有利于保持理想的资本结构，但每期股利的波动性较大。这一政策比较适合于新成立的或处于高速成长的企业。

【例9-1】A公司预计未来5年的净利润和资本性支出，如表9-1所示。

表9-1　　　　　　　　　　A公司净利润和资本性支出　　　　　　　　　　单位：万元

项目	1	2	3	4	5
净利润	3 600	3 800	4 000	4 000	4 200
资本性支出	2 500	2 500	3 000	3 500	4 000

如果公司采用剩余股利政策，公司的目标资本结构为：负债资本占60%，权益资本占40%，未来5年的现金股利总额和外部筹资额，如表9-2所示。

表9-2　　　　　　　　　　A公司现金股利总额和外部筹资额　　　　　　　　　　单位：万元

项目	1	2	3	4	5
需要权益资本满足的资金	1 000	1 000	1 200	1 400	1 600
现金股利总额	2 600	2 800	2 800	2 600	2 600
外部筹资额	1 500	1 500	1 800	2 100	2 400

其中：

第一年需要权益资本满足的资金 = 2 500 × 40% = 1 000（万元）

第一年现金股利总额 = 3 600 - 1 000 = 2 600（万元）

第一年外部筹资额 = 2 500 - 1 000 = 1 500（万元）

2. 稳定和稳定增长股利政策。稳定的股利政策是一种固定股利政策，是指在一段时间内公司保证每股股利的相对稳定。稳定的股利政策可以增强投资者的信心，并能满足他们取得收入的愿望。当盈利下降而企业并未减少股利时，市场就对该股票充满信心；如果企业降低了股利，那么市场信心也将随之减弱。稳定股利政策对有收入意识的投资者会产生正的效用。另外一些机构投资者，包括证券投资基金、养老基金、保险公司及其他一些机构，也比较愿意持有能够支付稳定股利的公司股票。一般来说，成熟的、盈利比较好的公司通常采用稳定的股利政策。

稳定增长的股利政策是指为了避免股利的波动，公司在支付某一规定金额股利的基础上，制定一个目标股利成长率。依据公司的盈利水平按目标股利成长率逐步提高企业的股利支付水平。这种股利政策往往被投资者认为是企业稳定增长的表现，这也是实务上采用较多的一种股利政策。但是，在这一股利政策下，股利的支付与盈余脱节，当盈余较低时也要支付稳定增长的股利，可能导致资金短缺，财务状况恶化。

3. 低正常股利加额外股利政策。低正常股利加额外股利政策是一种介于固定股利政策与变动股利政策之间的折中的股利政策。低正常股利是指企业在正常情况下向股东支付数额较低的固定股利。额外股利是指在固定股利之外向股东支付的一种不经常有的股利，它只有在特殊情况下才会被支付。也就是说，在一般情况下公司每年只支付数额较低的正常股利，在公司经营非常好的年度或投资需要资金较少的年份，再额外支付一定的额外红利。低正常股利加额外股利政策的优点是既可以保持股利的稳定性，又能使股利与盈余相配合，使企业有较大的灵活性。额外股利的运用，既可以使企业保持固定股利的稳定记录，又可以使股东分享企业繁荣的好处。值得注意的是，如果企业经常连续支付额外股利，额外股利也就变成了一种期望回报，它就失去了原有的目的。但是，如果企业以适当的方式表明这是额外股利，额外股利仍然能向市场传递有关企业目前与未来经营业绩的积极信息。这一政策尤其适合于盈利经常波动的企业。

4. 固定股利支付率政策。固定股利支付率政策是公司每年将盈利的某一固定百分比作为股利分配给股东。这种政策的含义是每期的股利支付率保持不变。由于股利支付率是每股股利与每股收益的比，因此，每股股利会随每股收益的增减而变动。在这种政策下，股利支付与盈利状况密切相关，能够保持股利与公司盈利水平的一致性。当公司盈利状况好，每股股利额就增加；当公司盈利状况不好，每股股利额就下降。这一政策充分体现了多盈多分、少盈少分、无盈不分的原则，比较公平。但采用固定股利支付率政策，若公司盈利不稳定，企业的股利支付就很不稳定，容易造成股东信心动摇、股票价格下跌的局面。固定股利支付率政策适用于盈利比较稳定的企业，但实践中采用固定股利支付率政策的公司较少。

以上四种股利政策中，稳定和稳定增长的股利政策应用最为普遍。在美国、英国、加拿大等比较成熟的资本市场中，公司管理当局不愿意因为利润的短期波动而改变每年的股利支付水平，通常倾向于支付稳定和稳定增长的股利。因为稳定的股利现金流可以减少公司其他方面波动对股票价格的影响。因此，管理层尽量避免削减股利，而努力在未来相当长的时期内保持一个稳定和稳定增长的股利支付水平。但是，当减少股利不可避免时，公司应该采取足够大的削减幅度以防止未来再次削减。

四、影响股利政策选择的因素

（一）股利发放的限制条件

1. 法律限制。法律为股利政策限定了一个范围，在这个范围内，决策者再根据其他因素决定其具体的股利政策。法律对股利政策的规定是很复杂的，国与国之间的条例也有所差别。例如，美国法律对股利分配的规定有三项原则：股利必须从公司现在或过去的盈利中支付；股息不可用公司的资本支付；当公司的债务超过其资产而无力偿付时，公司不得派发股息。除此之外，一些国家为了防范企业低额发放股利而超额积累利润，帮助股东避税，往往从法律上规定超额累积利润要加征额外税款。我国目前有关的法规没有关于超额累积利润的限制，对股利发放的规定，与美国基本相同。我国《公司法》要求股份公司只能用当期利润或留用利润来分配股利，不能用公司募集的资本发放股利；要求股份公司在分配股利之前，应当按法定的程序提取各种公积金；要求股份公司以前年度的亏损弥补完之后，若还有剩余，才能用于分配股利。

2. 契约限制。当公司通过长期借款、发行债券、发行优先股、租赁等形式向外部筹资时，往往会应对方的要求接受一些约束公司分配股利行为的限制条款。这些契约的限制条款将影响公司股利政策的选择。例如，规定只有在流动比率和其他相关比率超过规定值后，才可支付股利。优先股的契约通常也会申明在累积优先股股息付清之前，公司不得派发普通股股利。确立这些限制性条款限制企业股利支付，其目的在于促使企业把利润的一部分按有关条款的要求进行再投资，以增强企业的经济实力，保障债款的如期偿还。

（二）影响股利政策选择的企业内部因素

1. 盈余的稳定性。公司是否能够获得长期稳定的盈余是其股利分配政策的重要基础。一般来说，一个公司的盈利越稳定，其股利支付率越高。

2. 现金流量。公司在分配现金股利时，必须考虑到现金流量是否充足。如果公司的现金流量充足，资产有较强的变现能力，则支付现金股利的能力也较强。如果公司因扩充或偿债已消耗大量现金，资产的变现能力较差，大幅度支付现金股利就不是明智之举。由此可见，企业现金股利的支付能力在很大程度上受其资产变现能力的限制。

3. 筹资能力。公司如果有较强的筹资能力，则可考虑发放较高股利，并以再筹资来满足企业经营对资金的需求；反之则要考虑保留更多的现金用于内部周转或偿还将要到期的债务。一般而言，规模大、获利丰厚的大公司能较容易地筹集到所需的资金，因此它们较倾向于多支付现金股利；而创办时间短、规模小、风险大的企业，通常需要经营一段时间以后，才能从外部取得资金，因而往往倾向支付低股利。

4. 资本结构和资本成本。在最优资本结构下，公司价值最大，加权平均资本成本最低。留存收益是企业内部筹资的一种重要方式，同发行新股相比，资本成本较低。但由于股利政策不同，留存收益也不同，这便使公司资本结构中权益资本比例偏离最优资本结构，从而制约公司股利政策的选择。另外，不同的股利政策还会影响公司的未来筹资成本。股利支付与企业未来筹资成本之间存在着矛盾，多支付现金股利，内部留存的收益就相应减少，这就要求企业的财务人员权衡股利支付与筹资要求之间的得失,以制定出适合企业实际需要的股利政策。

5. 投资机会。从企业价值最大化出发,企业之所以能将税后利润中的部分或全部留下来用于企业内部积累,是由于这部分收益属于股东。股东若将这部分收益留在企业内部,就可以获得再投资收益。因此,如果公司有较多有利可图的投资机会,往往采用低股利政策;反之,如果它的投资机会较少,就常常采用高股利政策。

(三) 影响股利政策选择的股东因素

1. 控制权的稀释。如果公司大量支付现金股利,需要权益资本时就得再发行新的普通股以融通所需的资金,现有股东的控股权就有可能被稀释。另外,随着新普通股的发行,流通在外的普通股股数必将增加,最终会导致普通股的每股收益和每股市价下降,从而影响现有股东的利益。

2. 稳定的收入和避税。公司股东大致有两类,一类是希望公司能够支付稳定的股利,来维持日常生活;另一类是希望公司多留利而少发放股利,以求少缴个人所得税。因此,公司到底采取什么样的股利政策,还应分析研究本公司股东的构成,了解他们的利益愿望,才能作出正确的选择。

(四) 影响股利政策选择的其他因素

1. 通货膨胀因素。通货膨胀使公司资金购买力下降,维持现有的经营规模需不断追加投入。因此,通货膨胀情况下,需要将较多的税后利润用于内部积累,这时采取相对较低的股利发放政策是必要的。

2. 股利政策的惯性。一般而言,股利政策的重大调整,一方面会给投资者带来企业经营不稳定的印象,从而导致股票价格下跌;另一方面股利收入是部分股东生产和消费资金的来源,他们一般不愿意持有股利大幅波动的股票。因此,公司的股利政策要保持一定的稳定性和连续性。

总之,确定股利政策要考虑许多因素,而这些因素之间往往是相互联系和相互制约的。所以,股利政策的制定应依赖对企业所处的具体环境进行的定性和定量分析,借助这些分析手段选择出适当的股利政策,以实现各种利益关系的均衡。

第三节 股票股利与股票分割

股票股利最早出现在英国的东印度公司,1682 年东印度公司在航海后,没有足够的现金向股东支付股利,只好以下次航海股份来代替现金股利,分配比例为 100 股送 1 股,这就是世界上首例股票股利。在美国,较早的股票股利发生在 1869 年,纽约中心铁路公司在即将与亚得逊河铁路公司合并之前宣布分配股票股利。股票股利出现后,在世界各国应用都比较普遍。

一、股票股利

(一) 股票股利的概念

股票股利是指企业以股票形式向股东支付的股利。如果股票股利的发放比例低于原发行在外普通股的20%，一般称为小比例股票股利；如果股票股利的发行比例大于或等于原发行在外普通股数量的20%，就称为大比例股票股利。

从理论上讲，企业发放股票股利不会导致企业资产的减少或负债的增加，也不会引起股东所持股票比例的变化，仅仅是导致了股东权益各项目间金额的增减变化。

【例9-2】A公司发放股票股利前的股东权益情况，如表9-3所示。

表9-3　　　　　　　　A公司发放股利前股东权益情况　　　　　　　　单位：万元

项目	金额
股本（面值1元，已发行1 000万股）	1 000
资本公积	2 000
未分配利润	5 000
股东权益总额	8 000

公司决定发放10%的股票股利，如果股票股利按市价计价，当时的市价是每股10元，则A公司发放股票股利后的股东权益情况，如表9-4所示。

表9-4　　　　　　　　A公司发放股利后股东权益情况　　　　　　　　单位：万元

项目	金额
股本（面值1元，已发行1 100万股）	1 100
资本公积	2 900
未分配利润	4 000
股东权益总额	8 000

其中：

未分配利润 = 5 000 - 1 000 × 10% × 10 = 4 000（万元）

资本公积 = 2 000 + 1 000 × 10% ×（10 - 1）= 2 900（万元）

普通股股本 = 1 000 + 1 000 × 10% × 1 = 1 100（万元）

比较表9-3和表9-4，会发现股票股利的发放对A公司有下列影响：引起未分配利润减少，普通股股本和资本公积增加，但所有者权益总额不变；由于发放股票股利，发行在外的普通股数量上升，当公司盈利总额和市盈率不变时，将导致A公司普通股每股收益和每股市价的降低。

【例9-3】A公司发放股票股利前的每股收益为0.5元，每股市价为10元，公司盈利总额和市盈率保持不变，则发放10%的股票股利后，每股收益和每股市价为：

$$\text{发放股票股利后的每股收益} = \frac{\text{发放股票股利前的每股收益}}{1 + \text{股票股利发放率}} = \frac{0.5}{1 + 0.1} = 0.45（元）$$

$$\text{发放股票股利后的每股市价} = \frac{\text{发放股票股利前的每股市价}}{1 + \text{股票股利发放率}} = \frac{10}{1 + 0.1} = 9.09（元）$$

由于发放股票股利不影响股东的持股比例，因此虽然每股收益和每股市价在发放股票股利后被摊薄，但每位股东所持股票的市场价值总额仍保持不变。例如，A公司在发放股票股利前发行在外的股数是1 000万股，某股东在发放股票股利前持有A公司股票10万股，持股比例 1%；在发放股票股利后持有 A 公司股票 11 万股，持股比例仍是 1%（11/100），该股东财富总额在发放股票股利前是 100 万元，发放股票股利后也是 100 万元（1×9.09）。

在例 9-2 中，A 公司的股票股利按市价计价，这是国际通行的做法，但我国目前对股票股利是按照面值计价的。

【例 9-4】 如果 A 公司的股票股利按面值计价，则发放股票股利后的股东权益情况如表 9-5 所示。

表 9-5　　　　　　　　　A 公司发放股利后股东权益情况　　　　　　　　单位：万元

项目	金额
股本（面值 1 元，已发行 1 100 万股）	1 100
资本公积	2 000
未分配利润	4 900
股东权益总额	8 000

其中：

未分配利润 = 5 000 - 1 000 × 10% × 1 = 4 900（万元）

资本公积 = 2 000 + 1 000 × 10% ×（1 - 1）= 2 000（万元）

普通股股本 = 1 000 + 1 000 × 10% × 1 = 1 100（万元）

比较表 9-4 和表 9-5，不管股票股利是按照当时股票的市价计价还是按照股票的面值计价，发放股票股利后对股东权益总额不会发生影响，只是使股东权益内部项目的金额发生相应变化。

（二）股票股利对公司的意义

发放股票股利对公司的影响既存在有利的一面，也存在不利的一面。

1. 发放股票股利可以无须动用现金而使股东分享公司盈余，这使公司留存了大量现金，便于进行新的投资，有利于公司长远发展。

2. 在公司盈余和现金股利不变的情况下，发放股票股利可以降低每股股票市价，从而吸引更多的投资者。

3. 通常管理者在公司前景看好时，才会发放股票股利。因此，发放股票股利往往会被认为是向社会公众传递的利好信号，从而提高投资者的投资信心，对股价起到一定的稳定作用。但在某些情况下，发放股票股利也会被认为是公司资金周转不畅的征兆，从而降低投资者的信心，加剧股价的下跌。

（三）股票股利对股东的意义

发放股票股利对股东也有特殊意义，可能的影响有如下三个方面。

1. 当发放较少的股票股利时，股价通常并不会随之成比例下降，或是不会立即引起股价的变化，这可使股东得到股票价值相对上升的好处。

2. 发放股票股利通常是成长中公司的行为，因此投资者往往认为发放股票股利预示着公司未来会有较好的盈余增长空间，这种心理足以抵消发放股票股利的消极影响，有利于稳定股价，甚至使股价略有上升，使股东从中获得实际的好处。

3. 在股东需要现金时，还可以将分得的股票股利出售，获取资本利得。由于大多数国家税法规定的资本利得税率低于红利的所得税率，股东还可以获得纳税上的好处。

二、股票分割

（一）股票分割的概念

股票分割是指通过成比例地降低股票面值而增加普通股的数量，即将一种面额较高的股票转换成面额较低股票的行为。例如，将原来每股 100 元的股票拆分成每股 20 元，也就是将原来的 1 股拆分成 5 股。股票分割的主要目的在于降低股票的市场价格，从而吸引更多的投资者。

股票分割不是股利发放，但其客观上产生的效果与股票股利非常相近。在理论上，股票分割后，发行在外的股数增加，使得每股面值下降，每股收益下降；但股票分割后，股东权益总额不变，股东权益各项目的金额及相互间的比例也不会改变。

【例 9 – 5】A 公司原发行普通股 1 000 万股，每股面值 1 元，若按照 1 股换成 4 股的比例进行股票分割，分割前的股东权益情况和每股收益，如表 9 – 6 所示。

表 9 – 6　　　　　　A 公司股票分割前股东权益和每股收益情况

项目	金额
普通股股本（面值 1 元，已发行 1 000 万股）	1 000 万元
资本公积	9 000 万元
未分配利润	5 000 万元
股东权益总额	15 000 万元
每股收益	2 元

按照 1 股换成 4 股的比例进行股票分割后，股东权益情况和每股收益，如表 9 – 7 所示。

表 9 – 7　　　　　　A 公司股票分割后股东权益和每股收益情况

项目	金额
普通股股本（面值 0.25 元，已发行 4 000 万股）	1 000 万元
资本公积	9 000 万元
未分配利润	5 000 万元
股东权益总额	15 000 万元
每股收益	0.5 元

比较表 9 – 6 和表 9 – 7，会发现股票分割后 A 公司的股东权益总额以及股东权益的各个项目都保持不变，只是每股面值下降，已发行股数增加。由于已发行股数增加，在盈利总额和市盈率保持不变的前提下，分割后的每股收益下降，每股市价也会因此下降。

（二）股票分割对公司的意义

1. 股票分割降低每股市价，使企业的股票处于更低的价位，从而可以吸引更多的投资者购买公司的股票。

2. 在投资者看来，股票分割是成长中公司的行为，因而能提高投资者对公司的信心，在一定程度上可稳定股价，甚至会提高公司股票的价格。

(三) 股票分割对股东的意义

1. 相对于股票分割前，股票分割后股东更容易出售其手中的股票从中获得收益，特别是在一部分投资者眼中，股票分割获得的额外股票是意外所得，认为出售这部分股票不会对其产生不利影响。

2. 股票分割后，如果公司每股现金股利的下降幅度低于股票分割的幅度，则股东会获得相对较多的现金股利。

3. 由于信号传递作用，股票分割后股价有可能上升，或是股价下降的幅度可能小于股票分割的幅度，将会使股东获益。

4. 由于股票分割后股价下跌，能吸引更多的投资者购买股票，反而导致股价的上升，或者在一定程度上抵消股价的下降，使得股价下降的幅度小于股票分割的幅度，从而使股东财富增加。

需要注意的是，上市公司对于股票分割的决策应谨慎，只有当公司股价大幅度上涨并预期难以下降时，运用股票分割方式才是恰当的。

相对于增加流通在外普通股数量的股票分割政策，企业在某个时期若希望减少流通在外的普通股数量，可通过股票合并来实现。股票合并作为股票分割的反向操作行为，又称为"反分割"。它造成的影响可以归纳为：①由于普通股数量的减少，导致普通股面值相应提高；②与股票分割一样，股票合并后，普通股股本总额、资本公积、留存收益都保持不变，股东权益总额也保持不变；③由于普通股数量减少，在盈利总额和市盈率不变的前提下，普通股每股收益和每股市价提高。

第四节 股票回购

一、股票回购的概念

股票回购是指上市公司在二级市场将本企业已发行在外的股票通过现金方式购回的行为。在股市低迷的情况下，上市公司通过回购自己的股票来缩小股票的供应量有利于稳定公司股价，在世界上其他国家与地区的成熟股市里，股票回购是一种比较普遍的做法。

当公司投资机会较少、现金持有较多时，公司可以用多余的现金购回股东所持有的股份，使流通在外的股份减少，当盈利总额和市盈率保持不变时，每股收益增加，每股股价上升。因而，通过股票回购股东往往可以从股票价格的上涨中获得资本利得。在不考虑税收与交易成本的情况下，股票回购为股东带来的资本利得等于发放的现金股利。正因为如此，股票回购常被看成是现金股利的一种替代方式。

【例 9-6】 A 公司普通股的每股收益、每股市价等资料，如表 9-8 所示。

表 9-8　　　　　　A 公司股票分割后股东权益和每股收益情况

项目	数额
净利润	400 万元
流通在外的普通股股数	100 万股

续表

项目	数额
每股收益	4元
每股市价	40元
市盈率	10

假如公司准备从盈利中拨出100万元发放现金股利,每股可得股利为1元,那么每股理论市价将为41元(原市价40元+预期股利1元)。如果公司决定不发放现金股利,而是以每股41元的价格购回股票,可购得 1 000 000÷41=24 390(股),每股收益将为:

EFS = 4 000 000÷(1 000 000−24 390)= 4.1(元)

如果市盈率仍为10,股票回购后的每股市价将为41元,这同支付现金股利后的每股市价相同。或者说,公司不论采取支付现金股利的方式还是股票回购的方式,分配给股东的每股现金都是1元。

公司在购回本公司发行在外的股票后,可以将所回购的股票注销,也可以将回购的股份作为库藏股保留,但它不参与每股收益的计算和收益分配。库藏股日后可移作他用,如雇员福利计划、可转换债券转股等,也可以在企业需要资金时出售。但我国相关法规并不允许公司持有库藏股。

在我国,法律只允许上市公司在以下四种情形下才能在二级市场上回购本企业的股票:①减少公司资本而注销股份;②与持有本公司股票的其他公司合并;③将股份奖励给本公司职工;④股东因对股东大会作出的公司合并、分立决议持异议,要求公司收购其股份。

公司因第一种情况收购本公司股份的,应当自收购之日起十日内注销;属于第二、第四种情况的,应当在六个月内转让或注销。公司因奖励职工回购股份的,不得超过本公司已发行股份总额的5%,用于回购的资金应当从税后利润中支出,所收购的股份应当在一年内转让给职工。

二、股票回购的动机

(一)作为股利政策的一部分

股票回购被认为是现金股利的一种替代形式,这时称股票回购为资本收益型的现金股利。在没有个人所得税与交易成本的情况下,两种方式在理论上对股东没有什么区别。因此,从理论上讲,股票回购给投资者带来的资本利得应等于企业发放现金股利情况下的所得金额。在存在个人所得税的情况下,公司通过股票回购向投资者支付现金,投资者无须纳税或由股票回购引起的股价上涨带来的资本利得税可以递延到股票出售之后缴纳,而现金股利所缴纳的所得税是在发放当期就发生了。

(二)传递公司信息

在信息不对称情况下,股票回购可能产生一种有利的信号传递作用。因为当经理认为本公司普通股被低估时,往往采用股票回购向市场表达股价被低估的信息。股票回购不是经常发生的事件,人们通常把它看作管理当局认为普通股市价被大大低估时宣布的额外消息。

(三) 反收购措施

股票回购将提高股票价格，减少流通在外的普通股，增加收购方的成本；另外流通在外的普通股股数少了，可以防止浮动股票落入进攻企业手中。

(四) 提高每股收益，降低筹资成本

通过股票回购，减少公司发行在外的股数，在盈利一定的前提下，每股收益提高；另外，普通股资本成本较高，通过股票回购有利于降低筹资成本。

(五) 稳定或提高公司股票价格

公司回购本公司股票，减少了发行在外的股数，在盈利一定的前提下，增加了每股收益，有利于支撑股价，改善公司形象，增强投资者信心，从而促进股价的稳定。

(六) 建立企业职工持股制度

回购的股票可以作为暂时的股票储备，在实行企业职工持股制度的公司，可以在将来以优惠价格转让给企业职工，以完成职工持股计划。

三、股票回购的方式

(一) 公开市场购买

公开市场购买是指上市公司把自己等同于任何潜在的投资者，委托在证券交易所有正式交易席位的证券公司，代自己按照公司股票当前市场价格回购。在国外较为成熟的股票市场上，这一种方式较为流行。例如，三一国际于2013年7月12日在香港交易所耗资31.418万港币回购了15.0万股股票，最高回购价每股2.1000港币，最低回购价每股2.0900港币，回购均价为每股2.0945港币。

(二) 现金要约购买

现金要约购买是指企业利用剩余资金来回购本公司的股票。按照回购价格的确定方式，现金要约收购分为固定价格要约回购与荷兰式拍卖回购。固定价格要约回购是公司在特定时间发出的以某一高出股票当前市场价格的水平，回购既定数量股票的要约。为了在短时间内回购数量相对较多的股票，公司可以宣布固定价格回购要约。它的优点是赋予所有股东向公司出售其所持股票的均等机会，而且通常情况下公司享有在回购数量不足时取消回购计划或延长要约有效期的权力。荷兰式拍卖回购首次出现于1981年托德造船公司的股票回购。由于倒置了招标过程，荷兰式拍卖回购给公司在决定回购股票价格方面赋予了更大的灵活性。在荷兰式拍卖的股票回购中，首先公司指定回购价格的范围和计划回购的股票数量，而后股东进行投标，说明愿意以某一特定价格水平出售股票的数量，公司汇总所有股东提交的价格和数量后确定此次股票回购的"价格—数量曲线"，并根据实际回购数量确定最终的回购价格。

(三) 私下协议回购

私下协议回购，即场外协议收购，是指股票发行公司与某些投资者直接见面，通过在店头市场协商来回购股票的一种方式。此种方式下，协商的内容包括价格和数量以及执行时间等。这种方式的缺陷在于透明度比较低，其价格经常低于当前市场价格。

(四) 可转让出售权

可转让出售权是指实施股票回购的公司赋予股东在一定期限内以特定价格向公司出售其持有股票的权利。之所以称为"可转让"是因为此权利一旦形成，就可以同依附的股票分离，而且分离后可在市场上自由买卖。执行股票回购的公司向其股东发行可转让出售权，那些不愿意出售股票的股东可以单独出售该权利，从而满足各类股东的需求。此外，因为可转让出售权的发行数量限制了股东向公司出售股票的数量，所以这种方式还可以避免股东过度接受回购要约的情况。

四、股票回购的影响

(一) 股票回购对公司的影响

1. 提高每股收益，稳定股价。通过回购流通股，一方面减少了流通在外的股票股数，提高了每股收益，公司股票价格也会随之上升；另一方面公司向市场传达股价被低估的信息，从而增强投资者信心，活跃市场交易，也会促使股价上升。

2. 提高资金的使用效率。股票回购可以作为公司股利政策的一部分，是一种变相向股东支付股利的方式。股票回购是公司进行的一种主动的投资理财行为。当公司可支配的现金流大大高于公司新的投资需要时，公司可以通过股票回购将资金返还给股东。股票回购多见于处于成熟期的公司。

3. 增强反收购能力，强化股权控制。股票回购通常作为反收购的有效工具。上市公司回购股票，使市场上流通股的比重降低，加大了收购人在二级市场上的收购难度，使其难以收购到足够股份以取得目标公司的控制权；同时，通过股票回购适当地提高资产负债率，更充分有效地发挥财务杠杆效应，从而提升公司股价，增大收购人的收购成本。

(二) 股票回购对股东的影响

1. 公司流通在外的股份缩小，负债不变，股东权益资本减少，在公司经营状况不变的情况下，股票的内在价值增加，因而股价预期会上涨，使股东从中得到好处。

2. 根据信号传递理论，股票回购往往预示着上市公司管理层认为公司股价被严重低估，因而其市场反应必然带动股价的拉升，使股东获益。

本章小结

1. 利润分配程序是指公司根据适用的法律、法规或有关规定，对一定期间实现的税后利润进行分配的顺序。

2. 股利形式有现金股利、股票股利、财产股利和负债股利。

3. 股利理论有 MM 理论、"一鸟在手"理论、税差理论和信号传递理论。

4. 在发放股利时，公司必须要考虑很多相关因素，如法律因素，因为这些因素会直接影响公司股利的发放。

5. 股利政策是现代公司理财活动核心内容之一，恰当的股利政策可以树立公司良好的形象，激发投资者对公司投资的热情，从而使公司获得长期、稳定的发展空间和机会。通常可供选择的股利政策包括剩余股利政策、固定或稳定增长股利政策、固定股利支付率政策及低正常股利加额外股利政策。

6. 股票股利是指公司以额外加发的股票作为股利分配给股东的方式，这也是目前上市公司最常见的股利分配方式之一。

7. 股票回购是指上市公司将其发行在外的股票以一定的价格购买回来予以注销或作为库存股的一种方式。

8. 股票分割又称股票拆细，即将一股股票拆分为多股股票的行为。

一、本章关键词

股利公告日（dividend announcement date）
股权登记日（date of record）
除权日（ex – dividend date）
股利无关论（dividend irrelevance）
在手之鸟（a bird in the hand）
税差理论（tax difference theory）
客户效应理论（clientele effect theory）
代理理论（agency theory）
信息不对称（information asymmetry）
股票股利（stock dividend）
除权价（ex – price）
股票分割（stock split）

二、思考题

1. 股利分配的几个关键日期有何重要意义？
2. "一鸟在手"理论的基本含义是什么？
3. 税差理论的基本含义是什么？
4. 简述客户效应理论的基本含义。
5. 信号传递理论对股利决策有何重要意义？
6. 影响股利政策的因素有哪些？
7. 简述常用的几种股利政策的类型及其含义。
8. 现金股利政策有何利弊？
9. 简述股票股利的含义以及公司选择股票股利的原因。
10. 上网查询证监会公布的股利政策的相关文件，并了解其出台的背景。

三、基础训练测试

（一）单项选择题

1. 下列项目中，将会导致企业股本变动的股利形式是（　　）。
   A. 财产股利　　　　　　　　B. 负债股利
   C. 股票股利　　　　　　　　D. 现金股利

2. 一般来说，如果一个公司的举债能力较弱，往往采取（　　）的利润分配政策。
   A. 宽松 B. 较紧
   C. 固定 D. 变动

3. 下列不属于股利政策理论中的股利重要论的是（　　）。
   A. "在手之鸟"理论 B. 信号传递理论
   C. 代理理论 D. 税收效应理论

4. 在影响利润分配政策的法律因素中，我国相关法律尚未作出规定的是（　　）。
   A. 资本保全约束 B. 资本积累约束
   C. 偿债能力约束 D. 超额累积利润约束

5. 容易造成公司股利支付与公司盈利相脱离的股利分配政策是（　　）。
   A. 剩余股利政策 B. 固定股利政策
   C. 固定股利支付率政策 D. 低正常股利加额外股利政策

6. 某公司于2×21年度实现净利润100万元，2×22年计划所需50万元的投资，公司的目标结构为自有资金40%，借入资金60%，公司采用剩余股利政策，该公司于2×21年可向投资者发放股利的数额为（　　）万元。
   A. 20 B. 80
   C. 100 D. 30

7. 剩余股利政策一般适用于公司的（　　）阶段。
   A. 初创 B. 高速发展
   C. 稳定增长 D. 成熟

8. 采用固定股利支付率政策的原因主要是（　　）。
   A. 降低企业加权平均资本成本 B. 使公司利润分配有较大灵活性
   C. 使利润分配与企业盈余紧密结合 D. 出于避税考虑

9. 领取股利的权利与股票相分离的日期是（　　）。
   A. 股利宣告日 B. 股权登记日
   C. 除息日 D. 股利支付日

10. 处于成长期且信誉一般的公司一般采取（　　）政策。
    A. 剩余股利 B. 固定股利
    C. 固定股利支付率 D. 低正常股利加额外股利

（二）多项选择题

1. 下列说法不正确的有（　　）。
   A. 只要本年净利润大于0，就可以进行利润分配
   B. 只要可供分配利润大于0，则必须提取法定公积金
   C. 不存在用公积金支付股利的可能
   D. 提取公积金的基数是本年的税后利润

2. 法定公积金可以用于（　　）。
   A. 弥补亏损 B. 发放股利
   C. 扩大公司生产经营 D. 转增资本

(三) 综合分析题

请进入创业板上市公司的官方网站或者沪深证券交易所的网站下载3~5家公司财务信息中的分配方案,分析公司近年来多采用什么样的股利支付方式,其股利政策的特点是什么。

第十章　财务分析与评价

知识目标： 通过本章学习，了解财务分析的意义和基本内容，熟悉财务分析的基本方法，理解各财务分析财务指标的概念，掌握财务分析指标的计算和分析思路，并能够对企业财务状况和经营成果综合运用财务分析方法进行综合分析。

能力目标： 通过本课程教学，使学生明确财务管理的任务与环节，懂得做好财务管理工作对企业加强经营管理，提高经济效益的重要意义，通过实训、练习和案例教学，使学生具备熟练的财务管理基本操作技能，为其走向社会、开展财务管理工作打下坚实的基础。

综合运用启发式、提问式、互动式教学方法及案例讨论等方式，结合 PPT 多媒体课件等教学手段，使学生尽快进入课程学习角色，提升学生的专业应用技巧与能力，扩展学生的知识面与思维方式。

企业财务分析——抓住机遇

杉杉集团的前身——宁波甬港服装总厂生产经营发生严重亏损，总资产不足 500 万元，濒临破产境地。后来，企业经过资本扩张，调整资本结构，保持了企业良好的财务状况，使之奇迹般发展成为 520 户国家重点企业之一。

杉杉集团的资本结构调整，主要分为两步：一是在产品经营期间，积极增加负债，获取财务杠杆利益。杉杉集团在股份制改造初期，企业的财务策划以增加财务杠杆利益为出发点，采用积极型筹资策略，大量提高债务比重，同时加强管理，降低资金成本，减少筹资风险，从而提高了权益资本收益率，获取了较大的财务杠杆利益，为企业快速完成资本原始积累发挥了积极的贡献。二是在企业高成长期间，保持适度负债，选择最优资本结构。国家大幅度下调信贷利率，使企业的债务成本趋低。杉杉集团企业财务策划经广泛而深入的研讨，采用适度负债的中庸型筹资策略，选取综合资金成本最低的方案作为最优资本结构方案。这样，既获取了较大的财务杠杆利益，又不影响所有者对企业的控制权，企业财务信誉大大提高，为稳定发展创造了良好的财务环境。

第一节 财务分析与评价概述

一、财务分析的意义和内容

（一）财务分析的意义

财务分析对不同的信息使用者而言具有不同的意义。具体来说，财务分析的意义主要体现在如下几个方面：

1. 可以判断企业的财务实力。通过对资产负债表和利润表有关资料进行分析，计算相关指标，可以了解企业的资产结构和负债水平是否合理，从而判断企业的偿债能力、营运能力及盈利能力等财务实力，揭示企业在财务状况方面可能存在的问题。

2. 可以评价和考核企业的经营业绩，揭示财务活动存在的问题。通过指标的计算、分析和比较，能够评价和考核企业的盈利能力和资产周转状况，揭示其经营管理各个方面和各个环节的问题，找出差距，得出分析结论。

3. 可以挖掘企业潜力，寻求提高企业经营管理水平和经济效益的途径。企业进行财务分析的目的不仅仅是发现问题，更重要的是分析问题和解决问题。通过财务分析，应保持和进一步发挥生产经营管理中成功的经验，对存在的问题应提出解决的策略和措施，以达到扬长避短、提高经营管理水平和经济效益的目的。

4. 可以评价企业的发展趋势。通过各种财务分析，可以判断企业的发展趋势，预测其生产经营的前景及偿债能力，从而为企业领导层进行生产经营决策、投资者进行投资决策和债权人进行信贷决策提供重要的依据，避免因决策错误给其带来重大的损失。

（二）财务分析的内容

一般认为，企业财务分析的内容包括偿债能力分析、盈利能力分析、营运能力分析、发展能力分析以及财务综合分析等方面。但由于财务分析主体不同、财务分析视不同以及特定决策不同，财务分析的内容和侧重点也将有所不同。一般而言，企业财务分析内容如下：

1. 以内部管理决策为视角的企业经营者财务分析。其内容侧重于经营业绩、盈利能力、营运能力以及杠杆效益等几个方面，其他方面（如财务状况、偿债能力）则属于辅助性分析内容。

2. 以长期股权投资决策为视角的投资人的财务分析，其内容侧重于经营能力、盈利能力、资本增值能力以及长期性投资价值方面，至于近期财务状况与经营业绩则处于相对次要的位置。

3. 以短期股票投资决策为视角的投资人的财务分析，其内容侧重于近期的经营业绩以及反映短期性投资价值方面的内容（如每股收益、每股股利、市盈率等），而无须过多关注偿债能力、盈利能力、营运能力等具有内在性和长期影响性的内容。

4. 以长期债权投资决策为视角的长期债权人的财务分析，其内容侧重于财务状况及长期偿债能力，而有关营运能力、盈利能力等方面属于辅助内容。

5. 以短期债权投资决策为视角的短期债权人的财务分析,其内容侧重于短期偿债能力,而不会将重点放在长期偿债能力、营运能力、盈利能力等方面。

二、财务分析的方法

(一) 比较分析法

比较分析法是指通过将企业相关财务指标与设定的标准进行对比分析,以确定分析指标与设定标准间的差异或趋势的方法,是财务分析中实施定量分析的基本方法,其分析模式是:

$$绝对差异 = 实际数 - 标准数 \qquad (式10-1)$$

$$相对差异 = 绝对差异/标准数 \times 100\% \qquad (式10-2)$$

在应用比较分析时应注意以下几个方面:

1. 正确选择比较标准。财务分析目的的不同,比较标准的选择也不同。以企业前期历史指标为标准,可以把握企业财务活动不同历史时期的发展变化趋势和管理水平的改善状况;以预算指标为比较标准,主要在于揭示预算完成的情况;以竞争对手(国内或国外同业)为比较标准,可以寻找与竞争对手的差距,以便更好地改善企业经营。

2. 比较指标可以是绝对数财务指标,也可以是相对数财务指标。绝对数指标的比较,揭示绝对数指标的数量差异;在财务分析中应用的相对数指标主要包括相关比率、构成比率和动态比率等;通过相关比率的比较分析,揭示财务指标的变化;运用结构比率的比较,判断财务结构的合理性;采用动态比率比较,预测企业财务经营状况变化的趋势和规律。

3. 财务趋势分析是比较分析法在财务分析中的一种应用。财务趋势分析主要是通过对企业连续几期的财务指标、财务比率和财务报告的比较,来了解企业财务状况的变动趋势,包括变动的方向、数额和幅度,从而据以预测企业未来财务活动的发展前景。常用的趋势分析包括比较财务报表、比较共同比财务报表和比较财务指标等形式。

4. 对比较结论进行合理描述。在采用比较分析时,对于分析比较的结论可采用文字描述法、图表法等形式。文字描述法比较灵活,受撰写人文字表达能力的影响;图表法比较直观,但不能完全形成分析结论。因此,在财务比较分析时,应将图表分析与文字描述有机结合起来。

5. 考虑比较指标的可比性。影响可比性的因素包括指标计算口径、计算方法、指标涵盖时间、会计核算方法、企业经济类型、财务规模、甚至企业的财务经营政策等多方面。比较时,应对比较指标间指标计算口径、计算方法、指标涵盖时间等主要可比性因素预先进行分析,如果不可比性时应进行调整。

(二) 比率分析法

比率分析法是将两个具有相互联系的指标进行比值计算,借以考察、计量、评价企业经营财务状况的分析方法。财务比率按照反映的内容,包括偿债能力比率、营运能力比率、盈利能力比率、发展能力比率等;按照分析目的和作用不同,包括相关比率、效率比率、结构比率、动态比率等比率。

1. 相关比率分析。相关比率是将两个具有相关关系的财务指标数额计算比值,据以对企业财务状况进行分析的一种方法。财务分析中常用的相关比率主要包括流动比率、速动比率、资产周转率等。通过相关比率的分析，可以使财务分析更加深入、全面。

2. 效率比率分析。效率比率是反映企业财务经营中投入与产出的比值关系，运用效率比率可以评价企业经营的效率大小。在财务分析中将企业的人力、资产、资本的投入与其产出的报酬相比值，可以形成人均利润、资产报酬率、所有者权益报酬率、成本费用利润率、每股利润等盈利能力比率。分析时由于产出量一般为时期数、投入量一般为时点数，不能直接进行比值计算，应采用简单平均或加权平均的方法将时点数转化为时期数，采用进行比率计算与分析。

3. 结构比率分析。结构比率分析是指某财务指标的各构成部分数值占总体数值的百分比，通过结构比率的分析，可以判断各部分在总体中所占比重是否适当。财务分析中结构比率主要包括各资产项目占总资产的比率、各费用项目占总费用项目的比率、各利润项目占利润总额的比率、现金流量结构比率等比率。

4. 动态比率分析。动态比率分析是将企业某一财务指标不同历史时期指标值进行比较，计算发展速度、增长速度等动态比率，借以掌握财务指标长期发展规律和发展趋势。根据比较基础不同，可形成定基动态比率和环比动态比率；根据比率的表现形式不同，可形成发展速度和增长速度等比率。运用定基动态比率可以判断财务指标长期变化趋势，运用环比动态比率可以分析财务指标逐期变化趋势。

（三）因素分析法

因素分析法是指为深入分析某一指标，而将该指标按照构成因素进行分解，分别测定各因素变动对该项指标影响程度的一种分析方法。其作用在于揭示指标差异形成的成因，以便更深入、全面地理解和认识企业财务状况和经营情况。因素分析法的应用程序是：①确定指标实际值与标准值的差异；②确定指标的构成因素以及各因素之间的相互关系，并根据其相互关系建立分析模型；③运用连环替代法或差额分析法计算各因素变动对指标差异的影响程度；④汇总各因素的影响，形成分析结论。因素分析法是以比较分析法的运用为前提，是对比较分析法所确定指标差异的进一步解析。

三、财务分析的局限性

财务分析对于了解企业的财务状况和经营成绩，评价企业的偿债能力和经营能力，帮助制定经济决策，有着显著的作用。但由于种种因素的影响，财务分析也存在着一定的局限性。在分析中，应注意这些局限性的影响，以保证分析结果的正确性。

（一）资料来源的局限性

1. 报表数据的时效性问题。财务报表中的数据，均是企业过去经济活动的结果和总结，用于预测未来发展趋势，只有参考价值，并非绝对合理。

2. 报表数据的真实性问题。在企业形成其财务报表之前，信息提供者往往对信息使用者所关注的财务状况以及对信息的偏好进行仔细分析与研究，并尽力满足信息使用者对企业财务状况和经营成果信息的期望。其结果极有可能使信息使用者所看到的报表信息与企业实际状况相距甚远，从而误导信息使用者的决策。

3. 报表数据的可靠性问题。财务报表虽然是按照会计准则编制的，但不一定能准确地反映企业的客观实际。例如，报表数据未按通货膨胀进行调整；某些资产以成本计价，并不代表其现在的真实价值；许多支出在记账时存在灵活性，既可以作为当期费用，也可以作为资本项目在以后年度摊销；很多资产以估计值入账，但未必客观；偶然事件可能歪曲本期的损益，不能反映盈利的正常水平。

4. 报表数据的可比性问题。根据会计准则的规定，不同的企业或同一个企业的不同时期都可以根据情况采用不同的会计政策和会计处理方法，使得报表上的数据在企业不同时期和不同企业之间的对比在很多时候失去意义。

5. 报表数据的完整性问题。由于报表本身的原因，其提供的数据是有限的。对报表使用者来说，可能有不少需要的信息在报表或附注中根本找不到。

（二）财务分析方法的局限性

对于比较分析法来说，在实际操作时，比较的双方必须具备可比性才有意义。对于比率分析法来说，比率分析是针对单个指标进行分析，综合程度较低，在某些情况下无法得出令人满意的结论；比率指标的计算一般都是建立在以历史数据为基础的财务报表之上的，这使比率指标提供的信息与决策之间的相关性大打折扣。对于因素分析法来说，在计算各因素对综合经济指标的影响额时，主观假定各因素的变化顺序而且规定每次只有一个因素发生变化，这些假定往往与事实不符。并且，无论何种分析法均是对过去经济事项的反映。随着环境的变化，这些比较标准也会发生变化。而在分析时，分析者往往只注重数据的比较，而忽略经营环境的变化，这样得出的分析结论是不全面的。

（三）财务分析指标的局限性

1. 财务指标体系不严密。每一个财务指标只能反映企业的财务状况或经营状况的某一方面，每一类指标都过分强调本身所反映的方面，导致整个指标体系不严密。

2. 财务指标所反映的情况具有相对性。在判断某个具体财务指标是好还是坏，或根据一系列指标形成对企业的综合判断时，必须注意财务指标本身所反映情况的相对性。因此，在利用财务指标进行分析时，必须掌握好对财务指标的"信任度"。

3. 财务指标的评价标准不统一。例如，对流动比率，人们一般认为指标值为 2 比较合理，速动比率则认为 1 比较合适，但许多成功企业的流动比率都低于 2，不同行业的速动比率也有很大差别，如采用大量现金销售的企业，几乎没有应收账款，速动比率大大低于 1 是很正常的。相反，一些应收账款较多的企业，速动比率可能要大于 1。因此，在不同企业之间用财务指标进行评价时没有一个统一标准，不便于不同行业间的对比。

4. 财务指标的比较基础不统一。在对财务指标进行比较分析时，需要选择比较的参照标准，包括同业数据、本企业历史数据和计划预算数据。横向比较时需要使用同业标准。同业平均数只有一般性的指导作用，不一定有代表性，也不一定是合理性的标志。选择同行业一组有代表性的企业计算平均数作为同业标准，可能比整个行业的平均数更有意义。近年来，分析人员更重视以竞争对手的数据作为分析基础。不少企业实行多种经营，没有明确的行业归属，对此类企业进行同业比较更加困难。

趋势分析应以本企业历史数据作为比较基础，而历史数据代表过去，并不代表合理性。经营环境变化后，今年比上年利润提高了，并不一定说明已经达到了应该达到的水平，甚至不一定说明管理有了改进。会计标准、会计规范的改变会使财务数据失去直接可比性，而要恢复可比性成本很大，甚至缺乏必要的信息。

实际与计划的差异分析应以预算为比较基础。实际和预算出现差异，可能是执行中有问题，也可能是预算不合理，两者的区分并非易事。

总之，对比较基础本身要准确理解，并且要在限定意义上使用分析结论，避免简单化和绝对化。

四、财务评价

财务评价是对企业财务状况和经营情况进行的总结、考核和评价。它以企业的财务报表和其他财务分析资料为依据，注重对企业财务分析指标的综合考核。

财务综合评价的方法有很多，包括杜邦分析法、沃尔评分法等。2002年财政部等五部委联合发布了《企业绩效评价操作细则（修订）》，其中提到的绩效评价体系，既包括财务评价指标，又包括非财务评价指标，避免了单纯从财务方面评价绩效的片面性。

运用科学的评价手段对财务绩效实施综合评价，不仅可以真实反映企业经营绩效状况，判断企业的财务管理水平，而且有利于适时揭示财务风险，引导企业持续、快速、健康地发展。

第二节　基本的财务报表分析

一、偿债能力分析

企业偿债能力是指企业偿还其债务的能力，通过偿债能力分析，能揭示企业财务风险的大小，有助于判断企业资金营运、资金周转和经营状况，也可以促使企业融通资金能力的提高。偿债能力也是企业持续经营的物质基础，任何企业如果不能够按期偿还债务，都会被宣告破产。偿债能力分析包括企业短期偿债能力分析和长期偿债能力分析两个方面。

（一）短期偿债能力分析

短期偿债能力是指企业对一年内到期债务的清偿能力，由于到期债务一般均以现金清偿，因此短期偿债能力本质上是一种资产变现能力。

1. 流动比率。流动比率是流动资产与流动负债的比值，是衡量短期偿债能力的基本指标，其计算公式为：

$$流动比率 = 流动资产/流动负债 \qquad (式10-3)$$

该指标从流动资产对流动负债的保障的角度说明企业短期偿债能力，其比率值越大，企业短期偿债能力越强。从优化资本结构和提高资本金利用效率方面考虑，该比率并非越大越好，因为比率值过高，可能表明企业有较多的资金停留在流动资产上，未能较好利用，影响盈利能力；也可能表明企业负债较少，没有充分发挥负债的杠杆效应。通常认为，当企业流动比率为2时较为合适。

由于不同行业和不同经营特点下企业正常流动比率不同，在分析时应考虑企业所处行业性质、经营特点甚至不同发展阶段。同时，由于企业存货、应收账款是企业流动资产主要组成部分，存货、应收账款的质量将会对流动比率产生十分重大的影响，应结合存货和应收账款的周转速度进行综合分析。

2. 速动比率。速动资产是指流动资产扣除流动性较差或不能变现的存货、待摊费用、预付账款等项目后的余额,主要包括货币资金、短期投资、应收款项等,它是流动资产中变现能力强、流动性好的资产。速动比率也称为酸性比率,是速动资产与流动负债的比值,是对流动比率的重要补充。其计算公式为:

$$速动比率 = 速动资产/流动负债 \qquad (式10-4)$$

在计算速动比率时将存货等项目从流动资产中扣除,是由于预付账款、存货的变现速度较慢,待摊费用只能分期摊销,不能变现;存货可能已经损失报废还未处理或部分存货已抵押给债权人;存货估价存在着成本与合理市价相差悬殊等原因。

速动比率是从速动资产对流动负债的保障程度的角度说明企业的短期偿债能力,其比率值越大,表明速动资产对流动负债的保障程度越高,企业短期偿债能力越强。通常认为,当企业流动比率为1时较为合适。分析时,应结合应收账款的周转速度、信用政策和收款政策等因素进行综合分析;同时应考虑季节性经营情况下,财务报告中应收账款不能反映平均水平。

3. 现金流动负债比率。现金流动负债比率是企业一定时期的经营现金净流量同流动负债的比率。现金流动负债比率是从现金流动角度来反映企业当期偿付短期负债的能力。公式表示为:

$$现金流动负债比 = 年经营现金净流量/年末流动负债 \qquad (式10-5)$$

现金流动负债比率是从现金流入和流出的动态角度对企业实际偿债能力进行再次修正。由于有利润的年份不一定有足够的现金来偿还债务,所以利用以收付实现制为基础的现金流动负债比率指标,能充分体现企业经营活动所产生的现金净流入,可以在多大程度上保证当期流动负债的偿还,直观地反映出企业偿还流动负债的实际能力,用该指标评价企业偿债能力更为谨慎;该指标较大,表明企业经营活动产生的现金净流入较多,能够保障企业按时偿还到期债务;但也不是越大越好,太大则表示企业流动资金利用不充分,收益能力不强。

以上指标分别从不同角度说明企业的短期偿债能力,它们相互联系、相辅相成,共同构成了较为完善的短期偿债能力分析指标体系。

(二) 长期偿债能力分析

长期偿债能力是企业偿还长期债务的能力,表明企业对全部债务本息的承受和偿还能力,是衡量企业财务安全与稳定程度的重要标志,它受企业资本结构和未来盈利能力等方面的影响,包括债务本金的偿还和债务利息的支付两个方面,一般采用资产负债率和已获利息倍数等指标来衡量。

1. 资产负债率。资产负债率是指企业在一定时点(通常为期末)的负债总额对资产总额的比率。公式表示为:

$$资产负债率 = 负债总额/资产总额 \times 100\% \qquad (式10-6)$$

该指标是从总资产对总负债的保障程度的角度来说明企业的长期偿债能力,相对而言,其比率值越小,表明企业资产对负债的保障程度越高,企业的偿债能力越强,否则相反。

不同分析主体对看待该指标的立场有所不同。从债权人角度来看,他们所关心的是贷款的安全程度,即能否按期足额收回贷款本金和利息,由于资产负债率与贷款安全程度具有反向关系,因此,作为企业债权人,他们总希望该比率越低越好。从股东角度来看,由于债务资本具有杠杆效应和节税作用,在总资本报酬率高于借款利率的情况下,股东总希望通过负债经营最大限度地利用债务资本获取杠杆利益,即资产负债率越高越好。从经营者角度来看,他们所关心的是如何实现收益与风险的最佳组合,即以适度的风险获取最大的收益;在他们看来,若负债规模过大,资产负债率过高,将会给人以财务状况不佳、融资空间和发展潜力有限的评价;反之,若负债规模过小,资产负债率过低,又给人以经营者缺乏风险意识、对企业发展前途缺乏信心的感觉。因此,他们进行负债筹资时,将会全面考虑和充分预计负债经营的收益和风险,并作出合理的权衡,以实现收益与风险的最佳组合。

资产负债率是国际公认的衡量企业债务偿还能力和财务风险的重要指标,比较保守的经验判断一般为不高于50%,国际上一般认为60%比较好。事实上,不同行业、企业不同生命周期、不同经营观念、不同宏观经济环境甚至不同社会文化环境对资产负债率的评价标准都会产生影响。实际分析时,应结合国家总体经济状况、行业发展趋势、企业所处竞争环境等具体条件进行客观判定。

2. 已获利息倍数。已获利息倍数是企业一定时期息税前利润总额与利息支出的比值。已获利息倍数充分反映了企业收益对偿付债务利息的保障程度和企业的债务偿还能力。计算公式为:

$$已获利息倍数 = 息税前利润 / 利息费用 \qquad (式10-7)$$

其中:息税前利润 = 净利润 + 所得税 + 利息费用 = 税前利润 + 利息费用

已获利息倍数指标反映了当期企业收益是所需支付的债务利息的多少倍,从偿债资金来源角度考察企业债务利息的偿还能力。如果已获利息倍数适当,则表明企业偿付债务利息的风险较小。国外一般选择计算企业5年的已获利息倍数,以充分说明企业稳定偿付利息的能力。因企业所处的行业不同,已获利息倍数有不同的标准界限,国际上公认的已获利息倍数为3。一般情况下,该指标如大于1,则表明企业负债经营能够赚取比资金成本更高的利润,但这仅表明企业能维持经营,还远远不够;如小于1,则表明企业无力赚取大于资金成本的利润,企业债务风险很大。该指标越高,表明企业的债务偿还越有保证;相反,则表明企业没有足够资金来源偿还债务利息,企业偿债能力低下。

上述资产负债率和已获利息倍数分别是从资产负债表静态角度和利润表动态角度来评价企业长期偿债能力。除此之外,还可构建和运用其他一些长期偿债能力指标,如所有者权益比率、产权比率、权益乘数、有形净值债务比率等进行长期静态偿债能力分析,也可以采用现金利息保障倍数、现金债务总额比率等进行长期动态能力分析。

(三) 影响偿债能力的其他因素

表外因素对企业偿债能力的分析具有十分重要的影响,表外因素主要包括或有项目、担保责任、长期的经营租赁、偿债能力声誉、可动用的银行贷款指标等项目,这些项目往往在财务报表的注释中有一定说明。

1. 或有项目。或有是指在未来某个或几个事件发生或不发生的情况下会带来收益或损失,但现在无法肯定是否发生的项目。或有项目一旦发生便会影响企业财务状况,因此企业应该对其引起足够重视,在评价企业长期偿债能力时也要考虑其影响。

2. 担保责任。在经济活动中,企业由于种种原因,可能会以本企业的资产或信用为其他企业银行贷款、经济合同履行等提供法律担保。这种担保责任在被担保人无法履行合约时,就可能成为企业的负债。因此在进行财务分析时应予以考虑。

3. 长期的经营租赁。企业融资租赁的债务已经在财务报表中得到合理的反映;经营租赁其未来应付租金并未在财务报表中反映。如果经营租赁业务量较大、期限较长或者具有经常性,其报表未列示的租金将会对企业偿债能力产生较大影响。在进行财务分析时应予以考虑。

4. 偿债能力声誉。企业偿债声誉是影响企业未来再筹集资金能力的软指标,当一个企业偿债声誉较好时,即使存在暂时的财务危机,也可以通过筹集新的债务资本偿还原有债务,度过财务危机。因此,在财务分析时也应予以考虑。

5. 可动用的银行贷款指标。可动用银行贷款指标是指银行已经批准尚未办理贷款手续的银行贷款限额。这种贷款指标可以随时使用,提高企业支付能力,缓解财务危机。

【例10-1】大华公司为一汽车制造公司,2×21年、2×22年资产负债表、利润表分别如表10-1、表10-2所示。该企业2×21年、2×22年经营活动现金净流量分别为47 765.60万元和67 216.61万元,无资本化利息,财务费用全部为利息费用。

表10-1　　　　　　　　　　　　大华公司资产负债表　　　　　　　　　　　单位:万元

资产	2×21年	2×22年	负债与股东权益	2×21年	2×22年
流动资产			流动负债		
货币资金	209 297.72	54 433.13	应付账款	156 339.3	218 571.68
短期投资	30 748.34	20 243.85	预收账款	566.78	2 991.42
应收账款	130 150.18	135 501.19	应付工资	3 302.91	1 314.40
其他应收款	9 128.22	3 032.42	应付福利费	1 960.79	1 671.53
预付账款	247.11	956.47	应交税金	17 923.75	-3 691.30
存货	25 710.15	32 840.13	其他应付款	7 351.48	10 347.54
			预提费用	6 455.01	4 166.67
流动资产合计	405 281.72	447 007.18	流动负债合计	193 900.02	235 371.93
长期投资			长期负债		
长期投资	106 736.17	117 433.70	长期负债		
固定资产			负债合计	193 900.02	235 371.93
固定资产原价	135 039.12	150 159.55	股东权益		
减:累计折旧	41 286.50	47 312.91	实收资本	200 000.00	200 000.00
固定资产净值	93 752.63	102 846.64	资本公积	63 095.24	63 690.41
在建工程	9 791.78	14 464.78	盈余公积	43 608.94	49 414.15
固定资产合计	103 544.41	117 275.61	未分配利润	122 117.33	140 013.51
无形资产			拟分配现金股利	15 000.00	15 000.00
无形资产	2 159.23	1 773.50	所有者权益合计	428 821.52	453 118.07
资产总计	622 721.53	688 490.00	负债和股东权益总计	622 721.53	688 490.00

表10-2　　　　　　　　　　　　　大华公司利润表　　　　　　　　　　　　　单位：万元

年度	2×21年	2×22年
一、主营业务收入	408 813.39	418 017.20
减：主营业务成本	358 902.38	384 393.99
税金及附加	632.78	596.73
二、主营业务利润	49 278.23	33 026.48
加：其他业务利润	1 032.89	1 117.96
减：营业费用	12 954.28	13 591.20
管理费用	24 887.16	16 050.91
财务费用	-2 887.22	-4 423.84
三、营业利润	15 356.90	8 926.17
加：投资收益	34 883.21	31 194.96
补贴收入	99.20	309.96
营业外收入	142.56	100.35
减：营业外支出	897.76	794.72
四、利润总额	49 584.11	39 736.72
减：所得税	3 707.25	1 035.34
五、净利润	45 876.86	38 701.38

根据大华公司2×21年和2×22年财务报表资料，企业偿债能力指标如表10-3所示。

表10-3　　　　　　　　　　　　大华公司偿债能力分析表

序号	项目	2×21年	2×22年	差异
1	资产总额（万元）	622 721.53	688 490.00	65 768.46
2	其中：流动资产（万元）	405 281.72	447 007.18	41 725.46
3	减：预付账款（万元）	247.11	956.47	709.36
4	存货（万元）	25 710.15	32 840.13	7 129.98
5	速动资产（5=2-3-4）（万元）	379 324.46	413 210.58	33 886.11
6	负债总额（万元）	193 900.02	235 371.93	41 471.91
7	其中：流动负债（万元）	193 900.02	235 371.93	41 471.91
8	所有者权益（万元）	428 821.52	453 118.07	24 296.55
9	经营活动现金净流量（万元）	47 765.60	67 216.61	19 451.01
10	财务费用（万元）	-2 887.22	-4 423.84	-1 536.62
11	税息前利润（万元）	46 696.88	35 312.88	-11 384.00
12	流动比率（12=2/7）	2.09	1.90	-0.19
13	速动比率（13=5/7）	0.94	0.92	-0.01
14	现金流动负债比率（14=9/7）	24.63%	28.56%	3.93%
15	资产负债率（15=6/1）	31.14%	-34.19%	3.05%
16	已获利息倍数（16=11/10）	-16.17	-7.98	8.19

从表 10-3 可以看出：①企业短期偿债能力较强，也比较稳定。主要表现在流动比率基本维持在 2 左右、速动比率基本维持在 1 左右、现金流动负债比率从 2×21 年 24.63%，提高到 2×22 年 28.56%，呈现逐年增长的趋势，且偿债能力不断提高。②企业长期偿债能力较强，也比较稳定。资产负债率基本保持在 31.14% ~ 34.19%，反映出企业财务结构比较稳定，债务偿还能力强，对债权人债权的保障充分；由于持有大量的货币资金，其存款利息大于贷款利息费用，导致已获利息倍数均小于零，表明企业对债务利息的保障十分充分，有充足付息能力。③企业资产结构、债务结构有必要进一步优化。从企业流动资产构成来看，企业现金和短期投资项目的比例较高，将会增加资金的机会成本；从债务结构来看，货币资金持有过大，长期负债为零。因此，企业应在经营中不断优化企业资产结构、债务结构，适当降低货币资金持有、合理利用长期债务资本，提高企业收益水平。

二、营运能力分析

营运能力是指通过与资产周转速度的有关指标来反映企业资产利用的效率。营运能力分析是指对企业总资产或部分资产的运用效率和周转情况所进行的分析，通过对资金周转的分析，可以评价企业营业收入与各项营运资产是否保持合理关系，考察企业运用各项资产效率的高低，挖掘资金潜力，提高资金的使用效率。

（一）流动资产营运能力分析

1. 流动资产周转率。流动资产周转率是指企业一定时期主营业务收入净额同平均流动资产总额的比值。流动资产周转率是评价企业资产利用效率的另一主要指标。一般可采用流动资产周转次数和流动资产周转天数来衡量，计算公式分别为：

$$流动资产周转次数 = 销售收入/流动资产平均余额 \quad (式10-8)$$

$$流动资产周转天数 = 360 \times 流动资产平均余额/销售收入 \quad (式10-9)$$

其中：流动资产平均余额 =（期初流动资产 + 期末流动资产）/2

流动资产周转率反映了企业流动资产的周转速度，是从企业全部资产中流动性最强的流动资产角度对企业资产的利用效率进行分析，以进一步揭示影响企业资产质量的主要因素。该指标将主营业务收入净额与业务资产中最具活力的流动资产相比较，既能反映企业一定时期流动资产的周转速度和使用效率，又能进一步体现每单位流动资产实现价值补偿的高与低，以及补偿速度的快与慢。要实现该指标的良性变动，应以主营业务收入增幅高于流动资产增幅作保证。在企业内部，通过对该指标的分析对比，一方面可以促进企业加强内部管理，充分有效地利用其流动资产，如降低成本、调动暂时闲置的货币资金用于短期投资以创造收益等；另一方面也可以促进企业采取措施扩大销售，提高流动资产的综合使用效率。一般情况下，该指标越高，表明企业流动资产周转速度越快，利用越好。在较快的周转速度下，流动资产会相对节约，其意义相当于流动资产投入的扩大，在某种程度上增强了企业的盈利能力；而周转速度慢，则需补充流动资金参加周转，形成资金浪费，降低企业盈利能力。

2. 存货周转率。存货周转率是企业一定时期主营业务成本与存货平均余额的比率，是对流动资产周转率的补充说明，是衡量和评价企业购入存货、投入生产、销售收回等各环节管理状况的综合性指标。一般可采用存货周转次数和存货周转天数来衡量，计算公式分别为：

存货周转次数 = 销售成本/存货平均余额 　　　　　（式10 – 10）

存货周转天数 = 360 × 存货平均余额/销售成本 　　　（式10 – 11）

其中：存货平均余额 =（期初存货 + 期末存货）/2

存货周转率是评价企业从取得存货、投入生产到销售收回（包括现金销售和赊销）等各环节管理状况的综合性指标，用于反映存货的周转速度，即存货的流动性及存货资金占用量的合理与否。工商企业，尤其是在商业企业中，存货在流动资产中所占比重较大，因此必须重视存货周转率的分析。本指标在于针对存货管理中存在的问题，促使企业在保证生产经营连续性的同时，提高资金的使用效率，增强企业的短期偿债能力。存货周转率在反映存货周转速度、存货占用水平的同时，也从一定程度上反映了企业的销售实现的快慢。所以，一般情况下，该指标越高，表示企业资产由于销售顺畅而具有较高的流动性，存货转换为现金或应收账款的速度快，存货占用水平低。分析时还应综合考虑进货批量、生产销售的季节性变动以及存货结构等因素。

3. 应收账款周转率。应收账款周转率是企业一定时期内主营业务收入净额同应收账款平均余额的比率。应收账款周转率是对流动资产周转率的补充说明。一般可采用应收账款周转次数和应收账款周转天数来进行衡量，其计算公式分别为：

应收账款周转次数 = 赊销收入/应收账款平均余额　　（式10 – 12）

应收账款周转天数 = 360 × 应收账款平均余额/赊销收入　（式10 – 13）

其中：应收账款平均余额 =（期初应收账款 + 期末应收账款）/2

应收账款周转率反映了企业应收账款的流动速度，即企业本年度内应收账款转为现金的平均次数。应收账款在流动资产中占较大份额，及时收回应收账款，能够减少营运资金在应收账款上的呆滞占用，从而提高企业的资金利用效率。本指标目的在于促进企业通过合理制定赊销政策、严格销货合同管理、及时结算等途径加强应收账款的前后期管理，加快应收账款回收速度，活化企业营运资金。由于季节性经营、大量采用分期收款或现金方式结算等都可能使本指标结果失实，所以，应结合企业前后期间、行业平均水平进行综合评价。

将存货周转率与应收账款周转率分析相结合分析，大致可以说明企业所处的市场环境和管理的营销策略。具体来讲，若应收账款周转率和存货周转率同时上升，表明企业的市场环境优越，前景看好；若应收账款周转率上升，而存货周转率下降，可能表明企业因预期市场看好，而扩大产购销规模或紧缩信用政策，或兼而有之；若存货周转率上升，而应收账款周转率下降，可能表明企业放宽了信用政策，扩大了赊销规模，这种情况可能预示着企业对市场前景的预期不太乐观，应予以警觉。

以上指标分别从不同角度说明企业营运能力，它们相互联系、相辅相成，共同构成了较为完善的营运能力分析指标体系。它们之间的关系可以概括为：

总资产周转率 = 流动资产周转率 × 流动资产占总资产的比重　（式10 – 14）

流动资产周转率 = 应收账款周转率 × 应收账款占流动资产的比重（式10 – 15）

流动资产周转率 =（1 + 成本利润率）× 存货周转率 × 存货占流动资产的比重

（式10 – 16）

以上关系表明，要加速总资产周转，一是要提高流动资产在总资产中所占比重，二是要加速应收账款和存货周转，三是要提高成本利润率。由于资产结构主要由行业性质和经营特点所决定，企业不能任意调整。因此，要加速总资产周转，从根本上来讲有赖于企业销售的增长、降低成本水平和降低流动资产的占用。

【例10-2】续【例10-1】，企业2×20年应收账款、存货、流动资产和总资产分别为167 800.42万元、23 978.23万元、415 573.36万元、604 933.06万元。大华公司营运能力有关指标如表10-4所示。

表10-4　　　　　　　　　　大华公司营运能力分析表

序号	项目	2×21年	2×22年	差异
1	主营业务收入（万元）	408 813.39	418 017.20	9 203.81
2	主营业务成本（万元）	358 902.38	384 393.99	25 491.61
3	主营业务成本率（%）（3=2/1）	87.79	91.96	4.17
4	平均应收账款（万元）	148 975.31	132 825.69	-16 149.63
5	平均存货（万元）	24 844.19	29 275.14	4 430.95
6	平均流动资产（万元）	410 427.56	426 144.45	15 716.89
7	平均总资产（万元）	613 827.32	655 605.77	41 778.45
8	应收账款周转率（次/年）（8=1/4）	2.74	3.15	0.40
9	存货周转率（次/年）（9=2/5）	14.45	13.13	-1.32
10	流动资产周转率（次/年）（10=1/6）	1.00	0.98	-0.02
11	流动资产比例（%）	65.08	64.93	-0.16
12	总资产周转率（次/年）（12=1/7）	0.67	0.64	-0.03

从表10-4可以看出：①企业应收账款周转率2×22年较2×21年提高0.4次，主要是由于应收账款平均占用降低16 149.62万元、下降率为10.84%，以及销售收入增加9 203.81万元、增长率为2.25%两个原因引起，表明在企业销售收入增加的同时应收账款管理水平有所提高。②企业存货周转率2×22年较2×21年降低1.32次，主要原因是由于平均存货增加了4 430.95万元、增长率为17.83%和主营业务成本增加25 491.61万元、增长率为7.10%两个原因引起，企业除需要进一步扩大产品销售、降低存货外，还应降低产品成本，提高存货管理水平和盈利水平。③企业流动资产周转率2×22年较2×21年降低了0.02次，流动资产平均占用增加15 716.91万元，流动资产占用增长率超过了销售收入增长率。因此企业应进一步加强流动资产的管理、优化流动资产结构。④企业总资产周转率2×22年较2×21年降低了0.03次，主要是由于流动资产周转率降低0.02次和流动资产的比重降低0.16个百分点导致。因此企业在经营活动过程中应合理安排资产结构，扩大销售的同时努力降低销售成本，提高流动资产的周转速度。

（二）固定资产营运能力分析

反映固定资产营运能力的指标为固定资产周转率。固定资产周转率是指企业年营业收入与固定资产平均额的比率。它是反映企业固定资产周转情况，从而衡量固定资产利用效率的一项指标。其计算公式为：

$$固定资产周转率 = 营业收入 \div 平均固定资产 \qquad (式10-17)$$

$$平均固定资产 = （期初固定资产 + 期末固定资产）\div 2 \qquad (式10-18)$$

固定资产周转率高（即一定时期内固定资产周转次数多），说明企业固定资产投资得当，结构合理，利用效率高；反之，如果固定资产周转率不高，则表明固定资产利用效率不高,提供的生产成果不多,企业的营运能力不强。

(三) 总资产营运能力分析

总资产周转率是指企业一定时期主营业务收入净额同平均资产总额的比值。总资产周转率是综合评价企业全部资产经营质量和利用效率的重要指标。一般可采用总资产周转次数和总资产周转天数来衡量,计算公式分别为:

$$总资产周转次数 = 销售收入 / 总资产平均余额 \qquad (式10-19)$$

$$总资产周转天数 = 360 \times 总资产平均余额 / 销售收入 \qquad (式10-20)$$

其中:总资产平均余额 = (期初总资产 + 期末总资产) / 2

总资产周转率是考察企业资产运营效率的一项重要指标,体现了企业经营期间全部资产从投入到产出周而复始的流转速度,反映了企业全部资产的管理质量和利用效率。由于该指标是一个包容性较强的综合指标,因此,从因素分析的角度来看,它受到流动资产周转率、应收账款周转率和存货周转率等指标的影响。该指标通过当年已实现的营业价值与全部资产进行比较,反映出企业一定时期的实际产出质量以及对每单位资产实现的价值补偿。通过该指标的对比分析,不但能够反映出企业本年度及以前年度总资产的运营效率及其变化,而且能发现企业与同类企业在资产利用上存在的差距,促进企业挖掘潜力、积极创收、提高产品市场占有率、提高资产利用效率。一般情况下,该指标数值越高,周转速度越快,资产利用效率越高。

三、盈利能力分析

盈利能力是指企业获取利润的水平和能力。盈利能力分析是指对企业盈利能力和盈利分配情况所作的分析,它是企业财务结构和经营绩效的综合表现。通过盈利能力分析,评价判断企业的经营成果,分析变化原因,总结经验教训,不断提高企业获利水平。在企业财务分析中盈利能力是核心,也是企业生存和发展的物质基础。企业盈利能力的分析包括销售过程盈利能力分析、资产盈利能力分析以及对股份公司的盈利分析等方面。

(一) 营业毛利率

营业毛利率是营业毛利与营业收入之比,其计算公式如下:

$$营业毛利率 = 营业毛利 \div 营业收入 \times 100\% \qquad (式10-21)$$

$$营业毛利 = 营业收入 - 营业成本 \qquad (式10-22)$$

营业毛利率反映产品每1元营业收入所包含的毛利润是多少,即营业收入扣除营业成本后还有多少剩余可用于弥补各期费用和形成利润。营业毛利率越高,表明产品的盈利能力越强。将营业毛利率与行业水平进行比较,可以反映企业产品的市场竞争地位。那些营业毛利率高于行业水平的企业意味着实现一定的收入占用了更少的成本,表明它们在资源、技术或劳动生产率方面具有竞争优势。而那些营业毛利率低于行业水平的企业则意味着在行业中处于竞争劣势。此外,将不同行业的营业毛利率进行横向比较,也可以说明行业间盈利能力的差异。

(二) 营业净利率

营业净利率是净利润与营业收入之比,其计算公式为:

$$营业净利率 = 净利润 \div 营业收入 \times 100\% \qquad (式10-23)$$

营业净利率反映每 1 元营业收入最终赚取了多少利润,用于反映产品最终的盈利能力。在利润表上,从营业收入到净利润需要扣除营业成本、期间费用、税金等项目。因此,将营业净利率按利润的扣除项目进行分解可以识别影响营业净利率的主要因素。

(三) 总资产净利率

总资产净利率指净利润与平均总资产的比率,反映每 1 元资产创造的净利润。其计算公式为:

$$总资产净利率 = (净利润 \div 平均总资产) \times 100\% \qquad (式 10-24)$$

总资产净利率衡量的是企业资产的盈利能力。总资产净利率越高,表明企业资产的利用效果越好。影响总资产净利率的因素是营业净利率和总资产周转率。

$$\begin{aligned}总资产净利率 &= (净利润 \div 平均总资产) \times 100\% \\ &= (净利润 \div 营业收入) \times (营业收入 \div 平均总资产) \\ &= 营业净利率 \times 总资产周转率\end{aligned} \qquad (式 10-25)$$

因此,企业可以通过提高营业净利率、加速资产周转来提高总资产净利率。总资产净利率下降,表明企业盈利能力减弱。结合营业净利率和总资产周转率可以发现,营业净利率和资产周转率均下降是总资产净利率下降的原因,表明企业产品的盈利能力和资产运用效率均存在问题。企业应进一步分析产品盈利能力和资产周转能力下降的原因,通过提高营业净利率和资产周转率改善企业整体盈利水平。

(四) 净资产收益率

净资产收益率是指企业一定时期内的净利润同平均净资产的比率。净资产收益率充分体现了投资者投入企业的自有资本获取收益的能力,突出反映了投资与报酬的关系,是评价企业资本经营效益的核心指标。计算公式为:

$$净资产收益率 = 净利润 / 平均所有者权益 \times 100\% \qquad (式 10-26)$$

净利润是指企业未作任何分配前的税后利润,受各种政策等其他人为因素的影响较少,能够比较客观、综合地反映企业的经济效益,准确体现投资者投入资本的获利能力。平均净资产是企业年初所有者权益同年末所有者权益的平均数。

该指标是评价企业自有资本及其积累获取报酬水平的最具综合性与代表性的指标,充分反映了企业资本运营的综合效益。该指标通用性强,适应范围广,不受行业局限,是国际上企业综合评价中使用率非常高的一个指标。通过对该指标的综合对比分析,可以看出企业获利能力在同行业中所处的地位,以及与同类企业的差异水平。一般认为,企业净资产收益率越高,企业自有资本获取收益的能力越强,运营效益越好,对企业投资人、债权人的利润保证程度越高。

影响净资产收益率的因素不仅有经营性因素,也有利润分配因素,同时也有资本结构因素。分析时应结合因素分析法对具体因素进行分析,寻找净资产收益率提高的途径,具体分析见"杜邦分析体系"。

四、发展能力分析

衡量企业发展能力的指标主要有营业收入增长率、总资产增长率、营业利润增长率、资本保值增值率和所有者权益增长率等。

（一）营业收入增长率

该指标反映的是相对化的营业收入增长情况，是衡量企业经营状况和市场占有率、预测企业经营业务拓展趋势的重要指标。在实际分析时应考虑企业历年的销售水平、市场占有情况、行业未来发展及其他影响企业发展的潜在因素，或结合企业前三年的营业收入增长率进行趋势性分析判断。其计算公式为：

$$营业收入增长率 = 本年营业收入增长额/上年营业收入 \times 100\% \quad （式10-27）$$
$$本年营业收入增长额 = 本年营业收入 - 上年营业收入 \quad （式10-28）$$

计算过程中，营业收入可以使用利润表中的"营业收入"数据。营业收入增长率大于零，表明企业本年营业收入有所增长。该指标值越高，表明企业营业收入的增长速度越快，企业市场前景越好。

（二）总资产增长率

总资产增长率是企业本年资产增长额同年初资产总额的比率，反映企业本期资产规模的增长情况。其计算公式为：

$$总资产增长率 = 本年资产增长额/年初资产总额 \times 100\% \quad （式10-29）$$
$$本年资产增长额 = 年末资产总额 - 年初资产总额 \quad （式10-30）$$

总资产增长率越高，表明企业一定时期内资产经营规模扩张的速度越快。但在分析时，需要关注资产规模扩张的质和量的关系以及企业的后续发展能力，避免盲目扩张。

【例10-3】大华公司2×21年年初资产总额为8 600万元，2×21年年末资产总额为10 200万元。则大华公司总资产增长率为：

2×21年总资产增长率 =（10 200 - 8 600）/8 600 × 100% = 18.60%

（三）营业利润增长率

营业利润增长率是企业本年营业利润增长额与上年营业利润总额的比率，反映企业营业利润的增减变动情况。其计算公式为：

$$营业利润增长率 = 本年营业利润增长额/上年营业利润总额 \times 100\% （式10-31）$$
$$本年营业利润增长额 = 本年营业利润 - 上年营业利润 \quad （式10-32）$$

【例10-4】大华公司2×21年营业利润为1 095万元，2×22年营业利润为1 030万元。则大华公司营业利润增长率为：

2×22年营业利润增长率 =（1 030 - 1 095）/1 095 × 100% = -5.94%

（四）资本保值增值率

资本保值增值率是指扣除客观因素影响后的所有者权益的期末总额与期初总额之比。其计算公式为：

$$资本保值增值率 = 扣除客观因素影响后的期末所有者权益 \div 期初所有者权益 \times 100\%$$
$$（式10-33）$$

在其他因素不变的情况下，如果企业本期净利润大于0，并且利润留存率大于0，则必然会使期末所有者权益大于期初所有者权益，所以该指标也是衡量企业盈利能力的重要指标。这一指标的高低，除了受企业经营成果的影响外，还受企业利润分配政策的影响。

（五）所有者权益增长率

所有者权益增长率是企业本年所有者权益增长额与年初所有者权益的比率，反映企业当

年资本的积累能力。其计算公式为:

$$所有者权益增长率 = 本年所有者权益增长额/年初所有者权益 \times 100\% \quad (式10-34)$$

$$本年所有者权益增长额 = 年末所有者权益 - 年初所有者权益 \quad (式10-35)$$

所有者权益增长率越高,表明企业的资本积累越多,应对风险、持续发展的能力越强。

五、现金流量分析

现金流量分析一般包括现金流量的结构分析、流动性分析、获取现金能力分析、财务弹性分析及收益质量分析。这里主要以大华公司为例,从获取现金能力及收益质量方面介绍现金流量比率。

(一) 获取现金能力的分析

获取现金的能力可通过经营活动现金流量净额与投入资源之比来反映。投入资源可以是营业收入、资产总额、营运资金、净资产或普通股股数等。

1. 营业现金比率。营业现金比率是指企业经营活动现金流量净额与企业营业收入的比值。其计算公式为:

$$营业现金比率 = 经营活动现金流量净额 \div 营业收入 \quad (式10-36)$$

如果大华公司营业收入为15 010万元,经营活动现金流量净额为5 857.5万元,则:

营业现金比率 = 5 857.5 ÷ 15 010 = 0.39

该比率反映每1元营业收入得到的经营活动现金流量净额,其数值越大越好。

2. 每股营业现金净流量。每股营业现金净流量是通过企业经营活动现金流量净额与普通股股数之比来反映的。其计算公式为:

$$每股营业现金净流量 = 经营活动现金流量净额 \div 普通股股数 \quad (式10-37)$$

假设大华公司有普通股50 000万股,则:

每股营业现金净流量 = 5 857.5 ÷ 50 000 = 0.12(元/股)

该指标反映企业最大的分派股利能力,超过此限度,可能就要借款分红。

3. 全部资产现金回收率。全部资产现金回收率是通过企业经营活动现金流量净额与企业平均总资产之比来反映的,它说明企业全部资产产生现金的能力。其计算公式为:

$$全部资产现金回收率 = 经营活动现金流量净额 \div 平均总资产 \times 100\% \quad (式10-38)$$

假设大华公司平均总资产为86 000万元,则:

全部资产现金回收率 = 5 857.5 ÷ 86 000 × 100% = 6.81%

如果同行业平均全部资产现金回收率为7%,说明大华公司资产产生现金的能力较弱。

(二) 收益质量分析

收益质量是指会计收益与公司业绩之间的相关性。如果会计收益能如实反映公司业绩,则其收益质量高;反之,则收益质量不高。收益质量分析,主要包括净收益营运指数分析与现金营运指数分析。

1. 净收益营运指数。净收益营运指数是指经营净收益与净利润之比,其计算公式为:

$$净收益营运指数 = 经营净收益 \div 净利润 \quad (式10-39)$$

$$经营净收益 = 净利润 - 非经营净收益 \quad (式10-40)$$

净收益营运指数越小,非经营收益所占比重越大,收益质量越差,因为非经营收益不反映公司的核心能力及正常的收益能力,可持续性较低。

2. 现金营运指数。现金营运指数反映企业经营活动现金流量净额与企业经营所得现金的比值,其计算公式为:

$$现金营运指数 = 经营活动现金流量净额 \div 经营所得现金 \quad (式10-41)$$

其中,经营所得现金是经营净收益与非付现费用之和。

现金营运指数小于1,说明收益质量不够好。首先,现金营运指数小于1,说明一部分收益尚未取得现金,停留在实物或债权形态,而实物或债权资产的风险大于现金,应收账款不一定能足额变现,存货也有贬值的风险,所以未收现的收益质量低于已收现的收益;其次,现金营运指数小于1,说明营运资金增加,反映企业为取得同样的收益占用了更多的营运资金,取得收益的代价增加,同样的收益代表着较差的业绩。

第三节　上市公司财务分析

一、上市公司特殊财务分析指标

对上市公司进行财务分析时,除需对前述各基本财务比率进行分析和评价外,还应对反映股票投资价值的特殊财务分析指标进行分析。其中,每股收益、每股股利、市盈率、每股净资产和市净率是证券信息机构定期对上市公司进行排行的主要依据。

(一) 每股收益

每股收益是指本年净利润与年末普通股份总数的比值。其计算公式为:

$$每股收益 = 本年净利润 / 年末普通股份股数 \quad (式10-42)$$

每股收益计算时应注意:①编制合并报表公司的企业,应按照合并数计算;企业若存在优先股时,计算时应从本年净利润中扣除优先股应分享的股利;年度内普通股股数发生变动时,分母应按照股份持续时间计算加权平均普通股股份数,计算加权平均每股收益;若存在除普通股和不可转换优先股外,还有可转换优先股、可转换债券和认股权证时应按规定计算稀释后每股收益。②与同行业进行比较时,运用比较法评价企业每股收益的相对盈利能力;企业不同时期的比较可以评价企业盈利能力的变化趋势,也可以进行经营业绩和盈利预测;分析时应将企业每股收益与每股股利和市盈率等指标分析结合起来。

(二) 每股股利

每股股利是企业股利总额与普通股股数的比值。其计算公式为:

$$每股股利 = 现金股利总额 \div 期末发行在外的普通股股数 \quad (式10-43)$$

每股股利反映的是普通股股东每持有上市公司一股普通股获取的股利大小,是投资者股票投资收益的重要来源之一。由于净利润是股利分配的来源,因此每股股利的多少很大程度上取决于每股收益的多少。但上市公司每股股利发放多少,除了受上市公司盈利能力大小影响以外,还取决于企业的股利分配政策和投资机会。投资者使用每股股利分析上市公司的投资回报时,应比较连续几个期间的每股股利,以评估股利回报的稳定性并对收益作出预期判断。

反映每股股利和每股收益之间关系的一个重要指标是股利发放率,即每股股利分配额与当期的每股收益之比。

(三) 市盈率

市盈率是衡量公司盈利能力的另一个重要指标,它是普通股每股市价与每股收益的倍数,其计算公式为:

$$市盈率 = 普通股每股市价 / 普通股每股收益 \quad (式10-44)$$

该比率反映投资人对每股净利润所愿意支付的价格,可以用来估计股票的投资报酬和风险。它是市场对公司共同期望的指标,市盈率越高,表明市场对公司未来越看好。在市价确定的情况下,每股收益越高,市盈率越低,投资风险越小;反之亦然。在每股收益确定的情况下,市价越高,市盈率越高,风险越大;反之亦然。仅从市盈率的横向比较看,高市盈率说明公司能获得社会信赖,具有良好的发展前景。

分析时应注意:①该指标不能用于不同行业企业间的比较,充满扩展机会的新兴行业市盈率普遍较高,而成熟行业的市盈率普遍较低,这并不能说明后者的股票没有投资价值。②在每股收益很小或亏损情况下,市价不会降为零,很高的市盈率往往不说明任何问题。③由于影响市价变动的因素很多,包括投机等,因此观察市盈率的长期趋势很重要。④在资本市场发展比较完善的情况下,一般的期望报酬率为5%~10%,所以正常的市盈率为20%~10%;发展不完善的资本市场与发展完善的资本市场之间的市盈率存在较大差别,通常要结合其他有关信息,才能运用市盈率指标判断股票的价值。

(四) 每股净资产

每股净资产,也称为每股账面价值、每股权益,是期末净资产与年末普通股股数的比值。计算公式为:

$$每股净资产 = (期末股东权益 - 优先股权益) / 年末普通股股数 \quad (式10-45)$$

该指标反映发行在外的每股普通股所代表的净资产成本即账面价值。因为该指标是建立在历史成本计量的基础上,并不能反映净资产的变现价值和产出能力,在投资分析时只能有限使用。

除上述几个指标外,为了更全面分析股份公司股票投资价值,还应对每股股利、股利支付率、股利报酬率、市净率、每股净资产、每股营业现金净流量等进行更深入分析。

【例10-5】续【例10-1】、【例10-2】,大华公司盈利能力分析,如表10-5所示。

表10-5　　　　　　　　大华公司盈利能力分析表

序号	项目	2×21年	2×22年	差异
1	主营业务收入(万元)	408 813.39	418 017.20	9 203.81
2	成本费用总额(万元)	393 856.60	409 612.26	15 755.66
3	主营业务利润(万元)	49 278.23	33 026.48	-16 251.75
4	税息前利润(万元)	46 696.88	35 312.88	-11 384.00
5	利润总额(万元)	49 584.11	39 736.72	-9 847.39
6	净利润(万元)	45 876.86	38 701.38	-7 175.48
7	经营活动现金净流量(万元)	47 765.60	67 216.61	19 451.01

续表

序号	项目	2×21 年	2×22 年	差异
8	平均所有者权益（万元）	415 523.36	440 969.79	25 446.43
9	平均总资产（万元）	613 827.32	655 605.77	41 778.45
10	主营业务利润率（10 = 3/1）	12.05%	7.90%	-4.15%
11	成本费用利润率（11 = 5/2）	12.59%	9.70%	-2.89%
12	净资产收益率（12 = 6/8）	11.04%	8.78%	-2.26%
13	按照净利润计算的总资产报酬率（13 = 6/9）	7.47%	5.90%	-1.57%
14	按照息税前利润计算的资产报酬率（14 = 4/9）	7.61%	5.39%	-2.22%
15	盈余现金保障倍数（15 = 7/6）	1.04	1.70	0.70
16	每股收益（元）	0.23	0.19	-0.04
17	每股净资产（元）	2.14	2.27	0.12

从表 10-5 可以看出：①大华公司盈利能力呈现逐年下降趋势。表现在成本费用利润率、主营业务利润率、按息税前利润计算的资产报酬率、净资产收益率指标 2×22 年分别比 2×21 年下降 2.89 个、4.15 个、2.22 个和 2.26 个百分点，每股收益比 2×21 年下降了 0.04 元。②导致盈利能力下降的原因主要是成本费用增长所造成。2×22 年主营业务收入增长率 2.25%，对利润的增加具有一定的贡献；但是 2×22 年主营业务成本增长率 7.10%、超过了主营业务收入增长率，是企业盈利能力下降的主要原因。③企业盈余现金保障倍数两年间均大于 1，并且 2×22 年比 2×21 年增加了 0.7，说明企业净利润中现金收益的保障程度较好，并有增加的趋势。

（五）市净率

市净率是每股市价与每股净资产的比率，是投资者用以衡量、分析个股是否具有投资价值的工具之一。市净率的计算公式如下：

$$市净率 = 每股市价 \div 每股净资产 \quad (式 10-46)$$

净资产代表的是全体股东共同享有的权益，是股东拥有公司财产和公司投资价值最基本的体现。一般来说，市净率较低的股票，投资价值较高；反之，则投资价值较低。但有时较低的市净率反映的可能是投资者对公司前景的不良预期，而较高的市净率则相反。因此，在判断某只股票的投资价值时，还要综合考虑当时的市场环境以及公司经营情况、资产质量和盈利能力等因素。

二、管理层讨论与分析

管理层讨论与分析是上市公司定期报告中管理层对于本企业过去经营状况的评价分析以及对企业未来发展趋势的前瞻性判断，是对企业财务报表中所描述的财务状况和经营成果的解释，是对经营中固有风险和不确定性的揭示，同时也是对企业未来发展前景的预期。

管理层讨论与分析是上市公司定期报告的重要组成部分。要求上市公司编制并披露管理层讨论与分析的目的在于，使公众投资者能够有机会了解管理层自身对企业财务状况与经营成果的分析评价，以及企业未来一定时期内的计划。这些信息在财务报表及附注中并没有得到充分揭示，对投资者的投资决策却非常重要。

管理层讨论与分析信息大多涉及"内部性"较强的定性型软信息，无法对其进行详细的强制规定和有效监控，因此，西方国家的披露原则是强制与自愿相结合，企业可以自主决定如何披露这类信息。我国也基本实行这种原则，如中期报告中的"管理层讨论与分析"部分以及年度报告中的"董事会报告"部分，都是规定某些管理层讨论与分析信息必须披露，而另一些管理层讨论与分析信息鼓励企业自愿披露。

上市公司"管理层讨论与分析"主要包括两部分：报告期间经营业绩变动的解释与企业未来发展的前瞻性信息。

（一）报告期间经营业绩变动的解释

1. 分析企业主营业务及其经营状况。

2. 概述企业报告期内总体经营情况，列示企业主营业务收入、主营业务利润、净利润的同比变动情况，说明引起变动的主要影响因素。企业应当对前期已披露的企业发展战略和经营计划的实现或实施情况、调整情况进行总结，若企业实际经营业绩较曾公开披露过的本年度盈利预测或经营计划低10%以上或高20%以上，应详细说明造成差异的原因。企业可以结合企业业务发展规模、经营区域、产品等情况，介绍与企业业务相关的宏观经济层面或外部经营环境的发展现状和变化趋势，以及企业的行业地位或区域市场地位，分析企业存在的主要优势和困难，分析企业经营和盈利能力的连续性和稳定性。

3. 说明报告期企业资产构成、销售费用、管理费用、财务费用、所得税等财务数据同比发生重大变动的情况及主要影响因素。

4. 结合企业现金流量表相关数据，说明企业经营活动、投资活动和筹资活动产生的现金流量的构成情况，若相关数据发生重大变动，应当分析其主要影响因素。

5. 企业可以根据实际情况对企业设备利用情况、订单的获取情况、产品的销售或积压情况、主要技术人员变动情况等与企业经营相关的重要信息进行讨论和分析。

6. 企业主要控股企业及参股企业的经营情况及业绩分析。

（二）企业未来发展的前瞻性信息

1. 企业应当结合经营回顾的情况，分析所处行业的发展趋势及企业面临的市场竞争格局。产生重大影响的，应给予管理层基本判断的说明。

2. 企业应当向投资者提示管理层所关注的未来企业发展机遇和挑战，披露企业发展战略，以及拟开展的新业务、拟开发的新产品、拟投资的新项目等。若企业存在多种业务的，还应当说明各项业务的发展规划。同时，企业应当披露新年度的经营计划，包括（但不限于）收入、成本费用计划以及新年度的经营目标（如销售额的提升、市场份额的扩大、成本升降、研发计划等），以及为达到上述经营目标拟采取的策略和行动。企业可以编制并披露新年度的盈利预测，该盈利预测必须经过具有证券期货相关业务资格的会计师事务所审核并发表意见。

3. 企业应当披露为实现未来发展战略所需的资金需求及使用计划以及资金来源情况，说明企业维持当前业务、完成在建投资项目的资金需求、未来重大的资本支出计划等，包括未来已知的资本支出承诺、合同安排、时间安排等。同时，对企业资金来源的安排、资金成本及使用情况进行说明。企业应当区分债务融资、表外融资、股权融资、衍生产品融资等项目对企业未来资金来源进行披露。

企业应当结合自身特点对所有风险因素（包括宏观政策风险、市场或业务经营风险、财务风险、技术风险等）进行风险揭示，披露的内容应当充分、准确、具体。同时企业可以根据实际情况，介绍已（或拟）采取的对策和措施，对策和措施应当内容具体，具备可操作性。

第四节　财务评价与考核

一、企业综合绩效分析的方法

财务综合分析就是将偿债能力、营运能力、盈利能力、发展能力等诸方面的分析纳入到一个有机的整体之中，全面对企业经营状况及财务状况进行解释和分析，从而对企业经济效益的优劣作出准确的评价与判断。

（一）杜邦分析法

杜邦财务分析法，也称杜邦财务分析体系，是利用各主要财务指标间的内在联系，对企业财务状况及经济效益进行综合系统分析评价的方法。该体系是以净资产利润率为龙头，以资产报酬率为核心，重点揭示企业盈利能力及其前因后果。因其最初由美国杜邦公司成功应用而得名。利用这种方法进行综合分析时，可把各项财务指标间的关系绘制成杜邦分析图，如图10-1所示。

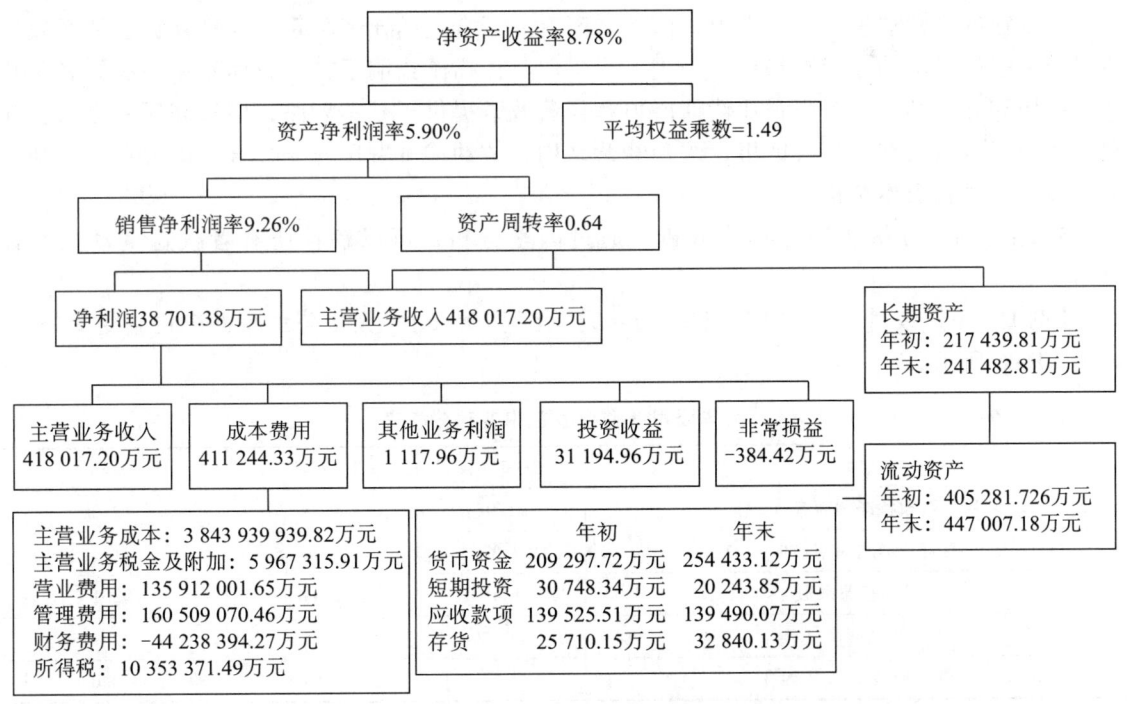

图 10-1　大华公司杜邦分析图

1. 杜邦财务分析法的实质是以所有者权益净利率为基础，利用分解财务比率的方法，将反映企业盈利能力的销售净利润率、反映企业营运能力的资产周转率和反映企业清偿债务能力的权益乘数或资产负债率有机结合起来，并进一步考虑影响这些指标的具体财务报表项目，实现财务分析的综合性。即：

净资产收益率 = 资产净利润率 × 权益乘数

　　　　　　= 销售净利润率 × 资产周转率 × 权益乘数

　　　　　　= 销售净利润率 × 资产周转率 × 1/（1 - 资产负债率）　　　　（式 10 - 47）

2. 杜邦分析体系为企业改进经营管理和财务管理提供了依据。

由杜邦分析体系可知，①所有者权益净利率是一个综合性很强的财务分析指标，是杜邦分析体系的核心，反映了企业所有者投入资本的盈利，表明了企业筹资、投资、资产营运等各项财务及管理活动的质量。增加企业价值、提高所有者权益净利润率的途径主要包括提高资产净利润率和权益乘数。②权益乘数与资产负债率之间存在着权益乘数 = 1/（1 - 资产负债率）的关系，企业可以通过提高资产负债率来提高所有者权益的报酬，但提高资产负债率也会给企业带来一定的财务风险，导致企业资金成本的上升，降低企业价值，因此，企业负债经营时应将资产负债率控制在一个合适的范围。③提高资产净利润率的方式有两种，一是提高销售净利润率，二是加快资产周转速度。从提高销售净利润率的角度来看，企业可以通过扩大销售收入、控制成本费用、合理税务策划等方式来实现，通过分析收入的产品结构、地区结构等可以为企业制定合理的营销策略提供依据，通过分析成本费用的基本结构可以为企业加强成本费用管理指明方向。从提高资产周转率方面来讲，除扩大销售外，也要合理安排资产结构，一般来说，流动资产直接体现企业的偿债能力和变现能力，而长期资产则体现了企业的经营规模、发展潜力，两者之间有一个合理的比率关系。④杜邦分析体系较好地解释了指标变动的原因和趋势，为进一步采取具体措施指明了方向，而且还为决策者优化经营结构和理财结构，提高企业偿债能力和经营效益提供了基本思路，即提高所有者权益净利润率的根本途径在于扩大销售，改善经营结构，节约成本费用开支，合理配置资源，加速资金周转，优化资本结构等。

3. 结合因素分析法进行具体分析。通过因素分析，可以解释所有者权益变动的具体原因。

【例 10 - 6】续【例 10 - 1】、【例 10 - 2】、【例 10 - 5】，大华公司净资产收益变动分析，如表 10 - 6 所示。

表 10 - 6　　　　　　　　　大华公司净资产收益率变动分析表

项目	2×21 年	2×22 年	差异
所有者权益净利润率（%）	11.04	8.78	-2.26
总资产净利润率（%）	7.37	5.90	-1.47
平均权益乘数	1.48	1.49	0.01
销售净利润率（%）	11.22	9.26	-1.96
资产周转率（次/年）	0.67	0.64	-0.03

从表 10 - 6 可以看出，该企业权益乘数 2×22 年较 2×21 年提高了 0.01 次，对净资产收益率的提高有所帮助，但企业总资产净利润率下降 1.47 个百分点，使净资产收益率

2×22年较2×21年下降了2.26个百分点。导致总资产净利润率下降1.47个百分点的原因主要在于企业销售净利润率和资产周转率2×22年较2×21年分别下降了1.96个百分点和0.03次。进一步分析企业销售收入可以看出，企业主营业务收入的降低和主营业务成本的上升是根本原因，因此，企业应在扩大销售和降低成本费用等方面还有一定的工作需要进行。

（二）沃尔评分法

亚历山大·沃尔在20世纪初出版的《信用晴雨表研究》和《财务报表比率分析》中提出了信用能力指数的概念，并用以进行综合分析与评价。现代社会与沃尔所处的时代相比，已有很大变化。一般认为企业财务评价的内容主要是盈利能力，其次是偿债能力，此外还有发展能力。采用财务比率综合评分法，进行企业财务状况的综合分析，一般要遵循如下程序：

1. 合理选定评价的财务比率。在选择财务比率时，一要具有全面性，要求反映企业的获利能力、偿债能力、营运能力和发展能力等四大类财务比率都应当包括在内；二要具有代表性，即要选择能够说明问题的重要的财务比率；三要具有变化方向的一致性，即当财务比率增大时，表示财务状况的改善；反之，财务比率减小时，表示财务状况的恶化。

2. 确定各财务指标的标准评分值。财务分析主体应结合分析目的，并考虑企业的经营活动的性质、企业的生产经营规模、市场形象等因素，以及各财务比率的重要程度，确定各指标的标准评分值（或权重性系数），各项财务比率的标准评分值之和应等于100分。一般来说，获利能力、偿债能力（含营运能力）和发展能力大致可按5:3:2来分配比重，并进一步分解具体财务比率。

3. 为了避免个别财务比率的异常对总分造成不合理的影响，应规定各项财务比率评分值的上限和下限，即最高评分值和最低评分值。上限可以设定为正常评分值的1.5倍，下限可以设定为正常评分值的0.5倍。

4. 确定各财务比率的标准值。财务比率的标准值是指各项财务比率在本企业现时条件下最理想的数值，亦即最优值。财务比率的标准值，通常可以参照同行业的平均水平，并经过调整后确定。

5. 计算每分比率的差：每分比率的差 =（行业最高比率 – 标准比率）/（最高评分 – 标准评分值）。

6. 计算企业在一定时期各项财务比率的实际值，并与标准比率进行比较，计算差异（差异 = 实际比率 – 标准比率）和调整分（调整分 = 差异/每分比率的差）。

7. 计算各指标的实际得分值和综合得分值，并形成评价结论。一般来讲，各指标的实际得分值等于标准评分值加上调整分；实际得分值高于最高评分时，应按最高评分值确定；实际得分值低于最高评分时，应按最低评分值确定。综合得分值等于各指标实际得分值的合计。如果综合得分等于或接近于100分，说明企业的财务状况是良好的，达到了预先确定的标准；如果综合得分低于100分很多，就说明企业的财务状况较差，应当采取适当的措施加以改善。

【例10-7】表10-7、表10-8，为大华公司财务综合评价标准和企业财务情况评分：从表10-8可以看出，企业综合财务评价得分为86.66分，属于中等偏下水平。

表 10-7　　　　　　　　　　　　　大华公司综合评分标准

指标	标准评分值	标准比率（%）	行业最高比率	最高评分	最低评分	每分比率的差（%）
盈利能力：						
总资产净利润率	20	10	20	30	10	1
销售净利润率	20	4	20	30	10	1.6
所有者权益净利润率	10	16	20	15	5	0.8
偿债能力：						
所有者权益比率	8	40	100	12	4	15
流动比率	8	150	450	12	4	75
应收账款周转率	8	600	1200	12	4	150
存货周转率	8	800	1200	12	4	100
成长能力：						
销售增长率	6	15	30	9	3	5
净利润增长率	6	10	20	9	3	3.3
人均净利润增长率	6	10	20	9	3	3.3
合计	100			150	50	

表 10-8　　　　　　　　　　　　　大华公司财务情况评分

指标	实际比率①（%）	标准比率②（%）	差异③=①-②	每分比率的差④	调整分⑤=③/④	标准评分值⑥	得分⑦=⑤+⑥
盈利能力：							
总资产净利润率	7.4	10	-2.6	1	-2.6	20	17.4
销售净利润率	4.5	4	0.5	1.6	0.31	20	20.31
净资产收益率	14.9	16	-1.1	0.8	-1.38	10	8.62
偿债能力：							
所有者权益比率	49	40	9	15	0.60	8	8.60
流动比率	233	150	83	75	1.11	8	9.11
应收账款周转率	1 000	600	400	150	2.67	8	10.67
存货周转率	1 200	800	400	100	4.00	8	12.00
成长能力：							
销售增长率	5	15	-10	5	-2.00	6	4.00
净利润增长率	-15	10	-25	3.3	-7.57	6	-1.57
人均净利润增长率	-18	10	-28	3.3	-8.48	6	-2.48
合计						100	86.66

二、综合绩效评价

综合绩效评价是综合分析的一种，一般是站在企业所有者（投资人）的角度进行的。

综合绩效评价，是指运用数理统计和运筹学的方法，通过建立综合评价指标体系，对照相应的评价标准，定量分析与定性分析相结合，对企业一定经营期间的盈利能力、资产质量、债务风险以及经营增长等经营业绩和努力程度等各方面进行的综合评判。

科学地评价企业绩效可以为出资人行使经营者的选择权提供重要依据；可以有效地加强对企业经营者的监管和约束；可以为有效激励企业经营者提供可靠依据；还可以为政府有关部门、债权人、企业职工等利益相关方提供有效的信息支持。

（一）综合绩效评价的内容

企业综合绩效评价由财务绩效定量评价和管理绩效定性评价两部分组成。

1. 财务绩效定量评价。财务绩效定量评价是指对企业一定期间的盈利能力、资产质量、债务风险和经营增长四个方面进行定量对比分析和评判。

（1）企业盈利能力分析与评判主要通过资本及资产收益水平、成本费用控制水平和经营现金流量状况等方面的财务指标，综合反映企业的投入产出水平、盈利质量和现金保障状况。

（2）企业资产质量分析与评判主要通过资产周转速度、资产运行状态、资产结构以及资产有效性等方面的财务指标，综合反映企业所占用经济资源的利用效率、资产管理水平与资产的安全性。

（3）企业债务风险分析与评判主要通过债务负担水平、资产负债结构、或有负债情况、现金偿债能力等方面的财务指标，综合反映企业的债务水平、偿债能力及其面临的债务风险。

（4）企业经营增长分析与评判主要通过销售增长、资本积累、效益变化以及技术投入等方面的财务指标，综合反映企业的经营增长水平及发展后劲。

2. 管理绩效定性评价。管理绩效定性评价是指在企业财务绩效定量评价的基础上，通过采取专家评议的方式，对企业一定期间的经营管理水平进行定性分析与综合评判。

管理绩效定性评价指标包括企业发展战略的确立与执行、经营决策、发展创新、风险控制、基础管理、人力资源、行业影响、社会贡献等方面。

（二）综合绩效评价指标

企业综合绩效评价指标由 22 个财务绩效定量评价指标和 8 个管理绩效定性评价指标组成。

1. 财务绩效定量评价指标。财务绩效定量评价指标由反映企业盈利能力状况、资产质量状况、债务风险状况和经营增长状况四个方面的基本指标和修正指标构成。

其中，基本指标反映企业一定期间财务绩效的主要方面，并得出财务绩效定量评价的基本结果。修正指标是根据财务指标的差异性和互补性，对基本指标的评价结果作进一步的补充和矫正。

（1）企业盈利能力状况以净资产收益率、总资产收益率两个基本指标和销售（营业）利润率、盈余现金保障倍数、成本费用利润率、资本收益率四个修正指标进行评价，主要反映企业一定经营期间的投入产出水平和盈利质量。

（2）企业资产质量状况以总资产周转率、应收账款周转率两个基本指标和不良资产比率、流动资产周转率、资产现金回收率三个修正指标进行评价，主要反映企业所占用经济资源的利用效率、资产管理水平与资产的安全性。

(3) 企业债务风险状况以资产负债率、已获利息倍数两个基本指标和速动比率、现金流动负债比率、带息负债比率、或有负债比率四个修正指标进行评价，主要反映企业的债务负担水平、偿债能力及其面临的债务风险。

(4) 企业经营增长状况以销售（营业）增长率、资本保值增值率两个基本指标和销售（营业）利润增长率、总资产增长率、技术投入比率三个修正指标为依据进行评价，主要反映企业的经营增长水平、资本增值状况及发展后劲。

2. 管理绩效定性评价指标。企业管理绩效定性评价指标包括战略管理、发展创新、经营决策、风险控制、基础管理、人力资源、行业影响、社会贡献八个方面的指标，主要反映企业在一定经营期间所采取的各项管理措施及其管理成效。

(1) 战略管理评价主要反映企业所制定战略规划的科学性，战略规划是否符合企业实际，员工对战略规划的认知程度，战略规划的保障措施及其执行力，以及战略规划的实施效果等方面的情况。

(2) 发展创新评价主要反映企业在经营管理创新、工艺革新、技术改造、新产品开发、品牌培育、市场拓展、专利申请及核心技术研发等方面的措施及成效。

(3) 经营决策评价主要反映企业在决策管理、决策程序、决策方法、决策执行、决策监督、责任追究等方面采取的措施及实施效果，重点反映企业是否存在重大经营决策失误。

(4) 风险控制评价主要反映企业在财务风险、市场风险、技术风险、管理风险、信用风险和道德风险等方面的管理与控制措施及效果，包括风险控制标准、风险评估程序、风险防范与化解措施等。

(5) 基础管理评价主要反映企业在制度建设、内部控制、重大事项管理、信息化建设、标准化管理等方面的情况，包括财务管理、对外投资、采购与销售、存货管理、质量管理、安全管理、法律事务等。

(6) 人力资源评价主要反映企业人才结构、人才培养、人才引进、人才储备、人事调配、员工绩效管理、分配与激励、企业文化建设、员工工作热情等方面的情况。

(7) 行业影响评价主要反映企业主营业务的市场占有率、对国民经济及区域经济的影响与带动力、主要产品的市场认可程度、是否具有核心竞争能力以及产业引导能力等方面的情况。

(8) 社会贡献评价主要反映企业在资源节约、环境保护、吸纳就业、工资福利、安全生产、上缴税收、商业诚信、和谐社会建设等方面的贡献程度和社会责任的履行情况。

各指标评价内容与权重，如表10-9所示。

(三) 企业综合绩效评价标准

综合绩效评价标准分为财务绩效定量评价标准和管理绩效定性评价标准。

1. 财务绩效定量评价标准。财务绩效定量评价标准包括国内行业标准和国际行业标准。国内行业标准根据国内企业年度财务和经营管理统计数据，运用数理统计方法，分年度、分行业、分规模统一测算。国际行业标准根据居于行业国际领先地位的大型企业相关财务指标实际值，或者根据同类型企业相关财务指标的先进值，在剔除会计核算差异后统一测算。其中，财务绩效定量评价标准的行业分类，按照国家统一颁布的国民经济行业分类标准结合企业实际情况进行划分。

表 10 – 9　　　　　　　　　企业综合绩效评价指标与权重

评价内容与权重		财务绩效（70%）				管理绩效（30%）	
		基本指标	权重	修正指标	权重	评议指标	权重
盈利能力状况	34	净资产收益率 总资产收益率	20 14	销售（营业）利润率 利润现金保障倍数 成本费用利润率 资本收益率	10 9 8 7	战略管理 发展创新 经营决策 风险控制 基础管理 人力资源 行业影响 社会贡献	18 15 16 13 14 8 8 8
资产质量状况	22	总资产周转率 应收账款周转率	10 12	不良资产比率 流动资产周转率 资产现金回收率	9 7 6		
债务风险状况	22	资产负债率 已获利息倍数	12 10	速动比率 现金流动负债比率 带息负债比率 或有负债比率	6 6 5 5		
经营增长状况	22	销售（营业）增长率 资本保值增值率	12 10	销售（营业）利润增长率 总资产增值率 技术投入比率	10 7 5		

财务绩效定量评价标准按照不同行业、不同规模及指标类别，划分为优秀（A）、良好（B）、平均（C）、较低（D）、较差（E）五个档次，对应五档评价的标准系数分别为1.0、0.8、0.6、0.4、0.2，较差（E）以下为0。

2. 管理绩效定性评价标准。管理绩效定性评价标准分为优（A）、良（B）、中（C）、低（D）、差（E）五个档次。对应五档评价的标准系数分别为1.0、0.8、0.6、0.4、0.2，差（E）以下为0。

管理绩效定性评价标准具有行业普遍性和一般性，在进行评价时，应当根据不同行业的经营特点，灵活把握个别指标的标准尺度。对于定性评价标准没有列示，但对被评价企业经营绩效产生重要影响的因素，在评价时也应予以考虑。

（四）企业综合绩效评价工作程序

1. 财务绩效评价工作程序。财务绩效定量评价工作具体包括提取评价基础数据、基础数据调整、评价计分、形成评价结果等内容。

（1）提取评价基础数据。以经社会中介机构或内部审计机构审计并经评价组织机构核实确认的企业年度财务会计报表为基础提取评价基础数据。

（2）基础数据调整。为客观、公正地评价企业经营绩效，对评价基础数据进行调整。

（3）评价计分。根据调整后的评价基础数据，对照相关年度的行业评价标准值，利用绩效评价软件或手工评价计分。

（4）形成评价结果。对任期财务绩效评价需要计算任期内平均财务绩效评价分数，并计算绩效改进度；对年度财务绩效评价除计算年度绩效改进度外，需要对定量评价得分深入分析，诊断企业经营管理存在的薄弱环节，并在财务决算批复中提示有关问题，同时进行所监管企业的分类排序分析，在一定范围内发布评价结果。

2. 管理绩效评价工作程序。管理绩效定性评价工作具体包括收集整理管理绩效评价资料、聘请咨询专家、召开专家评议会、形成定性评价结论等内容。

(1) 收集整理管理绩效评价资料。为了深入了解被评价企业的管理绩效状况,应当通过问卷调查、访谈等方式,充分收集并认真整理管理绩效评价的有关资料。

(2) 聘请咨询专家。根据所评价企业的行业情况,聘请不少于7名的管理绩效评价咨询专家,组成专家咨询组,并将被评价企业的有关资料提前送达咨询专家。

(3) 召开专家评议会。组织咨询专家对企业的管理绩效指标进行评议打分。

(4) 形成定性评价结论。汇总管理绩效定性评价指标得分,形成定性评价结论。

(五) 企业综合绩效评价计分方法

1. 财务绩效评价计分。

(1) 基本指标计分。财务绩效定量评价基本指标计分是按照功效系数法计分原理,将评价指标实际值对照行业评价标准值,按照规定的计分公式计算各项基本指标得分。计算公式为:

$$基本指标总得分 = \sum 单项基本指标得分 \quad (式10-48)$$

$$单项基本指标得分 = 本档基础分 + 调整分 \quad (式10-49)$$

$$本档基础分 = 指标权数 \times 本档标准系数 \quad (式10-50)$$

$$调整分 = 功效系数 \times (上档基础分 - 本档基础分) \quad (式10-51)$$

$$上档基础分 = 指标权数 \times 上档标准系数 \quad (式10-52)$$

$$功效系数 = (实际值 - 本档标准值) / (上档标准值 - 本档标准值) \quad (式10-53)$$

本档标准值是指上下两档标准值居于较低等级一档。

(2) 修正指标的计分。财务绩效定量评价修正指标的计分是在基本指标计分结果的基础上,运用功效系数法原理,分别计算盈利能力、资产质量、债务风险和经营增长四个部分的综合修正系数,再据此计算出修正后的分数。计算公式为:

$$修正后总得分 = \sum 各部分修正后得分 \quad (式10-54)$$

$$各部分修正后得分 = 各部分基本指标分数 \times 该部分综合修正系数 \quad (式10-55)$$

$$某部分综合修正系数 = \sum 该部分各修正指标加权修正系数 \quad (式10-56)$$

$$某指标加权修正系数 = 修正指标权数/该部分权数 \times 该指标单项修正系数 \quad (式10-57)$$

$$某指标单项修正系数 = 1.0 + (本档标准系数 + 功效系数 \times 0.2 - 该部分基本指标分析系数) \quad (式10-58)$$

(单项修正系数控制修正幅度为 0.7~1.3)

$$某部分基本指标分析系数 = 该部分基本指标得分/该部分权数 \quad (式10-59)$$

在计算修正指标单项修正系数过程中,对于一些特殊情况应进行调整:

①如果修正指标实际值达到优秀值以上,其单项修正系数的计算公式如下:

$$单项修正系数 = 1.2 + 本档标准系数 - 该部分基本指标分析系数 \quad (式10-60)$$

②如果修正指标实际值处于较差值以下,其单项修正系数的计算公式如下:

$$单项修正系数 = 1.0 - 该部分基本指标分析系数 \quad (式10-61)$$

③如果资产负债率≥100%，指标得 0 分；其他情况按照规定的公式计分。

④如果盈余现金保障利润分子为正数，分母为负数，单项修正系数确定为 1.1；如果分子为负数，分母为正数，单项修正系数确定为 0.9；如果分子分母同为负数，单项修正系数确定为 0.8。

⑤如果不良资产比率≥100% 或分母为负数，单项修正系数确定为 0.8。

⑥对于销售（营业）利润增长率指标，如果上年营业利润为负数，本年为正数，单项修正系数为 1.1；如果上年营业利润为零，本年为正数，或者上年为负数，本年为零，单项修正系数确定为 1.0。

⑦如果个别指标难以确定行业标准，该指标单项修正系数确定为 1.0。

2. 管理绩效评价计分。管理绩效定性评价指标的计分一般通过专家评议打分形式完成，聘请的专家应不少于 7 名；评议专家应当在充分了解企业管理绩效状况的基础上，对照评价参考标准，采取综合分析判断法，对企业管理绩效指标作出分析评议，评判各项指标所处的水平档次，并直接给出评价分数。计算公式为：

$$\text{管理绩效定性评价指标分数} = \sum \text{单项指标分数} \quad (\text{式 } 10-62)$$

$$\text{单项指标分数} = \sum \text{每位专家给定的单项指标分数}/\text{专家人数} \quad (\text{式 } 10-63)$$

3. 综合绩效评价计分。在得出财务绩效定量评价分数和管理绩效定性评价分数后，应当按照规定的权重，耦合形成综合绩效评价分数。计算公式为：

企业综合绩效评价分数 = 财务绩效定量评价分数 × 70% + 管理绩效定性评价分数 × 30%

$$(\text{式 } 10-64)$$

在得出评价分数以后，应当计算年度之间的绩效改进度，以反映企业年度之间经营绩效的变化状况。计算公式为：

$$\text{绩效改进度} = \text{本期绩效评价分数}/\text{基期绩效评价分数} \quad (\text{式 } 10-65)$$

绩效改进度大于 1，说明经营绩效上升；绩效改进度小于 1，说明经营绩效下滑。

（六）企业综合绩效评价结果与评价报告

企业综合绩效评价结果以评价类型、评价级别和评价得分表示。

评价类型是根据评价分数对企业综合绩效所划分的水平档次，用文字和字母表示，分为优（A）、良（B）、中（C）、低（D）、差（E）五种类型。

评价级别是对每种类型再划分级次，以体现同一评价类型的不同差异，采用在字母后标注"+、-"号的方式表示。

企业综合绩效评价结果以 85 分、70 分、50 分、40 分作为类型判定的分数线。

1. 评价得分达到 85 分以上（含 85 分）的评价类型为优（A），在此基础上划分为三个级别，分别为：A + + ≥95 分；95 分 > A + ≥90 分；90 分 > A≥85 分。

2. 评价得分达到 70 分以上（含 70 分）不足 85 分的评价类型为良（B），在此基础上划分为三个级别，分别为：85 分 > B + ≥80 分；80 分 > B≥75 分，75 分 > B - ≥70 分。

3. 评价得分达到 50 分以上（含 50 分）不足 70 分的评价类型为中（C），在此基础上划分为两个级别，分别为：70 分 > C≥60 分；60 分 > C - ≥50 分。

4. 评价得分在 40 分以上（含 40 分）不足 50 分的评价类型为低（D）。

5. 评价得分在 40 分以下的评价类型为差（E）。

本章小结

财务分析主体包括企业现实利益相关者、潜在利益相关者和决策服务相关者三类，不同分析主体在运用企业财务报告和相关环境信息进行分析视角和内容有所侧重，一般包括偿债能力分析、盈利能力分析、营运能力分析、发展能力分析等方面。

从程序上来看，财务分析需要经过分析准备阶段、分析实施阶段和分析阶段。从技术分析上来看，需要采用比较分析法、比率分析法、因素分析法等方法，比率分析在于计算相关财务比率，比较分析在于进行横向和纵向比较，因素分析法在于对差异形成的原因进行具体因素分析，在财务分析时应结合运用。

企业偿债能力分析包括短期偿债能力和长期偿债能力分析两个方面。衡量企业短期偿债能力指标主要包括流动比率、速动比率、现金流动负债比率等，长期偿债能力一般可采用资产负债率、已获利息倍数等指标来衡量。在企业偿债能力分析时，不仅要关注财务报告所反映的偿债能力，要需要考虑表外因素等对偿债能力的影响，以便客观、全面地进行企业偿债能力分析。

营运能力可采用不同资产周转次数和周转天数来衡量，主要包括总资产周转率、流动资产周转率、存货周转率和应收账款周转率等方面；其中存货周转率和应收账款周转率是流动资产周转率的重要补充，加速流动资产的周转速度有助于提高总资产周转率。

净资产收益率、总资产净利率、营业毛利率、营业净利率等指标构成盈利能力分析指标体系，股份公司还需要对每股收益、每股股利、市盈率、市净率、每股净资产等指标进行分析。在盈利能力分析时应对各指标的内涵和外延进行合理界定。

企业发展能力分析时，运用营业收入增长率、总资产增长率、营业利润增长率、资本保值增长率和所有者权益增长率等五个指标对其进行衡量，这些指标相互联系、相辅相成形成分析评价指标体系，对企业长期发展能力进行全面评价。

在财务分析时，不仅需要对偿债能力、营运能力、盈利能力、发展能力等方面进行单项分析，也需要运用杜邦财务分析法、综合评价法等方法进行财务综合分析，只有进行综合分析，才能够对企业财务状况和经营成果有一个全面的评价。

一、本章关键词

财务分析（financial analysis）

偿债能力（solvency）

盈利能力（profitability）

营运能力（operating capacity）

发展能力（capacity development）

杜邦分析法（dupont analysis）

综合评价法（comprehensive evaluation method）

综合绩效评价（comprehensive performance evaluation）

二、思考题

1. 企业资产负债率的高低对债权人和股东会产生什么影响？
2. 企业的应收账款周转率偏低可能是由什么原因造成的？会给企业带来什么影响？
3. 为什么说企业的营运能力可以反映出其经营管理水平？企业应当如何提高营运能力？
4. 在评价股份有限公司的盈利能力时，哪个财务指标应当作为核心指标？为什么？
5. 在评价企业的发展趋势时，应当注意哪些问题？
6. 为什么说股东权益报酬率是杜邦分析的核心？
7. 在应用杜邦分析法进行企业财务状况的综合分析时，应当如何分析各项因素对企业股东权益报酬率的影响程度？
8. 假如你是一家股份公司的董事，律师提醒你应当关注有关法律诉讼的风险，并要持续监督公司财务安全，你应当如何利用财务分析帮助你行使董事的职责？

三、基础训练测试

（一）单项选择题

1. 甲公司 2×21 年年初流通在外普通股 8 000 万股，优先股 500 万股；2×21 年 6 月 30 日增发普通股 4 000 万股。2×21 年年末股东权益合计 35 000 万元，优先股每股清算价值 10 元，无拖欠的累积优先股股息。2×21 年年末甲公司普通股每股市价 12 元，市净率是（   ）倍。
   A. 2.8   B. 5.0
   C. 4.0   D. 4.8

2. 假定其他条件不变，下列各项经济业务中会导致公司总资产净利率上升的是（   ）。
   A. 收回应收账款   B. 用资本公积转增股本
   C. 用银行存款购入生产设备   D. 用银行归还银行借款

3. 某公司 2×21 年营业收入为 6 000 万元。年初应收账款余额为 300 万元，年末应收账款余额为 500 万元，坏账准备按应收账款余额的 10% 计提。每年按 360 天计算，则该公司的应收账款周转天数为（   ）天。
   A. 15   B. 17
   C. 22   D. 24

4. 甲公司 2×21 年净利润为 250 万元，流通在外的普通股的加权平均股数为 100 万股，优先股为 50 万股，优先股股息为每股 1 元。如果 2020 年年末普通股的每股市价为 30 元，甲公司的市盈率为（   ）。
   A. 12   B. 15
   C. 18   D. 22.5

5. 下列业务中，能够降低企业短期偿债能力的是（   ）。
   A. 企业采用分期付款方式购置一台大型机械设备
   B. 企业从某国有银行取得 3 年期 500 万元的贷款
   C. 企业向战略投资者进行定向增发

D. 企业向股东发放股票股利

（二）多项选择题

1. 下列各项措施中，可降低应收账款周转天数的有（　　）。
   A. 提高信用标准　　　　　　　　B. 延长信用期限
   C. 提高坏账准备计提比率　　　　D. 提高现金折扣率

2. 下列关于营运资本的说法中，错误的有（　　）。
   A. 营运资本越多的企业，流动比率越大
   B. 营运资本越多，流动资产超过流动负债的金额越大
   C. 营运资本增加，说明企业短期偿债能力提高
   D. 营运资本越多的企业，短期偿债能力越强

3. 假设其他因素不变，下列变动中有利于减少企业外部融资额的有（　　）。
   A. 提高存货周转率　　　　　　　B. 提高产品毛利率
   C. 提高权益乘数　　　　　　　　D. 提高股利支付率

（三）综合分析题

1. 大华公司流动资产由速动资产和存货构成，年初存货为145万元，年初应收账款为125万元，年末流动比率为3，年末速动比率为1.5，存货周转率为4次，年末流动资产余额为270万元。一年按360天计算。

   要求：
   （1）计算大华公司流动负债年末余额。
   （2）计算大华公司存货年末余额和年平均余额。
   （3）计算大华公司本年销售成本。
   （4）假定本年赊销净额为960万元，应收账款以外的其他速动资产忽略不计，计算大华公司应收账款平均收账期。

2. 大华公司2×21年度赊销收入净额为2 000万元，销售成本为1 600万元；年初、年末应收账款余额分别为200万元和400万元；年初、年末存货余额分别为200万元和600万元；年末速动比率为1.2，年末现金比率为0.7。假定大华公司流动资产由速动资产和存货组成，速动资产由应收账款和现金类资产组成。一年按360天计算。

   要求：
   （1）计算2×21年应收账款平均收账期。
   （2）计算2×21年存货周转天数。
   （3）计算2×21年年末流动负债余额和速动资产余额。
   （4）计算2×21年年末流动比率。

附录一 复利终值系数表（FVIF表）

n	1%	2%	3%	4%	5%	6%	7%	8%	9%	10%	11%	12%	13%	14%	15%	16%	17%	18%	19%	20%	25%	30%
1	1.010	1.020	1.030	1.040	1.050	1.060	1.070	1.080	1.090	1.100	1.110	1.120	1.130	1.140	1.150	1.160	1.170	1.180	1.190	1.200	1.250	1.300
2	1.020	1.040	1.061	1.082	1.103	1.124	1.145	1.166	1.188	1.210	1.232	1.254	1.277	1.300	1.323	1.346	1.369	1.392	1.416	1.440	1.563	1.690
3	1.030	1.061	1.093	1.125	1.158	1.191	1.225	1.260	1.295	1.331	1.368	1.405	1.443	1.482	1.521	1.561	1.602	1.643	1.685	1.728	1.953	2.197
4	1.041	1.082	1.126	1.170	1.216	1.262	1.311	1.360	1.412	1.464	1.518	1.574	1.630	1.689	1.749	1.811	1.874	1.939	2.005	2.074	2.441	2.856
5	1.051	1.104	1.159	1.217	1.276	1.338	1.403	1.469	1.539	1.611	1.685	1.762	1.842	1.925	2.011	2.100	2.192	2.288	2.386	2.488	3.052	3.713
6	1.062	1.126	1.194	1.265	1.340	1.419	1.501	1.587	1.677	1.772	1.870	1.974	2.082	2.195	2.313	2.436	2.565	2.700	2.840	2.986	3.815	4.827
7	1.072	1.149	1.230	1.316	1.407	1.504	1.606	1.714	1.828	1.949	2.076	2.211	2.353	2.502	2.660	2.826	3.001	3.185	3.379	3.583	4.768	6.275
8	1.083	1.172	1.267	1.369	1.477	1.594	1.718	1.851	1.993	2.144	2.305	2.476	2.658	2.853	3.059	3.278	3.511	3.759	4.021	4.300	5.960	8.157
9	1.094	1.195	1.305	1.423	1.551	1.689	1.838	1.999	2.172	2.358	2.558	2.773	3.004	3.252	3.518	3.803	4.108	4.435	4.785	5.160	7.451	10.604
10	1.105	1.219	1.344	1.480	1.629	1.791	1.967	2.159	2.367	2.594	2.839	3.106	3.395	3.707	4.046	4.411	4.807	5.234	5.695	6.192	9.313	13.786
11	1.116	1.243	1.384	1.539	1.710	1.898	2.105	2.332	2.580	2.853	3.152	3.479	3.836	4.226	4.652	5.117	5.624	6.176	6.777	7.430	11.642	17.922
12	1.127	1.268	1.426	1.601	1.796	2.012	2.252	2.518	2.813	3.138	3.498	3.896	4.335	4.818	5.350	5.936	6.580	7.288	8.064	8.916	14.552	23.298
13	1.138	1.294	1.469	1.665	1.886	2.133	2.410	2.720	3.066	3.452	3.883	4.363	4.898	5.492	6.153	6.886	7.699	8.599	9.596	10.699	18.190	30.288
14	1.149	1.319	1.513	1.732	1.980	2.261	2.579	2.937	3.342	3.797	4.310	4.887	5.535	6.261	7.076	7.988	9.007	10.147	11.420	12.839	22.737	39.374
15	1.161	1.346	1.558	1.801	2.079	2.397	2.759	3.172	3.642	4.177	4.785	5.474	6.254	7.138	8.137	9.266	10.539	11.974	13.590	15.407	28.422	51.186

续表

n	1%	2%	3%	4%	5%	6%	7%	8%	9%	10%	11%	12%	13%	14%	15%	16%	17%	18%	19%	20%	25%	30%
16	1.173	1.373	1.605	1.873	2.183	2.540	2.952	3.426	3.970	4.595	5.311	6.130	7.067	8.137	9.358	10.748	12.330	14.129	16.172	18.488	35.527	66.542
17	1.184	1.400	1.653	1.948	2.292	2.693	3.159	3.700	4.328	5.054	5.895	6.866	7.986	9.276	10.761	12.468	14.426	16.672	19.244	22.186	44.409	86.504
18	1.196	1.428	1.702	2.026	2.407	2.854	3.380	3.996	4.717	5.560	6.544	7.690	9.024	10.575	12.375	14.463	16.879	19.673	22.901	26.623	55.511	112.455
19	1.208	1.457	1.754	2.107	2.527	3.026	3.617	4.316	5.142	6.116	7.263	8.613	10.197	12.056	14.232	16.777	19.748	23.214	27.252	31.948	69.389	146.192
20	1.220	1.486	1.806	2.191	2.653	3.207	3.870	4.661	5.604	6.727	8.062	9.646	11.523	13.743	16.367	19.461	23.106	27.393	32.429	38.338	86.736	190.050
21	1.232	1.516	1.860	2.279	2.786	3.400	4.141	5.034	6.109	7.400	8.949	10.804	13.021	15.668	18.822	22.574	27.034	32.324	38.591	46.005	108.420	247.065
22	1.245	1.546	1.916	2.370	2.925	3.604	4.430	5.437	6.659	8.140	9.934	12.100	14.714	17.861	21.645	26.186	31.629	38.142	45.923	55.206	135.525	321.184
23	1.257	1.577	1.974	2.465	3.072	3.820	4.741	5.871	7.258	8.954	11.026	13.552	16.627	20.362	24.891	30.376	37.006	45.008	54.649	66.247	169.407	417.539
24	1.270	1.608	2.033	2.563	3.225	4.049	5.072	6.341	7.911	9.850	12.239	15.179	18.788	23.212	28.625	35.236	43.297	53.109	65.032	79.497	211.758	542.801
25	1.282	1.641	2.094	2.666	3.386	4.292	5.427	6.848	8.623	10.835	13.585	17.000	21.231	26.462	32.919	40.874	50.658	62.669	77.388	95.396	264.698	705.641
26	1.295	1.673	2.157	2.772	3.556	4.549	5.807	7.396	9.399	11.918	15.080	19.040	23.991	30.167	37.857	47.414	59.270	73.949	92.092	114.475	330.872	917.333
27	1.308	1.707	2.221	2.883	3.733	4.822	6.214	7.988	10.245	13.110	16.739	21.325	27.109	34.390	43.535	55.000	69.345	87.260	109.589	137.371	413.590	1192.533
28	1.321	1.741	2.288	2.999	3.920	5.112	6.649	8.627	11.167	14.421	18.580	23.884	30.633	39.204	50.066	63.800	81.134	102.967	130.411	164.845	516.988	1550.293
29	1.335	1.776	2.357	3.119	4.116	5.418	7.114	9.317	12.172	15.863	20.624	26.750	34.616	44.693	57.575	74.009	94.927	121.501	155.189	197.814	646.235	2015.381
30	1.348	1.811	2.427	3.243	4.322	5.743	7.612	10.063	13.268	17.449	22.892	29.960	39.116	50.950	66.212	85.850	111.065	143.371	184.675	237.376	807.794	2619.996
40	1.489	2.208	3.262	4.801	7.04	10.286	14.974	21.725	31.409	45.259	65.001	93.051	132.78	188.88	267.86	378.72	533.87	750.38	1051.7	1469.8	7523.2	36119
50	1.654	2.692	4.384	7.107	11.467	18.42	29.457	46.902	74.358	117.39	184.57	289	450.74	700.23	1083.7	1670.7	2566.1	3927.4	5988.9	9100.4	70065	497929

附录二 复利现值系数表（PVIF 表）

n	1%	2%	3%	4%	5%	6%	8%	10%	12%	14%	15%	16%	18%	20%	25%	30%	35%	40%	50%
1	0.99	0.98	0.97	0.961	0.952	0.943	0.925	0.909	0.892	0.877	0.869	0.862	0.847	0.833	0.8	0.769	0.74	0.714	0.666
2	0.98	0.961	0.942	0.924	0.907	0.889	0.857	0.826	0.797	0.769	0.756	0.743	0.718	0.694	0.64	0.591	0.548	0.51	0.444
3	0.97	0.942	0.915	0.888	0.863	0.839	0.793	0.751	0.711	0.674	0.657	0.64	0.608	0.578	0.512	0.455	0.406	0.364	0.296
4	0.96	0.923	0.888	0.854	0.822	0.792	0.735	0.683	0.635	0.592	0.571	0.552	0.515	0.482	0.409	0.35	0.301	0.26	0.197
5	0.951	0.905	0.862	0.821	0.783	0.747	0.68	0.62	0.567	0.519	0.497	0.476	0.437	0.401	0.327	0.269	0.223	0.185	0.131
6	0.942	0.887	0.837	0.79	0.746	0.704	0.63	0.564	0.506	0.455	0.432	0.41	0.37	0.334	0.262	0.207	0.165	0.132	0.087
7	0.932	0.87	0.813	0.759	0.71	0.665	0.583	0.513	0.452	0.399	0.375	0.353	0.313	0.279	0.209	0.159	0.122	0.094	0.058
8	0.923	0.853	0.789	0.73	0.676	0.627	0.54	0.466	0.403	0.35	0.326	0.305	0.266	0.232	0.167	0.122	0.09	0.067	0.039
9	0.914	0.836	0.766	0.702	0.644	0.591	0.5	0.424	0.36	0.307	0.284	0.262	0.225	0.193	0.134	0.094	0.067	0.048	0.026
10	0.905	0.82	0.744	0.675	0.613	0.558	0.463	0.385	0.321	0.269	0.247	0.226	0.191	0.161	0.107	0.072	0.049	0.034	0.017
11	0.896	0.804	0.722	0.649	0.584	0.526	0.428	0.35	0.287	0.236	0.214	0.195	0.161	0.134	0.085	0.055	0.036	0.024	0.011
12	0.887	0.788	0.701	0.624	0.556	0.496	0.397	0.318	0.256	0.207	0.186	0.168	0.137	0.112	0.068	0.042	0.027	0.017	0.007
13	0.878	0.773	0.68	0.6	0.53	0.468	0.367	0.289	0.229	0.182	0.162	0.145	0.116	0.093	0.054	0.033	0.02	0.012	0.005
14	0.869	0.757	0.661	0.577	0.505	0.442	0.34	0.263	0.204	0.159	0.141	0.125	0.098	0.077	0.043	0.025	0.014	0.008	0.003
15	0.861	0.743	0.641	0.555	0.481	0.417	0.315	0.239	0.182	0.14	0.122	0.107	0.083	0.064	0.035	0.019	0.011	0.006	0.002

续表

n	1%	2%	3%	4%	5%	6%	8%	10%	12%	14%	15%	16%	18%	20%	25%	30%	35%	40%	50%
16	0.852	0.728	0.623	0.533	0.458	0.393	0.291	0.217	0.163	0.122	0.106	0.093	0.07	0.054	0.028	0.015	0.008	0.004	0.001
17	0.844	0.714	0.605	0.513	0.436	0.371	0.27	0.197	0.145	0.107	0.092	0.08	0.059	0.045	0.022	0.011	0.006	0.003	0.001
18	0.836	0.7	0.587	0.493	0.415	0.35	0.25	0.179	0.13	0.094	0.08	0.069	0.05	0.037	0.018	0.008	0.004	0.002	0
19	0.827	0.686	0.57	0.474	0.395	0.33	0.231	0.163	0.116	0.082	0.07	0.059	0.043	0.031	0.014	0.006	0.003	0.001	0
20	0.819	0.672	0.553	0.456	0.376	0.311	0.214	0.148	0.103	0.072	0.061	0.051	0.036	0.026	0.011	0.005	0.002	0.001	0
21	0.811	0.659	0.537	0.438	0.358	0.294	0.198	0.135	0.092	0.063	0.053	0.044	0.03	0.021	0.009	0.004	0.001	0	0
22	0.803	0.646	0.521	0.421	0.341	0.277	0.183	0.122	0.082	0.055	0.046	0.038	0.026	0.018	0.007	0.003	0.001	0	0
23	0.795	0.634	0.506	0.405	0.325	0.261	0.17	0.111	0.073	0.049	0.04	0.032	0.022	0.015	0.005	0.002	0.001	0	0
24	0.787	0.621	0.491	0.39	0.31	0.246	0.157	0.101	0.065	0.043	0.034	0.028	0.018	0.012	0.004	0.001	0	0	0
25	0.779	0.609	0.477	0.375	0.295	0.232	0.146	0.092	0.058	0.037	0.03	0.024	0.015	0.01	0.003	0.001	0	0	0
26	0.772	0.597	0.463	0.36	0.281	0.219	0.135	0.083	0.052	0.033	0.026	0.021	0.013	0.008	0.003	0.001	0	0	0
27	0.764	0.585	0.45	0.346	0.267	0.207	0.125	0.076	0.046	0.029	0.022	0.018	0.011	0.007	0.002	0.001	0	0	0
28	0.756	0.574	0.437	0.333	0.255	0.195	0.115	0.069	0.041	0.025	0.019	0.015	0.009	0.006	0.001	0	0	0	0
29	0.749	0.563	0.424	0.32	0.242	0.184	0.107	0.063	0.037	0.022	0.017	0.013	0.008	0.005	0.001	0	0	0	0
30	0.741	0.552	0.411	0.308	0.231	0.174	0.099	0.057	0.033	0.019	0.015	0.011	0.006	0.004	0.001	0	0	0	0
31	0.734	0.541	0.399	0.296	0.22	0.164	0.092	0.052	0.029	0.017	0.013	0.01	0.005	0.003	0	0	0	0	0
32	0.727	0.53	0.388	0.285	0.209	0.154	0.085	0.047	0.026	0.015	0.011	0.008	0.005	0.002	0	0	0	0	0
33	0.72	0.52	0.377	0.274	0.199	0.146	0.078	0.043	0.023	0.013	0.009	0.007	0.004	0.002	0	0	0	0	0
34	0.712	0.51	0.366	0.263	0.19	0.137	0.073	0.039	0.021	0.011	0.008	0.006	0.003	0.002	0	0	0	0	0

续表

n	1%	2%	3%	4%	5%	6%	8%	10%	12%	14%	15%	16%	18%	20%	25%	30%	35%	40%	50%
35	0.705	0.5	0.355	0.253	0.181	0.13	0.067	0.035	0.018	0.01	0.007	0.005	0.003	0.001	0	0	0	0	0
36	0.698	0.49	0.345	0.243	0.172	0.122	0.062	0.032	0.016	0.008	0.006	0.004	0.002	0.001	0	0	0	0	0
37	0.692	0.48	0.334	0.234	0.164	0.115	0.057	0.029	0.015	0.007	0.005	0.004	0.002	0.001	0	0	0	0	0
38	0.685	0.471	0.325	0.225	0.156	0.109	0.053	0.026	0.013	0.006	0.004	0.003	0.001	0	0	0	0	0	0
39	0.678	0.461	0.315	0.216	0.149	0.103	0.049	0.024	0.012	0.006	0.004	0.003	0.001	0	0	0	0	0	0
40	0.671	0.452	0.306	0.208	0.142	0.097	0.046	0.022	0.01	0.005	0.003	0.002	0.001	0	0	0	0	0	0
41	0.665	0.444	0.297	0.2	0.135	0.091	0.042	0.02	0.009	0.004	0.003	0.002	0	0	0	0	0	0	0
42	0.658	0.435	0.288	0.192	0.128	0.086	0.039	0.018	0.008	0.004	0.002	0.001	0	0	0	0	0	0	0
43	0.651	0.426	0.28	0.185	0.122	0.081	0.036	0.016	0.007	0.003	0.002	0.001	0	0	0	0	0	0	0
44	0.645	0.418	0.272	0.178	0.116	0.077	0.033	0.015	0.006	0.003	0.002	0.001	0	0	0	0	0	0	0
45	0.639	0.41	0.264	0.171	0.111	0.072	0.031	0.013	0.006	0.002	0.001	0.001	0	0	0	0	0	0	0
46	0.632	0.402	0.256	0.164	0.105	0.068	0.029	0.012	0.005	0.002	0.001	0.001	0	0	0	0	0	0	0
47	0.626	0.394	0.249	0.158	0.1	0.064	0.026	0.011	0.004	0.002	0.001	0	0	0	0	0	0	0	0
48	0.62	0.386	0.241	0.152	0.096	0.06	0.024	0.01	0.004	0.001	0.001	0	0	0	0	0	0	0	0
49	0.614	0.378	0.234	0.146	0.091	0.057	0.023	0.009	0.003	0.001	0.001	0	0	0	0	0	0	0	0
50	0.608	0.371	0.228	0.14	0.087	0.054	0.021	0.008	0.003	0.001	0	0	0	0	0	0	0	0	0

附录三 普通年金终值系数表（FVIFA表）

n	1%	2%	3%	4%	5%	6%	7%	8%	9%	10%	11%	12%	13%	14%	15%	16%	17%	18%	19%	20%	25%	30%
1	1.000	1.000	1.000	1.000	1.000	1.000	1.000	1.000	1.000	1.000	1.000	1.000	1.000	1.000	1.000	1.000	1.000	1.000	1.000	1.000	1.000	1.000
2	2.010	2.020	2.030	2.040	2.050	2.060	2.070	2.080	2.090	2.100	2.110	2.120	2.130	2.140	2.150	2.160	2.170	2.180	2.190	2.200	2.250	2.300
3	3.030	3.060	3.091	3.122	3.153	3.184	3.215	3.246	3.278	3.310	3.342	3.374	3.407	3.440	3.473	3.506	3.539	3.572	3.606	3.640	3.813	3.990
4	4.060	4.122	4.184	4.246	4.310	4.375	4.440	4.506	4.573	4.641	4.710	4.779	4.850	4.921	4.993	5.066	5.141	5.215	5.291	5.368	5.766	6.187
5	5.101	5.204	5.309	5.416	5.526	5.637	5.751	5.867	5.985	6.105	6.228	6.353	6.480	6.610	6.742	6.877	7.014	7.154	7.297	7.442	8.207	9.043
6	6.152	6.308	6.468	6.633	6.802	6.975	7.153	7.336	7.523	7.716	7.913	8.115	8.323	8.536	8.754	8.977	9.207	9.442	9.683	9.930	11.259	12.756
7	7.214	7.434	7.662	7.898	8.142	8.394	8.654	8.923	9.200	9.487	9.783	10.089	10.405	10.730	11.067	11.414	11.772	12.142	12.523	12.916	15.073	17.583
8	8.286	8.583	8.892	9.214	9.549	9.879	10.260	10.637	11.028	11.436	11.859	12.300	12.757	13.233	13.727	14.240	14.773	15.327	15.902	16.499	19.842	23.858
9	9.369	9.755	10.159	10.583	11.027	11.491	11.978	12.488	13.021	13.579	14.164	14.776	15.416	16.085	16.786	17.519	18.285	19.086	19.923	20.799	25.802	32.015
10	10.462	10.950	11.464	12.006	12.578	13.181	13.816	14.487	15.193	15.937	16.722	17.549	18.420	19.337	20.304	21.321	22.393	23.521	24.701	25.959	33.253	42.619
11	11.567	12.169	12.808	13.486	14.207	14.972	15.784	16.645	17.560	18.531	19.561	20.655	21.814	23.045	24.349	25.733	27.200	28.755	30.404	32.150	42.566	56.405
12	12.683	13.412	14.192	15.026	15.917	16.870	17.888	18.977	20.141	21.384	22.713	24.133	25.650	27.271	29.002	30.850	32.824	34.931	37.180	39.581	54.208	74.327
13	13.809	14.680	15.618	16.627	17.713	18.882	20.141	21.495	22.953	24.523	26.212	28.029	29.985	32.089	34.352	36.786	39.404	42.219	45.244	48.497	68.760	97.625
14	14.947	15.974	17.086	18.292	19.599	21.015	22.550	24.215	26.019	27.975	30.095	32.393	34.883	37.581	40.505	43.672	47.103	50.818	54.841	54.196	86.949	127.910
15	16.097	17.293	18.599	20.024	21.579	23.276	25.129	27.152	29.361	31.772	34.405	37.280	40.417	43.842	47.580	51.660	56.110	6.965	66.261	72.035	109.690	167.290

附表三 普通年金终值系数表（FVIFA 表）

续表

n	1%	2%	3%	4%	5%	6%	7%	8%	9%	10%	11%	12%	13%	14%	15%	16%	17%	18%	19%	20%	25%	30%
16	17.258	18.639	20.157	21.825	23.657	25.673	27.888	30.324	33.003	35.950	39.190	42.753	46.672	50.980	55.717	60.925	66.649	72.939	79.850	87.442	138.110	218.470
17	18.430	20.012	21.762	23.698	25.840	28.213	30.840	33.750	36.974	40.545	44.501	48.884	53.739	59.118	65.075	71.673	78.979	87.068	96.022	105.930	173.640	285.010
18	19.615	21.412	23.414	25.645	28.132	30.906	33.999	37.450	41.301	45.599	50.396	55.750	61.725	68.394	75.836	84.141	93.406	103.740	115.270	128.120	218.050	371.520
19	20.811	22.841	25.117	27.671	30.539	33.760	37.379	41.446	46.018	51.159	56.939	63.440	70.749	79.969	88.212	98.603	110.290	123.410	138.170	154.740	273.560	483.970
20	22.019	24.297	26.870	29.778	33.066	36.786	40.995	45.762	51.160	57.275	64.203	72.052	80.947	91.025	120.440	115.380	130.030	146.630	165.420	186.690	342.950	630.170
25	28.243	32.030	36.459	41.646	47.727	54.865	63.249	73.106	84.701	98.347	114.410	133.330	155.620	181.870	212.790	249.210	292.110	342.600	402.040	471.980	1054.800	2348.800
30	34.785	40.588	47.575	56.085	66.439	79.058	94.461	113.280	136.310	164.490	199.020	241.330	293.200	356.790	434.750	530.310	647.440	790.950	966.700	1181.900	3227.200	8730
40	48.886	60.402	75.401	95.026	120.800	154.760	199.640	259.060	337.890	442.590	581.830	767.090	1013.700	1342.000	1779.100	2360.800	3134.500	4163.500	5519.800	7343.900	30089.000	120393
50	64.463	84.579	112.800	152.670	209.350	290.340	406.530	573.770	815.080	1163.900	1668.800	24000	3459.500	4991.500	7217.700	10436	15090	21813	31515	45497	280256	165976

附录四 普通年金现值系数表（PVIFA表）

n	1%	2%	3%	4%	5%	6%	8%	10%	12%	14%	15%	16%	18%	20%	22%	24%	25%	30%	35%	40%	45%	50%
1	0.99	0.98	0.97	0.961	0.952	0.943	0.925	0.909	0.892	0.877	0.869	0.862	0.847	0.833	0.819	0.806	0.799	0.769	0.74	0.714	0.689	0.666
2	1.97	1.941	1.913	1.886	1.859	1.833	1.783	1.735	1.69	1.646	1.625	1.605	1.565	1.527	1.491	1.456	1.44	1.36	1.289	1.224	1.165	1.111
3	2.94	2.883	2.828	2.775	2.723	2.673	2.577	2.486	2.401	2.321	2.283	2.245	2.174	2.106	2.042	1.981	1.952	1.816	1.695	1.588	1.493	1.407
4	3.901	3.807	3.717	3.629	3.545	3.465	3.312	3.169	3.037	2.913	2.854	2.798	2.69	2.588	2.493	2.404	2.361	2.166	1.996	1.849	1.719	1.604
5	4.853	4.713	4.579	4.451	4.329	4.212	3.992	3.79	3.604	3.433	3.352	3.274	3.127	2.99	2.863	2.745	2.689	2.435	2.219	2.035	1.875	1.736
6	5.795	5.601	5.417	5.242	5.075	4.917	4.622	4.355	4.111	3.888	3.784	3.684	3.497	3.325	3.166	3.02	2.951	2.642	2.385	2.167	1.983	1.824
7	6.728	6.471	6.23	6.002	5.786	5.582	5.206	4.868	4.563	4.288	4.16	4.038	3.811	3.604	3.415	3.242	3.161	2.802	2.507	2.262	2.057	1.882
8	7.651	7.325	7.019	6.732	6.463	6.209	5.746	5.334	4.967	4.638	4.487	4.343	4.077	3.837	3.619	3.421	3.328	2.924	2.598	2.33	2.108	1.921
9	8.566	8.162	7.786	7.435	7.107	6.801	6.246	5.759	5.328	4.946	4.771	4.606	4.303	4.03	3.786	3.565	3.463	3.019	2.665	2.378	2.143	1.947
10	9.471	8.982	8.53	8.11	7.721	7.36	6.71	6.144	5.65	5.216	5.018	4.833	4.494	4.192	3.923	3.681	3.57	3.091	2.715	2.413	2.168	1.965
11	10.367	9.786	9.252	8.76	8.306	7.886	7.138	6.495	5.937	5.452	5.233	5.028	4.656	4.327	4.035	3.775	3.656	3.147	2.751	2.438	2.184	1.976
12	11.255	10.575	9.954	9.385	8.863	8.383	7.536	6.813	6.194	5.66	5.42	5.197	4.793	4.439	4.127	3.851	3.725	3.19	2.779	2.455	2.196	1.984
13	12.133	11.348	10.634	9.985	9.393	8.852	7.903	7.103	6.423	5.842	5.583	5.342	4.909	4.532	4.202	3.912	3.78	3.223	2.799	2.468	2.204	1.989
14	13.003	12.106	11.296	10.563	9.898	9.294	8.244	7.366	6.628	6.002	5.724	5.467	5.008	4.61	4.264	3.961	3.824	3.248	2.814	2.477	2.209	1.993
15	13.865	12.849	11.937	11.118	10.379	9.712	8.559	7.606	6.81	6.142	5.847	5.575	5.091	4.675	4.315	4.001	3.859	3.268	2.825	2.483	2.213	1.995

续表

n	1%	2%	3%	4%	5%	6%	8%	10%	12%	14%	15%	16%	18%	20%	22%	24%	25%	30%	35%	40%	45%	50%
16	14.717	13.577	12.561	11.652	10.837	10.105	8.851	7.823	6.973	6.265	5.954	5.668	5.162	4.729	4.356	4.033	3.887	3.283	2.833	2.488	2.216	1.996
17	15.562	14.291	13.166	12.165	11.274	10.477	9.121	8.021	7.119	6.372	6.047	5.748	5.222	4.774	4.39	4.059	3.909	3.294	2.839	2.491	2.218	1.997
18	16.398	14.992	13.753	12.659	11.689	10.827	9.371	8.201	7.249	6.467	6.127	5.817	5.273	4.812	4.418	4.079	3.927	3.303	2.844	2.494	2.219	1.998
19	17.226	15.678	14.323	13.133	12.085	11.158	9.603	8.364	7.365	6.55	6.198	5.877	5.316	4.843	4.441	4.096	3.942	3.31	2.847	2.495	2.22	1.999
20	18.045	16.351	14.877	13.59	12.462	11.469	9.818	8.513	7.469	6.623	6.259	5.928	5.352	4.869	4.46	4.11	3.953	3.315	2.85	2.497	2.22	1.999
21	18.856	17.011	15.415	14.029	12.821	11.764	10.016	8.648	7.562	6.686	6.312	5.973	5.383	4.891	4.475	4.121	3.963	3.319	2.851	2.497	2.221	1.999
22	19.66	17.658	15.936	14.451	13.163	12.041	10.2	8.771	7.644	6.742	6.358	6.011	5.409	4.909	4.488	4.129	3.97	3.322	2.853	2.498	2.221	1.999
23	20.455	18.292	16.443	14.856	13.488	12.303	10.371	8.883	7.718	6.792	6.398	6.044	5.432	4.924	4.498	4.137	3.976	3.325	2.854	2.498	2.221	1.999
24	21.243	18.913	16.935	15.246	13.798	12.55	10.528	8.984	7.784	6.835	6.433	6.072	5.45	4.937	4.507	4.142	3.981	3.327	2.855	2.499	2.221	1.999
25	22.023	19.523	17.413	15.622	14.093	12.783	10.674	9.077	7.843	6.872	6.464	6.097	5.466	4.947	4.513	4.147	3.984	3.328	2.855	2.499	2.222	1.999
26	22.795	20.121	17.876	15.982	14.375	13.003	10.809	9.16	7.895	6.906	6.49	6.118	5.48	4.956	4.519	4.151	3.987	3.329	2.855	2.499	2.222	1.999
27	23.559	20.706	18.327	16.329	14.643	13.21	10.935	9.237	7.942	6.935	6.513	6.136	5.491	4.963	4.524	4.154	3.99	3.33	2.856	2.499	2.222	1.999
28	24.316	21.281	18.764	16.663	14.898	13.406	11.051	9.306	7.984	6.96	6.533	6.152	5.501	4.969	4.528	4.156	3.992	3.331	2.856	2.499	2.222	1.999
29	25.065	21.844	19.188	16.983	15.141	13.59	11.158	9.369	8.021	6.983	6.55	6.165	5.509	4.974	4.531	4.158	3.993	3.331	2.856	2.499	2.222	1.999
30	25.807	22.396	19.6	17.292	15.372	13.764	11.257	9.426	8.055	7.002	6.565	6.177	5.516	4.978	4.533	4.16	3.995	3.332	2.856	2.499	2.222	1.999
40	32.834	27.355	23.114	19.792	17.159	15.046	11.924	9.779	8.243	7.105	6.641	6.233	5.548	4.996	4.543	4.165	3.999	3.333	2.857	2.499	2.222	1.999
50	39.196	31.423	25.729	21.482	18.255	15.761	12.233	9.914	8.304	7.132	6.66	6.246	5.554	4.999	4.545	4.166	3.999	3.333	2.857	2.499	2.222	1.999

参考文献

1. 邵天营,陈复昌. 财务管理学 [M]. 上海:立信会计出版社,2005。
2. 财政部会计资格评价中心. 财务管理 [M]. 北京:中国财政经济出版社,2007。
3. 钟新桥,刘荣英,杨洛新. 现代企业财务管理 [M]. 武汉:武汉理工大学出版社,2006。
4. 谷祺,刘淑莲. 财务管理 [M]. 大连:东北财经大学出版社,2007。
5. 刘淑莲. 高级财务管理理论与实务 [M]. 大连:东北财经大学出版社,2005。
6. 王新平,赵栓文. 财务管理 [M]. 北京:中国财政经济出版社,2017。
7. 王新平,陈淑芳,薛小荣. 财务管理 [M]. 上海:立信会计出版社,2018。
8. 王化成. 高级财务管理学 [M]. 北京:中国人民大学出版社,2003。
9. 余绪缨. 管理会计学 [M]. 北京:中国人民大学出版社,1999。
10. 陆正飞. 高级财务管理 [M]. 杭州:浙江人民出版社,2000。
11. 王化成. 财务管理教学案例 [M]. 北京:中国人民大学出版社,2001。
12. 陈文浩. 公司财务 [M]. 上海:上海财经大学出版社,2003。
13. 蒋屏. 公司财务管理 [M]. 北京:对外经济贸易大学出版社,2001。
14. 汤谷良,王化成. 企业财务管理学 [M]. 北京:经济科学出版社,2000。
15. 王庆成,郭复初. 财务管理学 [M]. 北京:高等教育出版社,2004。
16. 荆新,王化成,刘俊彦. 财务管理学 [M]. 北京:中国人民大学出版社,2000。
17. 财政部注册会计师考试委员会办公室. 财务成本管理 [M]. 北京:经济科学出版社,2007。
18. 张显国. 财务管理 [M]. 北京:机械工业出版社,2006。
19. Keown, A. J., et al. Foundation of Finance (2nd Edition). Prentice – Hall, 1998。
20. Brealey, R. A, Myers, S. C. Principles of Corporate Finance (5th Edition). McGraw – Hill, 2001。
21. Ross, S. A., et al. Corporate Finance, Fifth Edition, 1999 by McGraw – Hill。
22. Pike, R., Neale, B. Corporate Finance and Investment (4th Edition). Prentice Hall, 2003。
23. Kester, W., etc. Case Problems in Finance. McGraw – Hill, 1997。
24. Arthur J. Keown,等. 现代财务管理基础 [M]. 朱武祥,译. 北京:清华大学出版社,2000。
25. 罗伯特·希金斯. 财务管理分析 [M]. 沈艺峰,等译. 北京:北京大学出版社,2004。
26. 卢斯·班得,等. 公司财务战略 [M]. 北京:人民邮电出版社,2003。
27. 陈勇,等. 财务管理案例教程 [M]. 北京:北京大学出版社,2003。

主编简介

赵栓文，男，教授，硕士生导师，陕西省会计学会常务理事、中国小康建设研究会专家智库委员会高级研究员。研究方向：财务管理理论与实务。主持参与省部级科研课题10余项；主编、副主编编写教材7部，其中《管理会计》获陕西省优秀教材一等奖、《财务管理》获陕西省优秀教材二等奖；发表论文50余篇，其中核心期刊论文20余篇。教学风格严谨认真，深受学生欢迎，多次获得学校优秀教师称号。

任俊杰，男，会计学硕士，会计学副教授，财务管理与金融研究所所长，美国杜兰大学和罗耀拉大学访问学者与客座研究员。研究方向：上市公司会计与财务预警，金融风险管理与控制。发表核心期刊论文10余篇。编写教材3部。出版专著2部。参与主持省部级课题10余项。获得校级以上科研成果奖3次。